침묵을 보다

Seeing Silence by Mark C. Taylor
ⓒ 2020 by The University of Chicago.
All rights reserved.
No part of this book may be used or reproduced in any manner
whatever without written permission
except in the case of brief quotations embodied in critical articles or reviews.
Korean Translation Copyright ⓒ 2022 by Yeamoon Archive Co., Ltd.,
Korean edition is published by arrangement with The University of Chicago Press
through BC Agency, Seoul.

이 책의 한국어 판 저작권은 BC에이전시를 통해
저작권자와 독점계약을 맺은 예문아카이브에 있습니다. 저작권법에 의해
한국 내에서 보호를 받는 저작물이므로 무단전재와 복제를 금합니다.

침묵을 보다

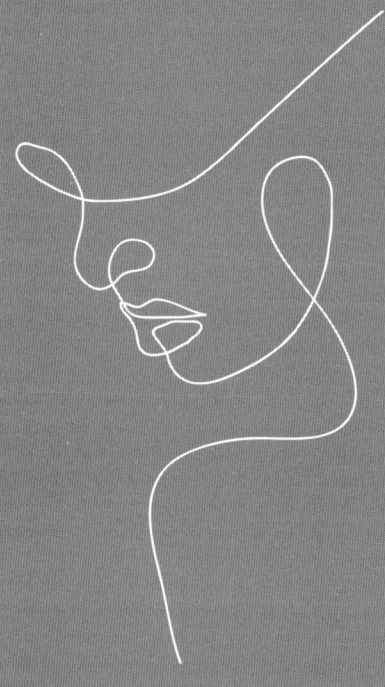

불안을 다스리고 진정한 나를 만나는 침묵의 순간들

마크 C. 테일러

임상훈 옮김

일러두기

• 단행본과 단행본에서의 한 장은 『 』, 논문·시·단편소설은 「 」, 정기간행물·장편영화·TV 드라마·미술 작품의 연작·교향곡·악장으로 나뉘는 음악은 《 》, 예술 작품·사진·그림·노래·음악·단편영화는 〈 〉로 구분해 표기했습니다.

• 이 책의 중간중간에 침묵 내지는 휴식처럼 비어 있는 공간 즉, 쉬어가는 공간을 만들어 두었습니다. 독자들에게 저자가 전하고자 하는 '침묵'의 의미를 되새기는 시간이 되길 바랍니다.

크리스틴, 애런
테일러, 잭슨, 엘사, 셀마에게
유산으로

침묵은 모든 심오한 것, 그리고 모든 감정보다 우선하고, 그들과 함께한다… 침묵은 우주의 봉헌이다. 침묵은 신이 보이지 않는 손을 세상에 올려놓은 것이다. 침묵은 자연에서 가장 무해한 것인 동시에 가장 끔찍한 것이다. 그것은 예정된 운명의 힘이다. 신의 유일한 목소리다.

_허먼 멜빌(Herman Melville)

어떤 시점에서 여러분은 숲에, 바다에, 산에 대고 말한다. 나는 준비되었다. 이제 나는 멈춰서 정말 주의를 기울일 것이다. 여러분은 자신을 비우고, 가만히 들으며 기다린다. 잠시 후면 들려온다. 아무것도 없는 소리가. 아무것도 없고, 만들어진 것들만 있다. 각기 다르고, 멈춰있거나 성장하고, 이리저리 왔다 갔다 하고, 비를 맞거나 맞추며, 유지하고, 밀려왔다가 밀려가며, 가만히 서 있거나 퍼져나간다. 여러분은 세계의 말을 긴장으로, 나지막한 콧노래로, 모두 같이 하나의 음조로 부르는 합창으로 듣는다. 그것이다. 그 콧노래가 바로 침묵이다… 자연은 소리 내지 않는다. 그저 이것… 침묵은 내리누르고 억누름은 공명한다. 마치 누군가 세계의 입을 억지로 틀어막은 듯한 소리가 있다. 하지만 여러분은 기다린다. 평생을 바쳐 열심히 듣는다. 하지만 아무 일도 벌어지지 않는다. 침묵은 다시 찾아오고, 그 하나의 음조만 얻었을 뿐이다. 긴장 혹은 긴장이 없는 상태는 견디기 힘들다. 침묵은 실제로 무언가를 억누르고 있지 않다. 오히려 존재하는 것은 침묵뿐이다.

_애니 딜라드(Annie Dillard)

차례

0_ ... 011
아이콘 | 암실 | 죽음에서 탄생으로 | 침묵 | 예술로 가득한 침묵

1_ 없이 *Without* 055
산길 | 말-쪽으로 구축하기 | 통로

2_ 전에 *Before* 087
당신을 듣고 있는 빛을 보기 | 미리-보기 | 비-유한을 탈-제한하기

3_ 부터 *From* 129
침묵 제시하기 | 축약들과 개념들 | 침묵에 종을 울리다

4_ ... 169

5_ 너머 *Beyond* 171
마지막 회화 | 검은색 혹은 흰색? | 반복 강박

Seeing Silence

6_ 맞서 *Against*   211
불행한 의식 | 십자가의 길 | 어둠에 접근하기 | 침묵의 공간 |
죽음의 봉인

7_ 내부에 *Within*   251
회오리바람과 소용돌이 | 비밀들

8_ …   293

9_ 사이에 *Between*   295
이것도 저것도 아니다 | 라스베이거스 잊기 | 사이에 존재하다 |
'사이' 놓기

10_ 향하여 *Toward*   339
사막에서 보이는 것들 | 지평선에 다가서기 | 약속

11_ 주변에 *Around*   379
감정 | 빛의 춤 | 예술의 탄생

12_ **· · ·** 417

13_ **함께** *With* 419
정원 가꾸기 | 더 깊이 파고들다 | 돌덩이에게 귀를 기울이다

14_ **안에** *In* 481

감사의 말 484
미주 486
색인 499

0

침묵은 언어의 단점이 아니다.
오히려 장점이다.
이걸 모르는 것이 언어의 약점이다.

_에드몽 자베스

눈을 감고, 귀를 열어라. 눈을 감고, 귀를 열고 들어라. 열심히, 주의 깊게 들어보아라. 무엇이 들리는가? 이제 상상해보자. 현재를 상상하는 것이 불가능하다고 상상해보자. 상상하라, 무존재를. 다시 말해 지금 여기에 존재하지 않는 것을 상상해보자. 존재 이전의 존재를 상상하자. 존재 이후의 존재를 상상하자. 없음의 존재를 상상하자. 상상하지 않음을 상상하자. 존재하지 않음을 상상하자. 무엇이 들리는가? 계속 들어라. 열심히, 주의 깊게 들어라. 누구를 듣고 누구를 듣지 않는가? 무엇을 듣고 무엇을 듣지 않는가? 아마 무^{無}를 듣는가? 아무것도 듣지 않는가? 무의 소리는 무엇인가? 침묵인가? 아니면 아마 침묵 같은 느낌인가? 침묵의 소리는 어떤 소리인가? 침묵을 듣는다는 것은 무슨 의미인가? 침묵을 듣는다는 것은 침묵을 침묵하게 하는가? 침묵을 듣지 않는다는 것은 어떤 의미인가? 혹은 침묵을 들을 수 없다는 것은 어떤 의미인가? 계속 듣고 계속 생각하자.

들릴 때까지 계속 질문하자. 들리는 게 침묵 자체가 아니라, 아무것도 보지 못함으로 인한 침묵의 메아리는 아닌지.

잠깐 쉬어가자. 쉬면서 곰곰이 생각해보자. 뇌리를 떠나지 않는 질문을 생각해보자. 침묵이란 무슨 색일까? 하얀색일까? 검은색일까? 아니면 중간 어디쯤이어서 끝없이 회색으로 수렴해 갈까? 낯선 공감각을 통해 볼 수 없는 것을 보는 것은 침묵을 듣는 것이고, 침묵을 듣는 것은 볼 수 없는 것을 보는 것이다.

침묵은 고요함이며 고요함은 침묵이다. 침묵은 소음이 없을 뿐 아니라, 모든 말의 소리와 메아리에서 들리고 울려 퍼지는 고요함이다. 침묵 없이는 말도 없으며, 말없이는 침묵도 없다. 침묵은 끝없이 후퇴하는 말의 지평이다. 침묵은 자신을 말하지 않음으로써 말을 할 수 있다. 침묵을 듣는다는 것은 침묵을 배반하는 것이다. 듣지 않음으로써 듣는 것이고, 말하지 않음으로써 말하는 것이며, 드러내지 않음으로써 드러내는 것이다. 말하지 말아라. 듣지 말아라. 드러내지 말아라. 말을 자극하는 정적은 언어가 타락한 탓이다.

침묵. 침묵의 불가능성. 신들은 인간처럼 때로는 말하고, 때로는 말하지 않는다. 신들은 때로는 말함으로써 침묵을 지키고, 침묵을 지킴으로써 말한다. "신은 어디에 있는가?" 니체의 광인은 외쳤다. "내가 말해주겠다. 우리는 그를 죽였다. 당신과 내가 말이다. 우리는 모두 그를 죽인 살인자다. 하지만 우리가 어떻게 그럴 수 있었을까?" 우리가 신을 죽일 수 있었던 것은 침묵을 듣는 방법을 잊어버렸기 때문이다. 하지만 만일 침묵을 듣는 것이 침묵을 더 침묵하게 만드는 것이었다면, 신의 죽음은 불가피한 것이다. 남아있는 의문은 다른 침묵, 좀 더 깊은 침묵, 침묵 너머의 침묵에 있어서, 우리의 이해를 뛰어넘는 고요함 속에서 그 침묵을 들을 수 있을 것인가다.

종교는 한때 '신' 혹은 '신 너머에 있는 신'이라는 이름을 가졌던, 말할 수 없고, 이름 붙일 수 없고, 알 수 없고, 형상을 만들 수 없는 것을 이해하려 했다. '신'은 '실재$^{the\ Real}$'의 동의어 중 하나다. 물론 '실재' 외에도 많은, 아주 많은 동의어가 있다. 여기도 아니고 저기도 아니고, 지금도, 그때도 아닌 상태에서 실재는 언제나 가까이 있지만, 영원히 멀리 떨어져 있다. 그것(성은 중성이어야 한다)은 후퇴함으로써 접근하고, 접근함으로써 후퇴한다. 실재의 맥박치는 리듬은 삶과 죽음의 밀물과 썰물을 나타내고 다시 나타낸다. 말할 수 없고, 이름 붙일 수 없는 것으로서 실재는 침묵에 싸여 있거나, 혹은 침묵이 실재 그 자체일 수 있다. 침묵은 존재하는 모든 것과 존재하지 않는 모든 것이 태어난 곳이고 결국에는 이르게 될 곳이기 때문이다. 우리는 침묵에서 나와 다시 침묵으로 돌아간다. 그 사이에 있는 침묵은 끝없이 웅얼대며 침묵을 피하려고 만들어진 소음을 잠재우고 있다. 결여 상태의 충만, 풍부한 상태의 텅 빔, 다시 묶음$^{re\text{-}ligare}$의 묶음(religion이라는 낱말은 다시(re) 묶는다(ligare)는 어근에서 나왔다 - 옮긴이)은 우리를 한때 모두에게 실재처럼 보였던 침묵에 묶고 다시 묶어 놓는다. 침묵을 듣는 것은 창조적인 삶을 가능하게 하고 죽음의 불가피성을 받아들일 수 있게 만드는 동요^{動搖} 속에서 고요함을 찾는 것이다.

없이. 이전에. 부터. 너머. 맞서. 내부에. 사이에. 향하여. 주변에. 함께. 안에… 침묵. 부재하지 않으며 존재하지 않고, 현존하지 않으며 부재하지 않아서, 따라서 어떤 위치든지 위치를 긍정하지 않고, 언제나 위치 앞에 있다. 더는 '십자가의 길 $^{Via\ Dolorosa}$'이지 않아도 좋은 구불구불한 길에 있는 13개 더하기 하나의 지점이다(십자가의 길은 빌라도 법정에서 골고다 언덕에 이르는 예수의 십자가 수난의 길을 말한다. 이 길에는 각각의 의미를 지닌 14개의 지점이 있다. 14장으로 구성된 이 책 각 장의 특색을 미리 말하고 있다 - 옮긴이). 삶의 길을 따라 늘어선 각각의 지점에 있는 침묵은 말하게 하고, 말할 수 없는 것을 듣게 한다. 우리가 귀 기울여 침묵을 들을 수 있다면, 신과 인간들 모두 다시 태어날 수 있을 것이다. 아마도.

아이콘 Icons

0점: 부정도 긍정도 아니고, 그 사이 어딘가.

 시작 이전을 보면, 언제나 기원의 문제다. 책은 어떻게 기원하는가? 말은 어디에서 오는가? 모든 말은 어디에서 와서, 어디로 가는가? 이 책의 기원은 무엇인가? 어떻게 시작되었는가? 어떻게 끝날까? 끝날 수는 있을까?

 시작은 기원과 같지 않다. 시작이 등장하면 그때 기원은 물러난다. 그 흔적으로 과거를 남겨 놓고, 그 과거는 끝없이 도착하지 않으면서 영원히 다가오는 미래의 지평이 된다. 시작은 시간의 어떤 '지점'을 표시하지만, 기원은 절대로 현존하지 않으며 그렇다고 해서 부재하지도 않는다. 끝없이 포착할 수 없는 우리의 목적이자 종말인 기원은 잃어버린 원천의 그림자를 끝없이 현재에 드리우고 있는 침묵이다.

모든 것과 마찬가지로 이 책도 죽음과 더불어 시작되었다. 우선 어머니의 죽음, 그리고 아버지의 죽음, 마지막으로 어머니와 아버지를 알았던 모든 사람의 죽음이다. 1992년 9월 2일 아버지는 84세를 끝으로 돌아가셨다. 어머니는 이미 4년 전에 크리스마스를 닷새 남기고 돌아가셨다. 그날은 두 분의 50주년 결혼기념일을 아흐레 남겨둔 날이기도 했다. 아버지가 돌아가신 후 몇 달 동안에 걸쳐 동생 베릴과 나는 부모님이 살면서 모았던 모든 재산을 정리하는 우울한 과제를 해야 했다. 정리해야 하는 모든 물건이 이야기를 담고 있었는데, 어떤 이야기는 우리도 아는 이야기였고 그렇지 않은 이야기도 있었다. 부모님은 평생 한집에서만 사셨고, 우리는 그 집에서 자랐으니 물건마다 오래전에 이미 잊혀진 기억으로 가득했다. 그러다 보니 며칠이면 충분할 거라고 생각했던 일이 몇 주가 지나도 끝나지 않았다. 우리는 무엇을 남기고 버려야 할지를 놓고 고심에 또 고심을 거듭했다. 부모님이 등 뒤에서 지켜보고 있다는 느낌이 들어, 물건을 버리자는 결정을 내릴 때마다 죄의식이 들었다. 부모님께 소중했던 물건을 어떻게 우리가 버릴 수 있단 말인가? 하지만 무작정 미룰 수는 없었다. 부동산 업자가 겨울이 되기 전 집을 내놓아야 한다며 정리를 재촉했기 때문이다.

일단 지하실부터 시작해서, 일 층, 그리고 이 층 순서로 작업을 진행했다. 그러던 중 침실 옆 커다란 옷장에서 아버지의 카메라를 찾았다. 인물사진을 찍으실 때 즐겨 사용하시던 린호프, 애지중지하시며 가족의 일상과 여행 슬라이드 사진을 찍어주시던 35미터 라이카, 그리고 내게 사진을 가르쳐주실 때 주로 사용하시던 듬직한 롤라이플렉스였다〈그림 1〉. 다락방은 다른 집들처럼 많은 비밀이 감춰져 있었다. 상자를 열 때마다 어머니와 아버지께서 이미 오래전 버렸다고 생각했던 물건들이 쏟아져 나왔다. 장난감과 게임들, 야구 배트와 글러브, 내가 처음 썼던 풋볼 헬멧, 아버지가 세미프로야구 팀에서 입으시던 울 100% 유니폼, 어린이용 카우보이 모자와 부츠, 장난감 총, 그리고 아버지가 자

〈그림 1〉 롤라이플렉스

란 게티즈버그 농장이나 어머니 고향 주변 산에서 아버지와 동생과 함께 사냥할 때 쓰던 진짜 가정용 엽총과 장총 등이었다. 내용물을 알려 주는 라벨이 붙어 있는 상자도 있었지만, 대부분은 그렇지 않았다. 그래서 상자를 열 때마다 우리는 놀라움에 숨이 막히곤 했다.

그렇게 여러 상자를 열어보던 중에 서까래 아래 어두침침한 곳에서 몇 개나 되는 사진 상자를 찾았다. 아버지는 사진작가라고 해도 좋을 만큼 사진을 잘 찍으셨는데, 나중엔 내가 다녔던 뉴저지 고등학교에 사진반을 만드셨다. 처음에는 흑백사진을 찍으시다가 나중에는 컬러로 찍으셨다. 아버지가 컬러로 넘어오시기 전, 그림에 취미가 있던 어머니는 면봉을 가지고 아버지가 찍은 흑백인물사진에 색을 입히곤 하셨다. 상자에는 아버지가 찍은 사진이 다 들어 있었다. 가족의 스냅 사진, 제법 격식을 차린 인물 사진, 가족의 휴일이나 여

행을 담은 슬라이드 등 없는 게 없었다. 오래전이라 기억은 흐릿했지만, 사진에 있는 얼굴을 거의 알아볼 수 있었다. 동생과 사진들을 보면서 잘 기억이 나지 않는 것은 언제 왜 찍은 사진인지를 서로 묻고, 알려 주기도 했다. 정확하지는 않지만 말이다. 그런데 그 옆에 몇 개의 상자가 더 있었고, 그 상자에는 아버지와 어머니가 태어나시기도 전에 누군가가 찍은 흥미로운 사진들로 가득했다. 몇몇 사진들은 할아버지와 할머니의 젊은 시절이 담겨 있었다. 증조할아버지와 증조할머니 사진도 몇 장 있었다. 하지만 나머지 사진들은 대체 누구인지 동생과 나로서는 알 재간이 없었다. 이름도 모를 사람이 찍은, 이름도 모를 얼굴들이 담긴 수없이 많은 사진은 나의 부모에겐 죽는 날까지 소중했던 사진이었다. 이들은 대체 누구였을까? 하지만 시간에 쫓겼던 우리로서는 그 사진들을 마냥 들여다보고 있을 수만은 없었고 동생은 사진을 가져가서 나중에 살펴보겠다고 했다.

 감정적으로는 부모님의 물건들을 정리하는 것이 쉽지 않았지만, 동생과 함께 과거를 다시 살펴보며 침묵 속에서 보냈던 며칠은 우리에게 소중한 기억으로 남았다. 결국 우리의 일은 끝났고, 집은 팔렸다. 우리는 그 사진들을 까맣게 잊어버린 채. 잔인하게 중단될 수밖에 없었던 각자의 생활로 돌아왔다. 하지만 일 년 후 그 사진들은 동생이 보낸 쪽지와 함께 다시 나를 찾아왔다. "몇 주 전에 차고에서 상자를 찾았어. 집 안 청소하느라 치워 놓았다가 깜박 잊은 모양이야. 사진들을 훑어보았는데 누군지 대체 모르겠어. 형이라면 좀 더 아는 게 있을지 몰라. 뭐 아님, 알아서 버리든지."

 하지만 나는 사진을 버릴 수 없었고 오히려 조금씩 강박에 사로잡히기 시작했다. 많은 사진에는 펜실베이니아의 작은 탄광촌이 담겨 있었다. 그곳은 어머니가 태어나 아버지와 만나서 결혼한 곳이고, 함께 교사 일을 시작했으며, 지금은 그 외곽에 함께 묻혀계신 곳이다. 두 분은 내가 사진의 비밀을 캐내느라 골몰하는 건 꿈에도 생각하지 못하고 계실 것이다. 사진들은 찍은 지 100년은 되어 보였다. 사진 속 인물들은 우리 가족사의 한 부분이었지만 이제는 영원히 누군지 모르는 분들이 되어 버렸다. 이분들은 누구일까? 왜 부모님은 이분들의 사진을 간직했을까? 동생과 다락방을 청소한 후 몇 년이 지나자, 이 사진 속 인물들을 알아볼 만한 친척들마저 모두 돌아가셨다. 이제는 이분들의 이야기를 들려줄 사람은 아무도 남아있지 않았다. 한때 사람들이 누렸던 삶이란 망각이라는 덮개에 덮여 침묵하게 된다. 더는 물을 수 없는 질문보다 죽음을 확실히 봉인하는 것은 없다.

사진의 절반 정도는 흑백이었고, 나머지는 세피아(암갈색)색이었다. 몇십 장의 사진 중에서 특히 다섯 장이 나의 눈길을 끌었다. 하나는 팔찌, 비즈 목걸이, 화려한 옷깃의 새틴 드레스, 정말 특별한 행사에서나 어울릴 법한 머리 장식들로 한껏 멋을 낸 젊은 여성이 생각에 잠겨있는 듯한 사진이었다〈그림 2〉. 그녀는 어떤 생각을 하고 있을까? 어딜 가려는 참일까? 어떤 사람과 함께 평생을 보내고 싶을까? 또 다른 사진을 보면, 모두 오버올을 입고 머리에는 모자를 쓴 일곱 명의 젊은 남성이 벽돌집 문간에서 포즈를 취하고 있다. 옆에 보이는 것은 포드사 모델 T의 전면 타이어 같다〈그림 3〉. 이들은 어떤 다른 나라에서 온 것일까? 땅속 깊은 광산에서 일하는 동유럽 출신

〈그림 2〉 다락방 상자에서 찾은 사진 ①

이민자와는 달리, 이들은 지상의 기계실에서라도 일했던 걸까? 전문 사진사가 찍었음 직한 사진도 있었다〈그림 4〉. 허연 수염을 한 대머리 남성이 멍한 표정으로 앉아 있고, 검은 옷을 입은 아내는 옆에 서서 손을 남편 어깨에 올리고 있다. 이들의 삶은 실망으로 가득했을까? 이들이 즐거움을 누렸었다고 해도, 표정만 보고서는 읽어낼 수 없다. 이분들이 어머니에게 청교주의를 가르쳤을까? 나에게까지 전해

〈그림 3〉 다락방 상자에서 찾은 사진 ②

진 그 엄격한 청교주의를 말이다. 가장자리가 낡아 흐릿해진 한 사진 속 인물은 하얀 공간에서 떠다니는 듯하다. "주 여호와는 영원한 반석이심이로다"라는 현판 아래, 흰색 셔츠와 조끼를 입고, 나비넥타이를 매고, 바이올린을 든, 무성한 콧수염을 가진 이 남성은 시무룩한 표정을 짓고 있다〈그림 5〉. 이제는 이름도 기억나지 않는 외할아버지 사진인가? 그렇다면, 왜 어머니는 할아버지에 관해 일언반구도

〈그림 4〉 다락방 상자에서 찾은 사진 ③

언급하지 않고 침묵을 지키셨을까? 마지막 사진에는 자매처럼 보이는 젊은 여성들이 등장한다〈그림 6〉. 이들은 하얀 드레스를 입고, 한쪽 발을 아슬아슬하게 땅에 디딘 채 포즈를 취하고 있다. 사진에서 그녀들은 젊고, 아름답고, 희망이 넘쳐보이며 얼굴에는 기대가 가득해 보인다. 이들은 늙어서도 춤을 췄을까? 기쁨이 슬픔보다 컸을까? 잘 살았다고 생각하며 죽었을까? 롤랑 바르트 Roland Barthes 는 아마도

〈그림 5〉 다락방 상자에서 찾은 사진 ④

이 사진을 보면서도 이렇게 코멘트 했을 것이다. "이 두 소녀… 얼마나 활력이 넘치는가! 그들 앞에는 내일이 펼쳐져 있다. 하지만 이들은 (오늘) 죽어있다. (어제) 이들은 이미 죽었다."

몇 주 동안 이 사진들은 이름 붙일 수 없는 어떤 실재의 아이콘처럼 뇌리를 떠나지 않았다. 노르웨이 소설가 칼 오베 크나우스고르는 이렇게 말한 적이 있다. "초기 사진들을 보면 뭔가 오싹한 데가 있

〈그림 6〉 다락방 상자에서 찾은 사진 ⑤

다… 이 초기 사진에서 가장 믿기 힘든 것일 테지만, 그것은 이 사진들이 외양에서 가장 지속적인 것들만 남기고, 너무나 일시적이고 순간적인 인간 형상은 어디에도 흔적을 남기지 않는 방식으로 시간과 관계를 맺고 있다는 점이다." 사진을 들여다보면 볼수록 사진 속 인물들은 무시무시하게 오래된 과거에서 나를 응시하고 있는 듯 느껴진다. 그렇다고 내가 본 것, 혹은 보지 않았던 것이 흥미로웠다는 말은 아니다. 나의 관심을 사로잡은 것은 내가 들을 수 없던 것에서 들은 것이다. 시간이 흘러가면서 나는 이 혼란스러운 가족사진에서 내가 침묵을 보고 있다는 사실을 깨닫기 시작했다. 한때는 기억할 수 있었지만 지금은 완전히 잊혀진 과거의 침묵뿐 아니라, 존재하고 있는 모든 것과 존재하지 않는 모든 것의 기원이자 종말인 침묵 너머의 침묵을 말이다. 사진의 얼굴들을 들여다보며 나는 조만간 나 자신의 것이 되고야 말 침묵을 보았다. 침묵을 듣는다는 것은 당신이 없는 세상을 듣는다는 것이다.

암실

나는 빛이 없는 암실에서 빛을 배웠다. 아버지는 내 나이 10살도 채 되기 전에 사진을 찍고 현상하고 인화하는 법을 가르쳐 주셨다. 나는 아버지를 도우며 아버지가 사랑했던 기술을 배웠고 아버지와 많은 시간을 보냈다. 그러다 보니 어느샌가 아버지의 도움 없이도 혼자 작업하는 것이 가능하게 되었다. 그때 즈음 한 2년 동안은 레크리에이션 부서의 의뢰를 받아 마을 10개 놀이터에서 사진을 찍고 그 사진을 매주 월요일 아침 9시까지 지역 신문사에 가져다주는 일을 하기도 했다. 이러한 경험을 통해 아주 어릴 때부터 나는 우리의 눈이 그저 이미지가 투사되는 텅 비어있는 막*이 아니며, 이미지들을 수용하고, 오히려 눈에 의해 창조된다는 사실을 알고 있었다. 디지털 카메라로 인한 자동화 이전에도 이미 필름 스피드, 조리개 개방, 노출 길이 등을 조정하며 이미지들은 창조되고 있었다. F 넘버 표시 조리개(카메라 렌즈의 밝기를 나타내는 수치인 F값 표시가 적힌 조리개 - 옮긴이)는 개방, 밝기 혹은 자크 데리다Jacques Derrida가 하이데거와 플라톤을 따라, 필름 밝기를 만드는 '코라khora, 빈 공간'이라고 이름 붙인 것의 척도이다. 셔터 스피드는 노출 길이를 조절한다. 이 과정에서 가장 중요한 것은 거리와 시간 조절이다. 조리개는 눈의 홍채처럼 시각을 가능하게 만드는 보이지 않는 구멍이다. 만약 조리개를 너무 많이 열거나 노출 속도가 너무 느리면, 사진은 노출과다가 되어버리고 만다.

  처음에는 흑백사진 작업을 했는데, 이때 나는 검거나 하얗기만 한 것은 세상 어디에도 없다는 사실을 깨우쳤다. 모든 것은 다양한 색감의 회색이었다. 형식과 형태만큼이나 중요한 것은 그 사이에서 일어나거나 일어나지 않는 것이다. 흑과 백의 인터플레이의 뉘앙스는 대조적인 이미지를 만들어내지만, 순백색과 순흑색은 색이라기보다는 색이 없는 침묵, 거기에서 또렷한 형식이 등장하는 침묵과도 같았다. 우리가 보거나 보지 않는 것, 듣거나 듣지 않는 모든 것은 형태를 알아볼 수 있도록 주변을 에워싸고 있는 반음영·반그림자를 만들어내는 음영과 그림자에 의해 만들어진다. 그리고 왜곡되고, 다시 만들어진다. 프랑스 인상파 화가 카미유 피사로에 관한 글에서 줄리안 벨은 이렇게 묻는다. "그림자란 무엇인가? 그 자체로는 아무것도 아니라고 말할 수도 있다. 빛나야 할 공간에 그저 국지적으로 빛이 없는 것. 세상을 보고 지각할 수 있게 해 주는 빛은 사물을 그리기 위한 정상적인 예비조건이다. 그림자는 어디에서부터 빛이 오고 어디에 대상이 있는지를 지시함으로써 그림 해석에 도움이 될 수 있다. 미술사를 훑어보면, 과거에 대부분의 화가들은 그림자를 그다지 중요하게 여기지 않았다. 그러나 소수의 화가가 이러한 가정을 뒤집어, 그림자를 빛의 전제조건으로 간주했다… 그림자와 빛을 한 음계의 끝에서 끝에 있는 대립 음으로 설정하고, 그 사이의 음들은 그림이라는 음악을 작곡하는 수단을 제공한다고 여긴다." 그림이 순백색 혹은 순흑색의 모노크롬 회화라면, 이 그림의 악보는 존 케이지[John Cage]의 〈4분 33초〉의 침묵일 것이다.

사진이 빛과 어둠의 조절이 얼마나 중요한지 가르쳐 주었다면, 인화는 우리가 보는 것과 듣는 것은 우리가 보지 않는 것과 듣지 않는 것에 의해 형성된다는 사실을 가르쳐 주었다. 어디에 내놓지 않을 사진이라도 모든 사진은 액자에 넣어지고, 일부가 잘린다. 어떤 이미지를 확대하려고 줌인을 하면, 그전까지는 보이지 않던 세상이 갑자기 나타난다. 와이드 앵글 렌즈로 줌아웃을 하면, 넓은 풍광이 갑자기 펼쳐진다. 지각이란 언제나 항상 틀 혹은 액자에 넣기, 스크리닝하기, 걸러내기의 결과물이다. 지각은 동시에 작용하여 형식을 만들고 시각적·청각적 소음을 침묵시킨다. 게다가 사진예술은 빛과 어둠의 미묘한 대조일 뿐 아니라, 양화와 음화 사이의 인터플레이다. 사진을 인화할 때, 확대기 안에서 음화는 뒤나 거꾸로 뒤집힌 채 자리 잡는다. 그러다 그것이 투사되며 모든 게 다 뒤집힌다. 빛이 필름을 통과하면서 음화는 양화가 된다. 음화의 어둠은 양화의 빛이 되고, 음화의 빛은 양화의 어둠이 된다. 빛은 사진원지 표면의 염화은과 상호작용하면서 숨겨져 있던 이미지를 드러낸다. 확대기의 조리개와 인화에서 노출 길이의 상호관계는 사진을 찍을 때의 셔터 스피드와 필름 스피드의 상호작용과 같다. 그다음으로는 감광지를 현상액에 넣는다. 현상액은 감광지 위에 칠해진 감광유제에서 빛에 민감한 결정체와 상호작용한다. 이 화학 과정은 잠상, 현상 전에 눈에 보이지 않는 상을 양화의 사진으로 바꾸어 놓는다. 이미지가 충분히 모습을 드러내면, 감광지를 바로 현상을 정지시키는 정지욕에 집어넣어야 한다. 정지욕은 현상을 정지시키기 때문에 그런 이름이 붙어 있다. 감광지가 현상액 안에 너무 오래 있게 되면 이미지는 아주 어두워진다. 반면 현상액 안에 충분히 오래 두지 않으면, 이미지는 너무 밝아진다. 마지막으로 사진을 정착액에 넣으면, 정착액이 종이 표면의 빛과 상호작용하지 않는 결정체를 제거하여 이미지가 어두워지지 않게 한다. 이 과정이 끝나면, 사진을 물로 씻어 말린다.

사진이 매력적인 이유는 어떤 하나의 결정적인 순간으로 시간을 고정시키는 능력 때문이라기보다는 이미지들을 만드는 점진적인 과정에 있다. 기억에 남을 사진을 만들기 위해서는 우리의 삶을 활기차고, 피할 수 없는 미스터리로 만들어 버리는 많은 우연과 모순, 역설이 필요하다. 빛과 어둠, 양과 음, 존재와 부재, 개방과 폐쇄, 근접성과 거리감, 고정성과 유동성, 형태 있음과 형태 없음 사이의 상호작용이 있어야 한다. 액체가 담긴 텅 빈 하얀 표면에 이미지가 떠오르는 것을 지켜보고 있으면 마치 아이가 태어나는 순간, 심지어 우주가 창조되는 순간에 있는 것 같은 기분이 든다. 형식이 없는 것에서 형식이 등장하고, 분화되지 않던 것이 분화되고, 불분명했던 것이 명확해진다. 바로 이 순간, 말은 결국은 침묵할 수 없는 침묵(의 바다)을 깬다. 이것이 바로 내가 그렇게 오랫동안 다락방에 숨겨져 있었던 사진에서 보았던 침묵이다. 사진들을 들여다보며 생각하면 할수록 내가 이 침묵에 귀 기울이는 법을 배울 수만 있다면, 새로운 말(세계)을 들을 수 있겠다는 사실을 깨닫게 되었다.

죽음에서 탄생으로

발터 벤야민은 두루 영향을 미친 「기술 복제 시대의 예술작품The Work of Art in the Age of Mechanical Reproduction」이라는 논문에 이렇게 썼다. "사진의 역사 초기에 초상이 핵심이었다는 것은 우연이 아니다. 살아 있건 그렇지 않건 간에 사랑하는 사람을 기억하고자 하는 욕망은 사진에 거의 칸트와 같은 가치를 부여하게 되었다. 그래서 초기 사진에 등장하는 사람들 얼굴의 스쳐 지나가는 표정 속에서 마지막 아우라가 등장한다." 20세기 후반 사진에 관한 가장 영향력 있는 논의를 전개했던 하이데거와 롤랑 바르트도 결론적으로 벤야민을 따라 사진의 죽음을 이야기하고 있다. 하이데거가 사진을 보는 견해를 읽다 보면 회화는 '진지한 침묵'을 지킨다고 했던 플라톤의 주장이 떠오른다. 하이데거는 『칸트와 형이상학의 문제Kant and the Problem of Metaphysics』에서 칸트의 상상력 해석을 나름대로 설명한다. 그는 데스마스크의 사진이라는 이미지, 좀 더 정확히 말하자면 이미지의 이미지를 출발점으로 삼는다. 여기서의 데스마스크는 그냥 누구나의 데스마스크가 아니라 블레즈 파스칼의 데스마스크이다. 파스칼은 『묵상록』에서 다음과 같은 잊지 못할 글을 남긴 바 있다. "앞선 혹은 이후의 영원에 의해 삼켜질 나의 짧은 삶, 내가 알지 못하는 무지하고 광활한 공간에 의해 삼켜질, 내가 채우고 있고 내가 볼 수 있는 대단치도 않은 작은 공간을 생각하노라면, 나는 거기보다 여기에 존재한다는 것이 더 무섭고 놀랍다. 왜냐하면 거기가 아닌 여기에 있어야 할 이유, 그때가 아닌 지금에 있어야 할 이유가 없기 때문이다. 누가 나를 여기에 놓았는가? 누구의 명령과 지시로 이 장소와 시간이 나에게 할당되었는가?… 이 무한한 공간의 영원한 침묵은 나를 공포에 질리게 한다." 칸트는 별이 빛나는 하늘이 우리 안의 도덕률과 같은 두려움보다는 경외로 우리를 가득 채운다고 주장했지만, 정작 자신을 에워싸고 침투해 들어오는 침묵을 꿰뚫어 이해하지는 못했다.

   칸트에 따르면 상상력의 기능은 시간과 공간이라는 두 가지 형식의 직관을 통해 이해의 열두 범주를 도식화하는 것으로, 인지와 지각을 매개하는 것이다. 정신은 프로그램된 범주의 규약을 따라 감각 자료를 처리함으로써 자신의 이미지로 세계를 창조한다. 이 절차는 경험에 일관성을 부여하지만, 그와 동시에 정신을 주변 환경으로부터 단절시켜 실재를 있는 그대로 드러내기보다는 감추는 역할을 한다. 자크 라캉Jacques Lacan은 모리스 블랑쇼Maurice Blanchot의 용어를 빌어 이렇게 말했다. "말은 사물의 죽음이다." 혹은 달리 말해보자면 "이미지는 실재의 죽음이다." 하이데거는 이렇게 말한다. "이렇게 지각할 수 있게 만드는 것은 더 이상 즉시 보는 것이나 개념으로부터의 직관을 의미할 수 없다. 왜냐하면 개념은 보편적으로 표상되기에 단일한 표상으로 재현할 수 없기 때문이다. 반면 직관은 틀림없이 단일한 재현이다. 하지만 바로 그러한 이유로 개념은 근본적으로 자신과 똑같은 것을 만들 수 없다."

   말과 이미지는 사라짐을 만들고, 이 사라짐 없이 외양은 절대 등장할 수 없다. 이렇게 불가피한 사라짐을 그리고 있다는 점에서 사진은 삶의 기원인 죽음의 그림자가 된다. 하이데거는 진정한 개인이 되기 위해서는 죽음을 피하기보다는 직면해야만 한다고 보았다. 죽음은 불가피하지만, 불가피한 것만으로는 결코 경험될 수 없기에 항상 포착되지 않는 상태로 남아있다. 죽음이 존재할 때 나는 존재하지 않으며, '내'가 존재할 때는 죽음이 존재하지 않는다. 따라서 죽음은 정복할 수 없는 다른 것으로서, 다른 사람의 죽음으로만 경험될 수 있다. 데스마스크 사진은 형상을 만들 수 없고, 이름 붙일 수 없고, 알 수 없고, 말할 수 없는 것의 형상으로, 어떠한 개념으로도 포착할 수 없고, 모든 개념이 의지하고 있는 것이다. 블랑쇼는 간접적으로 하이데거의 칸트 해석이 보여주는 광범위한 함의를 제시한다.

진정한 언어가 시작되려면, 이 언어를 실어 나르는 삶이 반드시 무^{無} nothingness를 경험해야만 하며, '깊은 곳에서 떨고, 그 안의 고정되고 안정되어 있던 모든 것이 송두리째 흔들려 본' 경험이 있어야 한다. 언어는 빈 공간^{void}이 있어야만 시작할 수 있다. 어떠한 충만, 어떠한 확실성도 말할 수 없다. 근본적인 어떤 것은 자신을 표현하는 모든 사람에게 결여되어 있다. 부정은 언어와 묶여 있다. 내가 처음 말을 꺼낼 때, 나는 어떤 것을 말하기 위해 말하는 것이 아니다. 그보다는 무가 말을 요구하고, 말하며, 말에서 자신의 존재를 찾는다. 즉, 말의 존재는 무다. 이 공식을 알면 문학이 왜 무를 말하는지, 무를 말하기 위해 말하기를 이상으로 삼았는지도 이해할 수 있다… 문학은 사물의 실재에 관한 관심, 사물에서 우리가 잘 알지 못하고, 자유롭고, 침묵하는 존재에 관한 관심이다. 문학은 그 사물의 순수함이자 금지된 현존이며, 드러냄에 저항하는 존재이자 외부에서 일어나길 바라지 않는 것의 반항이다.

무를 말하기 위해 말하는 것과 드러냄에 저항하는 것을 드러내기 위해서는 말할 때조차도 침묵을 지켜야 한다.

바르트는 하이데거에서 한 걸음 더 나아가 죽음이야말로 사진의 '에이도스^{eidos}'(본질적인 형상)라고 주장한다. 『카메라 루시다$^{Camera\ Lucida}$』는 어머니의 죽음을 애도하는 바르트의 길고 긴 조사弔詞다. 바르트의 끝없는 생각들은 어머니 사후에 발견된 한 장의 사진에서 흘러나오기 시작했다. "거기에 내가 있었다. 그녀가 죽은 아파트에 혼자서, 어머니의 사진을 하나하나 훑어보며, 전등불 아래에서 어머니와 함께 조금씩 시간을 뒤로 돌리며, 내가 사랑했던 얼굴의 진실을 찾아서. 그리고 나는 찾았다. 정말 오래된 사진이었다. 앨범에 붙어 있다 보니 가장자리는 뭉툭했고, 색이 바래져 있었다. 두 명의 아이가 그 시절 윈터 가든이라 불리던 유리 온실의 작은 목재 다리 끝에 함께 서 있는 모습을 간신히 알아볼 수 있었다. 1898년이었으니 당시 어머니는 다섯 살이었고, 삼촌은 일곱 살이었다." 다른 사진들은 이 책에서 볼 수 있지만, 이 사진만은 찾아볼 수 없다. 이 부재는 우연이라기보다는 편재하는^{ominpresent} 것이며, 다른 모든 이미지와 바르트의 모든 말을 유령처럼 만든다. 모든 이미지에는 프로이트 꿈의 배꼽처럼 미지의 것과의 접촉지점인 '푼크툼^{punctum}'이 있다. 바르트에 따르면 이미지를 읽을 수 있게 해 주는 일반적 규약인 '스투디

움^{studium}'과는 대조적으로, 이 '푼크툼'은 "끈, 점, 상처, 구멍이자, 주사위 던지기다." 그렇다면 푼크툼은 개방, 조명, 조리개처럼 개별적인 것을 분명히 보여주는 역할을 한다. 여기서 개별적인 것은 실재와 접촉을 놓친 흔적을 말한다.

사진의 무한 재생산은 딱 한 번 일어난다. 그것은 반복해 존재할 수 없는 것을 사진이 기계로 복제할 때다. 사진에 존재하는 것은 사건뿐이다. 사진은 다른 어떤 것을 위해 사건을 초월하는 법이 없다. 사진은 언제나 내가 필요로 하는 육신을 내 눈에 보이는 육신으로 되돌린다. 사진은 절대적인 특수자이며, 최고의 우발성 매트^{matte} (다른 이미지를 올려놓기 위해 이미지의 일부를 지우는 데 사용하는 마스크), 왠지 멍청한 것, 이것^{this} (사진 일반^{Photograhy}이 아닌 이 사진$^{this\ photograph}$)이다. 요컨대, 라캉이 투케^{tuché} (실재와의 만남)라고 부른 것, 집요한 표현으로 드러나는 사건, 만남, 실재다. 실재, 불교, 공$^{空, sunya}$, 텅 빔을 더 나아가 앨런 왓츠$^{Alan\ Watts}$의 말로 이것이라는 사실, 따라서 그렇게 존재한다는 사실을 가리키는 진어$^{眞如, tathata}$ (사물의 있는 그대로의 모습으로, 우주 만물의 실체이자 진리)다. 그것^{tat}은 산스크리트어에서 유래된 말로, 어떤 것을 손가락으로 가리키며 "저기, 저기에 있어, 와!"라고 말하는 아이의 제스처를 암시하는 말이다. 사진은 철학적인 변형이 불가능하다. 즉, 사진을 철학적으로 표현할 수 없다는 뜻이다. 사진은 무게라고는 없는 투명한 봉투 같지만, 그 속에는 우발성이라는 묵직한 균형추가 들어 있다.

사진을 경험이라 본다 치더라도, 사진이라는 경험으로 끝없는 애도와 우울함을 극복하는 것은 불가능하다. 왜냐하면 바르트가 보기에 모든 죽음은 '총체적인 비변증법적 죽음'이기 때문이다. 이미지의 부정을 다시 부정할 수는 없다. 따라서 말의 죽음도 극복하는 것이 불가능하다. 유령 같은 사진은 자신을 유배 상태로 만들고, 세상에 환멸을 느껴 떠나버린 실제 현존의 사라짐을 담은 흔적이다. 이 이해할 수 없는 사건을 부르는 이름 하나가 신의 죽음이다. 신의 죽음은 신이 품고 있는 죽음이자 죽음을 품고 있는 신의 죽음이다. 하이데거의 칸트 상상력 해석을 언급하며 장 뤽 낭시Jean-Luc Nancy는 이렇게 주장한다. "신의 죽음은 세계와 경험으로부터 신이라는 직관을 제거하는 데에서 진정으로 시작된다. 그것은 죽음을 무에서 세계가 튀어나온 기원의 장소에 가져다 놓는 것이고, 그 행동은 창조라는 행위를 거꾸로 뒤집어 반복하는 것이다."

하지만 왜? 왜 기원의 장소는 탄생이 아니라 항상 죽음의 시간과 장소여야 하는가? 왜 '진지한' 작가들은 늘 죽음, 애도, 우울함, 두려움, 절망에 사로잡혀 있는가? 왜 그렇게 많은 작가와 화가가 밝지 않고 혹은 참을 수 없이 환하지 않으며, 심오하게 어두운 것인가? 표면은 왜 언제나 깊지 않고 표면적일까? 왜 그리 많은 사람, 특히 작가, 철학자, 화가, 비평가들은 가벼움, 쾌락, 만족, 아름다움, 심지어 즐거움을 인정하기 두려워할까? 수전 손택Susan Sontag은 자신의 오랜 파트너 애니 레보비츠Annie Leibovitz에 대한 확고한 신뢰를 표현하는 글에서 이렇게 주장했다. "사진의 가장 지속적인 승리는 보잘것없고, 무의미하고, 낡아빠진 데에서도 아름다움을 발견하는 능력에 있다. 최소한, 실재는 파토스^{pathos}가 있다. 그 파토스는 바로 아름다움이다." 왜 괴물 같은 것 대신 아름다움을 받아들이지 않는가? 왜 부정은 부정될 수 없는가? 철학이 '존재에서 죽음으로'가 아니라 '존재에서 탄생으로'를 출발점으로 삼으면 어떨까? 죽음의 '더 이상은 없음'과 탄생의 '아직은 없음'은 서로를 비추고 있지만, 똑같은 불가능성을 가진 정확한 거울 이미지는 아니다. 탄생이 일어날 때 언제나 나는 존재하지 않고, '내'가 존재할 때 탄생은 언제나 이미 일어나 있다. 시작의 침묵은 종말의 침묵과 같지 않으며, 중간의 침묵은 이 시작의 침묵, 종말의 침묵과 모두 다르다. 블랑쇼의 주장대로 '언어가 가능해지는 이유가 불가능성을 추구하기 때문'이라면, 사건의 한 가운데서, 말은 이전의 침묵과 이후의 침묵을 동시에 추구할 수 있다. 그럼에도 침묵의 불가능성이 가능하다면 태어남과 기원의 과거가 우리의 미래가 되고, 죽음과 파괴의 미래가 우리의 과거가 되는 뒤집힌 반복도 있을 수 있다.

'푼크툼'은 죽음의 '에이도스'가 아니다. 다른 어떤 작가보다도 점의 차원들을 잘 이해하고 있던 시인 에드몽 자베스$^{Edmond\ Jabès}$는 심지어 "점이 신이다"라고 주장한다. 중세 유대교의 비밀 가르침을 기록한 것이라 일컬어지는 카발라^{Kabbalah}를 인용하며 설명한다. "엘 신이 자신을 드러내고 싶을 때 그는 한 점으로 등장한다." 점은 언어에 침묵의 마침표를 찍어 말을 가능하게 하는 동시에 불충분하게 만든다.『질문의 책』의 마지막 권에서 가상의 랍비들은 '무한 대화'를 계속한다.

"신이 이 침묵을 처음 깼다." 그는 말했다.

"이 깨어진 것을 우리는 인간 언어로 옮기려 노력한다."

"모음은 우리를 볼 수 있게, 들을 수 있게 한다. 모음은 이미지이자 노래다. 우리 선조의 글에서 모음은 점들이었다.

"신은 자신이 점이 되기 위해 이미지와 언어를 거부했다. 그는 이미지 부재 안의 이미지이며, 언어의 부재 속의 언어이며, 점의 부재 속의 점이다." 그가 말했다.

점은 죽음이 될 수도 있고, 탄생이 될 수도 있다. 무에서 유의 창조인 짐줌$^{Zim\ Zum}$일뿐 아니라, 창조가 시작된 지점인 우주 배꼽을 나타내는 빈두^{bindu}(힌두교에서 창조가 시작되는 점)다. 하얀 빈두는 시바^{Shiva}와 달과 관련된 빈두 비사르가$^{bindu\ visarga}$(전생의 모든 카르마가 저장되어 있는 곳 - 옮긴이) 안에 있으며, 검은 빈두가 아닌 빨간 빈두는 샤크티^{Shakti}와 태양과 관련된 물라다라^{muladhara}(존재와 뿌리의 기초) 안에 있다. 어둠과 빛, 달과 해의 인터플레이는 우주의 리듬을 만들고 유지한다. 안겔루스 질레지우스$^{Angelus\ Silesius}$의 장미가 아무런 이유 없이 붉은 것도 바로 그 이유가 아닐까?

침묵

루드비히 비트겐슈타인$^{Ludwig\ Wittgenstein}$이 후대에 많은 영향을 미친 『논리철학 논고$^{Tractatus\ Logico-Philosophicus}$』에서 "말할 수 없는 것은 침묵을 지켜야 한다"는 주장으로 끝낸 것을 모두가 알고 있다. 하지만 이

보다 몇 줄 앞에 "실제로 표현할 수 없는 것들이 있다. 이들은 스스로 모습을 드러내는 신비로운 것들이다"라는 말은 그만큼 유명하지 않다. 명제에 숫자를 붙인 간결한 스타일은 빈Vienna 출신 동료 아돌프 로스Adolf Loos의 영향을 받았다. 로스는 장식은 범죄라고 확신에 찬 주장을 한 적이 있다. 예술가와 건축가 모두가 아르데코 스타일의 과잉을 찬양해 마지않던 시절에, 비트겐슈타인과 로스는 명확성, 순수함, 정확성이야말로 미적인 문제에 그치지 않고, 형이상학적이고 도덕적인 의미를 갖는다고 주장했다. 그들의 미학은 금욕주의적이었다. 모든 불필요한 말을 제거하려는, 순수성을 향한 욕망을 가졌던 비트겐슈타인은 고요함을 찾아 시끌벅적한 세기말 빈을 떠나 노르웨이 북쪽 끝 러스트라 피오르 딘 스키 올덴Lustrafjordin Skjolden까지 갔다. 드디어 평화와 고적함을 찾은 비트겐슈타인은 새로운 방향으로 글을 전개할 수 있게 되었고, 꿈꿔 마지않던 건축가도 될 수 있었다. 이 시절을 돌이켜 보면서 그는 이렇게 썼다. "이곳이 아니었다면 작업이라는 걸 할 수나 있었을지 상상이 가지 않는다. 이곳에는 침묵 그리고 장엄한 경관이 있다. 다시 말하자면, 이곳에는 조용한 중력이 있었다." 그의 전기를 썼던 레이 몽크Ray Monk는 노르웨이 시절이 얼마나 중요했는지를 이렇게 기록하고 있다.

시골의 아름다움, 혹은 마음의 평화와 묵상을 위해 필요했던 혼자만의 기나긴 산책은 그에게 지나치지 않을까라고 생각될 정도의 행복을 안겨주었다. 그에게는 생각할 수 있는 완벽한 조건이 만들어진 것이다. 아마도 그가 살면서 자신이 올바른 장소에서 올바른 일을 하고 있다는 데 의심이 없었던 유일한 때였을 것이다. 그리고 그의 생애에서 가장 생산적인 해이기도 했다. 몇 년 후 그는 이 시기를 완전히 자신만의 사유를 할 수 있었던 때, 심지어 '사유에 새로운 움직임을 부여해 살아있게 한' 때로 회상하곤 했다. "그때, 내 머리는 불타올랐지!"라고 그는 말하곤 했다.

독창적인 사고를 하는 사람들에게 침묵은 창조성을 부추기고, 말과 이미지가 직접 실어 나를 수 있는 것보다 훨씬 더 멀리까지 삶을 실어 날라, 그들을 풍성하게 만든다. 『논고』의 우아하고 엄격한 명제들은 몇몇 대단히 중요한 현대미술, 건축 문학의 특징이라고 할 수 있는 금욕주의적 침묵을 표현하고 있다. 하지만 그 단순한 명제의 스타일은 침묵의 다중적인 소리를 실어 나르지는 못한다.

역설적인 말이지만, 침묵은 다성적^{polyphonic}이다. 사무엘 베케트$^{Samuel\ Beckett}$는 교묘하게 경고한 바가 있다. "침묵, 좋다. 하지만 어떤 침묵인가! 침묵을 지킨다는 건 좋은 일이지만, 사람들은 또 자신이 유지하고 있는 침묵이 어떤 종류의 침묵인지도 생각해 보아야 한다." 이합 하산$^{Ihab\ Hassan}$은 스스로 현대 반문학$^{anti-literature}$이라고 명명한 책들을 파고들면서 두 가지 유형의 침묵을 찾아냈다.

한 종류의 침묵에서 언어는 무^{Nothing}를 동경하며, 다른 침묵에서는 전부^{All}를 동경한다. 전자의 상관물을 숫자이며, 후자의 상관물은 행위이다. 전자에서는, 블랑쇼의 말처럼 문학은 자신의 사라짐을 향해 나아간다. 말라르메, 카프카, 베케트가 이런 경우다. 후자에서는,

가스통 바슐라르Gaston Bachelard가 생각하는 것처럼 문학은 '열정적인 삶la vie ardente' 속에서 자아와 괴물과 같은 재통합을 향해 애쓴다… 양쪽 모두 자신의 원천을 일종의 공포에서 찾는다.

앞으로 살펴보겠지만 이 침묵의 두 양식은 프로이트가 인간의 삶의 근간이라고 생각했던 두 기본적인 욕망, 타나토스Thanatos(죽음의 본능)와 에로스Eros(삶의 본능)에 조응한다. 수전 손택은 「침묵의 미학The Aestehtics of Silence」에서 하산의 연구를 직접 거론하지는 않았지만, 그녀는 하산의 분석을 좀 더 발전시켜 자신의 주장을 펼쳤다. 하산이 침묵의 긍정적인 형식과 부정적인 형식으로 나눈 것을 손택은 시끄러운 침묵과 부드러운 침묵으로 바꾸어 부른다.

시끄러운 스타일로 침묵을 옹호하는 것은 '충만함plenum'과 '텅 빔void'의 불안정한 대조에서 비롯된다. 침묵이 감각적이고, 황홀하며, 초언어적인 충만함으로 가득 차 있다고 흥분하다가 부정적 침묵의 텅 빔 속으로 순식간에 떨어져 붕괴할 수 있다는 점은 이미 악명이 높다. 침묵을 옹호하다 보면 위험(정신적인 멀미, 심지어 광기의 위험)을 감수해야 할 수도 있음을 모르지는 않지만, 시끄러운 침묵의 옹호는 광신적이고 과도한 일반화에 경도되는 경향이 있다. 이 시끄러운 스타일의 침묵은 또 흔히 묵시론적apocalyptic이어서, 종말 예언, 언젠가 닥칠 그날을 보는 것, 그날을 넘겨 살기 등 온갖 묵시론적 사유의 수모를 참고 견뎌야 한다.

침묵을 이야기하는 다른 방식은 더 조심스럽다. 기본적으로 이 방식은 전통적인 고전주의의 주요 특징을 확장하는 방식으로 자신을 드러낸다. 다시 말해 적절한 양식에 관한 관심과 더불어 그럴듯한 품위라는 기준을 가진다. 침묵은 극한까지 밀고 간 '말 없음'이다… 침묵의 수사학을 주장하는 시끄러운 스타일이 좀 더 열정적으로 보일 수도 있지만, 이 부드러운 침묵을 옹호하는 사람들(예를 들어 케이지, 존스 등) 역시 극단적인 이야기를 하고 있다. 이들은 예술의 절대적 동경이라는 같은 아이디어에 (예술에 대한 체계적인 부정이라는) 반응을 보인다. 이들은 부르주아 합리주의 문화에 의해 만들어진 '의미'를 경멸하는. 우리가 잘 알고 있는 의미의 문화 그 자체를 경멸한다는 공통점을 갖는다.

이 대조가 도움이 되기는 하겠지만, 하산과 손택은 좀 더 근본적인 구별을 간과하고 있다. 그것은 표현될 수는 있지만, 자발적인 의지력을 동원해 억제하고 있는 '말하지 않는 것unsaid'과 절대로 표현될 수 없는 '말할 수 없는 것Unsayable' 사이의 구분이다. 제라드 맨리 홉킨스Gerard Manley Hopkins는 「완벽함을 추구하는 습관The Habit of Perfection」이라는 시에서 자발적인 침묵을 이렇게 묘사하고 있다.

선택된 침묵, 내게 노래 부르라.
나의 소용돌이치는 귀를 때려라.
고요한 들판으로 나를 보내고
내가 듣고 싶은 음악이 되어라.

어떤 것도 만들지 마라. 입술이여. 사랑스럽게 침묵하라.
닫힘. 거기에서 보내진 금지에서
모든 체념이 오고
그것만이 당신을 유창하게 만들어준다.

닫혀 있어라. 눈이여. 두 개의 어둠 속에
그 안에서 만들어지지 않은 빛을 찾아라.
네가 주목하는 이 싸움과 당기기는
단순한 시각을 감았다가, 유지했다가, 놀리며 지분거릴 뿐이다.

'선택된 침묵' 없이, 이전, 부터, 너머, 맞서, 내부에, 주변에, 사이에, 함께, 안에는 측량 불가능한 상태로 남아있는 더 심오한 침묵이 있다. 이 두 침묵 사이의 관계는 비대칭적이다. '말하지 않는 것'은 '말할 수 없는 것'을 전제로 한다. 그것이 '말하지 않는 것'에 깊이와 무게를 가져다준다.

침묵의 다중적 차원을 곱씹어 볼수록 그 울림은 더 풍부해진다. 침묵은 신적인 것일 수도 있고, 악마적인 것일 수도 있다. 사랑스럽거나 혐오스러울 수 있고, 회복을 가져다주거나 트라우마를 줄 수도 있고, 위안을 주거나 잔인할 수도 있다. 통합을 가져다줄 수도 있고, 분리할 수도 있으며, 자유를 허용할 수도, 속박과 억압을 강제할 수도 있다. 침묵은 저항의 형식이자 복종의 형식일 수 있고, 처벌이자 보상의 형식일 수 있다. 경외敬畏를 표현할 수도, 공포를 표현할 수도 있고, 놀라움과 좌절감, 기쁨과 슬픔을 표현할 수도 있다. 게다가 침묵은 시간과 장소에 따라 바뀐다. 도시의 침묵은 시골의 침묵과 같지 않으며 숲의 침묵은 사막의 침묵과 같지 않다. 수도승이 거주하는 좁은 방의 침묵은 감옥의 침묵과 같지 않다. 북부의 침묵은 남부의 침묵과 다르며, 동부의 침묵은 서부의 침묵과 같지 않다. 겨울의 침묵은 여름의 침묵과 같지 않고, 가을의 침묵은 봄의 침묵과 같지 않다. 과거의 침묵은 미래의 침묵과 같지 않고, 시작의 침묵은 끝의 침묵과 같지 않으며, 탄생의 침묵은 죽음의 침묵과 같지 않다. 젊음의 침묵은 노년의 침묵과 같지 않고, 한낮의 침묵은 한밤의 침묵과 같지 않다. 침묵 깊은 곳의 소리를 듣기 위해서는 포착하기 힘든 많은 뉘앙스들에 인내심 있게 주의를 기울여야 한다. 침묵을 듣는 방식이 여러분 삶의 경로와 경로 이탈dis-course, 담론을 규정한다.

예술로 가득한artful **침묵** (artful은 '교묘한', '사기의'라는 의미이지만, 말 그대로는 '기술', '예술'이 가득하다는 의미로 풀이할 수 있다 - 옮긴이)

왜 예술을 통해 침묵에 접근하는가? 좀 더 구체적으로, 왜 시각예술을 통해 침묵에 접근할까? 침묵을 본다는 건 무슨 의미일까? 그리고 보이지 않는 것을 듣는다는 것은 무슨 의미일까?

'침묵'은 그토록 낯선, 심지어는 불가능한 낱말이다. 이 말은 필연적으로 자신의 모든 발화에서 자신을 부정한다. 이런 방식으로 '침묵'은 자신을 배신한다. 다시 말해서 자신을 거스르는 동시에 드러낸다(betray라는 낱말은 원래 비밀을 누설하여 배신한다는 의미다 - 옮긴이). '침묵'을 말하는 것은 침묵을 깨는 것이고, 베케트가 경고했듯이

"일단 깨진 침묵은 다시금 전체가 될 수 없다." 조르쥬 바타유$^{Georges\ Bataille}$는 '침묵'을 '미끄러지는 말$^{slippery\ word}$'이라고 말했다. 그의 설명을 들어보자. "말이란 낱말을 삽입할 수 있는 문장을 당연히 의미하겠지만 나는 여기서 침묵이라는 말에 한정하려고 한다. 이미 말했듯이 침묵은 말에서 소리를 없애버린 것이다. 침묵은 모든 말 중에서 가장 빼딱하며 시적이다. 자신의 죽음의 징표이기 때문이다." 미끄러지는 말은 말이라는 행동 안에서 자신을 말하지 않음으로써 말할 수 없는 것을 '말한다'. 이러한 방식으로 침묵은 자신의 표현 안으로 그리고 자신의 표현을 통해 물러나면서 동시에 스스로를 드러낸다.

'침묵'은 그 특정한 말을 넘어 확장되는 지속적인 질문을 제기한다. 담론 가능성의 조건인 담론을 포함하는 것과 담론에 포함할 수 없는 것을 포함하는 것이 어떻게 가능할까? 모호성과 어둠으로 점철된 침묵은 예술을 통해서만 또렷한 모습을 표현하거나 예술로 쪼갤 수 있다.

헤겔^{Hegel}이 틀렸을까? 예술이 과거의 것이 아니면 어쩌나? 모든 것이 말해질 수 없다면 어쩌나? 알려질 수 있을까? 이름 붙여질 수 있을까? 형상이 만들어질 수 있을까? 규약화될 수 있을까? 헤겔이라는 이름이 언제나 고유명사인 것은 아니다. 문학 평론가 프랭크 커모드$^{Frank\ Kermode}$와 소설가 줄리안 반스$^{Julian\ Barnes}$가 재치 있게 설명했듯이 '종말 느낌'을 가리키는 단축어이기도 하다. 예술의 종말. 철학의 종말. 형이상학의 종말. 역사의 종말. '인간'의 종말. 이 맥락에서 종말은 어떤 중단이라기보다는 존재하는 모든 것의 논리와 합리성을 완벽하게 이해한 데서 오는 종결이다. (아직까지) 모든 것을 알지는 못하지만, 원칙적으로는 모든 것은 알 수 있다. 헤겔 사변 철학의 언어로 보자면, 실재는 합리적이고, 합리적인 것은 실재다.

「기술과 전향The Question Concerning Technology」에서 하이데거가 했던 유명한 주장을 변형해 말하자면, 인간이 생활하는 곳에서 이제 인간이 들을 수 있는 것은 자신뿐이라고 결론지을 수 있다. 하이데거는 묻는다. 이러한 결론을 내린 상태에서, 다시 말해, 철학의 종말을 마주한 지점에서, 사유의 과제는 무엇인가? 자신의 질문에 스스로 답하며, 그는 절대 지식에 도달했다는 헤겔의 주장을 상기시키며 말한다. "이런 식으로 질문을 하며, 우리는 더이상은 철학의 사유 문제가 아닌 어떤 것이, 철학이 절대 지식과 궁극적인 근거까지 이르렀다고 생각하는 바로 그 지점에 자신을 감추고 있는 것을 자각할 수 있게 되었다." 따라서 철학이 끝난 시점에서 사유를 가능하게 만드는 사유의 과제란 생각해보지 않은 것을 생각해보는 것이다. 다른 말로 하자면, 모더니티와 포스트모더니티가 끝난 시점에서 사유의 과제란 언어를 듣게 해주고, 다른 모든 것을 가능하게 만들어주고 듣지 못하는 것을 듣는 것이다. 이 듣지 못하는 것, 아마 들을 수 없는 것이 바로 침묵이다.

침묵은 삶이자 언어의 지평, 한계, 테두리, 경계선이며 가장자리다. 헤겔이 옳다면 모든 대화는 유한하다. 완벽한 명징성과 투명성이 성취되는 순간 끝에 도달하기 때문이다. 하지만 헤겔이 틀린다면, 모든 대화는 무한하다. 말할 수 없고 들을 수 없는 어떤 것이 참여자들 사이에 영원히 유지되기 때문이다. 『무한한 대화L'entretien infini』에서 '한계 경험'을 탐구한 블랑쇼는 바타유의 내적 경험을 언급했다.

현재로서는, 한계 경험이 제기한 문제는 다음과 같다. (총체성 형식을 가진) 절대적인 것을 어떻게 넘어설 수 있는가? 자신의 행위에 의해 정상에 도달한 인간이 어떻게 이 충만을 유지하지 않고, 자신을 의문 속에 던져 넣는가? 보편적이고, 영속적이며 언제나 자신을 성취하고 이루며, 무한하게 자신만 말하는 것을 반복하는 담론 속에서 언제나 자신을 반복하는 인간이 말이다. 제대로 말하자면, 그럴 수 없다. 하지만 내적 경험은 가능성에 속하지 않은 이 사건을 고집한다. 그것은 이미 성취된 존재 안에 미세한 공간을 열어 그것에 의해 이미 존재하는 모든 것은 갑자기 초월되며, 탈출하고 넘어서는 더 많은 부가물에 의해 그 지위를 잃는다. 낯선 과잉이다. 결론을 영원히 항상 미완성인 상태로 만드는 이 과잉은 무엇인가? 모든 것이 가능한 힘으로 측량할 수 없는 이 초월의 움직임은 어디에서 오는가? 모든 가능성을 실현한 이후에 자신을 되돌릴 수 있는 순간으로 제시하거나, 침묵 속에서 모두를 철회하는 이 '가능성'은 무엇인가?

언어의 '낯선 과잉'인 이 '미세한 공간'은 개념이나 말로 표상되거나 이해될 수 없기 때문에, 모든 이미지와 표상을 철저하게 개념으로 옮겨보려는 헤겔의 전략은 실패할 수밖에 없었다. 발화될 수 없는, 따라서 영원히 침묵 속에 남아있을 수밖에 없는, 간과되고 초월되고 억압된 잔여물은 어디에나 있기 마련이다.

결국 헤겔은 틀렸다. 우리는 이해하지 못하는 것들을 이해하며, 이로 인해 삶에 창조적인 면이 만들어진다. 이 이해를 지각하기 위해서는, 이념과 개념들을 이미지와 표상으로 재번역해서 서구의 역사의 많은 부분을 알려 주었던 헤겔의 궤도를 뒤집어야 한다. 이 전도는 모더니티와 포스트모더니티를 정의해왔던 미몽에서 깨어나기^{disenchantment}와 탈신비화 과정을 붕괴시킨다. 이 뒤얽힌 궤도의 복잡한 리듬은 언어와 지식의 문제에서 그치지 않고, 우주론적이고, 인류학적이고, 신학적이며 무/신학적인 문제다.

예술가 중 존 케이지$^{John\ Cage}$만큼 침묵의 불가능성을 분명히 들은 사람은 없었다. 1961년 케이지는 『침묵^{Silence}』이라는 간단한 제목의 책을 출간한다. 이 책에는 하나라고 할 수 있는 두 편의 논문이 담겨 있었다. 「무에 관한 강의$^{Lecture\ on\ Nothing}$」와 「어떤 것에 관한 강의$^{Lecture\ on\ Something}$」다. 마치 악보의 한 소절처럼 그려진 글이었다. 케이지는 이렇게 설명했다. "한 행마다 네 소절이 있고, 리듬 구조 단위마다 12행이 있다. 그런 단위가 48개 있으며, 각각에는 48개 소절이 있다… 텍스트는 리드미컬하게 읽기 쉽도록 네 컬럼으로 인쇄했다. 인위적인 방식으로 연주해서는 안 되고, 일상 언어를 말하듯 루바토 연주를 해야 한다." 넓은 공간과 강조된 구두점으로 인해 공백과 간격이 만들어졌지만, 케이지는 이를 채우거나 좁히려 들지 않았다. 그는 '무'에서 시작한다.

나는 여기에 있다　　．　　그리고 할 말도 없다．
어딘가 가려고 하는 사람들　，　　　떠나게 하라
아무 때나　　　．　　우리가 요-구하는 것은
침묵　　　　：　　하지만 침묵이 요구하는 것
　　　은　　내가 계속 말하기이다　　　．

할 말이 없으면 침묵을 지키는 편이 현명해 보일 수 있다. 하지만 상대방이 침묵을 말하게 하고 침묵을 듣게 만드는 게 목적이라면, 케이지의 주장에 따라 계속해서 말하는 게 필요하다. 그는 말할 수 없는 것은 언어의 실패 안에서, 실패를 통해서 말해질 수 있다고 믿고 있다. '어떤 것'은 '무에 관한 헛소동'으로 판명된다. 케이지는 끝맺음 없는 결론을 내린다.

     어떤 것도 말해지지 않았다   .
어떤 것도 의사소통되지 않았다. 그리고 필요 없다 상징들 혹은
지적인 지시대상들.   삶의 어떤 것도 상징을 요구하지 않는
왜냐면 명백히
현재의 자신이기 때문이다: 보이는 현현 눈에 보이지 않는 무의.
모든 어떤 것은 마찬가지로 그것을 받아들인다 삶을 주는 무를.
하지만 계속 가기 위해   다시   관해 누군가 말한다: "뭐?"
그리고 나는 이전 그것을 언급했던 것을 잊었다.   그는 말했다.
"어떨까
그 모든 침묵은?"   내가 어떻게 알아 언제

케이지의 『침묵』은 자신의 유명한 작품 〈4분 33초〉의 논평처럼 들린다. 그 음악은 블랙 마운틴 칼리지에서 화가 프란츠 클라인^{Franz Klein}과 시인 찰스 올슨^{Charles Olson}이 함께 가르칠 때 만들었다. 작품은 1952년 8월 29일 뉴욕 아방가르드들의 본산이라 할 수 있는 우드스톡 매버릭 콘서트홀에서 처음 공연되었다. 명망 높은 피아니스트

데이비드 튜더David Tudor는 무대를 가로질러, 피아노 앞에 자리 잡고 앉았다. 그러곤 피아노 커버를 닫고 침묵 속에서 앉아 있었다. 30초, 2분 23초, 1분 40초짜리 세 악장으로 구성된 곡이었다. 각각의 시간은 스톱워치로 정확하게 측정했다. 각 악장의 시작에서 튜더는 피아노 커버를 열었다가 덮고, 침묵 속에 앉아 있는 제스처를 반복했다. 청중 속 많은 사람들은 실망을 감추지 못했다. 몇몇은 분노에 차서, 자기 방종에 지나지 않는 행사라고 비난했다. 토비 캠프스Toby Kamps는 "단순히 이목을 끌려는 행동이었다기보다, 이 작품은 음악과 의식의 대안을 오랜 시간 탐색해온 케이지가 자신의 연구의 최종적인 형태로 제시한 것이다. 케이지는 특히 인도 고전 음악과 철학의 '예술은 자연의 작동 방식을 모방한다'는 견해에 깊은 인상을 받았다. 예술의 주요 기능은 어떤 전통적인 의미의 재현이라기보다는 예술 작품이 시간과 공간 그리고 그 작품이 놓인 맥락으로 열리며 그것들을 조명하는 과정으로 이해해야 한다. 케이지가 〈4분 33초〉 이전에도 불교를 공부했는지 명확히 밝힌 적은 없지만, 이 작품에서는 선Zen 철학과 깊은 관련성을 분명히 볼 수 있다."라고 했다.

케이지의 〈4분 33초〉의 목적은, 아마도 의도적이겠지만, 여전히 불분명하다. 그의 목적은 청중에게 침묵을 듣게 하려는 것이었을까? 혹은 억압된 주변 소음에 주의를 기울이게 만들며 침묵의 불가능성을 이해시키려는 것이었을까? 연구하는 동안 케이지는 하버드 대학의 무반향실無反響室을 찾은 적이 있었다. 이 세상에서 가장 조용한 환경에서 케이지는 침묵이 아니라, 자신의 심장 소리, 동맥과 정맥을 흐르는 혈액의 웅얼거림, 머리에서 맥박 치며 윙윙거리는 전기 소리를 듣게 되어 깜짝 놀랐다. 이 경험의 결과로 케이지는 이렇게 선언하게 된다. "세상에 침묵이라는 것은 없다." 〈4분 33초〉 초연 반응에 실망을 보이며, 그는 이렇게 불평했다. "요점을 놓치고 있다… 그들은 침묵에는 우연한 소리로 가득하다고 생각한다. 듣는 방법을 모르니까. 1악장에서는 밖에서 윙윙거리는 바람을 들을 수 있다. 2악장에서는 지붕에 후두두 쏟아지기 시작한 빗방울을 들을 수 있다. 3악장에서 사람들이 웅성대며 이야기하고 공연장을 빠져나가며 내는 모든 흥미로운 소리를 들을 수 있다."

케이지는 침묵 듣기의 불가능성을 인정했지만, 평생의 벗이었던 화가 로버트 라우센 버그$^{Robert\ Rauschenberg}$의 회화에서 나타나는 침묵에 다가가려는 전망으로 시작된 추구를 멈추지 않았다. 케이지는 「무에 관한 강의」 서문을 다음과 같이 시작한다. 괄호는 방백^{傍白}이다.

(자신 위에 떨어지는 모든 것에 걸려 있는 하얀 그림들: 내가 왜 확대경을 가지고 그 그림들을 보지 않았을까? 확대경을 갖고 있지 않아서라는 단순한 이유뿐일까? 다음과 같은 진술에 동의하는가? 어쨌든, 자연은 예술보다 낫다?) 아름다움은 어디에서 시작해서 어디에서 끝나는가? 그것이 끝나는 지점이 바로 화가가 시작하는 지점이다. 이러한 방식으로 우리는 우리를 위한 방향을 설정한다. 라우센 버그가 새로운 그림을 그렸다는 이야기를 들으면, 하던 일을 당장 집어치우고 어쨌든 간에 그 그림을 보는 것이 가장 현명한 노릇이다… 실은, 우리가 보지 않더라도, 우리가 보고 있구나 하는 것을 깨달을 때 우리는 그 요점을 빠르게 이해한다.

라우센 버그의 하얀 캔버스 표면에서 케이지는 침묵을 보았다. 그 침묵은 이전에 듣지 못했던 것을 들을 수 있게 해 주었다. 모건 팰코너$^{Morgan\ Falconer}$는 이렇게 설명한다. "케이지는 '하얀 그림들'을 화가의 표현이 투사된 이미지라기보다는 세상의 유동성^{flux}을 드러내 보이는 배경으로 보았다. 앙리 베르그송$^{Henri\ Bergson}$이나 선불교를 연구하며 도달한 이해였다." 우리가 앞으로 보겠지만 선禪적인 바위 정원(자연석을 주로 배치하고 낮은 나무나 풀을 심은 정원 – 옮긴이)의 관조적인 침묵은 일상적인 것의 조용한 웅변을 들을 수 있게 한다.

많은 근대와 현대의 시각예술가들이 침묵에 몰두하고 있는 것은 놀라운 일이다. 뒤샹^{Duchamp}은 심지어 "침묵은 만들어 낼 수 있는 최고의 예술이다. 아직 서명되지 않아 모두를 위해 존재한다"라고 말했다. 많은 예술가에게 보이지 않는 것의 침묵과 침묵의 보이지 않음은 흑백의 문제였다. 충만함이든 텅 빔이건 간에, 순수한 백과 흑의 표면은 말로 번역될 때마다 반드시 표현될 수 없는 잔여물을 남긴다. 라우센 버그는 하얀 모노크롬 혹은 거의 모노크롬적인 회화에 전념했던 유일한 화가가 아니다. 그 외에도 재스퍼 존스, 카지미르 말레비치, 엘스워스 켈리, 아그네스 마틴, 로버트 라이먼, 미노 아르젠토, 루초 폰타나 등이 있다. 말레비치와 라우센 버그는 하얀색에서 보았던 것을 검은색으로도 그렸다. 그들의 블랙 모노크롬화 혹은 유사 모노크롬에만 관심을 가진 작가들도 있었다. 애드 라인하르트, 마크 로스코, 프랭크 스텔라, 앨런 맥컬럼, 메리 코즈, 제니 C. 존스, 올리비에 모세 같은 예술가들이었다. 이 이야기는 이 다양한 회화가 모두 같다는 이야기가 아니다. 그렇다는 말은 침묵의 모든 소리는 구별할 수 없다는 주장과 마찬가지로 터무니없는 말이다. 오히려 이미지의 불확정성은 침묵의 다성음악을 들을 가능성을 만든다.

 2012년 7월 30일에서 2013년 4월 21일까지, 휴스턴 소재 메닐 재단은 '침묵'이라는 제목의 전시를 열었다. 앞으로 그 이유가 점점 분명해지긴 하겠지만, 이 전시회가 로스코 채플 근처에서 열렸다는 데 주목해야 한다. 로스코 채플 입구에는 바넷 뉴먼^{Barnett Newman}의 피라미드 조각이 있다. 날카로운 피라미드 끝 위로 부서진 오벨리스크가 아슬아슬하게 균형을 잡고 있다. 이 교회는 원래 로스코가《십자가가 머문 곳》이라고 이름붙인 검은색 모노톤 회화 14점을 전시하기 위해 필립 존슨^{Philip Johnson}에 의해 설계되었다. 큐레이터 조세프 헬펜스타인^{Josef Helfenstein}과 로렌스 린더^{Lawrence Rinder}는 이렇게 말했다. "이 전시 및 카탈로그 프로젝트는 디지털적인 삶의 소음이 점차 침묵과 더불어 그와 동반된 집중력을 몰아내던 시끌벅적한 순간에 진행되었다." 비평가들에게 거의 외면되다시피 했던 이 중요한 전시는 친절하게도 침묵의 다중적인 측면을 탐구했다. 라인하르트의 추상회화에 잠재된 영성에서부터, 나중에《전기의자^{Electric Chair}》시리즈의 원천이 된 앤디 워홀의〈싱싱의 사형실^{Sing Sing's Death Chamber}〉사진, 심지어는 안드레아 스터징과 그랜 퓨리의 같은 이름을 지닌〈침묵=죽음^{silence=death}〉이라는 섬뜩한 작품들도 있었다. 케이지의〈4분 33초〉악보도 있었다. 그 외 유명한 작품을 들자면, 요제프 보이스의〈침묵〉,〈마르셀 뒤샹의 침묵은 과장되었다^{The Silence of Marcel Duchamp Is Overrated}〉,〈소리 없는 칠판 지우개^{Noiseless Blackboard Eraser}〉, 마르셀 뒤샹의〈숨겨진 소리를 가지고^{With Hidden Noise}〉, 마크 맨더스의〈콘크리트 바닥 위 침묵하는 머리Silent Head on Concrete Floor〉, 크리스찬 마클레이의 〈황금색 침묵(전기의자)Gold Silence (The Electric Chair)〉, 〈핑크색 침묵(전기의자)Pink Silence (The Electric Chair)〉, 〈은색 침묵(전기의자)Silver Silence (The Electric Chair)〉, 〈노란색 침묵(전기의자)Yellow Silence (The Electric Chair)〉, 브루스 나우만의 〈바이올린 폭력 침묵Violins Violence Silence〉 등이 있다. 또 잉마르 베리만 감독의 《창문을 통해 어렴풋이Through a Glass Darkly》와 《겨울 빛Winter Light》과 더불어 '신의 침묵' 3부작의 마지막 편 《침묵Silence》도 이 전시회에서 상연되었다.[1]

케이지의 〈4분 33초〉에 영향을 받은 이 전시회에서 가장 도발적인 작품은 대만출신 예술가 테칭 시에Tehching Hsieh가 한 해 동안의 퍼포먼스를 기록한 《원 이어 퍼포먼스 1978~1979》였다. 이 작품을 위해 테칭 시에는 1978년 9월 30일부터 1979년 9월 29일까지 11피트 6인치×9피트×8피트 철창 안에 스스로를 감금했다. 캠프Kamp에 따르면 침대, 조명, 양동이가 들어 있던 이 철창은 뉴욕시 한 다락방 내부에 설치되었다고 한다. 1년 내내 시에는 한마디 말도 하지 않고 글을 읽거나 쓰지도 않고, 텔레비전을 보지도 라디오를 듣지도 않았다. 방문객들은 정해진 시간에만 공연을 보도록 허가를 받았으며, 변호사는 이 예술가가 한 번도 철창을 떠나지 않았음을 공증했다. 로베르타 스미스Roberta Smith는 이 공연이 야심에 찬 다른 흡사한 작품과 맺고 있는 중요한 관계를 이렇게 강조했다.

작품들의 오랜 지속시간으로 인해 시에는 차분하고 변치 않는 반복을 통해 시간을 측정하는, 평화를 사랑하는 묵상 예술가들과 같은 항렬에 놓인다. 한네 다보벤^(Hanne Darboven)의 일기처럼 휘갈긴 글이나, 로만 오팔카^(Roman Opalka)의 회색 숫자 그림, 조나단 보로프스키^(Jonathan Brofsky)의 1969~1970년 작품으로, 손으로 쓴 숫자가 적힌 타이핑 종이를 허리춤까지 쌓고 커다란 플라스틱 루비로 눌러놓은 〈1부터 2,740,321까지 세기〉, 날짜 그림으로 유명한 온 카와라^(On Kawara)의 작품들과 비슷한 그림으로 평가된다. 두 종류의 시간을 압축한 것이 시에의 작품을 효과적으로 보이게 한다. 여러분은 순식간에 작품의 지속을 파악할 수 있다. 이 작품들을 생각하다 보면, 작품들은 여러분 마음에서 계속 팽창한다.

이 전시회의 다양한 작품들은 시각예술이 침묵의 지속적인 의미를 계속 새롭게 이해하는 데 얼마나 중요한 역할을 하고 있는지를 잘 보여주고 있다.

지금부터 여러 시각예술 작품을 출발점으로 삼아 여러 침묵의 소리를 들어보려고 한다. 제임스 터렐^(James Turrell)의 '이전', 바넷 뉴먼의 '부터', 애드 라인하르트의 '너머', 마크 로스코의 '맞서', 애니쉬 카푸어^(Anish Kapoor)의 '내부에', 마이클 하이저^(Michael Heizer)의 '사이에', 도날드 저드^(Donald Judd)와 로버트 어윈^(Robert Irwin)의 '향하여', 엘스워스 켈리의 '주변에', 안도 다다오^(Ando Tadao)와 선禪 바위정원의 '함께'가 있다. 나는 예술가, 작가, 철학자, 신학자들 사이에 요컨대 무한한 대화라고 할 만한 것을 설정하여 대화를 만들어 낼 것이다. 십자가의 길^(Via Dolorosa)(그리스도가 십자가를 지고 걸어간 처형지까지의 길)을 반복하는 동시에 전복하며, 이 여행을 침묵으로 휘어지게 할 것이다. 블랑쇼는 프란체 카프카와 문학을 언급하며 이렇게 썼다. "글쓰기란 자신의 존재와 자신의 가치와, 어느 정도까지는 완벽을 부정하는 것과 관여하는 것이다. 하지만 또 그것은 언제나 완벽하게 글을 쓰려는 희망, 완벽을 향한 희망이기도 하다. 그리고 글쓰기는 결국 글쓰기의 불가능성에 책임지기, 마치 천국처럼 침묵을 지키기, '벙어리를 위한 메아리'다. 하지만 또 글쓰기란 침묵에 이름 붙이기, 자신을 쓰지 못하게 만들면서 쓰기다." 모든 것을 다 말하고 난 다음 남아 있는 질문은 이런 것이다. 고난의 십자가의 길$^{Via\ Dolorosa}$(비아 돌로로사)은 기쁨과 환희의 길$^{Via\ Jubilosa}$(비아 주빌로사)이 될 수 있을까?

1

없이
Without

세계와 모든 삶은 병들어 있다. 만일 내가 의사고, 누군가 내게 충고를 요청한다면, 이렇게 답하겠다. 침묵하게 하라! 인간을 침묵으로 데려가라. 오늘날처럼 시끄러운 세상에서는 신의 말은 들을 수 없다. 모든 소음 가운데서 들을 수 있도록 더 커다란 소음으로 새겨놓으면, 그것은 더는 신의 말이 아니다. 그러니 침묵하라.

_쇠렌 키르케고르

산길

오랜 시간 동안 오후 느지막이 되면 스톤힐 산마루에 난 오솔길을 따라 걷고, 뛰고, 스키를 즐기는 게 일과였다. 숲의 침묵은 계절마다 달랐다. 겨울의 침묵은 차갑고 금방이라도 깨질듯했다. 실제로 이따금 나뭇가지가 부러진다든지, 근처 연못 얼음이 깨지는 소리에 침묵이 깨지곤 했다. 봄의 침묵은 막 피어나려는 꽃봉오리와 싹들의 기대로 축축한 느낌을 준다. 다람쥐가 재잘거리지만, 새소리는 좀처럼 들을 수 없다. 여름의 침묵은 뜨겁고 먼지가 많다. 한낮의 더위는 모두를 조용하게 만들지만, 새들의 아름다운 노래는 주변의 침묵을 더욱 활기차게 만든다. 40년도 넘게 이 새소리를 들어왔지만, 아직도 새 이름은 모른다. 침묵은 계절에 따라 빛과 함께 바뀐다. 스톤힐에서 내가 가장 좋아하는 침묵은 가을의 침묵이다. 북쪽에 자리 잡은 이곳에서는 8월에서 9월로 넘어가는 시기에 들판은 황금빛 국화로 덮이고, 나뭇잎들도 색이 바래기 시작한다. 이미 몇 달 전 남쪽으로 여행을 시작한 태양은 하늘 낮게 떠서, 그 빛을 담은 형형색색의 들판과 잎들에 그윽한 색을 드리운다. 느지막한 오후가 되면 윙윙거리던 곤충 소리가 잦아들면서, 다른 어디에서도 들어보지 못한 특별한 침묵의 소리가 뒤를 잇는다. 마치 빛이 지각할 수 있는 물건이 되어 고막을 내리누르며 공명을 만들어 내고, 그 공명이 어둠이 내린 후에도 오랫동안 지속되는 느낌이다. 이 가을빛이 만든 침묵의 소리는 언제나 이미 사라져버린 것에 대한 달콤한 애수哀愁의 색채를 띠고 있다. 이 빛을 보는 것이야말로 진정 훌륭한 침묵을 듣는 것이다.

150여 년 전, 스톤힐에서 동쪽으로 130마일 떨어진 월든 폰드 Walden Pond라는 곳에서 헨리 데이비드 소로 Henry David Thoreau는 칩거에 들어갔다. 팽창하는 철도의 속도, 새롭게 발명된 전보의 소음, 참견하기 좋아하는 마을 사람들의 끝없는 수다를 피하기 위해서였다. 파스칼은 "인간의 모든 문제는 혼자 방에 조용히 앉아 있지 못하는 데서 나온다"라고 믿었던 사람인데, 소로는 이러한 파스칼의 생각에 동의를 표하기도 했다. 숲에 자신만의 방을 만든 다음, 소로는 2년 동안 노동과 묵상을 하며 살았다. 나중에 숲에서 나와 그는 이렇게 썼다. "우리의 발명품은 보통은 진지한 데서 다른 곳으로 관심을 분산시키는 예쁜 장난감들이다. 이들은 개선되지 않은 목적을 위해 개선된 수단에 지나지 않는다… 우리는 서둘러 메인에서 텍사스까지 전보망을 구축한다. 하지만 메인과 텍사스 사이에 전보로 보내야 할 만큼 중요한 이야기는 아무것도 없을 수 있다."

오늘날 많은 사람이 최신식 발명품과 예쁜 장난감을 들고 숲으로 들어간다. 산길의 맞은편에서 인근 대학교의 학생이나 미술관 방문객을 마주치곤 한다. 보통 혼자지만, 휴대전화로 통화를 하고 있거나 아이팟을 이용해 음악을 듣고 있는 경우도 많다. 가끔은 이들에게 왜 숲의 조용함을 즐기지 못하고 이 장비들을 가져오느냐고 물어볼 때도 있다. 가장 흔한 반응은 도무지 이해가 가지 않는다는 눈빛으로 나를 쳐다보는 것이다. 이따금 정말 이따금, 시선을 다른 데로 돌리며, 창피하다거나 죄책감을 보여주는 사람도 있긴하다. 이어폰이나 헤드폰은 소음을 차단하여 침묵이라는 감각을 만들어주기보다는, 오히려 침묵의 소리를 없애는 소음을 귀 안으로 흘려보낸다. 견디기 힘든 일이다. 숲속 오솔길에서 산책이나 달리기를 즐기는 사람들 대부분은 전화를 들고 오지 않아야겠다는 생각은 아예 해보지도 않았을 것이다. 전화나 아이팟 등의 장비는 이제는 인간에게 없어서는 안 될 보철물 역할을 하고 있으니 말이다.

  이러한 일은 왜 일어났을까? 왜 우리는 소음에 중독된 걸까? 왜 우리는 침묵을 듣는 방법을 까맣게 잊게 되었을까? 왜 우리는 침묵을 두려워하고 피하려 들까? 왜 침묵은 매력적이지 않고 위협적일까? 왜 우리는 소음을 갈망하며 필요로 하는 것일까? 왜 우리는 소음에 빠져 벗어나지 못하고 있는 걸까?

  '소음'이라는 낱말은 라틴어 'nausea'('배멀미'라는 의미이지만, '불쾌한 상황' 혹은 '시끄러운 혼란'과 같은 부가적인 의미로 많이 사용되었다)와 그리스어 'nausea'(배라는 의미의 'naus'에서 왔다)에서 왔고, 도중에 프랑스 고어 'noyse'를 거쳤다. 어원만 보더라도 소음은 역겹다는 의미를 떠올리게 한다. 탁월한 분석가 미셸 세르[Michel Serres]는 이렇게 썼다. "수없이 많은 질병은 언제 침묵을 지켜야 하는지 모르는 데에서, 다시 말해 비비고 긁어대는 말들의 단단한 껍질 내부를 제외하고는 다른 어디에서도 살 수 없는 데에서부터 온다. 언어는 시간을 죽이지만, 침묵은 황금 혀보다 더 황금빛이어서 우리의 유일한 진짜 보물이라 할 수 있는 시간을 우리에게 돌려주고, 천둥 같은 언어와 감각의 위협으로 굳게 봉인되어 있던 감각에 충격을 주어 우리를 깨어나게 한다. 침묵 속에서 맛보고, 듣고, 냄새 맡고, 만져보고, 살펴보라." 이 역겨움을 고칠 수 있을까? 이 시끄럽고 산만한 데서 벗어나는 게 구원이라 할 수 있을까? '침묵은 우리 신의 유일한 목소리'라는 멜빌의 말이 사실이라면 소음은 신의 죽음이 될 것이고, 그렇다면 침묵을 다지는 행동이야말로 우리가 한때 '신'이라 이름 붙였던 것을 다시금 들을 수 있는 방법이 될 수도 있다.

말 – 쪽으로 Ad – Diction, 중독 구축하기

모더니티와 모더니티의 연장인 포스트모더니티는 시끄럽다. 근대적인 인간이 되기 위해서 사람들은 침묵 '없이' 사는 법을 배워야 했다. 근대화, 산업화, 도시화는 삶의 속도와 양을 증가시키는 순환 고리로 묶여 있다. 사람들이 시골에서 도시로 이동하고 시골이 농업 경제에서 산업 경제로 바뀌어 소음 레벨이 올라가게 되면 거의 사라져버린다. 처음에는 산업 자본주의에서 소비 자본주의로, 그다음에는 금융 자본주의로 이행하면서 소음은 바뀌었고 점점 증폭되었다. 이 소음은 청각적일 뿐 아니라 시각적이기도 하다. 모더니티가 포스트모더니티로 변하면서 공장과 기계의 커다란 소음에, 지역과 전 지구적인 네트워크와 연결되어 수백만 바이트의 음성과 이미지를 전송하며 낮과 밤을 가리지 않고 우리의 감각을 공격하는 끊임없는 컴퓨터와 전자기기의 윙윙거리는 소리가 더해졌다. 생산과 재생산 테크놀로지가 변화하며, 산업 기계의 외부 소음에 전자기기와 디지털 장치의 소음이 더해지며 소음은 더욱 강화되고 있다. 문제는 이 새로운 소음이 우리의 삶에 침투하고 만연해 있다는 점이다. 불협화음을 내는 공적 공간과 시간의 가차 없는 소음과 섬광 속에서 사적 공간과 시간이 사라져간다. 이렇게 번창하는 소음을 환영할 만한 진보의 표시로 받아들이는 사람도 있다. 반면 어떤 사람에게 이 소음은 우리가 살아야만 하는 모던과 포스트모던 세계에 만연한 전이성 질환의 증상이다. 올더스 헉슬리$^{Aldous\ Huxely}$는 1945년 『영원의 철학$^{The\ Perennial\ Philosophy}$』에서 이렇게 썼다.

20세기는 무엇보다도 소음의 시대이며 정신적 소음과 욕망의 소음이 존재한다. 우리는 이 모든 역사의 기록을 갖고 있다. 놀라운 일도 아니다. 기적적인 테크놀로지의 모든 자원이 지금처럼 침묵을 공격하는데 쏟아 부어진 것을 생각해 보면 말이다. 최근 들어 가장 대중적이며 영향력 있는 발명품이라 할 수 있는 라디오만 하더라도, 이미 만들어진 소음을 우리 집 안으로 흘러들어오게 만드는 배관에 지나지 않는다. 이 소음은 점점 고막보다 깊이 들어간다. 소음은 정신까지 침투해서, 와자지껄하고 알아들을 수도 없는 소리로 우리를 산란하게 만든다. 아무런 상관없는 정보, 시끄럽기만 하거나 혹은 지나치게 감상적인 음악, 카타르시스도 없이 끝없이 반복되기만 하는 드라마 같은 소음들은 매일, 혹은 매시간, 감정을 배설하고픈 갈망을 만들어 낼 뿐이다. 대부분 나라에서처럼, 방송국이 광고주들에게 시간을 파는 곳에서 소음은 귀를 파고 들어가 환상과 지식, 감정의 영역을 거쳐 자아의 소망과 욕망이라는 핵심까지 도달하게 된다.

모든 사람이 소음에 적대적인 것은 아니다. 유럽의 아틀리에에서 현대 예술이 시작되어, 블랙마운틴 칼리지와 소호SoHo의 스튜디오에서 번창할 때까지, 예술가들은 소음에 매료되어 있었다. 프랑스 경제학자·사회이론가·정치평론가 자크 아탈리Jacques Attali는 『소음: 음악의 정치경제학Noise: The Political Economy of Music』을 아래의 주장으로 시작한다.

> 예술은 시대의 특징을 담는다. 이 말은 예술이 명확한 이미지라는 의미일까? 이해를 위한 전략인가? 투쟁의 도구일까? 소음과 소음의 돌연변이 구조를 만드는 규약code에서 새로운 이론적 실천과 해석을 볼 수 있다. 한편으로 인간 역사와 경제 동력 사이의 관계를 설정하는 동시에, 다른 한편으로는 소음을 규약으로 질서화시키는 역사다. 하나의 진화를 다른 형식으로 예측하고, 경제학과 미학을 합치고, 음악은 예언적이며, 사회구조는 그를 반영한다는 증명이다.

아탈리가 배제하고 있는 것은 그가 포함하고 있는 것만큼이나 암시적이다. 따라서 그의 말을 곧이곧대로 믿으며 읽어선 안 된다. 그의 소음 분석은 오히려 침묵과 시각예술 사이의 관계를 조망하는 데 도움이 된다.

1909년 2월 20일 필리포 마리네티Filippo Marinetti는《피가로》지 1면에「미래파 선언The Futurist Manifesto」을 발표한다. 속도와 소음을 찬양하는 이 글에서 이렇게 말한다.

> 새로운 아름다움이 세상의 영광을 풍성하게 만들고 있다고 선언하는 바다. 그 새로운 아름다움이란 바로 속도의 아름다움이다. 폭발적인 숨을 토하는 뱀처럼 생긴 거대한 파이프가 후드를 장식하고 있는 레이싱카. … 기관총 불꽃에 맞춰 달리는 듯 포효하는 자동차는 승리의 여신보다도 아름답다….
> 우리는 노동과 쾌락과 저항으로 흥분하고 있는 군중을 노래할 것이다. 현대적인 수도의 다채롭고 다성악적인 혁명의 물결을, 강렬한 전기 달빛 아래 무기고와 작업장에서 울리는 밤의 진동을, 연기 내뿜는 뱀들을 게걸스럽게 집어삼키는 기차역을, 굴뚝 연기로 구름에 매달린 공장을, … 수평선 냄새를 맡는 모험심 강한 증기선을, 긴 파이프로 만든 굴레를 쓴 거대한 철마처럼 철로 위에서 씩씩거리는 기관차를, 그리고 마치 군중의 열렬한 박수갈채 속에서 깃발이 펄럭이는 듯한 프로펠러 소리를 내는 비행기의 활강을 노래할 것이다.

몇 십 년이 지나며 마리네티가 찬양하던 소음은 치명적인 것으로 바뀌어버렸다. 스티븐 컨Stephen Kern이 지적했듯이 1914년 8월의 위기는 "전자 통신 시대 이전에 살았던 사람들은 감당하기 힘들었을 것이다. 1914년 여름에 전보, 전화, 메모, 보도 자료의 홍수로 정신없는 상황을 마주한 기존 권력자들은 어찌할 바를 몰랐다. 감정을 잘 드러내지 않던 정치인들도 무너졌고, 노련한 협상가들조차 잠도 자지 못하고 일촉즉발의 대치를 감당하느라 제 역할을 못하고 있었다. 모두가 자신들의 섣부른 판단과 성급한 행동으로 재난이 발생할 수 있다고 생각하며 고뇌를 거듭했다." 물론 이들의 섣부른 판단과 성급한 행동은 결국 1차 세계대전이라는 파괴적인 폭력을 낳았다.

사람들이 죽음과 파괴의 소리를 들었던 곳에서 마리네티의 세례를 받은 루이지 루솔로$^{Luigi\ Russolo}$는 현대 기계 소음이 만드는 음악을 들었다. 마리네티가 문학과 시각예술 분야에서 미래파 운동을 주도했다면, 루솔로는 음악에서 그 역할을 맡았다. 바클리 브라운$^{Barclay\ Brown}$은 루솔로가 미친 영향을 이렇게 설명한다. "구체음악$^{musique\ concrète}$ 교리는 루솔로의 선언에서 처음 등장했다. 1913년 3월에 있었던 그 선언은 일상적인 도시 생활의 소리만으로 작곡되는 교향곡을 상상했다. 루솔로는 삶의 소리로 이루어진 바다를 발견했다. 소음의 표현적인 음악 가능성을 인식했던 그는 피에르 셰페르$^{Pierre\ Schaeffer}$나 존 케이지와 같은 현대 거장 음악가들과 동일한 위상을 갖는다." 전쟁이 한창이던 이탈리아 한복판에서 그는 소음을 기리는 송가頌歌를 썼다. 바로『소음의 예술: 미래파 선언$^{The\ Art\ of\ Noise:\ Futurist\ Manifesto,\ 1916}$』이었다. 그에 따르면 평화, 고요함, 침묵은 모두 이미 과거의 것이고, 붕괴, 불안, 소음은 미래적이다. "고대의 삶은 침묵이었다. 19세기에 기계가 발명되며 마침내 소음이 태어났다. 오늘날 소음은 크게 성공했고, 인간의 감수성을 지배하고 있다. 몇 세기에 걸쳐 삶은 침묵 속에서, 최소한 조용하게 펼쳐졌다. 이 침묵을 깬 가장 커다란 소음은 강렬하지도 장기적이지도 다양하지도 않았다. 어쨌든 지각의 움직임, 허리케인, 폭풍, 산사태, 폭포와 같은 예외적인 현상들을 제외하면, 자연은 침묵을 지킨다." 모더니스트에게 침묵은 과거의 것이다. 루솔로는 계속 말한다. "우리 미래파는 위대한 거장들이 만들어낸 조화를 진실로 사랑하고 즐겨왔다. 베토벤과 바그너는 오랫동안 감동을 주어왔다. 하지만 그들의 소리는 이제 물렸다. 이제는 《에로이카》나 《전원》을 꾹 참고 듣기보다는 전차의 소음, 자동차 엔진의 소음, 마차와 요란 법석한 군중의 소음을 우리의 생각 속에서 합치는 게 더 즐겁다. 이 글을 보면 알 수 있듯이, 루솔로의 구체음악에 관한 관심은 케이지가 일상생활에서 침묵과 소음 사이의 관계에서 느꼈던 관심과는 상당히 달랐다. 케이지는 현재라는 순간에서 총체적인 현존을 온전히 경험하고 싶어 하는 데 반해 루솔로는 미래파적인 소음 기계를 통해 현재를 붕괴시키고자 했다.

마리네티는 소음 속에서 시를 들었지만, 루솔로에게 소음은 곧 음악이었다. 그는 "소음의 다양성은 끝이 없다"라고 인정하면서도, 그리드에 소음의 지도를 그리며 세심하게 소리의 분류체계를 개발했다. 케이지가 『침묵』에서 무와 어떤 것에 관한 강연 내용을 악보처럼 표기한 것을 이미 선취하고 있었던 셈이다. 이 〈표 1〉에서 루솔로의 공간 이용은 결국 구체시 concrete poetry(언어적 의미보다 인쇄상 효과가 더 중요한 시, 시각시라고도 부른다 - 옮긴이)처럼 보이는 형태를 만들어 낸다. 사진 인화에서 음화와 양화 사이의 전도된 관계를 회상해보면, 루솔로의 낱말들을 구분하고 있는 중간 틈새에서 침묵의 분류학 상

〈표 1〉 루솔로가 개발한 소리의 분류체계

1	2	3	4	5	6
표효	휘파람	속삭임	꽥하는 소리	금속	날카로운 비명
천둥소리	쉿쉿하는 소리	중얼거림	삐걱대는 소리	나무	구슬피 우는 소리
폭발하는 소리	헉헉대는 소리	웅얼거림	바스락대는 소리	껍질	폭소
쉿쉿하는 울부짖음		투덜거림	윙윙하는 소리	돌	울부짖는 소리
탕			탁탁하는 소리	자기 등을	죽음
쾅		콸콸하는 소리	비비는 소리	계속	달가닥거리는 소리
					울음소리

상이 가능해진다.

루솔로는 아방가르드 음악 이론가일 뿐 아니라, 우연성 음악^{aleatory} ^{music}(20세기 이후 현대 음악의 한 갈래로서, 작곡이나 연주에 우연성을 가한 음악, 불확정성의 음악이라고도 한다 – 옮긴이)을 작곡하고 실천하는 사람이기도 했다. 새로운 음악을 만들기 위해서 그는 새로운 악기를 발명했다. 처음 만든 악기는 '버스터즈^{bursters}'라고 이름 붙였다. '사이사이의 미분음^{微分音}을 모두 포함한 열 개의 전음^{全音}' 음역을 모두 내는 악기로 자동차 엔진과 비슷한 소음을 냈다. 계속해서 그는 '허머^{hummer}(전기 모터와 같은 소리), 러버^{rubber}(금속을 긁는 소리), 크래클러^{crackler}(만돌린과 기관총을 이종 교배한 소리)'도 만들었다.[1] 선언 발표 직후, 루솔로는 소수의 사람들을 마리오네티의 밀라노 집으로 초대해 자신이 만든 16개의 새로운 악기를 위주로 연주한 자작곡 〈도시의 각성Awakening of a City〉 및 〈자동차와 비행기 만남Meeting of Automobiles and Airplanes〉을 들려주었다. 브라운은 런던 《폴 몰 가제트》 통신원이 쓴 행사 후기를 옮겼다.

> 처음에는 조용한, 웅얼거림이라고 해도 좋을 소리가 들렸다. 위대한 도시는 잠들어 있다. 이따금 이상한 상자 중 하나에 숨어 있는 거인이 거리낌 없이 코를 곤다. 그리고 막 태어난 아기가 운다. 그리고 웅얼거림이 다시 들리고, 해안에 밀려오는 큰 파도 같은 희미한 소음이 들린다. 곧, 멀리서 들리던 소음은 빠르게 엄청난 포효로 바뀐다. 그 소리가 커다란 신문 인쇄기의 울부짖는 소리가 틀림없다는 생각이 들었다.
> 내가 옳았다. 몇 초 후에 수백 대의 밴과 대형 화물차가 기관차의 날카로운 호루라기 소리를 듣고 역 쪽으로 서둘러 달려가는 것 같았다. 그다음에는 거친 소음을 내며 속도를 끌어올려 떠나는 기차 소리가 들렸다⋯ 마침내 거리와 공장의 모든 소음은 커다란 포효로 합쳐지며, 음악은 끝났다.

존 케이지의 혁명적인 곡 〈4분 33초〉를 듣고 감탄하기보다는 분노한 사람들이 많았다. 마찬가지로 루솔로의 음악을 들었던 많은 사람도 이 혁신적인 음악을 쉽게 받아들이지 못했다.

20세기와 21세기 아방가르드 예술가들이 보기에 자본주의 생산 및 재생산 양식과 예술 간의 관계는 복잡·미묘하다. 한편으로 자본주의가 만들고 유지하는 경제·정치·사회적 불평등에 비판적인 예술가들이 있다. 이들은 예술을 통해 자신이 사는 사회·경제 체계를 비판하려 한다. 다른 한편으로, 모더니즘의 표어라고 할 수 있는 '새롭게 하라'라는 말로 대표되는 혁신 추구는 계획된 노후화라는 낭비 전략을 통해 가차 없이 이익을 추구하는 자본주의와 대단히 닮아 있어, 자본주의를 합리화하고 정당성을 부여하는 계기가 된다. 자본주의와 모더니즘 사이의 인터플레이는 언제나 양방향으로 난 길이었다. 자신들이 작품을 통해 풍자하고 비판하는 기업과 사람들에게 지원을 받는 경우가 흔한 예술가들은 새로운 테크놀로지를 전유해 자신들이 혁명적이라고 생각하는 음악과 미술을 만든다. 투자 대비 수익에 골몰하는 기업주들은 대중적인 음악과 미술을 이용해 제품을 팔고 시장 점유율을 끌어올린다. 이 역사적 관점에서 생각해 보면, 현재의 소음 중독과 침묵 혐오는 우연이 아니다. 이 현상은 최소한 부분적으로는 기업인과 광고 업체가 여러 기업을 위해 오랜 시간에 걸쳐 세심하게 개발한 전략의 결과다. 소음은 제품을 움직인다. 소음이 클수록 더 많은 물건이 팔린다.

 미국 소설가 돈 디릴로$^{Don\ DeLillo}$는 선견지명을 드러낸 소설 『백색소음$^{White\ Noise}$』을 통해서 모더니즘과 포스트모더니즘에 고유한 소음의 중요성을 그 누구보다 잘 보여주었다. 소설의 배경은 대학이 있는 중서부 작은 전원도시다. 내가 지금 글을 쓰고 있는 장소와 비슷하다. 시간은 정확히 50년 전, 세계의 축이 바뀌던 운명의 1968년이다. 베트남을 중심으로 냉전이 격화되고 있었고 도시 거리마다 인종 폭동이 일어났으며, 대학은 격동에 휩싸였고 정치 암살이 횡행하며 전후 세계 질서는 무너져 내리고 있었다. 줄거리의 기둥은 잭 글래드니^{Jack Gladney}가 담당하고 있다. 그는 히틀러 연구라는 새로운 분야를 개척하며 명성을 얻은 대학교수다. 네 번째 부인 바베트^{Babette}와 네 명의 아이들을 두고 있는 그는 문자 그대로 죽음을 코앞에 두고 있다. 첫 장의 제목은 「전파와 방사능」이고, 두 번째 장은 「공중에 떠다니는 독극물」이다. 잭과 바베트는 죽음에 강박관념을 갖고 있어서, 죽음의 공포를 줄여준다는 딜라르마^{Dylarma}라는 약을 먹고 있다. 눈에 보이는 위험이 워낙 크다 보니 은밀하게 전파를 통해 전송되어 인간의 정신을 감염시키고 삶과 죽음을 지배하는 백색 소음에는 별 관심이 없다. 빠르게 늘어나는 매체를 통해 전송되는 이미지와 소리는 사실 현실을 무한정한 시뮬라크르^{simulacrum}(순간적으로 생성되었다가 사라지는 우주의 모든 사건 또는 자기 동일성이 없는 복제 – 옮긴이)의 유희로 만들어 버리는 바이러스다. 소설의 시작 부분에서 자동차 사고를 가르치며, 한시도 텔레비전에서 눈을 떼지 못하는 머레이^{Murray}라는 동료와 함께 잭은 가까운 관광지를 찾는다. '미국에서 가장 많이 사진 찍힌 헛간'이다. 잭은 회상한다.

우리는 무성한 나무들 부근에 서서 사진 찍는 사람들을 지켜보았다. 머레이는 오랫동안 말이 없었다. 이따금 조그마한 노트에 글을 휘갈겨 쓸 뿐이었다.

"아무도 헛간을 보지 않네." 그는 말했다.

긴 침묵이 뒤를 이었다.

"설명을 보고 나면, 헛간을 보는 것이 불가능해지지."

그는 다시금 침묵에 빠져들었다. 카메라를 든 사람들이 관광지를 떠나자, 곧 다른 사람들이 그 자리를 메웠다.

"우리는 이미지를 포착하러 온 게 아니라 이미지를 유지하려고 온 거지. 모든 사진은 아우라를 강화해. 느낄 수 있어? 잭? 이름 붙일 수 없는 에너지의 집합 말이야."

긴 침묵이 이어졌다. 매점에 있는 남자는 우편엽서와 슬라이드를 팔았다.

"여기 있는 건 일종의 정신적인 투항이야. 우리는 다른 사람들이 보는 것만을 보지… 우리는 집단적인 지각의 일부가 되기로 한 거야. 그런 태도가 문자 그대로 우리의 시각을 색칠하지. 어떤 면에서는 종교적 경험이야. 모든 관광이 그렇지."

이미지가 실재^{real}가 되고, 실재가 이미지가 되는 것은 자기 증폭적인 순환 고리를 만들고, 이 순환 고리는 실재계^{Real}를 침묵시킨다.

마리네티와 루솔로는 산업화를 찬양하는 노래를 했지만, 디릴로는 소비주의 경제가 퍼뜨리는 이미지는 위험하다고 경고한다. 미국 슈퍼마켓보다 이 이미지의 소음 문화를 더 잘 볼 수 있는 곳은 없다. 잭과 바베트는 쇼핑 중 머레이를 마주친다. 하지만 이들의 대화는 끝없는 소음으로 중단된다. "생기 없는 체계, 카트가 미끄러지고 부딪치는 소리, 스피커 소리와 커피 추출기 소리, 아이들의 울음소리. 그 위로, 혹은 그 아래로 어디서 오는지 알 수 없는 알아듣기 힘든 울부짖음, 인간이 감지할 수 있는 영역 바로 바깥에 있는, 때로 몰려다니는 생명체가 내는 소리 같은." 『백색 소음』이 출간된 지 30년이

지났지만, 소비재 상품은 물론 상품을 선전하는 이미지와 소리 역시 줄어들 줄 모르고 엄청나게 증가하고 있다. 19세기 후반 대량 생산으로 인한 마케팅 수요로 인해 광고 산업이 등장했다. 최초의 광고매체는 신문, 잡지, 전단, 카탈로그 등의 인쇄물이었다. 1880년 연간 광고비 지출은 총 2억 달러였다. 1904년에는 8억 2천만 달러, 1917년에는 16억 달러로 증가했다. 라디오와 텔레비전이 발명되고 상업화되면서, 광고는 더 가시적이고, 더 시끄럽고, 더 공격적으로 변했다.[2] 20세기 전반기에 광고의 목표는 대중 시장이었다. 애초에 대량 소비가 없이 대량 생산은 견딜 수 없었고, 대량 소비를 위해서는 대량 광고가 필요했다. 하지만 개인용 컴퓨터, 핸드헬드 장치, 그리고 광역 네트워크에 연결된 소위 소셜미디어가 등장하며 모든 게 변했다. 엄청난 양의 데이터를 초고속 컴퓨터로 처리할 수 있게 되면서 감시 체계가 등장했고, 이 감시 체계는 소비자 행동을 추적하고 특정해 개인적 선호에 맞춘 광고 제공이 가능한 체계로 발전했다. 가장 소중한 상품은 사람들의 관심이기에 대량 생산과 대량 광고는 점차 상품의 대량 맞춤, 그리고 판매를 위한 구체적인 목표를 설정한 광고에 자리를 내주고 있다. 사람들의 관심을 끌기 위한 경쟁에는 많은 돈이 든다. 2017년 광고업계는 미국에서만 2천 7십억 달러, 전 세계적으로는 5천 3백 5십억 달러를 지출했다.

 점차 복잡하고 정교해지는 테크놀로지는 신경과학의 발전과 결합하며 식역하識閾下 광고(소비자가 인지할 수 없는 속도 또는 음량으로 메시지를 제시해 의식적으로 인지되지는 않지만, 잠재의식에 호소해 구매 행동에 영향을 주는 광고 - 옮긴이) 정도는 이제 원시적으로 느껴지게 만드는 새로운 기술을 만들어 내고 있다. 하루도 쉬지 않고 모든 사람에게 융단폭격처럼 쏟아지는 소리와 이미지는 피할 수도 없고, 피할 데도 없다. 언제 어디서나 듣고 보는 광고는 생산 기계를 돌아가게 만드는 무자크Muzak가 되었다. 사실 무자크도 행동 수정(이상 행동을 수정하려는 심리 요법 - 옮긴이)을 위해 처음으로 소리를 이용했던 테크놀로지였다. 조지 오웬 스키어George Owen Squier는 냅스터와 아이튠스 이전에 이미 무자크를 만들었다. 처음에 무자크는 막 등장한 라디오 방송국을 우회하는 구독 체계를 통해 개별 소비자들에게 음악을 배달하는 상품이었다. 스키어는 '코닥'이라는 낱말이 마케팅에 엄청난 효과가 있는 데 착안하여, 뮤직과 코닥을 합친 '무자크'라는 말을 만들어 1922년 회사 이름으로 삼아 설립했다. 라디오가 흔해지면서 그는 전략을 바꿔 기업에 마케팅을 시작했다. 1937년 워너 러더스가 무자크를 받아들이면서, 프로그램 음악은 공장, 사무실, 상점을 빠르게 점령해 나갔다. 텔레비전이 라디오보다 더 인기를 끌면서 광고업자들은 인쇄 매체에서는 불가능한 방식으로 시각 이미지를 사용하기 시작했다. 이미지들은 소리와 결합했다. 미술평론가 루시 리파드Lucy Lippard는 쥴스 올리츠키Jules Olitski의 작품을 보고 '시각적인 무자크'라고 평가한 적이 있는데, 이 말이 그 결합을 표현하는 데 적절하게 느껴진다.

 20세기 후반에 들어 이러한 과정은 더욱 가속화되고, 청각적·시각적 소음의 크기는 빠르게 증가했다. 슬롯머신 제조업자들이 앞장섰고, 비디오 게임, 게임용 장비와 앱을 만드는 기업들이 그 뒤를 따르게 되었다. 다양한 시각적·청각적 신호로 이용자들을 중독에 빠지게 하여 문자 그대로 사람들의 두뇌를 재배치하고 있다. 광고업자들이 보기에 중독된 소비자들은 성배^{聖杯}와도 같은 것이다. 두뇌를 관찰하고 이미지를 만드는 테크놀로지는 '뉴로마케팅'이라는 새로운 분야를 만들어 내고 있다. 시장을 조사하고 연구하는 사람들은 이제 뇌파전위기록술, 자기뇌파검사법, 기능적 자기 공명 기록법, 안구 추적 테크놀로지들을 이용해 제품과 광고에 대한 사람들의 반응을 모니터하고 있다. 이 실험을 통해 얻은 자료는 물론 광고 캠페인 개발에 사용한다.

광고업자들은 신경과학을 시각 이미지의 효과를 평가하는 데에는 물론, 청각 신호의 효과를 분석하는 데도 이용하고 있다. 이 연구는 '소닉브랜딩'(소리나 음악 등 청각적 요소를 이용해 소비자에게 특정 브랜드를 떠올리게 하는 마케팅 방법 - 옮긴이)과 '어쿠스틱 브랜딩'(음향을 활용해 기업의 정체성을 나타내는 마케팅 방법 - 옮긴이)이라는 새로운 전략을 낳았다. 조지 프로흐닉$^{George\ Prochnik}$은 『침묵을 추구하며: 소음의 세계에서 의미를 찾아 듣기』라는 제목의 유용한 연구에서 이렇게 썼다. "디자이너들은 이제 개별 제품이 만들어 내는 모든 차원의 소리에서 어떤 특정한 분위기와 정서적인 연관을 불러내려고 열심이다. 소닉브랜딩은 빠르게 주요 산업으로 자리 잡고 있다. 점점 더 많은 제품 소음이 조작되며 소비자들의 구매욕을 부채질하고 있다… 우리가 구매하는 모든 것은 음향 동물원에 들어가 모든 지나는 사람에게 자신의 음향 정체성을 끝없이 이야기할 것이다." 이러한 소음 대부분은 잔잔한 소리이다 보니 듣기조차 쉽지 않지만, "초점이 정확한 소리의 빛을 직접 목표를 향해 쏘기 때문에 스피커가 필요 없는 새로운 테크놀로지인 극초음파는 새로운 소음 대부분이 지향하고 있는 극단적인 예 중 하나다. 이 음향적 레이저 빔이 우리의 귀를 겨냥하면 마치 발화된 목소리가 '듣는 사람의 두개골' 내부에서 말하는 듯한 느낌이 든다."

물건을 팔기 위해 감정을 이용하는 방법은 광고만큼이나 오래된 방법이다. 하지만 최근 들어 새로운 연구와 테크놀로지는 훨씬 더 정교하면서도 골치 아픈 실천을 낳고 있다. 2014년 신경과학과 심리연구소는 한 보고서에서 인간의 기본 감정을 넷으로 나눈 적이 있다. 행복한, 슬픈, 두려운/놀란, 화난/역겨움이었다. 『무의식적 브랜딩: 신경과학이 마케팅에 힘을 실어주는 (그리고 영감을 주는) 방식』에서 더글러스 밴 프랫$^{Douglas\ Van\ Praet}$은 연구자들과 광고업자들이 어떤 식으로 기호와 이미지를 이용해 사람들의 감정을 조작하는 방법을 개발하고 있는지를 연구했다. 밴 프랫은 컨설팅 기업도 하나 만들었는데, "이 기업의 마케팅 방법은 무의식적 행동주의에서 가져왔고, 신경생물학, 진화심리학, 행동경제학을 기업 문제들에 적용하고 있다." 원래 인지적 이해를 넘어서는 각지$^{覺知,\ apprehension}$는 전통적으로 예술의 영역이었다. 소비 자본주의와 금융 자본주의의 백색 소음은 예술 작품과 인간 감정의 상업화를 보여주는 징후다.

이러한 연구에서 비롯된 실천이 우스꽝스러워 보일 때도 있다. 상점들만 아니라 레스토랑도 고객을 마음대로 다루기 위해 음악을 이용한다. 1980년대 중반에 들며, "빠른 음악이 식사 속도에 미치는 영향은 처음으로 진지한 연구 대상이 되었다. 느린 음악에 노출된 고객들은 식사 시간이 상당히 길었다. 평균이 45분이었다면 이 사람들에게는 56분이 필요했다. 또 다른 연구에 따르면 빠르고 시끄러운 음악을 들을 때 사람들의 껌을 씹는 속도는 1/3가량 증가해서 분당 3.83번에서 4.4번까지 늘어났다." 소리를 키우자 소비 속도도 빨라졌고, 이익은 늘어났다. 이에 따라 바쁜 시간에는 볼륨을 높이고, 여유 있는 시간에는 볼륨을 낮춰 고객의 숫자를 증가시키는 자동화 체계가 많은 곳에서 이용되고 있다.

오늘날 네트워크로 연결된 세계는 생산 기계가 만들어 낼 수밖에 없는 끊임없는 백색 소음은 물론, 전 세계적인 메가폰을 들고 큰소리로 호객행위를 하는 광고업자들이 만들어 내는 의도적인 소음으로 오염되고 있다. 소음은 물질 생산 과정의 부산물이라 할 수 있는 유독 쓰레기만큼이나 환경을 오염시킨다. 자본주의 기업가들은 로큰롤 볼륨을 귀청이 터질 정도로 올리며 혁명에 공조했으므로, 이제는 소음보다는 침묵이 저항의 전략이 될 수 있을 것이다. 더는 소리를 틀고, 귀에 맞추고, 손을 뗄 것이 아니라, 끄고, 듣지 않고, 내버려 둬야 한다.

하지만 끄고, 듣지 않고, 내버려 두는 일은 쉽지 않으며, 사실은 불가능할 수도 있다. 자본주의의 위대한 장점 중 하나는 자신에게 저항하려는 목적으로 만들어진 모든 전략과 전술을 전유해 자신의 것으로 만들어 버리는 능력이다. 소음이 열광적인 단계에 도달하면 침묵이 시작되어 소음을 중화시킨다. 기업가와 광고업자는 침묵을 상품화하는 방법을 찾아보았다. 시끄러운 세상에서 침묵은 이제 소수의 사람이나 누릴 수 있는 사치품이 되고 있다. 귀와 뇌로 소리를 직접 전달하는 이어폰을 만드는 기업도 있지만, 소음 공해를 차단하는 값비싼 노이즈 캔슬링 이어폰을 만드는 기업도 있다. 투자자들이 난장판을 만들며 돈을 벌수도 있고 그 난장판을 치우면서도 돈을 벌 수 있을 때, 과도한 생산과 소비의 악순환을 깨는 것은 힘들다. 종이와 플라스틱 병을 재활용하며 이익을 얻는 것과 비슷한 방식으로 침묵 광고는 소음 공해를 이용하는 방법이 되고 있다. 한 야심에 찬 기업인은 실제로 침묵을 만들어 내는 기계를 발명했다. 『뉴 사이언티스트』에 실린 「침묵 기계는 원치 않는 소리를 침묵시킨다」라는 글에서 마리나 머피Marina Murphy는 요크셔 허더스필드 대학의 엔지니어 셀윈 라이트Selwyn Wright가 '침묵 기계' 특허를 출원했다고 썼다. 이 기계는 "소음원에서 나오는 음파의 흐름을 분석해서 작동하며, 정확하게 역위상의 소리를 만들어 들어오는 음파를 중화시킨다." 이는 "모든 소리를 들을 수 있지만, 듣고 싶지 않은 소음만 들을 수 없게 만드는 '소리 그늘'을 만들어 낸다." 라이트는 자신의 소리 그늘이 유아론적唯我論的인 새로운 필터 버블이라는 생각은 들지 않았을 것 같다.

  침묵의 상업화는 점점 늘어만 가는 상업 제품과 더불어 극단으로 달려가고 있다. 예를 들어 〈월스트리트저널〉은 새롭게 등장한 190,275달러 가격의 메르세데스 벤츠 마이바흐 5600을 "침묵이 귀를 먹게 한다"라는 요란한 제목으로 선전하고 있다. 스위스 시계회사 바쉐론 콘스탄틴은 손목시계 '걸작'을 '가장 순수한 시간을 알리는 소리', 그리고 '배경 소음을 최소화하는 무음 속도 조절기'를 내세워 409,900달러에 판매하고 있다. 특히 침묵을 가장 널리 마케팅하고 있는 분야는 여가와 여행 산업이다. 에설런 연구소는 빅서에, 스피릿락 묵상센터는 마린카운티에, 오메가 연구소는 뉴욕 라인벡에,

플럼빌리지는 보르도 부근에, 크리풀루 요가 및 건강 센터는 매사추세츠 버크셔마운틴에 자리를 잡고, 고객들에게 정신없이 바쁜 일상에서 벗어나 고요한 휴식을 제공한다고 선전하고 있다. 이 센터들은 소음을 피하고, 아무 일도 하지 않는 거의 불가능한 일을 배우는 데 엄청난 비용을 낼 수 있는 사람들에게 묵상과 같은 정신 교육을 제시한다. 외국의 '이국적인' 장소에서 이런 호사스러운 묵상 휴양을 즐길 수 있도록 패키지 여행을 제공하는 기업들이 늘어나고 있다.

침묵이 돈 많은 사람만이 누릴 수 있는 사치품이 되어버리면서 시장의 불협화음은 마침내 승리를 거둔 셈이다.

통로 Channeling

독재자들은 명령한다. 그들은 듣지 않고 말하며, 자신을 제외한 다른 모든 이들에게 침묵을 강요한다. 자신의 목소리에 매혹된 그들은 나르시시즘이라는 고치 속에 틀어박혀 있다. 디릴로가 잭 글래드니를 히틀러 연구 전공자로 설정한 것은 영리하면서도 예지력을 보여준 선택이었다. 네트워크로 연결된 세상에서 마이크를 지배하는 사람이야말로 권력을 가진 사람이다. 하지만 이 권력은 절대로 개인이 혼자 행사할 수는 없다. 왜냐하면 담론을 감시하고 배치하기 위해서는 복잡한 체계가 먼저 있어야 하기 때문이다. 아돌프 히틀러는 라디오와 영화라는 초창기 대중 매체를 이용해서 권력을 휘둘렀지만, 오늘날에는 이메일, 트위터, 그 밖의 다른 눈에 보이거나 보이지 않는 매체들이 통제를 설정하고 강제하는 통로가 되고 있다. 이러한 체계들이 점차 자동화되면서 자기 생산적인 알고리듬이 은밀하게 자동적인 네트워크를 구축한다. 이 네트워크는 행위자에게 자신의 목적이라 착각하는 목적을 추구하도록 프로그램한다. 오늘날 가장 강력한 독재자는 개인이 아니라 기업과 정부 기관으로, 이들의 보이지 않는 네트워크는 침묵 속에서 우리의 생각과 행동을 그들 마음대로 조종하고 있다.

쇠렌 키르케고르Soren Kierkegaard는 근대 대중 매체 테크놀로지의 해로운 효과를 일찍 깨달았고, 이에 따라 정치권력을 유지하는 정치적인 수단으로서뿐 아니라, 지배에 저항하기 위한 수단으로서 침묵의 중요성도 알아차리고 있었다. 그는 자신의 책 중 가장 길면서 침묵에 관한 통찰력 있는 사고를 보여주는『두려움과 떨림Fear and Trembling』이라는 책을 1843년 요하네스 데 실렌티오Johannes de Silentio라는 가상의 인물 이름으로 출간했다. 그의 다른 이름, 요하네스 클리마쿠스Johannes Climacus와 안티클리마쿠스Anti-Climacus라는 가명 역시 침묵의 중요성을 암시하고 있다. 키르케고르는 이 이름을 존 클리마쿠스를 연상시키기 위해 사용했다. 존 클리마쿠스는 이집트 시나이반도의 성녀 가타리나 수도원의 수도승으로, 600년 경 클리마쿠스는『영적 상승의 사다리The Ladder of Divine Ascent』라는 제목의 소책자를 남겼다. 이 책은 예수가 살았던 1년을 각 한걸음에 비유했다. 원래는 근처 수도원의 수도승을 위해 남겼던 이 소책자는 비잔틴 시대에 가장 널리 읽히는 영향력 있는 책이 되었다. '다변과 침묵'이라는 제목을 가진 11장에서 클리마쿠스는 이렇게 썼다. "다변은 허영의 왕좌로, 허영은 거기에 앉아 자신을 드러내고 자랑하길 즐긴다. 다변은 무지의 상징이자, 중상모략으로 가는 문이자, 시시한 익살로 가는 안내자이자, 거짓의 하인이자, 죄책감의 폐허이자, 절망의 창시자이자, 잠의 선구자이자, 기억의 소실이자, 주의력의 폐지이자, 열정의 심음이자, 기도의 어두워짐이다… 반면, 침묵이라는 친구는 신에게 가까이 다가가 은밀하게 대화를 나눔으로써 신에 의해 가르침을 받는다."

키르케고르가 직접 이 책을 인용한 적은 없지만, 근대 대중매체의 탈 인간 효과에 대한 비판은 클리마쿠스의 관심사 중 많은 부분을 차지하고 있다. 『현대The Present Age, 1845』라는 간결한 저서에서 키르케고르가 설명하는 세계는 결국 자동응답 기계, 말하는 로봇, 시리, 알렉사, 표준화된 테스트, 온라인 데이트 등으로 자동화된 우리의 세계다.

> 결국 인간 언어는 공중公衆과 같이 순수한 추상이 될 것이다. 더는 말하는 사람은 없고, 객관적 반영만 남아 조금씩 일종의 분위기를 가라앉힐 것이다. 기계가 노동자들을 잉여로 만들었듯이 인간 언어를 잉여로 만들어 버릴 추상적인 소음만 축적하게 될 것이다. 독일에는 연인을 위한 매뉴얼까지 있다. 결국 연인들은 앉아서 서로에게 익명으로 이야기할 수 있게 될 것이다. 모든 것을 위한 매뉴얼이 있다. 대체로 말하기 교육은 얼마 지나서 그러한 매뉴얼을 보고 크고 작은 관찰 개요를 문자 그대로 이해했느냐 아니냐로 환원될 것이다. 식자공이 글자를 잘 뽑아내듯, 특정한 기술을 자신의 능력에 비해 더 잘 끌어내는 사람도 있을 것이다.

라이노타이프(과거 신문 인쇄에 쓰이던 식자기 - 옮긴이)가 철자와 문법을 표준화할 수 있었던 것처럼 인쇄 매체도 우리의 사유와 통제 기관을 표준화한다.

키르케고르가 보기에 진정성^{authenticity}에는 분명한 자기의식과 더불어 자신의 결정에 기꺼이 책임을 지는 태도가 필요하다. 이 책임을 지려는 태도는 사람의 영속적인 정체성을 형성하기에 매우 중요하다. 키르케고르가 볼 때 현대 대중 매체와 이 매체가 만들어 내는 사회는 사람들을 프로그램화해서 다른 사람들이 원하는 바를 하게 만듦으로써 개인성을 억압한다. 사람들은 스스로 생각하고 자신의 결정에 책임을 지기보다는 자신도 모르는 사이에 생각과 욕망을 익명의 타자들에게 맡겨버린다. 말은 아무런 의미 없는 수다로 타락해 버린다. 수다 속에서 사람들은 말하는 행위만 할 뿐 아무 말도 하지 않는다. 어떤 의미에서 키르케고르는 "수다는 침묵과 말 사이에 열정적인 괴리를 만들어 놓는다"라고 인정한다. 하지만 수다의 침묵은 책임 있는 모습의 진정한 침묵이라기보다는 공허한 말만 늘어놓는 텔레비전에 등장하는 권위자들의 진정성 없는 침묵이다.

19세기에 신문은 오늘날 24시간 케이블 TV 뉴스와 소셜미디어가 하는 역할을 했다. 풀어 말하자면 소위 뉴스 매체는 일어난 일을 그대로 보도하는 매체라기보다는 사람들의 행동을 규제하려는 목적을 가진 미리 말하기$^{pre\text{-}diction}$, 예언 기계였다. 따라서 현대의 대중 매체 테크놀로지는 기대와는 달리 의사소통을 거의 불가능하게 만들고 있다. 사람들을 프로그램화하다 보니 키르케고르가 '평준화^{leveling}'(인간의 모든 측면에 동일한 가치를 부여함으로써 개인의 독특함이 사라지는 사회적 과정-옮긴이)라고 부르는 결과가 나왔다. 1854년 죽음을 앞두고 '동질성-이질성'이라는 제목의 일기에서 키르케고르는 이 중요한 개념을 이렇게 설명한다.

> 현대의 폭압적이고 평준화를 강요하는 세계는 모든 것을 동질적인 것으로, 모든 것을 숫자와 표본으로 만들려고 한다.
> 하지만 역사는 자신의 시기 내부의 이질성 속에서 보존되어 온 것들에만 관심을 갖는다. 하지만 또 그 모든 이질성을 자동적인 진실로 간주하지는 않는다.
> 현재의 세계는 아마도 동질성으로의 변화를 고상하고, 교양 있는 일로 간주하고 있는 듯하다. 사실 이 변화란 개인들을 소비하고 낭비하고 있을 따름인데 말이다.

언어와 사고의 동질화를 통해 개인차를 지우는 행위를 맑스주의 철학자 허버트 마르쿠제 Herbert Marcuse는 '일차원적' 인간 만들기라고 불렀다. 그리고 이런 '일차원적' 인간들을 수많은 익명의 '군중', 혹은 이름 없는 무리와 다름없다고 생각했다. 1차원적 주체는 자신에게는 그렇지 않더라도 다른 사람들에게는 완전히 투명한 존재들이다. 매체라는 바이러스가 뇌와 정신을 잠식하면서 평준화는 진정한 개성을 위해 필요한 내면성을 흡수해버린다. 따라서 이 군중에게는 비밀이 없다. 은밀한 내면성이라고는 없는 이 사람들은 인간이라고 불리기에 부족한 사람들이다.

200년이라는 시간이 지난 후 되돌아보아도 키르케고르의 현대 매체 비판은 놀랍도록 정확하다. 먼저 라디오와 텔레비전이 등장하고, 그러곤 개인용 컴퓨터 휴대전화와 수없이 많은 앱, 인터넷이 차례차례 등장하면서 평준화 과정은 계속 가속화되며, 이제 외적·내적 파놉티시즘panopticism(푸코가 말하는 완벽한 감시 체계 - 옮긴이)이 완성되었다. 마르틴 하이데거Martin Hedegger는 20세기에 키르케고르의 매체 분석을 이어받아 확장한 사람이다. 하이데거는 노골적으로 키르케고르의 수다 논의를 전유해서 '빈 말idle talk'을 해석했고, 군중이라는 개념에 전유해 익명의 '세상사람das Man, 세인'이라는 개념을 만들어 냈다. 모던사회와 포스트모던 사회에서 익명의 '세상사람', 다시 말해 모든 곳에서 바스락거리는 목소리를 침묵시키는 '사람'에 의해 '나'는 점점 침묵 당한다. 하이데거는 말한다. "일상적인 현존재Dasein의 자아는 본래의authentic 자아와는 구별되는 세인 - 자기das Man-selbst로서, 자신의 방식대로 장악되는 자아와는 다르다. 세인 - 자기로서 이 특정한 현존재는 '세인'으로 분산되어 왔으며, 따라서 먼저 자신을 찾아야만 한다… 마찬가지로, 나 자신의 자아라는 의미에서 '나'는 '존재하지' 않으며, '세상사람'의 방식을 가진 '타자'들이 존재한다."³ 극작가 해롤드 핀터Harold Pinter는 하이데거의 요점을 어렵지 않게 풀어 설명한다. "침묵에는 두 가지가 있다. 하나는 어떠한 말도 하지 않는 것이고 다른 하나는 말을 폭포처럼 쏟아내는 경우다. 이 말은 언어 아래 잠겨 있는 언어를 말하며 끝없는 다른 것에 관한 말하기다. 우리가 듣는 말은 우리가 듣지 못하는 것을 가리킨다. 이 말은 필연적으로 회피이고 폭력적이며, 교활하고 비통에 찬, 혹은 조롱하는 연막으로써 다른 것들을 제자리에 유지시킨다. 진정한 침묵이 등장할 때 우리는 여전히 메아리와 함께하며, 지나치게 적나라한 노출nakedness에 더 다가가게 된다. 말이 적나라한 노출을 가리기 위한 지속적인 전략이라고 말하는 것이 이 말을 보는 하나의 방법이다."

　개인 참여자들이 함께 존재의 깊이를 탐구하는 무한한 대화는 겉으로 보기에는 심오한 대화처럼 보일 수 있지만 사실을 피상적인 혼잣말에 지나지 않는다. 권력 의지를 가차 없이 추구하다 보면 '인간들이 돌아보는 모든 곳마다 자신만을 보는' 세계가 만들어지듯이, 끊임없는 수다는 사람들이 돌아보는 모든 곳에서 자신들의 말만을 '듣는', 자아를 강화하는 반향실反響室을 만든다. 그러한 세상에서 소음은 사소한 말을 방해하려 위협하는 침묵을 침묵시킨다. 소금쟁이들이 호수 표면을 가로질러 가듯이 '수다 떠는 사람들'은 그들이 말을 멈추는 순간 끝도 없는 침묵을 가진 텅 빈 공간에 떨어질까 두려워한다. 이와 반대로 하이데거에게 침묵은 치유가 될 수 있다. 언어가 완전히 수준이 저하되고 말이 소음이 될 때, 저항을 위한, 그리고 아마도 치료를 위한 최고의 전략은 침묵이다.

　침묵은 담론의 또 다른 필수적인 가능성이다. 그리고 같은 실존적 기반을 갖고 있다. 침묵을 통해 다른 사람과 대화하는 사람은 '다른 사람을 이해하게 만들' 수 있다. (다시 말해 이해를 조성할 수 있다) 그리고 절대 말이 부족하지 않은 사람보다 더 본래적으로 그럴 수 있다. 어떤 것에 관하여 장황하게 말한다고 해서, 그럼으로써 이해가 증진된다는 보장은 조금도 주어지지 않는다. 오히려, 어떤 것에 관련해 말을 많이 하다 보면, 그것이 감춰지고, 이해는 엉망이 될 것이다.

사소한 것이 난해한 법이다. 하지만 침묵은 말을 않는다는 것과 다르다… 진정한 의미에서의 침묵은 진정한 대화에서만 가능하다. 침묵할 수 있기 위해서, 현존재는 말할 것이 있어야 한다. 다시 말해서, 마음대로 본래적이고 풍부하게 자신을 노출할 거리가 있어야 한다. 그런 경우에, 말없음$_{\text{Verschwiegenheit}}$은 어떤 것을 드러내 보이고, '빈 말'은 제거한다. 담론 양식으로서 말없음은 현존재의 이해 가능성을 원시적으로 말해 진정한 듣기가 가능한 잠재력을 낳고, 다른 사람과 함께 하는 투명한 존재를 낳는다.

『존재와 시간』이 출간된 이래 언어는 하이데거의 상상 이상으로 저속화되어, 수전 손택의 표현에 따르면 '말로 막힌 실재'를 낳았다. 이러한 언어의 쇠퇴에 관해 통찰력 있는 해석을 제시하고 있는 미셸 세르는 이렇게 말한다.

오늘날 우리는 급격한 언어의 위기에 살고 있다. 매체는 많은 말들을 방송하면서 의도적으로 비문법적이거나 저속한 언어를 사용하여, 그게 일반적인 것처럼 보이게 한다. 시인들은 언어를 감식할 수 있는 귀를 잃고 있고, 지식인들은 이미 그러한 시인들을 버린 지 오래다… 언어를 공들여 만드는 일은 점점 드문 일이 되고, 굳이 그런 수고를 하려 드는 사람도 없다. 자신의 손에 우리의 운명을 쥐고 있다고 말하는, 혹은 믿고 있는 사람들이 그토록 야만적으로 보였던 적은 없다. 야만적이라는 말은, 모든 발화가 지배 언어의 소리라고 할 수 있는 트림으로 구성되어 있는 경우다.

언어의 저속화가 가속되고, 이에 따라 개인의 삶과 사회생활 역시 저속화되는 현상은 세 가지 밀접하게 상호 관련된 과정이 원인이 되어 일어난다. 세계화, 디지털화, 주문제작/개인화라는 역설로 가득한 과정이다. 사람들을 연결하기 위해 만들어진 테크놀로지는 오히려 사람들을 분리하고 있다. 세상이 상호 연결되면 될수록, 사람들은 서로를 더 듣지 못하고 있다. 폐쇄된 네트워크, 개인 요구에 맞춘 앱, 개인화된 매체는 모두 반향실을 만든다. 기대와는 반대로, 소셜미디어는 반사회적인 것으로 판명되고 있다. 유아론적인 거품에 갇혀서, 사람들이 말은 하고 있지만 듣는 방법을 잊어가고 있다. 사람들은 자신과 생각이 비슷한 사람들하고만 대화하고, 의견이 다른 사람들은 침묵시키려 한다. 모든 의사소통 체계는 0과 1 사이에 있는 모든 것을 배제하거나 억압해 모호성을 줄이려는 자기 조절적인 2진법 부호를 기반으로 하고 있다. 의사소통하는 망이 닫히면 정보는 소음이 되고 목소리는 생겨나지만, 그 목소리는 결국 역설적으로 '침묵의 소리'가 되고 만다.

    적나라한 불빛 속에서 저는 보았죠.
    만 명의 사람들, 더 될지도 몰라요.
    사람들은 말하지 않고 이야기하고 있었죠.
    사람들은 경청하지 않고 듣고 있었어요.
    사람들은 목소리로는 결코 부를 수 없는 노래를 쓰고 있었죠.
    아무도 감히
    침묵의 소리를 깨려 듣지 못했어요.

"멍청한 놈들" 저는 말했죠. "너희들은 몰라. 침묵은 마치 암세포처럼 자라지…."

하지만 치유 효과도 있고 심지어 우리에게 구원을 주는 침묵의 소리도 있다. 디릴로의 공기에 떠다니는 독극물에서 나오는 백색 소음은 핵 재난 혹은 화약 약품 유출의 결과일 뿐 아니라, 모던/포스트모던 세계에서 멈추기 힘들지만 불가능하지만은 않은, 가차 없는 소리에 의해 만들어지는 결과이기도 하다. 죽음의 공포에 질려 바베트는 잭에게 묻는다.

"죽음이 소리에 불과하다면 어쩌지?"
"전기적 잡음이지."
"영원히 들을 거야. 소리는 어디든 있으니까. 끔찍한 일이지."
"똑같아. 백색이지."
"때로는 나를 스치듯 쓸고 지나가." 그녀는 말했다. "때로는 머리에 대고 넌지시 말하지. 조금씩 말이야. 난 그 녀석에게 말하려고 노력하지. '지금은 아냐. 죽음아.'"

만일 소음이 백색이라면 침묵은 무슨 색일까? 죽음이 검은색이라면 삶은 무슨 색일까? 소리가 죽음이라면 침묵은 삶일 수 있을까? 만일 그렇다면, 우리는 침묵을 다시 말에게 돌려주는 방법을 찾아야 한다. 60년대 반문화 운동을 대표하는 저서 『사랑의 육체 Love's Body』의 마지막 장에서 노먼 O. 브라운은 자신의 친구이자 웨슬리언

대학교 고등 교육 센터 동료였던 존 케이지가 쓴 『침묵』의 「무에 관한 강연」을 선취하고 있다.

> 양심을 상징적으로 만들기 위해, 의식과 무의식을 연결하기 위해서는 말과 침묵을 연결해 침묵을 받아들여야 한다. 의식이 모두 말이고 침묵이 아니라면, 무의식은 무의식으로 남아 있다.
> 말을 구해서, 시장으로부터, 짖는 데서부터, 침묵으로 만들려면, 상품 대신에, 상징으로. 침묵이 집에서 피어날 때, 모든 우리 존재에 필요한 용품들은 잡스런 가치들은 벗어던지고, 중요한 일을 알리는 장치로 재등장한다(로버트 던컨).

침묵 없이 살도록 프로그램화된 우리로서는 먼저 소음 없이 사는 법을 배워야 한다. 그러기 위해서는 먼저 시작 이전으로 돌아가 시작의 침묵까지 가야 한다.

2

전에
Before

수태한 텅 빔. 목적 – 상실, 세계 – 상실은 모든 창조의 전제조건이다. 창조는 텅 빔 안에 혹은 밖에 존재한다; 무에서 유가 나온다.

_노먼 O. 브라운

신생아에게 세상은 어떻게 보일까?
빛, 어둠. 추위, 따듯함. 부드러움, 단단함.
집에 있는 모든 물건, 가족 내 관계에서 만들어지는 모든 의미, 관계 내에서 모든 사람이 갖는 의의, 이 모든 것은 보이지 않는다. 어둠 때문에 감춰진 것이 아니라 분화되지 않은 빛 때문에 보이지 않는 것이다.

_칼 오베 크나우스고르

당신을 듣고 있는 빛을 보기

빛은 듣는다. 참을성 있게 듣고, 집중해서 듣는다. 그러곤 반응한다. 여러분은 듣고 있는 빛을 어떻게 듣는가? 반응하는 빛에 어떻게 반응하는가? 무엇을 듣는가? 무엇을 말할 수 있는가?

제임스 터렐James Turrell은 빛에 몰두해 있다. 그의 생각에 빛은 비물질적인 물질이고, 매체이며, 삶과 예술의 모체다. 1999년 리처드 휘태커Richard Whittaker와의 인터뷰에서 그는 이렇게 말했다. "빛에는 진실이 있지요. 다시 말해서 빛을 얻으려면 반드시 물질을 태워야 합니다. 사람들이 얻는 빛은 타버린 것을 표상하죠. 태양에서 수소를, 아니면 헬륨을 선택하든 간에, 전구에서 크세논을 태우기로 하든 혹은 네온, 혹은 텅스텐 와이어를 태우든 간에, 이 빛을 얻기 위해서는 무언가를 태워야 합니다. 타는 물질에서 나오는 빛은 물질이 타는 온도에서 발현되는 타는 물질의 특성입니다. 따라서 사이에 필터를 넣을 수도 있고, 튀어나오게 만들어 색을 만들 수도 있지만, 빛에는 진실이 있어요. 몇 년 전 우리가 보고 있다는 걸 빛이 알고 있다는 것을 보여주는 실험이 있었습니다." 그는 계속해서 빛에 관련된 놀라운 이야기를 들려주었다. 심지어 하이젠베르크의 불확정성의 원리를 언급하면서 이렇게 말했다. "이 원리는 우리가 증명하고 싶은, 바로 그것과 상당히 흡사한 데가 많습니다. 제 말은, 우리가 이 실험의 일부라는 거죠. 우리가 실험에 참여하고 있다는 사실은 부정할 수 없습니다. 이 사실은 우리를 곤란하게 하고, 많은 과학자에게는 골칫거리죠. 하지만 동시에 우리가 자연과 동떨어져 있지만은 않다는 사실을 확인해 주는 실험이기도 합니다. 사실 자연과 동떨어져 있다는 생각은 인간의 가장 커다란 오만 중 하나죠."

터렐의 놀라운 전망에서 보면, 빛은 듣고, 반응하며, 인간이 빛을 만들 듯이 인간을 만들고 변형시킨다. 터렐이 보기에 모더니즘과 포스트모더니즘의 말엽에서 예술의 사명이란 빛의 침묵을 듣는 방법을 배워, 봄^{seeing}을 보는 것이다. 그는 예술 교육론을 개발하는 동시에 복잡한 테크놀로지를 이용해 인간을 인간으로 만들어주는 가장 원시적인 경험을 탐구하고 있다. 그의 평생에 걸친 빛 탐구는 완벽한 암실의 총체적 침묵에서 시작한다. 어둠에 앉았다가 터렐과 함께 빛 속을 걷는 행동은 세계가 시작하기 전의 시간으로, 세상이 시작하기 이전으로 되돌아가는 것이다. 이 이전은 존재하는 모든 것과 존재하지 않는 모든 것의 기원, 침묵하는 기원이다.

1960년대 포모나 대학에 다니고 있던 터렐은 존 케이지의 도발적인 〈4분 33초〉 공연에 갔었다고 한다.

나는 공연의 수준 높은 표현에 감명을 받았다. 잘 이해하지는 못했지만, 그것이 중요하다는 것은 알 수 있었다… 바로 그 시간대에 했던 그 경험에는 사물에 대한 우리의 이해에 도전하는 뭔가 특별한 것이 있었다. 나는 이렇게 생각했다. "놀랍다. 이 사람이 무엇을 했는지 모르겠지만, 모든 게 놀랍다." 내가 거기에서 목격한 것이 무엇인지 정확하게는 몰랐지만, 사람들의 삶의 핵심을 강타한 것은 분명했다. 사람들은 (내게) 말한다. 음… 빛을 가지고 실험하시는군요. 나는 빛을 가지고 실험하지 않는다. 나는 중요한 이야기를 하고 있다. 화가들이 그림을 그릴 때 그림을 가지고 실험하고 있는가? 시인들은 말을 가지고 실험하고 있는가? 이것이 나에겐 중요하다. 이것이 나를 움직이게 한다. 바라건대, 여러분에게도 영향을 미쳤으면 한다. 그것은 여러분이 생각하는 방식, 여러분이 사는 방식, 혹은 여러분이 세상이 이랬으면 좋겠다고 생각하는 방식과 많은 관련이 있다.

케이지가 보여주었듯이, 침묵 경험을 함양해서 명확한 소리를 만들 수 있다면, 어둠 경험은 빛을 밝힐 수도 있을 것이다. 이 가능성을 탐구하기 위해 터렐은 완전한 침묵과 완벽한 어둠을 결합하는 방법을 찾아야 했다.

1968년 로스앤젤레스 주립미술관은 10개 기업에서 혁신 프로그램 후원을 받기로 합의했다. 그 프로그램 이름은 '예술과 테크놀로지'로 예술가와 과학자, 공학자 사이의 협력을 증진하고, 기금을 보조하자는 취지였다. 이 프로그램을 통해 터렐은 로버트 어윈(미국의 설치 예술가 - 옮긴이)과 가까워졌고, 많은 관심사를 공유할 수 있었다.¹ 자신이 주도했던 프로그램의 보고서에서 모리스 터크먼Maurice Tuchman은 어윈과 록히드 항공사 대표가 처음 나누었던 대화를 회고했다. "라이 캐넌Rye Canyon에는 무반향실(외부 소음 자극으로부터 잘 차단되어 반사음이 없는 방 - 옮긴이)과 더불어 청각과 시각 자극을 통해 다양한 감각 현상에 대한 인간 반응을 테스트하는 방도 있었다."

개럿사Garret Corporation의 생명과학부 수장이던 에드 워츠Ed Wortz도 합류했다. 그래서 1969년 1월 이들이 제출했던 제안서가 승인을 받았다. 연구의 일차적인 초점은 감각 박탈이 청각과 시각적 지각에 미치는 영향이었다. 이 실험을 위해서는 먼저 자신들만의 무반향실을 만들어야 했다. 이 방의 묘사는 후에 터렐의 많은 작업에 중요한 기반이 된다. "처음에는 방에 어떠한 빛도 소리 자극도 없다. 제시되는 모든 자극은 지금부터 말할 실험으로 규정될 것이다. 예상되는 자극은 '재정향 자극reorienting stimuli'을 주는 문턱이하subthreshold(반응을 일으키기에는 불충분한 자극의 세기를 의미한다 - 옮긴이) 빛의 번쩍임과 소리 신호부터 시작될 것이다. 이 자극은 환영·환청과 실재 사이 어딘가 즈음으로 느껴질 때까지 점점 커진다. 이 방에서 보내는 시간은 5~10분 정도가 될 것이다." 이들은 연구를 통해서 소리와 빛의 부재에도 불구하고 듣기와 보기가 가능하다는 사실을 보여 주려 했다. 이를 입증할 수 있다면, 침묵과 어둠이 듣기와 보기의 기원이라는 결론을 내릴 수 있다고 생각했다.

사이키델릭 혁명이 폭발하고 비서구 종교와 묵상에 관한 관심이 늘어나고 있던 때에 이 실험이 이루어졌음을 기억해야 한다. 워츠는 적극적으로 불교를 포교하고, 티벳 수도승의 묵상을 과학적으로 연구하던 사람이었다. 양심적 병역거부자로서 베트남 전쟁에 참전하는 대신 남아시아에 구호 물품을 실어 나르던 터렐은 '기괴하고, 혼란스럽고, 어떻게 해야 할지 막막한' 경험을 했다고 털어놓았다.

이 심란한 시각 경험과 더불어 캄보디아의 앙코르 와트, 버마의 파간 사원과 인도네시아의 보로부드르와 같은 성지의 파괴는 씻기 힘든 인상을 남겼다. 터렐, 어윈, 워츠는 자신들의 작품에서 과학, 예술, 종교의 인터플레이를 인정했을 뿐 아니라, 적극적으로 이용했다. 이들은 "우리가 다루는 것은 묵상 상태다"라고 설명한다. "사전 조건 형성을 통해 묵상 상태를 만든다. 따라서 방을 떠날 때, 이들은 압축된 형태다. 그런 다음 사람들에게 그 형태를 특정한 공간에 천천히 풀어 놓으라 한다. 이제 거기서 이들은 내적 정향성을 가진 하나의 존재에서 자신의 공간, 혹은 최대 주변 182센티미터까지 확장되는 깨달음의 공간으로 바뀐다. 이제 이들은 자신의 경험을 외부공간인 밖을 향해 밀어낸다." 연구가 진척되면서, 이들의 결론은 전통 과학의 관찰보다는 선사禪師들이 말하는 지혜와 비슷해졌다.

선문답
순수하게 지적이지만 지적인 해결은 없는 문제를 지적으로 열심히 이해하려는 노력. (너는 태어나기 전 누구였느냐? 한 손으로 손뼉 치는 소리는 어떨까? 무라는 말의 의미는 무엇일까?) 당신의 질문을 선택하라.

터렐은 불교와 힌두교의 지혜에 끌렸지만, 그의 종교적 뿌리는 서구 문화에 깊게 자리 잡고 있었다. 그는 퀘이커 교도로 자라났다. 그는 말했다. "할머니는 제게 퀘이커의 침묵 속에 있으니 안으로 들어가 빛을 맞이할 것이라고 말씀하시곤 했죠. 그 말이 잊히지 않아요." 이전 예술가들은 대체로 물건을 비추는 빛에 관심을 가졌다면, 터렐은 빛 그 자체에 매료되었다. 빛은 그의 매체였다. 그는 빛이 우리의 눈을 조각하듯 빛을 조각했다. "우리는 피부를 통해 빛을 먹고 마셔요. 약간만 더 빛에 노출되면, 몸으로도 느낄 수 있죠. 저는 빛과 공간의 물리적인 힘이 좋아요. 그것을 물리적으로 부릴 수 있기 때문이죠. 본다는 것은 대단히 감각적인 행위입니다. 내가 어떤 것을 보고 있다는 것을 느끼는 데서 달콤한 유쾌함이 옵니다." 퀘이커 교도가 빛을 보기 위해서는 침묵이 필요하다. 「신은 침묵이다」라는 제목의 묵상에서 피에르 라쿠Pierre Lacout는 이렇게 말한다.

> 깊은 침묵은 종교 경험의 조건이다. 이 깊은 침묵에는 더 깊은 침묵이 있는데, 그것이야말로 가장 순수한 형식의 종교적 경험이다. 나는 이 경험을 표현하고 싶다. 그래서 정확한 말을 찾고 있다. 내가 아는 가장 풍부한 말은 가장 간단하고, 가장 침묵에 가까운 말이다. 현존, 내적인 빛Inner Light (퀘이커 교도가 느끼는 마음 안의 그리스도-옮긴이), 사랑, 생명이다. 하지만 나는 이러한 말보다 침묵이 얼마나 더 중요한지 알고 있다⋯ 내가 다시 말을 한다면, 영혼을 깨워 이 침묵을 받아들이도록 만들기 위해서다. 하지만 나는 말이든 글이든 간에 침묵보다 더 고귀한 것은 없다고 확신한다. 침묵에 거주하는 영혼에는, 신 자체가 바로 침묵이기 때문이다.

터렐의 예술은 우리에게 빛 속에서 말하고 있는 침묵을 들어보라고 요구하고 있다. 그는 1969~1970년 동안 《다크스페이스Dark Spaces》라고 이름 붙인 일련의 작업을 했다. 첫 번째 작품은 〈플레이아데스Pleiades, 1983〉로, 피츠버그 매트리스 팩토리(피츠버그에 있는 미술관 겸 예술 센터. 현대 설치 작품을 위주로 소장 및 전시하고 있다 – 옮긴이)에서 전시되었다. 다음 해 그는 〈하인드사이트HindSight〉라는 작품을 완성했다. 이 작품은 현재 매사추세츠 현대미술관에 전시 중이다. 이 작품은 시각을 뒤에서 볼 수 있는, 좀 더 정확하게 말하자면, 시각 이전을 볼 수 있게 하는 조건을 만들어 놓았다(하인드사이트라는 말 자체가 뒤에서 본다는 의미다 – 옮긴이). 터렐의 예술이 모두 그렇듯이 〈하인드사이트〉 역시 경험하고 이해하기 위해서 시간이 필요하다. 터렐 작품의 가장 커다란 장점 중 하나는 서두르면 안 된다는 것을 잘 보여주고 있다는 점이다. 터렐은 모두가 속도에 중독된 시대에 슬로우 아트를 만들어내고 있는 예술가다.

《다크스페이스》는 무반향실 경험을 그대로 되살려보려는 목적이 있었다. 〈하인드사이트〉는 한 번에 두 사람만 볼 수 있다. 관람객이 된 여러분은 완벽하게 고요하고 아무것도 보이지 않는 어두운 방에서 15분간 머물 수 있다. 이 공간에 들어가려면 난간을 붙잡고 미로를 지나 더듬더듬 가야 하고, 그러다 보면 의자 두 개를 만질 수 있게 된다. 완벽한 어둠이 처음에는 방향감각을 잃게 한다. 말이 금지되어 있지는 않지만, 왠지 말을 하면 안 될 듯한 생각이 든다. 처음 몇 분 동안은 빛의 세계에서 온 잔상이 남아있다. 하지만 조금씩 빛의 부재에 눈이 적응하게 되면서 이 잔상들은 사라지고, 꽤 오랜 시간 동안 아무것도 보이지 않게 된다. 이제 여러분은 칠흑 같은 암흑에 완전히 빠져있다. 어느 정도의 시간이 지나면 발그레한 빛이 여러분을 감싸는 듯하고, 흐릿한 빛이 방 저쪽 끝처럼 보이는 곳에서 등장한다. 이 빛은 확실치 않은 형태에서 모호한 형태로 주변 어둠 속에서 조금씩 모습을 드러내기 시작한다. 초점을 맞출 수 없는 유사 형태는 조금씩 공간의 왼쪽 아래에서 오른쪽 위로 떠가는 것처럼 보인다. 이 모호하고 모습을 계속 바꾸는 형태는 창백한 하얀색이고, 가장자리만 약간 분홍색을 띤다. 여러분은 자신의 눈을 믿어야 할지 아직 확신이 들지 않을 것이다. 이 흐릿한 형태는 계속해서 눈앞을 떠다닌다. 마치 원시 바닷속에 가라앉아 최초 원시 생명체가 등장하는 현장을 지켜보는 느낌이다. 정해진 시간이 지나고 나면 목소리가 침묵을 깨고, 그러면 여러분은 다시 난간을 찾아 길을 되짚어 나와야 한다. 어둠에서 나온 후, 어느 정도 시간이 지나면 다시 눈이 빛에 적응할 수 있다. 안내원은 여러분이 방에 있는 동안 아무것도 바뀌지 않았다고 설명한다. 방 끝 바닥 쪽에 놓인 정지된 빛이 이 모든 경험을 만든 것이다.

《다크스페이스》가 사람을 원시적 어둠에 빠지게 만든다면, 《스카이스페이스Skyspace》는 천상의 빛을 지상으로 가져온다. 「빛을 위한 말Speaking for Light」이라는 제목의 시에 터렐은 이렇게 썼다.

이것은 우리가 받은 빛이다.
저녁마다 우리는 이 빛을 펼치고
그리고 아침마다 다시 접어놓는다.

푸른 하늘로 돌아가라고.

이것은 통과하는 빛이다.
보이는 것 바로 아래서
누가 그것을 소유하고 있는가? 보는 당신이다.
보이지는 않지만, 알 수는 있다.

터렐은 1970년대 초반, 스튜디오로 사용하기도 했던 멘도타 호텔에서 실험을 시작했고, 이 작품은 그를 대표하는 작품이 되었다. 검은 공간에 더해 터렐은 벽과 천장에 구멍을 내어, 사람이 실제로 들어갈 수 있는 커다란 핀 홀 사진기 혹은 카메라 옵스큐라camera obscura 같은 느낌을 주었다. 그는 이렇게 설명했다. "멘도타는 플라톤의 동굴과 같은 역할을 했습니다. 투사된 것은 실재의 재현이 되었죠. 그들이 비실재라는 이야기는 결코 아니고, 작고 분명한 실재의 한 부분이라는 말입니다.

우리는 동굴에 앉아서 실재를 등진 채 실재의 반영을 보고 있습니다. 공간 자체는 지각자가 되어 지각을 수행합니다. 방들은 카메라와 같은 공간으로 빛을 포착해 물리적으로 그 공간 안에 현존합니다." 이 공간들은 수동적인 용기容器가 아니라, 적극적으로 지각하고, 지각을 수행하는 공간이다. 터렐은 자신을 보고 있는 사람을 지각하며 듣는 빛을 보는 것이 가능한 공간을 만든다.

이탈리아의 미술 컬렉터 주세페 판자 디 비우모Giuseppe Panza di Biumo는 멘도타 방들에 너무도 감명을 받아 바레세에 있는 자신의 집을 이용한 최초의 《스카이스페이스》를 의뢰했다. 판자는 사막에서의 번개에 비유하며 작품의 느낌을 이렇게 묘사했다.

> 사막. 생명 전혀 없음. 고요함. 빛. 원시적인
> 형태들. 순환하는 지평선. 지구 평평한 원반. 원반의
> 태양 빛. 단조로움의 부재. 이상적인 추상.
> 자연의 표현. 인상들의 무궁무진한 원천.
> 둥근 하늘. 유한과 무한. 가득 차 있는
> 확인 가능하고 정확한 에너지가 흐르는 생명체.
> 가능을 지각하는 한계. 가능은 아니다
> 실재가. 보면서 도달하지 않고. 욕망하면서
> 전체 경험을 얻지는 않고. 끌리면서
> 밀쳐내기. 밤 = 빛 – 항상 밝기 – 멀고
> 또 먼 거리.[2]

그 후 몇 해 동안 터렐은 75점 이상의 《스카이스페이스》를 만들었다. 배경, 형태, 규모는 각기 달랐다. 공공 미술도 있고 개인적인 작품도 있었다. 기존 구조물 안에 새겨진 작품도 있고, 완전히 새로운 건물로 세워진 작품도 있었다. 그중에서도 가장 야심 찬 작품은 애리조나주 오색사막Painted Desert에 만든 〈로덴 분화구Roden Crater〉였다.[3] 터렐은 불교의 사리탑, 이집트와 중미 지역의 피라미드, 호피Hopi 아메리칸 인디언 부족의 키바kiva와 같은 것들이 자신 작품의 선구 역할을 하고 있다고 생각했다. 그의 가장 우아한 《스카이스페이스》는 휴

스턴 라이스대학 캠퍼스에, 미국 대지미술작가 마이클 하이저^{Michael} ^{Heizer}의 거대한 조각 〈45°90°180°〉 바로 옆에 자리 잡고 있다. 〈황혼의 주현절$^{Twilgiht\ Epipany,\ 2012}$〉이라는 이름을 가진 이 작품의 독특한 점은 구멍이 두 곳에 있고, 조망할 수 있는 관점 또한 둘이라는 점이다. 관점 하나는 내부에 있고, 하나는 외부에 있다. 구조물은 위가 열려 있는 상태에서 풀에 덮인 계단식 피라미드 모양이다. 이 피라미드 위의 열린 부분에는 작은 네모난 구멍의 지붕처럼 생긴 구조물이 올라와 있다. 조망용 벤치들은 두 구조물의 벽을 따라 놓여 있다. 하나의 층위에서 다른 층위로, 다시 말해 외부에서 내부로, 그리고 다시 외부로 움직이면서 빛의 강도, 질, 색이 변한다. 내부의 조망 공간에서는 소리도 잠잠하다.

〈황혼의 주현절〉에서 몇 마일 가면 다른 《스카이스페이스》를 볼 수 있다. 〈하나의 합의$^{One\ Accord,\ 2000}$〉는 퀘이커 집회소 리브 오크스 프렌즈 미팅하우스$^{Live\ Oaks\ Friends\ Meeting\ House}$의 중심부다. 터렐은 레슬리 K. 엘킨 아키텍츠$^{Leslie\ K.\ Elkins\ Architects}$와 함께 나무가 죽 늘어선 휴스턴 주민 거주 지역에 눈에 잘 띄지도 않는 현대 토속 건물^{vernacular} ^{building}을 만들었다. 건물 외면은 퀘이커 교도들이 좋아하는 소박한 스타일인 회색으로 칠해졌고, 장식도 없다.

이 《스카이스페이스》는 완벽한 정사각형 모양이고, 부드럽게 굴곡진 부드러운 하얀색 천장에 새겨진 지붕을 여닫을 수 있다. 천장과 벽을 연결하는 접합선을 따라 조절 가능한 은은한 빛도 있다. 퀘이커의 가르침을 따라 설교단은 물론 아무런 장식도 보이지 않는다. 나무로 만든 벤치는 셰이커^{Shaker}(영국 퀘이커의 신앙 부흥 운동에서 등장한 일파로서, 예배 시에 열중해서 격렬하게 신체를 흔들면서 춤을 추기 때문에 셰이커라고 불리게 되었다 – 옮긴이) 디자인을 상기시키는, 소박하면서도 세련된 기술로 공들여 만들어졌고, 《스카이스페이스》에 그림자를 드리우고 있는 텅 빈 네모 모양의 공간 주변을 중심으로 서로를 마주 보고 반듯하게 서 있다. 마주 보는 벽에 난 문과 창들은 완벽하게 대칭을 이루고 있다. 다시 한 번 그의 예술적 영감에 할머니의 종교가 얼마나 중요한 역할을 했는지를 회고하며 터렐은 이렇게 말한다. "글쎄요. 퀘이커 교도들은 흔히 내면의 빛을 이야기하죠. 사실 그 빛은 모든 사람의 내면에 있습니다. 할머니는 내면의 빛과 외부의 빛 사이의 관계를 진심으로 믿으셨죠. 심지어 눈을 감고도 우리는 볼 수 있다고 말씀하셨습니다. 꿈에서도 그렇잖아요. 할머니는 묵상하는 목적이 신을 섬기고 내면의 빛과 만나기 위해서라고 믿으셨죠. 교회는 우리 내면에 있거든요. 그래서 퀘이커들은 예술을 잘 볼 수 있죠." 미팅하우스의 침묵 속에서 빛은 종교적 경험이 된다.

  터렐은 이렇게 말한다. "나는 빛을 포착해 지각하고, 빛을 모으고 있는 것 같은 공간을 만든다. 그리고 어떤면에서는 빛을 유지하고 있는 것 같은 공간을 만든다." 그러나 시각이란 절대 단순하지 않다. 따라서 빛을 포착하기 위해서는 배운 것을 볼 수 있도록 눈을 재훈련해야 한다. 〈황혼의 주현절〉을 언급하며 터렐은 인정했다. "우리는 이런 빛을 보도록 만들어지지 않았습니다. 우리는 동굴의 빛, 황혼의 빛이나 볼 수 있죠. 황혼은 우리가 가장 잘 볼 수 있는 시간입니다. 우리가 빛을 어둡게 만들면 동공이 열리면서 촉각과 같은 감각이 우리 눈에서부터 나오죠. 그러면 비로소 진정으로 색을 느끼고 경험할 수 있게 됩니다."

나는 터렐의 충고를 따라 어느 맑은 봄날 해질녘에 리브 오크스 프렌즈 미팅하우스를 찾았다. 땅거미가 다가오면서 지붕과 천장이 하나가 되어서 수정처럼 맑은 푸른 하늘을 드러내 보이고 있었다. 실제 천장과 네모난 구멍은 굴곡져 있었지만,《스카이스페이스》는 완전히 평평하게 보였다. 거기엔 아무것도 없었다. 하지만 작은 구멍은 컬러 필름처럼, 혹은 아무런 흠결이 없는 모노크롬 회화 표면처럼 보였다. 이후 20분간에 걸쳐 이 그림은 눈부신 클라인 블루에서 로스코나 라인하르트의 그림 중 가장 어두운 블랙, 혹은 애니쉬 카푸어 $^{\text{Anish Kapoor}}$의 모든 것을 흡수하는 밴타블랙^{Vantablank}(가시광선의 최대 99.965%를 흡수하는 것으로 알려진 가장 검은 물질이자 색 – 옮긴이)으로 바뀌었다. 가장 당혹스러웠던 점은 이러한 변화가 일어나던 중에는 변화를 느끼지 못했다는 점이다. 나중에 내가 찍었던 사진에서 완전히 다른 색들을 보며 느낄 수 있었다. 사진들은 시간에 따른 변화가 너무나 미묘하고 지속적이고 천천히 진행되어서, 일어나고 있는 중에는 내 눈으로 처리할 수 없었던 변화를 보여주었다.

이러한 통찰을 생각하고 있노라니, 색의 경험이란 다른 모든 것의 경험과 마찬가지로 대조 효과라는 게 명확해졌다. 마치 사진작가 에드워드 마이브리지$^{\text{Eadweard Muybridge}}$의 연작 중 하나가 고속 촬영 영화의 스냅 사진과 같이 눈앞에 죽 펼쳐지는 것처럼, 나는 이전에는 한 번도 보지 못한 색, 너무나 미묘해서 말로는 설명할 수 없는 색들을 보았다. 이 색들은 시간뿐만 아니라, 장소와 더불어서도 모습을 달리했다. 미팅하우스 밖으로 걸어 나오자 하늘은 안에서 보았던 색과는 완전히 다른 색으로 바뀌어 있었다. 터렐은 이렇게 설명한다. "저는 실제로 하늘의 색을 바꾸지 않았습니다. 그저 시각의 맥락만을 바꾸었죠. 그랬더니 하늘색이 완전히 달라졌죠. 그때가 되어서야 사람들은 하늘색을 실제로 만든 사람이 바로 자신이라는 것을 깨닫습니다. 어떤 것에 이미 고유한 색이 있는 것이 아니라, 우리가 거기에 부여하는 것이죠. 그저 시각의 맥락을 바꾸기만 해도 그 사실을 쉽게 알 수 있습니다. 그리고 우리가 지각하는 방식에서 이러한 특이한 현상이 있다는 사실을 이해하는 것은 우리가 사는 세상 안에서 우리가 실재를 어떻게 창조하는가를 깨닫는 데 도움이 됩니다." 터렐은 내부와 외부 빛의 인터플레이를 조절해 변화가 외부에서 오는 듯한 느낌을 줌으로써 《스카이스페이스》의 색을 만든다.

터렐의 《스카이스페이스》는 역설적인 방식으로 작동한다. 모든 것이 뒤집혀 있다. 천국을 지상으로 끌어내려서 우주와 인간의 시간은 물론 내적 공간과 외적 공간을 혼동하게 만든다. 열린 구멍은 닫고, 닫히는 곳은 유한을 무한으로 열어 놓는다. 채색된 표면처럼 보이는 것은 끝을 알 수 없는 깊이로 판명되었다. 작품의 효과를 요약하며, 터렐은 이렇게 썼다.

낮이 밤으로 바뀌면서 다른 어디에서도 볼 수 없었던 색의 강도 변화를 느낄 수 있습니다. 그러고 나서 다시 밖으로 나가면 다른 빛의 하늘을 보게 될 것입니다. 여러분이 하늘에 색을 칠합니다. 이 작품은 제가 아니라 여러분의 시각에 관한 작품입니다. 색은 대단히 숭고해서 우리가 보통 보는 것을 넘어서 있을 수 있습니다. (우주) 공간

속 빛의 양은 여러 행성과 항성을 볼 수 있게 해 줄 수도 있지만, 그러한 공간에는 표면이 없기에 비길 데 없이 깊고 부드러운 어둠만 있습니다. 이 어둠은 완벽하고 캄캄한 어둠이며 모든 빛을 흡수하고 빨아들입니다. 이 어둠은 빛이 없는 공간과 빛이 있는 공간 내부와의 대조에서 나옵니다.

퀘이커 미팅하우스 경험은 형언할 수 없이 감동적이지만, 여전히 무언가 아쉬움이 남아있다. 〈하인드사이트〉에서는 어둠 속을 걸어 다닐 수 있었지만, 《스카이스페이스》는 '빛 안으로 걸어 다니는 행동'을 허용하지 않았기 때문인 것 같다. 내가 어둠으로 들어갔던 것만큼 내게 어둠이 들어오지 않았고, 마찬가지로 내가 빛으로 들어간 만큼 빛은 내게 들어오지 않았다. 《스카이스페이스》는 마치 그림의 액자 같은 부분이 있기 때문에 내부와 외부를 연결해 주기도 하지만, 그 둘을 떨어뜨려 놓기도 했다. 그리고, 그 둘 사이의 막은 찢어지지 않았다. 터렐과 내가 추구한 경험을 완성하기 위해 나는 그 둘 사이를 뚫고 걸어야 했다. 나는 이 마지막 단계를 밟았다. 말 그대로 내가 〈퍼펙틀리 클리어Perfectly Clear〉에 들어갔을 때였다. 역시 매사추세츠 현대미술관에 있는 〈퍼펙틀리 클리어〉는 간츠펠트Gazfeld(독일어로 전체장이라는 의미다)였다. 간츠펠트(감각 상실을 방지하기 위해 뇌에서 자체적으로 환상이나 환청을 만들어내는 현상 - 옮긴이)는 1930년대 심리학자 볼프강 메츠거Wolfgang Metzger가 어떠한 대상도 없고 특색도 없는 장을 경험하는 실험대상을 연구하기 위해 만들어 낸 말이다. 터렐의 간츠펠트는 그의 《다크스페이스》를 뒤집은 것이다. 다시 말해

이 작품은 사람들을 빛나는 텅 빔 안에 빠지도록 한다.

〈퍼펙틀리 클리어〉의 틀을 통과하기 위해서는 일단 깨달음을 받을 수도 있는 의식적 공간에 들어서야 한다. 외부와 내부 사이에는 연결 통로가 있는데, 마치 고딕 성당의 팀파눔(박공 벽면 - 옮긴이)과 같아 보인다.[4] 마치 신성한 공간에 다가설 때처럼 관람객은 신을 벗거나 덧신을 신어야 한다. 다시 한 번, 작품은 계단식 피라미드 높이 올라앉아 있다. 14개의 계단을 오르면 액자를 지나, 작품 안으로 들어갈 수 있다.《스카이스페이스》가 홍채처럼 조리개가 작동하는 카메라, 혹은 눈을 자극한다면, 이 문턱을 건너가는 것은 마치 렌즈를 넘어 안구 속으로 걸어 들어가는 것 같다. 터렐은 이렇게 설명한다.

> 저는 그림의 면을 자르는 데서부터 바깥쪽으로 나갔습니다. 밖은 투명하고 평평한 공간처럼 보일 수 있고, 그 공간에 의식을 가진 채 들어가기 위해서는 잠시 기다림이 필요합니다. 몇몇 사람들은 그 내부가 부드럽길 기대하면서 스페이스 디비전 컨스트럭션스 Space Division Constructions 의 구멍으로 뛰어들려 합니다. 간츠펠트와 함께 관람객들은 마치 회화에 들어가는 것처럼 그림 속 차원으로 들어가도 좋습니다. 이 작품들은 물론 좀 더 조각 같지만, 여전히 3차원을 가상적인 방식으로 이용해야 한다고 생각하고 있습니다. 여전히 차원이라는 특징을 와해시키는 것이 중요하다고 생각하고, 혹은 어떤 방식이건 간에 회화 언어로 차원에 새로운 질서를 부여하고 싶습니다.

차원들이 점차 무너짐에 따라 초점을 맞출 수 있는것은 점점 없어진다. 결국, 아무것도 없다. 모든 것과 모든 물체는 부드러운 푸른색, 분홍색, 라벤더색에서 밝은 노란색과 녹색으로 52분에 걸쳐 조금씩 바뀌도록 프로그램된 눈에 보이지 않는 LED가 만드는 빛 속에서 자취를 감춘다. 4분마다 붉은 섬광이 번쩍하며 시야를 잠깐 보이지 않게 만든다. 눈이 간츠펠트에 적응하면서, 벽, 천장, 바닥의 가장자리들은 사라진다. 무엇보다 혼란스럽게도, 발아래 바닥이 사라지면서 관람객은 허공에 떠다니는 느낌이 들게 된다. 여기에서 〈하인드사이트〉에서와 마찬가지로 관람객은 자신의 눈에 속는다. 틀의 내부에서 외부 세계를 보려고 하면, 들어오는 공간의 하얀 벽이 교차하는 리듬에 맞춰 색을 달리한다.

터렐은 니체가 질문했던 문제에 대답하는 듯하다. "어떻게 우리가 바다를 마셔버릴 수 있을까? 누가 우리에게 지평선 전체를 쓸어버릴 스펀지를 주었는가? 우리는 어디로 움직이고 있는가? 모든 태양에서 벗어나는 방향으로? 우리가 계속 떨어지고 있지는 않은가? 뒤로, 옆으로, 앞으로, 모든 방향으로? 위와 아래가 아직 있는가? 우리는 마치 무한한 무에서 헤매고 있지는 않은가?" 터렐은 이렇게 답한다. "저는 이 수평선이 없는 새로운 풍경에 관심이 있습니다. 간츠펠트에 들어가면 구름이나 안개를 뚫고 날아갈 때 발견할 수 있는 비슷한 풍경을 만날 수 있죠. 또 그 안에서는 스키를 타거나 쏟아지는 눈으로 들어갈 때 느낄 수 있는 '화이트아웃^{whiteout}'(눈 표면이 가스로 덮여 원근감이 없어지는 백시 상태 - 옮긴이) 상태가 될 수 있습니다. 그런 상태에서는 어디가 위인지 어디가 아래인지 알 수 없죠. 다이빙에서도 이러한 상황이 일어날 수 있습니다. 우리는 수평선이 없는 공간이라는 영토로 들어가고, 중력이 없는 외부 공간도 경험할 수 있습니다."

이 경계가 없는 환경에서 차이, 구별, 규정, 분절은 모두 사라지고, 차이로 나눌 수 없고, 구별할 수 없으며 규정할 수 없는 불분명한 공간밖에 남지 않았다. 주체와 객체, 자아와 타자 사이의 모든 구별이 없는 상태에서는 개인 정체성의 모든 감각이 사라져버린다. 하지만 이것이 어떤 통일감은 아니다. 그 경험을 겪을 어떠한 나도 남아있지 않기 때문이다. 낯선 이야기이지만 그것은 비경험을 경험하는 것과 같다. 역설적으로 어떤 지각이 남아있는 한, 이 텅 빔은 비어있음이나 결여보다는 가득 차 있음이나 충만으로 느껴진다. 그림의 액자 경계를 한 걸음 넘어섬으로써 관람객은 경험의 한계를 넘어 불가능한 시공간으로 들어간다. 현재와 부재, 가득 참과 텅 빔, 충만과 결여가 동시에 공존하는 게 가능한 세상이다. 생각이 깊은 토머스 머튼Thomas Merton은 13세기 플랑드르의 신비주의자 존 루이스브렉John of Ruysbroeck의 말을 인용한다.

내면의 인간은 모든 행위와 모든 가치를 넘어 소박하게 자신 속으로 들어가 즐거움이 넘치는 사랑의 시선으로 자신을 응시한다. 거기에서 그는 아무런 매개도 없이 신을 직접 만난다. 신의 통일성에서부터 나오는 단순한 빛이 그에게 비친다. 이 단순한 빛은 어둠으로, 벌거벗음으로, 무로 나타난다. 이 사람은 어둠에 싸여 아무런 양식도 없는 상태에 빠지고, 그 상태에서 어쩔 줄 몰라 한다. 벌거벗은 상태에서 모든 사고와 사물의 구별이 생각나지 않고, 그저 단순한 빛만 그를 통과하며 지식을 전달할 뿐이다. 무의 상태에서 그는 자신의 모든 일이 무가 되어버린 것을 본다. 그가 신의 무한한 사랑 행위에 압도되었기 때문이다. 그리고 영혼의 즐거움으로 인해 그는 신의 '영과 하나가 된다.

루이스브렉은 마치 터렐의 간츠펠트를 경험하고 글을 쓴 듯하다. 이 글이야말로 죽음 이후의 황폐한 침묵이 아니라 탄생 이전의 풍요로운 침묵을 잘 보여주고 있다.

미리-보기

1962년 모리스 메를로퐁티의 『지각의 현상학 Phenomenology of Perception』 영역본이 출간되었다. 이 책은 많은 예술가에게 지대한 영향을 미쳤는데, 조각가 중에서는 특히 리처드 세라 Richard Serra, 로버트 모리스 Robert Morris, 그리고 제임스 터렐이 커다란 영향을 받았다. 이 예술가들은 이상화된 물건들을 멀리서 감상하도록 만들어놓는 대신, 관람객을 문자 그대로 예술작품에 집어넣어 참여자로 만들기 위해 일단 받침대에서 조각을 떼어 냈다. 터렐이 보기에 메를로퐁티의 중요한 텍스트에서 가장 풍부한 문장들은 그가 만들고자 하는 예술 경험을 잘 설명해 주고 있었다.

분명하고 확실한 대상들의 세계를 없애버리면, 그 세계에서 단절된 우리 지각적 존재는 사물이 없는 공간성을 만들어냅니다. 밤에 이런 일이 일어나죠. 밤은 우리 앞에 놓인 대상이 아닙니다. 밤은 저를 에 위싸고, 모든 감각에 침투하고, 모든 회상을 질식시키고, 개인 정체성은 거의 파괴하다시피 하죠. 저는 멀리서 움직이는 물체의 윤곽선을 편히 지켜볼 수 있는 지각적인 관망대로 더는 도망갈 수 없습니다. 밤은 윤곽도 없죠. 밤은 그 자체로 저와 접촉하고, 밤의 통일성은 마나^{mana}(물건·사람에 내재하는 우주의 초자연인 힘-옮긴이)의 신비로운 통일성입니다.

메를로퐁티의 지각의 현상학은 헤겔이 사변적 관념론으로 수정한 칸트를 다시 뒤집으려는 의도를 가진, 칸트 비판 철학의 확장이다. 메를로퐁티는 헤겔을 자기식대로 다시 읽으면서 헤겔의 글이 감추고자 한 것을 드러내려 했다. 그는 지식의 핵심에는 무지가 있고, 보이지 않음이야말로 보이는 것을 가능하게 만든다는 것을 헤겔이 감추고 있다고 주장했다. 칸트의 비판 철학은 지식·도덕·미학적 가능성의 조건을 만들어서 흄의 비관주의와 맞서려 했다. 그는 지식은 직관(공간과 시간)의 형식들과 그가 '지각할 수 있는 많은 직관'이라고 설명하는, 오성^{悟性}의 범주들을 종합한 것이라고 주장했다. 정신은 상상력의 작동을 통해 자료를 처리하는 프로그램된 컴퓨터처럼 작동한다.[5] 정신 구조는 보편적이므로 모든 사람은 자료를 같은 방식으로 처리하고, 따라서 '객관적' 의사소통이 가능하다. 하지만 이런 소위 '객관성'은 필연적으로 주관성을 띨 수밖에 없는데, 현실 자체, 혹은 칸트의 용어로 말하자면 '물자체$^{the\ thing\text{-}in\text{-}itself}$'를 파악하기란 불가능하기 때문이다. 이 주관적 관념론에서 세계는 결국 침묵하고 있다. 헤겔이 생각했던 자신의 철학적 과제는 세계에 발언권을 주어 이 침묵을 깨는 것이었다. 이 목적을 위해 그는 칸트의 주관적 관념론을 절대적 관념론으로 전환해서 정신과 세계가 같은 구조가 되도록 만들었다. 헤겔 체계의 핵심은 『대현상학Science of Logic』이다. 이 책에서 그는 자아와 세계의 기반을 형성하는 신성한 로고스를 사변적으로 발전시킨다. 헤겔은 정신과 현실 세계는 같은 구조를 공유하고, 따라서 같은 언어를 '말한다'라고 주장하며 칸트의 물자체를 지워버린다. 헤겔의 체계는 모든 것과 모든 사람이 완벽하게 이해되는 절대지Absolute Knowledge에 도달하며 끝난다. 철학은 말할 수 없고, 알 수 없고, 이름 붙일 수 없고, 이해할 수 없는 것은 아무것도 없다는 것을 증명하며 침묵을 제거하려는 노력이다.

메를로퐁티는 헤겔의 체계를 거부하는 데서 그치지 않고, 최소한 두 명의 헤겔이 있다고 주장한다. 『정신 현상학』에서 정점에 도달한 초기 헤겔은 '실존적인' 사상가로서, 구체적 인간 경험에는 많은 긴장과 모순이 있음을 잊지 않는다. 하지만 1807년 이후, 체계적 사고에 몰두하게 되면서, 헤겔은 모든 반대는 모든 것을 포괄하는 이성을 통해 극복될 수 있다고 주장하게 되었다. 메를로퐁티는 초기 헤겔에게 매력을 느낀다. 반면, 많은 현대 철학의 기반이 된 형식을 반영하고, 간접적으로 예술을 위한 예술이라는 모더니즘의 교리를 만드는 데 크게 이바지한 후기 철학에는 비판적이다. 하이데거를 따라 메를로퐁티는 철학의 끝에서 철학이 생각하지 않고 남겨 놓은 것을 생각하는 것이야말로 사고의 과제라고 주장했다. 아직까지 알려지지 않았더라도 모든 것은 알 수 있다고 확신했던 헤겔과는 달리 메를로퐁티는 프로그램화될 수 없는, 따라서 이해될 수 없는 부분은 언제나 있기 마련이기 때문에 의식과 자의식은 늘 불완전하다고 믿었다. 그리고 생각했던 바와는 달리, 이 알 수 없는 것이 바로 지식을 가능하게 한다. 메를로퐁티는 사변/반사 철학이 보지 않고 있는 것을 보고, 듣지 않고 있는 것을 들음으로써 내부로부터 이 철학을 해체하고 있다.

> 정신의 눈, 마음의 눈 역시 맹점이 있다. 하지만 정신 혹은 마음의 눈이기 때문에, 그 맹점을 지각하지 못하거나, 특별한 언급이 필요 없는 단순한 비시각의 상태로 취급할 수 없다. 이 특별히 언급하지 않는 행동이야말로 우리가 태어나면서부터 너무도 익숙한 반사적 행동이다. 정의와는 반대로 반사(반성)가 반사를 자각하지 못하는 것이 아니라면, 반사는 마음이 처음 엮어놓은 그 실을 푸는 척할 수 없으며, 내 안에 있는 자신으로 돌아가는 마음이 될 수 없다. 정의상 반사하는(사변적인. 영어로 '반사', '반성', '사변'은 모두 reflective다─옮긴이) 것은 나이기 때문이다. 반사는 반드시 주체 X를 향해 나아가는 것으로, 주체 X에 호소하는 것으로 드러나야 한다.

자기반성적이 되기 위해 스스로 자신을 되돌아보면서 반사는 맹점을 드러내 보인다. 그와 동시에 시각은 가능해지지만, 또다시 불완전한 상태가 된다.

이 X를 포착하기 위해, 메를로퐁티는 알 수 없는 탄생 혹은 '의식적인 것의 도래^{advent}'로 관심사를 돌려, 시작을 넘어 지식의 기원으로 돌아간다. 그는 이렇게 주장한다. "사변 철학의 오류는 사유 주체가 자신의 사유 속에 우리의 존재가 지식에 상당한 사유 대상을 남김없이 흡수하거나 전유할 수 있다고 생각하는 데 있다. 사유 주체로서 우리는 우리가 알고자 하는 비사변적 주체가 결코 아니다. 하지만 우리는 완전히 의식할 수도, 초월적인 의식에 도달하게 될 수도 없다." 데카르트가 내부를 돌아보며 시작되었고, 헤겔의 종합적인 사변 체계에서 끝에 다다른 사변 철학에서 자율적이고, 자기반성적인 주체는 사유의 알파이자 오메가이고, 그러한 까닭에 모든 지식과 자아 인식의 기반이 된다. 비판적인 반성을 통해 자아는 자신에게 완전히 투명해지려고 한다. 하지만 메를로퐁티가 보기에 자의식적인 코기토^{cogito}(자아의 지적 작용 - 옮긴이)는 환원 불가능하게 모호한 상태로 남아 있게 되는데, 그 자신이 전제로 하고 있지만 이해하지 못하고 있는 원시적인 지각 과정이 이차적인 것이기 때문이다. 자의식은 언제나 감각이라는 '말 그대로 논리 이전에 존재하고, 언제나 항상 그런 상태에 있는' '현상 층위'에 종속된다. 주체의 이 기초적인 층위는 사변적인 코기토로서는 다가갈 수 없지만, 메를로퐁티가 '사변 이전의 코기토'라고 부르는 것에는 접근할 수 있다.

따라서 내 아래에는 다른 주체가 있다. 그 주체에게 세계는 내가 여기 존재하기 이전부터 존재하고 있다. 나는 그 세계에서 나의 장소를 찾는다. 이 포획된, 혹은 자연스러운 정신이 나의 육체다. 내가 개인적으로 선택한 도구이자 나를 이런저런 세상에 묶어 놓는 그 일시적인 육신이 아니라, 모든 특수한 초점을 일반적인 기획에 맞추는 자율적인 '기능들'의 체계로서의 육체다. 이렇게 맹목적으로 세계에 매달리는 것. 존재를 선호하는 편견은 삶의 시작에서만 일어나지 않는다. 이 편견은 이후의 모든 공간 지각에 의미를 부여하고, 모든 순간에 되살아난다. 공간과 지각은 일반적으로, 주체의 핵심부에서, 이 탄생이라는 사실, 영원히 주어지는 육체적 존재성, 사유보다 훨씬 오래된 세계와의 의사소통을 표상한다.

'사유보다 더 오래된' 이 '익명의 기능들'이 바로 맹점이고, 이것들 없이 시각은 불가능하다. 따라서 잔여 불가시성은 언제나 시각에 그림자를 드리우고 있다. "내가 '모든 가시적인 것은 비가시적이다'라고 말할 때, 그 지각은 비지각이고, 그 의식은 '맹점'을 갖고 있으며, 보는 것은 언제나 자신이 보는 것 이상을 보는 것이라는 말이다. 이를 모순으로 이해해서는 안 된다. 완벽하게 그 자체로 (객관적인 부재에 지나지 않는) (다시 말해, 객관적 현존은 다른 곳에 있는, 그 자체로 다른 곳인 곳에) 비가시적인 것으로 정의되는 것에 가시적인 것을 더하는 것으로 생각해서는 안 된다—비가시성과 관련 있는 것은 바로 가시성이라는 것을 이해해야 한다. 내가 보는 기준으로 나는 내가 무엇을 보는지 모른다." 마치 바르트의 푼크툼이나 자베스의 관점과 마찬가지로, 메를로퐁티의 맹점$^{punctum\ caecum}$은 지식의 가능성과 불가능성의 조건이 되는 '비지식$^{non\text{-}knowing}$' 상태로 남아 있는 말속에서 통찰과 침묵의 핵심에 있는 드러낼 수 없는 무지를 드러낸다.

《다크스페이스》,《스카이스페이스》, '간츠펠트'를 통해 터렐은 메를로퐁티의 지각의 현상학을 응용해 봄^{seeing}을 볼 수 있도록 만드는 조건을 창조해보려 했다. 이미 초기 아트와 테크놀로지 프로그램 제안서에서 터렐은 이렇게 설명했다. "우리는 사람들을 지각의 인식으로 이끌고 싶습니다. 지각하고 있는 자신을 지각하고, 감각에 닿는 정보를 처리해서 감각의 감각을 현실 감각으로 만드는 일 말입니다."「내부의 빛: 제임스 터렐의 급진적인 실재Inner Light: The Radical Reality of James Turrell」라는 뛰어난 논문에서 마이클 고번Michael Govan은 이렇게 설명한다. "터렐은 세상에 존재하는 어떤 것을 보여주기보다는 눈 뒤에 있는 빛과 공간을 보여주고자 한다." 따라서 그의 관심사는 시각이 아니라, 훨씬 더 중요한 시각 이전의 것이다. 고번은 계속해서 말한다. "사실, 터렐은 지각이야말로 자신의 진정한 매개물이라고 계속 말해왔다. 터렐의 작품은 지각하는 존재가 된다는 게 무엇을 의미하는지, 우리의 관찰과 경험이 얼마나 우리 지각의 '내적인 빛'에 의해 밝혀지는지를 깊이 깨닫게 해준다." 지각을 지각하는 것이 지각을 가능하게 만들어주는 비지각적인 것을 지각하는 것이라면, 보기를 보는 것은 보기를 가능하게 해 주는 비시각적인 것을 보는 것이 될 것이다.

몇 년 전 아버지가 쓰시던 암실에서 사진을 현상하고 인화하며 배웠던 놀라운 것 중 하나는 세상 그 자체에는 아무런 색이 없다는 사실이었다. 색이 없는 세상을 상상하기란 사실상 불가능하다. 검은색, 하얀색, 회색도 어쨌든 색이 아닌가? 색이 없는 세상을 본다는 것은 칸트의 물자체를 아는 것만큼이나 불가능한 일이다. 절대적인 침묵을 들을 수 없듯이 완전한 색의 부재를 떠올리기는 힘들다. 터렐은 지각을 지각하고, 봄을 보는데 필요한 조건을 만들어 우리가 모두 알고 있는 색을 가진 세계가 어떻게 만들어졌는지 보여주고자 한다.

터렐은 윌리엄 제임스$^{\text{William James}}$(미국의 철학자·심리학자, '의식의 흐름'을 만든 사람으로 유명하다 - 옮긴이)를 한 번도 인용하지 않았지만, 그의 전략은 결국은 윌리엄 제임스가 『심리학의 원리$^{\text{The Principles of Psychology}}$』에서 보여 준 대단한 통찰을 예술작품에 응용한 것이라 볼 수 있다. '조각'이라는 말이 라틴어로 조각한다는 의미를 갖는 'sculpere'에서 유래했다는 사실을 알면 이 중요한 통찰의 함의를 이해하는 데 도움이 된다.

> 요컨대 정신은 자신이 받아들이는 자료를 가지고 작업을 한다. 조각가가 돌덩어리를 가지고 작업하는 것과 흡사하다. 어떤 의미에서 보자면 조각은 아주 까마득한 예전부터 거기에 있었다. 하지만 그 옆에는 천 개의 다른 조각이 있었고, 조각가가 나머지로부터 이 특정한 조각을 탈출시킨 공로를 혼자 독차지한다. 우리 각자의 세계도 마찬가지다. 우리의 세계관이 얼마나 다르든 간에, 그 모든 세계관은 원시적인 감각의 혼란 속에 내포되어 있었고, 그 상태에서 우리 모두의 생각은 다르지 않았다. 원한다면 우리는 추론을 이용해 사물을 과학이 유일한 실재 세계라고 부르는 그 검고 이음매도 없는 공간의 지속 상태, 떼를 지어 다니는 원자들의 움직이는 구름의 상태로 되돌릴 수도 있다. 하지만 우리가 느끼고 사는 세계는 우리의 선조들과 우리가, 여러 번의 축적된 선택을 통해 천천히, 마치 조각가처럼, 주어진 것 중 어떤 부분을 거부함으로써 이것에서부터 탈출시킨 세계다.

터렐의 조각은 간과하는 것을 보고, 지각을 가능하게 만드는 과정을 지각하도록 눈을 재교육함으로써 눈을 조각한다.

메를로퐁티가 『보이는 것과 보이지 않는 것The Visible and the Invisible』을 쓴 이후, 심리학, 생물학, 인지과학, 신경과학의 시각 메커니즘을 훨씬 더 정교하게 이해하기 시작했다. 접근 방식과 언어가 다르긴 하지만, 이 과학 연구들로 인해 메를로퐁티의 가장 중요한 결론도 틀리지 않다는 인정을 받았다. 눈이 빛을 조각하듯 빛도 눈을 조각한다. 지각과 개념화는 피드백과 피드포워드feedforward(실행 전 결함을 예측하고 행하는 피드백 과정의 제어 - 옮긴이) 순환에서 합쳐진다.

사이먼 잉스Simon Ings는 『보기의 자연사: 시각예술과 과학A Natural History of Seeing: The Art and Science of Vision』에서 이렇게 설명한다. "망막은 노출되는 빛의 종류에 따라 조각된다. 흐릿한 빛은 명확한 이미지에 의존하지 않는 시각 능력을 부추긴다. 어두운 빛에서도 움직임을 탐지하는 것이 쉽고 전반적으로 좋은 시각이 개발된다. 한편 초점이 잘 맞춰진 빛은 세상을 정교하게 볼 수 있게 많은 빛을 이용하는 시각 능력을 선호한다. 척추동물 망막의 광수용체는 이런 이유로 원추세포와 간상세포(원추세포는 낮에 동작하고, 간상세포는 밤에 동작하는 세포다 - 옮긴이)가 전문화되는 방향으로 진화했다." 이 복잡한 조각 과정에는 '주관적인' 측면과 '객관적인' 측면이 있다. 눈은 받아들이는 자료를 처리하고, 빛은 자신의 형체를 만드는 눈의 형태를 만든다. 다시 말해서, 감각 지각은 뇌를 재연결하고, 뇌는 또 지각을 변형시키는 방식으로 정신을 변경한다.

그렇다면 색은 세계의 대상과 눈에서 반사되는 빛의 다양한 파장 사이에서 벌어지는 상호작용의 산물이다. 시각은 빛이 실어 나르는 엄청난 양의 데이터를 효과적으로 처리해야 한다. 차단이나 여과는 지각의 가장 초보적인 수준에서 시작된다. 인간의 생리적 한계로 인해 시각은 400~750나노미터 사이로 제약된다. 전반적인 빛의 스펙트럼에서도 얼마 안 되는 좁은 범위다. 여기에 눈의 생화학과 구조가 또 다른 제약이 되고, 뇌의 신경 구성 역시 제약 요소가 된다. 뇌와 그 신경망은 놀라울 정도로 복잡하게 연결되어 있어 아직도 충분히 이해하지 못하고 있다. 뇌에는 1천억 개 정도의 뉴런이 있고, 각각은 1만 개 정도의 다른 뉴런과 연결되어 있다. 이 뉴런은 초당 1비트보다 빠른 속도로 동작할 수 있다.

조지 레이코프$^{George\ Lakoff}$와 마크 존슨$^{Marc\ Johnson}$은 이렇게 말한다. "인간의 눈은 각각 1억 개 정도의 빛을 감지하는 세포를 갖고 있다. 하지만 그중 백만 개 정도의 조직만 뇌에 연결되어 있다. 따라서 뇌에 당도하는 이미지의 복잡성은 1/100로 줄어들게 된다. 다시 말해 각각 조직 속 정보는 대략 100개 세포에서부터 온 정보의 '범주화'라는 것이다. 이런 종류의 신경 범주화는 우리가 지각할 수 있는 가장 높은 범주에 이르기까지 뇌 전역에서 존재한다." 도식화의 낮은 수준에서 높은 수준으로 옮겨가며, 지각할 수 있는 범위도 점점 좁혀진다.

이 고정된 제약 안에서, 지각의 대역폭을 극단까지 확장할 수 있다. 시간 이전의 시간, 장소 이전의 장소를 포착할 수 있는, 세계를 창조할 때 존재하지 않았고, 지각이 탄생할 때 비시각으로 남아있던 장소까지 말이다. 터렐은 자신이 작업한 《스카이스페이스》 중에서도 가장 야심에 차고 장엄한 〈로덴 분화구〉를 설명하며 창조 이전의 기원에 관한 깊은 관심을 드러내는 놀라운 주장을 한다.

로덴 분화구는 그 안에 지식이 있고, 그 지식을 가지고 어떤 것을 하고 있다. 환경적인 사건이 일어나고 공간이 밝혀진다. 어떤 것이 거기에서 벌어지고 있다. 순간적으로, 혹은 잠깐 그 자체가 지각하고 있는 것, 그것은 눈이다. 태양, 달, 구름, 혹은 어떤 계절의 어떤 날에 있느냐에 따라 바뀌고, 계속해서 바뀐다. 거기 있으면, 그것은 시각을 갖고, 특징을 가지며 가능성의 세계를 갖는다.

당신을 듣는 빛을 본다. 가시적인 것 안에서 비가시적인 것을 듣는다. 창조는 월리스 스티븐스의 훌륭한 시구, '시 안에 시'에 있다. 포이에시스^{poiesis}는 무한정한 세상 만들기로 이를 통해 말은 자신이 뒤에 남겨 놓지 않은 침묵에서 태어난다(포이에시스는 일반적으로, 넓게는 대상의 법칙을 알고 그것에 따라 인간에게 필요한 것을 만드는 기술을 의미하고, 좁게는 대상을 있는 그대로 모방하지 않고 작가가 참되다고 느낀 세계를 표출하는 활동을 말한다 – 옮긴이).

비-유한을 탈-제한하기

"신은 고향에 계시고," 마이스터 에크하르트$^{Meister\ Eckhart}$는 말했다. "우리는 먼 나라에 있습니다."

모든 것을 통제하고 있다고 생각할 때, 우리는 가장 태만하다. 우리는 시간의 풍금에 맞춰 잠이 든다. 우리는 신의 침묵에 깨어난다. 깨어난다면 말이다. 그리고 우리가 창조되지 않는 빛의 깊은 해안에 깨어날 때, 눈부신 어둠이 먼 시간의 경사면에 부딪혀 깨어진다. 그러곤 우리의 이성이나 의지 같은 것을 던져버려야 할 시간이 된다. 그러곤 고향을 향해 우리의 목을 부러뜨려야 할 시간이다.

미르체아 엘리아데 Mircea Eliade는 널리 영향을 미친 책 『성과 속The Sacred and the Profane』에서 이렇게 썼다.

가장 오래된 피난처는 지붕이 없거나 지붕에 구멍이 나게 지어졌다. 이 구멍은 '돔의 눈'이라 불렸고, 차원을 뚫고 다른 차원으로 가는, 다시 말해 초월적인 것과의 의사소통을 상징하는 곳이었다.

따라서 종교 건축은 원시 주거 공간에 이미 존재하고 있던 우주적 상징을 그저 받아들이고 개발한 것에 지나지 않는다. 또, 그런 인간 주거지는 시간상으로 앞선 임시 '성소聖所', 다시 말해 일시적으로 축성되고 우주화되었던 장소를 모방한 것이었다… 그렇다면 사원, 도시, 집과 관련된 모든 상징과 의식은 결국 신성한 공간의 일차적 경험에서 유래되었다.

두 중요한 프로젝트를 만든 안도 다다오처럼 터렐의 가장 중요한 작품들도 역逆적이다. 다시 말해 한 차원에서 위 혹은 아래에 있는 다른 차원으로 뚫고 들어가며, 천국과 지상, 그리고 지하세계를 연결하는 통로를 만든다.[6]

이렇게 자리가 설정된 예술작품은 유한과 무한을 합치는 동시에 분리하면서, 경계의 한계를 해체한다. 하이데거는 「예술작품의 기원

The Origin of the Work of Art」이라는 논문에서 하늘의 '빈터'와 지상의 '자기 은둔' 사이의 여백이 바로 사원의 장소라고 주장했다.

> 그리스 사원과 같은 건물은 아무것도 그리지 않는다. 그저 거기에, 금 간 바위가 그득한 계곡 한가운데 서 있을 뿐이다. 신의 형상이 건물에 에워싸여 있지만, 개방된 포르티코(대형 건물 입구에 기둥을 받쳐 만든 현관 지붕-옮긴이)를 통해 신성한 구역으로 들어오다 보면 오히려 이 감춤이 그 형상을 두드러지게 보이게 만든다. 사원이라는 수단을 통해서, 신은 사원에 현존한다. 신의 현존은 그 자체로 신성한 장소를 그런 장소로 확장하는 동시에 **한계를 설정**하는 것이다. 이 사원-작품이 처음 만들어지고, 그와 동시에 주변에 길과 관계의 통일성을 끌어모은다. 그 안에서 탄생과 죽음, 재난과 축복, 승리와 굴욕, 인내와 쇠퇴가 인간을 위한 운명의 형태를 획득한다… 거기 서 있는 이 사원-작품은 세계를 열고, 그와 동시에 이 세계를 다시 세상에, 유일하게 토착적인 지반으로 등장하는 땅 위로 돌려놓는다… 거기 서 있는 사원은 사물에게는 자신의 시선을 주고, 인간에게는 인간에게 비친 외관을 준다.
> 작품이 작품으로 남아있는 한, 신이 그곳으로부터 도주하지 않는 한, 이 시각도 남아있다. 신의 조각도 마찬가지다… 신이 어떻게 생겼는지를 쉽게 깨닫게 하려는 목적을 지닌 초상화가 아니다. 그보다는 신 그 자신을 현존하게 하는, 그래서 신 자신이 존재하게 만드는 작품이다.[7]

하늘과 땅과 예술작품 형상을 한 사원을 합치고 떨어트려 놓음으로써 신을 현존하게 할 뿐 아니라, 신을 존재하게 한다. 하지만 이 신은 누구의 신인가? 이 신의 이름은 무엇인가?

오랫동안 피라미드와 동굴로부터 관심을 놓지 못했던 터렐은 동굴인 피라미드와 피라미드인 동굴을 만든다. 고대 피라미드는 신의 기념물이었고, 피라미드의 스타일은 숭배한 신에 따라 다르다. 가장 유명한 피라미드라 할 수 있는 카이로 외곽 기자 피라미드는 당시 신으로 숭상 받았던 파라오를 위한 무덤으로 만들어졌다. 「오벨리스크$^{The\ Obelisk}$」라는 논문에서 조르주 바타유$^{Georges\ Bataille}$는 이렇게 설명한다.

> 죽음이 무거운 기둥 같은 힘으로 내리칠 때마다, 세계는 흔들리고 의문에 빠져든다. 피라미드와 같은 커다란 건물이 있어야만 사물의 질서를 회복할 수 있다. 피라미드는 파라오라는 신-왕을 태양신 라^{Ra} 바로 곁에서 영원히 살 수 있게 해 주는 장치다. 이러한 방식으로 존재는 자신이 인정한 한 사람에게서 흔들리지 않는 충족을 다시 얻는다… 옆면을 이루는 거대한 삼각형들은 '폭풍에 가려진 해가 갑자기 구름을 뚫고, 햇빛의 사다리로 떨어지는 태양 광선처럼' 하늘에서 떨어져 내려오는 느낌을 준다. 따라서 이들은 땅 위에 있는 무한정한 하늘의 존재를 확인시켜 주고 있다.

이 피라미드들은 죽은 왕이 라에게 쉽게 갈 수 있도록 만들어졌다. 그래서 건축물은 신-왕의 시신으로 빛이 향하도록 지어졌다. 터렐은 〈로덴 분화구〉에 이 우주적 설계를 전유했다. 그래서 〈로덴 분화구〉도 일종의 원뿔 모양 피라미드다. 이 작품의 가장 중요한 특징은 260미터 길이의 터널이다. 터널은 8도의 각도로 상승해 지름 7피트 두께 4인치의 둥근 백색 대리석과 〈해와 달의 방Sun and Moon Room〉이라는 이름의 《스카이스페이스》와 만난다. 이미지 스톤과 터널 끝 구멍은 춘분을 둘러싼 열흘 동안 태양이 터널의 구멍을 따라 내려가도록 배치되었다. 길의 중간에는 지름 5피트 정도의 수축 가능한 렌즈가 있어서, 〈로덴 분화구〉는 세계에서 가장 큰 육안 망원경을 가진 곳이 되었다. 이 망원경 렌즈는 굴절 렌즈이므로 돌에 비치는 태양 이미지는 뒤집혀 있지 않은 그대로의 모습이다. 태양 활동이 있을 때, 이미지 스톤에 흑점이 탐지될 수 있다. 18.6년마다 달은 지구와 나란히 서서 자신의 이미지를 그대로 이미지 스톤의 하얀 표면에 투사한다.

메소아메리카 문화에서 '꼭대기 부분이 잘려 나간 피라미드'는 노한 신을 달래기 위해 인간 희생물을 봉헌하는 제단으로 사용된다.[8] 이 고대의 폐허와 마찬가지로 터렐의 피라미드도 끝부분이 잘려 나간 형태다. 물론 그의 작품에서는 유혈이 낭자하지 않는다. 메소아메리칸 스타일을 반영하는 가장 중요한 작품은 멕시코 유카탄반도에서 찾아볼 수 있다. 〈빛의 물Agua de Luz〉이라는 제목을 가진 이 작품에는 흥미로운 두 가지 특징이 있다. 우선, 이 작품은 피라미드 모양의 스카이스페이스를 보통은 물로 가득 채워져 있는 지하 동굴과 연결하고 있다. 두 번째, 터렐은 필립 글래스와 함께 작품을 디자인하고 글래스의 공연을 위한 원형극장을 함께 지어 같은 공간에 넣었다. 이집트인과 마찬가지로 마야인도 하늘에서 벌어지는 일들을 기념하기 위해 피라미드를 지었다. 고대 마야인들은 2012년 동지가 그들이 박툰 13이라 부르는 14만 4,000일 주기의 끝이 될 것이라 믿었다. 필립 글래스의 초연이 시작된 지 정확히 한 달이 지난 후다. 마이클 고번은 터렐이 피라미드를 지을 때 마야 장인과 함께 작업했다고 기록하고 있다.

> 부근에 있는 고대 건축물처럼 터렐의 피라미드도 계단이 있는 3층 피라미드다. 인근 정글보다 높아 꼭대기에 올라가면 사방 360도를 훤히 내려다 볼 수 있다. 고대 건축물처럼, 이 피라미드도 유카탄반도의 석회암에 자연적으로 만들어진 깊은 동굴과 같은 웅덩이 근처에 만들어져서, 지하수도 이용할 수 있었다. 이 웅덩이는 세노테cenote라고 부르는데, 메소아메리카 신화와 의식儀式의 중심지이기도 하다… 이집트 피라미드에서부터 아시아 사리탑, 고대 아메리카 피라미드 대부분이 그렇듯이 터렐의 피라미드도 하늘과 땅을 연결하고 있다. 터렐은 마야의 우주관에 따르면 우주의 기원은 바다와 하늘이었다는 데 착안해서 세노테의 지하수를 이용해 문자 그대로 지하세계와 하늘을 연결했다.

하늘을 지하 동굴과 연결함으로써 터렐은 우주와 예술작품이 가장 원시적인 기원으로 돌아오는 것을 형상화했다.

이제껏 살펴보았듯이 터렐은 자신의 《스카이스페이스》가 플라톤의 동굴 우화를 연상시킨다는 점을 인정한다. 하지만 결론적으로 플라톤과는 정반대라는 점을 강조해 말하지는 않는다. 플라톤은 기만적인 감각으로 인해 사람이 외양이라는 그림자에 불과한 세계에 갇힌다고 믿었지만, 터렐은 감각 경험은 모르던 것을 알게 만들며, 실제로 세계의 진실을 드러낸다고 믿었다. 사실 종교와 철학의 역사에서 동굴의 중요성은 플라톤의 제한된 경험을 훨씬 넘어선다. 그리스 델포이 신탁과 헤르메스^{Hermes}, 판^{Pan}, 가이아^{Gaia}, 디오니소스^{Dionysus}의 굴에서부터 마호메트가 계시를 받았던 곳, 불교의 사리탑과 기독교 초기 지하 묘지에 이르기까지 동굴은 예언, 황홀경, 그리고 무엇보다도 침묵 속 묵상의 장소였다.

    이러한 맥락에서, 그리스 철학자 플로티노스^{Plotinus}가 인지의 경계를 넘어 신과 하나임을 의미하는 헤노시스^{henosis}를 동굴에서 처음 경험했다는 것도 주목해야 한다. "나는 자주 내 육신 밖에서, 다른 모든 것들 밖에서 깨어나곤 하지만 나의 내부에서 깨어났다. 나는 경이로울 정도로 대단한 아름다움을 보았고, 대체로 좋은 쪽에 있다는 확신을 했다. 사실 나는 가장 좋은 삶을 살아왔고 신과 일체감을 느끼게 되었다. 다른 무엇보다 지성의 영역 위에 나를 놓음으로써 나는 그 실재성에 도달하게 되었고, 그 자리에 굳게 자리 잡고 있다."[9] 육체를 떠난 경험이 가져다주는 심오한 아름다움에는 흔히 강렬한 기쁨이 동반되었고 그 감각은 아름다움이 사라진 이후에도 오래 지속되었다. 여기에서 동굴은 '빛을 맞이하러 안으로 들어가는 것이 가능한' 암실이 된다. 『엔네아데스^{Enneads}』에서 플로티노스는 자신의 경험 해석을 발전시켰는데, 그것이 신플라톤주의의 기반이 되었고, 부정 신학$^{negative\ theology}$(부정을 통해 신에 접근하고 신의 본질을 인식하려

는 기독교 신학의 한 분야 – 옮긴이)이라는 오랜 전통에 커다란 영향을 미쳤다.[10]

『라스코, 예술의 탄생Lascaux, or The Birth of Art』에서 바타유는 동굴이 철학적·종교적으로 중요할 뿐 아니라, '예술작품의 기원'이 된 장소이며, 인간이라는 종족이 탄생한 장소라고 주장했다. 그는 개인적인 기원 신화를 만들기도 했다. "베제르 계곡에 누워있는 라스코 동굴은 선사시대 그림이 많고 아름다운 동굴에 그치지 않는다. 이 동굴은 최초의 구체적인 흔적, 다시 말해 최초의 예술 기호뿐 아니라 인간의 흔적도 보여 주고 있다."[11]

예술 창조로 인해 인간은 그 이전의 동물 상태와 차별화된다. 종교의 역사를 보면 하늘의 신은 남성이고, 대지의 신은 여성인 경우가 많았다. 귀스타브 쿠르베Gustave Curbet의 〈세상의 기원The Origin of the World〉에서 누워있는 여성은 바타유의 라스코 동굴 해석과 같은 선상에 있다. 동굴에 들어가는 것은 모든 인간의 기원이라 할 수 있는 고요한 모체로 돌아가는 것이다. 바타유의 주장을 들어보자. "모든 시작은 그 이전에 선행한 것을 전제한다. 그러나 한 지점에서 밤은 낮을 낳고, 우리가 라스코에서 발견하는 일광은 우리와 가까운 한 종種의 아침을 밝힌다. 그 종은 이 동굴에 처음으로 거주한 인간이며, 마침내 우리가 처음으로 확신을 가지고 이렇게 말할 수 있는 사람이다. 그는 예술작품을 만들었다. 그는 우리와 같은 종이다." 바타유는 동굴 내벽에 놀랍게도 우아하게 그려진 그림에서 이 탄생의 순간을 본다.

우리가 탄생한 장소

이 산업화 시대에 현대 도시에서 여기까지 여행 온 방문객들에게는 경이겠지만, 웅장하게 만들라고 명령했던 사람들이 보기에는 더더욱 경이였다. 라스코 동굴은 그렇게 보인다. 이 동굴은 인간이 목소리를 처음으로 들을 수 있게 만들어내던 그 어두운 잃어버린 순간으로 우리를 데려간다. 그렇다면 이곳이 바로 우리가 탄생한 장소다. 하지만 그에 걸맞게 기억되지 못하고 있고, 당연히 받아야 할 평판 역시 받지 못하고 있다. 우리 선사시대 연구자들은 지나치게 겸손해 보인다. 이들은 발견에 대한 모든 칭찬을 마다하고 한 어린아이의 호기심 덕분으로 돌려버렸다.

바타유는 프로이트를 따라 모체의 기원으로 회귀하려는 욕망은 위험이 가득하다고 주장한다. 터렐의 다크스페이스나 간츠펠트로 들어가는 것처럼, 기원 회귀란 분화, 결정, 구별, 분절 이전의 조건으로 돌아가는 것이다. 이 욕망을 성취하기 위해서는 에로스^{Eros}와 타나토스^{Thanatos}(프로이트는 자기보존과 성적 본능을 에로스, 죽음의 본능, 다시 말해, 공격과 파괴의 본능을 타나토스라고 불렀다 - 옮긴이)의 결합으로 만들어진 개인 자아를 희생해야 한다. 이미 말했던 것처럼, 탄생은 죽음과 마찬가지로 절대 경험될 수 없다. 그것이 발생할 때 나는 존재하지 않고, 내가 존재할 때, 그것은 존재할 수 없기 때문이다. 비경험의 경험은 사람을 '말할 수 없는' 상태로 만든다. 하지만 바타유는 이 자아 상실을 '내적 경험'이라 이름 붙인다.

비-지식이 드러내다.

이 명제는 극한 명제다. 하지만 이렇게 이해해야 한다. 드러낸다, 그럼으로써 나는 어떤 지식이 그 지점까지 숨어 있었는지를 본다. 하지만 볼 수 있다면, 나는 안다. 실제로, 나는 안다. 하지만 비-지식은 다시 한 번 내가 알고 있는 것을 드러낸다. 비감각이 감각이라면, 비감각인 감각은 상실되고, 다시 한 번 비감각이 된다(끝이 가능하지 않다).

(비-지식이 드러낸다는) 명제가 의미를 갖는다면—나타나고 즉시 사라지는—그 이유는 의미를 지니기 때문이다. 비-지식은 황홀경을 전달한다. 비-지식은 다른 무언가보다 먼저 고뇌다… 황홀경에서 사람들은 자신을 놓을 수 있다. 이것이 만족이고, 행복이고, 충만이다. 십자가의 요한 Saint John of the Cross 은 황홀함과 유혹적인 이미지 사이에서 방황하다가 신의 출현을 보고서야 진정할 수 있었다.

바타유는 이 황홀경의 '경험'이 너무나 모순적이어서 사실상 '불가능'하거나 좀 더 정확하게 말하자면 '불가능성' 그 자체라고 인정했다. 동굴의 어둠 속으로 들어가는 것은 "존재의 밤 속으로 깊이 내려가는 것이다. 무한한 간청, 자신을 고뇌에 빠뜨려달라는. 심연을 미끄러지듯 지나, 완전한 어둠 속에서 그 공포를 경험하게 해 달라는. 떨고, 절망하고, 차가운 고독 속에서, 영속적인 인간의 침묵 속에서(모든 문장의 아둔함, 문장들에 대한 환상적인 설명들, 밤의 대답에 제정신이 아닌 대답). 신이라는 말을 고독의 깊은 곳에 도달하기 위해 사용해 왔지만, 이제는 그의 목소리를 들어야 한다. 그를 전혀 모르기 위해서. 신의 마지막 말, 모든 말은 실패하리라는 말은 계속 옳다고 증명될 것이다." 불가능성 경험은 말할 때조차도 침묵을 지키는 말인 '미끄러지는 말 les mots glissants'을 통해서만 포착될 수 있다.

탄생과 죽음 경험 사이에 큰 유사성이 있다고 해서 이 둘의 중요한 차이를 간과해서는 안 된다. 탄생의 고뇌는 말이 침묵의 바다를 부술 때 일어난다. 블랑쇼는 바타유의 '내적 경험'을 '한계 경험'이라 바꿔 부른다. "한계 경험은 경험 그 자체다. 자신이 사유되기를 허용하지 않는 사유를 사유하는 것이다. 확인될 수 있는 것 이상을 확인함으로써 자신이 사유할 수 있는 것 이상을 사유하는 것이다. 그 자체가 바로 경험이다. 확인 과잉에 의해서만 확인하고, 이 과잉 속에서 어떤 것도 확인하지 않으며 결국은 아무것도 확인하지 않는다." 이렇게 이해할 수 있는 한계 경험은 역설적으로 비-유한을 탈-제한하는 경험이다.

예술작품의 문턱을 넘어선다는 것은 무한의 한계가 없는 시공간으로 들어가는 것이다. 이 일시적인 순간에 무한은 유한의 반대가 아니라, 존재와 비존재, 어떤 것과 아무것도 아닌 것이 하나가 된 상태인, 아직까지 아닌 것의 경계 없는 원천으로서 유한 속에 있다. 무한은 아직 결정되지 않은, 아직 정의되지 않은, 아직 분화되지 않은, 아직 구분되지 않은, 아직 분절되지 않은, 아직 이름 붙여지지 않은, 아직 말해지지 않은, 경계 없는 삶의 지평이다. 이 비존재를 상상하고, 이 무를 포착하기란 말의 탄생 이전에 영원히 남는 침묵을 듣는 것만큼이나 불가능하다.

무덤이라기보다는 자궁으로서, '이전'의 침묵은 창조가 거기에서부터 이루어지는 무$^{無, nihil}$다. 예술작품, 그중에서도 진정한 예술작품은 우리를 인간으로 만든다. 그 작품들은 끊임없이 비가시적인 것을 봄으로써 침묵을 들으려는 탐구를 멈추지 않기 때문이다. 터렐과 더불어 '안으로 들어가 빛을 마주하는것'은 봄을 보는 것이고, 봄을 본다는 것은 한때 '신'이라고 이름 붙여졌던 침묵을 보는 것이다. 중세의 신비주의 부정 신학자였던 니콜라우스 쿠자누스$^{Nicholas\ of\ Cusa,}$ $^{1401~1464}$의 「숨어 계신 하나님에 대한 대화$^{Dialogue\ on\ the\ Hidden\ God}$」의 한 부분을 보면 마치 그가 터렐의 놀라운 작품을 보고 하는 말이 아닐까 하는 느낌이 든다.

> '신'이라는 이름은 'thero'에서 왔다. "나는 본다"라는 의미다. 따라서 신은 우리의 시각이라는 영역 속에 있다. 마치 시각이 색이라는 영역에 있는 것과 같다. 색은 시각 말고 다른 방법으로는 포착할 수 없다. 따라서 시각이 모든 색을 자유롭게 포착하기 위해서 시각은 색이 없어야 한다. 따라서 시각은 색이 없으므로, 색의 영역에서 발견되지 않는다. 그래서 색의 영역에서의 시각은 어떤 것이 아니라 아무 것도 아닌 것이다. 색의 영역은 자신 영역 밖에서는 어떤 것도 포착하지 않고, 그 영역에 존재하는 모든 것만 유지하기 때문이다. 따라서 시각은 색 없이 존재하기 때문에 색의 영역에서는 이름 붙일 수 없다. 왜냐하면 어떠한 색의 이름도 부응하지 않기 때문이다. 하지만 시각은 자신의 판단을 통해 모든 색에 이름을 붙여왔다. 따라서 색의 영역에서 모든 이름은 시각에 의존한다. 하지만 모든 색의

이름이 유래한 색의 이름은 어떤 것이라기보다는 아무것도 아닌 것으로 발견된다. 따라서 가시적인 것에 시각이 그러하듯, 모든 것에 신도 그렇게 존재한다.

3

부터
From

적절한 때가 되면, 인간 언어와 그 발화가 어떻게 말로 생겨났는지, 그래서 침묵의 소리와 어떻게 다른지 반드시 생각해 보아야 하는 때가 올 것이다. 말이건 글이건 간에 모든 발화는 침묵을 깬다. 침묵의 소리는 무엇을 깨는가? 깨어진 침묵은 어떻게 말로 울려 퍼지게 되는가?

_마르틴 하이데거

침묵 제시하기

『정신현상학』의 들어가는 말에서 헤겔은 십자가의 길을 비유로 끌어들이며 자신이 어떤 길을 걸어가게 될지를 미리 보여주었다. "대상에 대한 피상적인 지식만을 담고 있는 이 들어가는 말은 자유롭고 나름대로 특징적인 형태를 가졌지만, 스스로 움직이는 과학은 아니다. 하지만 이 관점에서, 이 글은 진정한 지식을 향해 나아가는 자연적인 의식의 경로로 간주될 수 있을 것 같다. 혹은 영혼이 자신의 본성에 의해 할당된 지점으로 보이는 일련의 형태들을 여행하며 영적인 삶을 위해 자신을 정화하는 것으로, 그래서 마침내 자신에 관한 완전한 경험을 통해서 자신 안에 진정 존재하는 것을 지각하는 데 성공하는 방식으로 읽을 수 있다." 이 여행 중에 의식과 자의식은 가장 기초적인 형식의 인식이라 할 수 있는 감각 – 확신에서, 헤겔이 절대 지식이라고 간주하는 것까지 발전한다. 이 길을 따라 배치된 지점들은 모든 불충분한 형식의 인식의 자기 부정(십자가에 못 박힘)과 좀 더 고차원적인 형식의 인식과 자기 인식(부활)의 지양止揚을 뜻한다. 이 여행의 끝에서 침묵은 말에 자리를 내어주고, 이제 말할 수 없거나 말해지지 않은 것은 아무것도 남아있지 않게 된다.

헤겔은 이렇게 주장하고 있(는 듯하)다. 하지만, 여기서도 세심하게 귀 기울여 들으면 울려 퍼지는 침묵을 들을 수 있다. 그 소리는 사변 철학의 조종弔鐘이고 근대와 포스트모던 문화·사회가 침묵을 표현하는 소리이기도 하다.[1] 헤겔은 어떤 것을 남겨 놓는 것으로 시작한다. 그런데 이 어떤 것─정확하게 말하자면 '비-사물no-thing, 무'─은 끝에 다시 돌아와 말의 부활을 방해한다. 절대 지식으로 가는 길에서 첫 번째 멈춤 지점에는 즉각적인 감각-확신이 있다. '이것'에서 여기(공간)와 지금(시간)이다. 감각적 즉각성에서 '이것'은 완전히 구별되지 않고 결정되지 않고 분절되지 않았다. 자신의 주장을 하기 위해 헤겔은 빛의 예를 가지고 사고 실험을 만든다.

> 그렇다면, 감각-확신 자체에 질문을 던져야 한다. "이것은 무엇인가?" 우리가 '이것'을 '지금'과 '여기'처럼 이중적인 존재 형태에 있는 것으로 받아들인다면, 그것, 즉 변증법은 자신의 의지 속에서 '이것' 그 자체와 마찬가지로 알아들을 수 있는 형식을 갖게 될 것이다. "지금이란 무엇인가?"라는 질문에 예컨대 "지금은 밤이다"라고 대답해 보자. 이 감각-확신의 진실성을 검증해 보기 위해서는 간단한 실험으로 충분하다. 우리는 이 진실을 쓴다. 이 진실은 쓰인다고 해서 그 어떤 것도 잃지 않는다. 우리가 이 진실을 보존한다고 해도 어떤 것

도 잃지 않는 것이나 마찬가지다. 만일 정오^{프쯤}가 된 지금, 이 글로 쓰인 진술을 본다면, 우리는 그 진술의 진실이 이제는 낡아빠졌다고 말할 수밖에 없다.

의식의 발전을 감각적 즉각성이라는 기원을 가진 감각 – 확신의 해석으로 시작함으로써, 헤겔의 주장은 내가 앞 장에서 논의했던 기원과 시작 사이의 복잡한 인터플레이를 재연하고 있다. 언어는 실재를 다시 – 제시^{re-present}하기 위한 것이지만, 사실은 '지금과 여기의 사라짐'을 낳는다.

> 밤이라는 지금은 보존된다. 다시 말해서 어떤 것이 존재하고 있다고 공언했던 것으로서 취급된다. 그러나 그것은 오히려 존재하지 않는 어떤 것으로 판명된다. 지금은 실제로 그 자체를 보존하고 있지만, 밤이 아닌 어떤 것으로서 보존하고 있는 것이다. 마찬가지로 그것은 지금이 낮임에도 불구하고 자신을 보존하고 있다. 낮도 아닌 어떤 것으로. 다시 말해, 부정 일반으로 말이다.

말은 '여기'와 '지금'을 다시 – 제시하는 대신 현존의 사라짐을 제시한다. 앞서 말했듯이 블랑쇼와 라캉은 "말은 사물의 죽음이다"라고 주장했다. '사물'은 모습을 감춤으로써 언어 '안에서' 모습을 드러내는, 침묵을 지키고 있는 '비 – 사물'로 판명된다. 헤겔은 '이것'의 죽음은 역사의 종말 시점의 묵시론적 계시에서 결국 극복된다고 믿었다. 하지만 그 순환은 불완전한 상태로 남아있었다. 헤겔의 시작은 자신의 의도와는 다르게 끝에 있었기 때문이다. 처음 간과되고 남겨지고 억압된 잔여물들이 결국은 돌아와 침묵으로 텅 비어있는 말들을 채운다.

헤겔이 글로 쓰고자 했던 바를 바넷 뉴먼Barnett Newman은 그림으로 보여주려고 했다. 이브-알랭 부아Yve-Alain Bois는 심지어 뉴먼을 "'현상황', 그리고 정체성과 충만에 강박을 가진 현상학자"라고 부른다. 뉴먼은 현재의 현존성을 포착하는 데 몰두했다. 특히 〈순간[1946]〉, 〈여기 I[1950]〉, 〈여기 II[1965]〉, 〈여기 III[1965~1966]〉, 〈지금 I[1965]〉, 〈지금 II[1967]〉 같은 작품들에서 그러한 것을 볼 수 있다. 그의 전체 작업은 두 타원형 초점을 중심으로 이루어져 있다. 하나는 현존-현재이고 다른 하나는 탄생-창조다. 1940년대 중반에 쓴 일기에서 뉴먼은 화가로서 자신이 어디에 가장 깊이 관심을 두고 헌신하고 있는지 표현했다.

> 지금의 화가들은 자신의 감정이나 개성의 신비로움에는 관심이 없고, 그저 세계-신비를 파고들려고만 하고 있다. 따라서 이들의 상상력은 형이상학적인 비밀까지 파고든다. 그런 만큼 이들의 예술은 숭고미와 관련이 있다. 상징을 통해 삶의 기본적인 진실, 다시 말해 삶의 비극성을 포착하는 것은 종교 미술이다… 가시적이고 알 수 있는 세계를 넘어서려는 노력에서, 작가들은 자신도 알지 못하는 형식들을 가지고 작업하고 있다. 따라서 이들은 창조의 살아있는 특징이라 할 수 있는 새로운 형식과 상징을 창조하면서 진정한 발견 행위에 참여하고 있다.

뉴먼은 뒤늦게서야 예술가로서 자신에게 주어진 임무를 파악했다. 뉴먼은 1905년 러시아령 폴란드 출신 이민자의 아들로 태어났다. 어릴 때부터 예술을 좋아했던 뉴먼은, 고등학교 때 이미 뉴욕의 아트 스튜던트 리그Art Students League에 다니기 시작했다. 언제나 실용주의적이었던 아버지는 아들이 인문학과 미술에 관심을 두는 것을 마뜩찮게 여겼지만, 결국 뉴먼이 뉴욕 시립대학에서 문학과 철학을 공부하는 데 동의했다. 대학에서도 그는 계속 아트 스튜던트 리그를 다니며 그림을 그렸다. 토머스 헤스Thomas Hess에 따르면 뉴먼에게 가장 영향을 미쳤던 수업은 "스콧 부캐넌Scott Bucahnan이 버트란트 러셀에서 비코에 이르기까지의 철학사를 거꾸로 된 순서로 가르치는 과목이었다"고 한다. 가장 인상 깊었던 철학자는 스피노자로, 그의 지성적 직관 원리는 뉴먼에게 '예술의 의미를 푸는 열쇠'가 되었다. 그 열쇠를 발견한 순간 "그림의 의미가…대상 이상의 어떤 것이라고 발견하는 순간이 되었다"라고 말했다.[2] 뉴먼이 어린 시절 빠져들었던 스피노자는 진실을 확인하는 데는 이성보다는 감정이 더 중요한 능력이라는 평생의 확신을 가져다주었다. 1950년 베티 파슨스 화랑에서 열린 전시회를 기념한 인터뷰에서 그는 이렇게 설명했다. "이 그림들은 '추상'도 아니고, 어떤 '순수한' 관념을 그리고 있지도 않습니다. 구체적인, 감정을 별도로 구현해 경험할 수 있게 한 것이죠. 각각의 그림들은 어떠한 암시도 묘사하지 않습니다. 절제된 열정으로 가득 찬 신랄한 감정이 각각 집중된 이미지에서 드러납니다."

뉴먼이 이 확신을 그림으로 표현하는 효과적인 방법을 찾기까지 참으로 오랜 시간이 필요했다. 그는 뉴욕시 예술계에서 전후 활발하게 벌어진 여러 논쟁에 적극적으로 참여했지만, 정작 그 자신의 작품을 만들기까지는 많은 시간이 걸렸다. 길고 긴 시간 끝에 자신의 완숙한 스타일을 찾아냈지만, 그의 전반적인 작품 생산은 그리 활발하지 않았다. 뉴먼의 회화는 고작 120점이고, 전체 작품은 300점에 지나지 않는다. 작품의 양이 많지 않은 것은 작품에서도 드러나는 정신적이고 철학적인 비전과 일치하는 의도적인 전략 때문이다.

1930년대 내내, 뉴먼은 림보^{limbo}만 생각하고 있었다. 마크 로스코$^{Mark\ Rothko}$, 프란츠 클라인$^{Franz\ Kline}$, 윌렘 드 쿠닝$^{Willem\ de\ Kooning}$, 잭슨 폴록$^{Jackson\ Pollock}$, 토니 스미스$^{Tony\ Smith}$ 같은 다른 뉴욕 예술가들과 더불어 뉴먼도 유럽과 분명한 단절을 보여줄 수 있는 진정한 미국 예술을 추구하고 있었다. 쓰는 평론과 글마다 논쟁을 불러일으키던 그는 얼마 지나지 않아 아방가르드 미술의 미국적 변형을 낳은 논의에 참여하게 되었다. 뉴욕 메트로폴리탄 미술관을 정기적으로 방문하고, 가능한 한 많은 전시회를 구경 다닌 것이 뉴먼의 그랜드 투어$^{Grand\ Tour}$(19세기 후반까지 유럽의 귀족 자제들이 고전 문화와 교양을 익히기 위해 몇 년 동안 유럽을 돌아다니던 유행 - 옮긴이)였다. 그는 식물학, 지질학, 조류학과 이디시^{Yiddish}(유대인 언어 - 옮긴이)를 공부하며 교양을 쌓아갔다. 급진 정치에 대한 관심을 놓지 않고 있었던 그는 1933년 태머니 홀$^{Tammany\ Hall}$(뉴욕에서 강력한 영향력을 행사하던 부패한 정치 조직, 혹은 정치 기계 - 옮긴이)의 구역질 나는 부패를 더는 참지 못하고 뉴욕시 시장 후보로 직접 출마했다. 1933년 11월 4일, 《뉴욕 월드 텔레그램》은 뉴먼의 정치 선언을 발표했다. A. J. 리블링^{Liebling}은 그 중 예술 정책을 이렇게 요약했다.

예술을 위한 정책은 전혀 없다.

"뉴욕에서 벌어지고 있는 정치 유세를 보자면, 다시 한 번, 화가, 음악가, 작가, 배우, 교사, 과학자, 철학자, 일반적인 문화 종사자들이 후보자들에게 기대할 것이 하나도 없다."

"예술가들은 자유롭다." 뉴먼이 말했다. "따라서 편의성을 중요시하는 세상에는 어울리지 않는다. 편의성은 언제나 좋지 않은 것으로 판명이 났다. 그렇다고, 저항이랍시고 공산주의에 투표한다면 예술과는 전혀 어울리지 않는 정권에 메이는 결과만을 낳게 될 것이다."

구역마다 자유로운 음악과 예술 학교를 지어야 한다는 정책이 뉴먼-보드린 공약에 포함되어 있다.[3]

뉴먼은 자신이 이길 가능성이 없음을 공개적으로 인정한 셈이다. 그렇지만 저항의 제스처가 중요하다고 확신하고 있었다. 늘 일어나는 일이긴 하지만, 그가 선호하는 스타일에 대한 믿음을 확인해 준 계기는 전혀 뜻밖의 사건이었다. 1949년 뉴먼과 아내 애널리(Annnalee)는 오하이오주 애크런으로 여행을 떠났다. 여기서 이들은 포트 에인션트(Fort Ancient)에 있는 미국 원주민 무덤을 찾았다. 뉴먼에게 깊은 인상을 준 이 토성은 터렐이 관심을 놓지 못했던 메소아메리카의 계단식 피라미드와 비슷한 형상을 하고 있었다. 이 조각품에서 뉴먼은 과거의 위대한 업적을 능가하는 미국의 독특한 예술 가능성을 보았다. 예술의 주춧돌이 된 중요한 글에서 그는 이렇게 보고했다.

여기, 이 매혹적인 오하이오 밸리에 아마도 세계에서 가장 위대한 예술 기념비가 있다. 이집트 피라미드는 이 피라미드에 비하면 그저 장식이라는 소리밖에 할 수 없다. 형상이 받침대 위에 올라가 있고, 사막에 엄청나게 크게 자리 잡고 있으니 어떤 차이가 있단 말인가? 예술 행위의 자명한 성격, 완전한 단순성이 바로 여기에 있다. 소재도 없다. 박물관에서 보여줄 수 있는 것도, 사진으로 찍을만한 것도 아무것도 없다. 심지어 볼 수도 없는 예술작품이다. 여기에 공간이 있다. 이 소박한 낮은 토담이 공간을 만든다. 외부에 있는 공간. 다시 말해 백 피트 높이에 있는 다리를 내려다보는 극적인 풍경. 마치 떨어져 내리고 있는 듯한 땅. 협곡, 강, 농지, 멀리 보이는 낮은 산 등은 그저 그림엽서 같고, 왠지는 모르지만 마치 그림의 내부에서 어떤 특수한 자연을 묵상하며 밖을 내다보고 있는 듯한 느낌이 든다. 그러다가 갑자기 감각이 공간과 공간을 조절하는 감각이 아님을 깨닫는다. 이 감각은 시간의 감각이다. 그러자 다른 모든 다양한 감정들은 마치 외부의 경관처럼 사라져 버린다… 공간에 대한 관심은 지겹다. 나는 내 경험이 시간 감각 경험이었다고 주장한다. 정확하게는 시간 감각^{sense}이 아니라, 시간의 물리적 느낌^{sensation}이다.

뉴먼이 파고든 시간은 과거의 시간이나 미래의 시간이 아닌, 현재의 시간이다. 깨달음의 순간^{epiphany}을 설명하며 그는 회상한다. "장소, 성스러운 장소를 느꼈다. 그렇게 느낀 장소를 보며 여기에 내가 있다, 여기에… 그리고 거기를 넘어서는(그 장소의 한계를 넘어서는) 혼란이, 자연이, 강이, 풍경이 있다… 하지만 여기에서는 내가 현존한다는 감각을 느낄 수 있다… 나는 보는 사람을 현존하게 하는 생각에 빠져들었다. '인간은 현존한다'는 생각 말이다." 여기서 현재와 현존에 관한 작품으로 〈순간〉, 〈여기〉, 〈지금〉, 〈거기가 아닌―여기〉[Not There ― Here]가 있다. 1년 전쯤 뉴먼은 〈단일성 I〉[Onement I]을 그렸다. 완숙한 작품들에 비하면, 이 그림의 작은 크기(70×41센티미터)가 먼저 눈길을 끈다. 이 그림에서 뉴먼은 두 개의 같은 사각형 사이에 경계선을 표시해 작품의 구조를 만들어 주는, 그의 시그니처라 할 수 있는 수직선을 처음 그렸고, 집[zip]이라고 이름 붙였다. 우선 캔버스에 마스킹 테이프를 붙여 놓는다. 이 스트립은 "뉴먼이 팔레트 나이프로 튜브에서 직접 짠 밝은 카드뮴 레드 유화물감을 칠한다. 그림은 두껍고, 불규칙적으로 칠해진다… 집이 마스킹 테이프의 왼쪽·오른쪽 가장자리를 부분적으로 보이거나 보이지 않게 하면서, 기하학적인 선은 전혀 찾아볼 수 없다. 집은 많은 방향을 표시하고, 많은 시작과 멈춤을 의미한다. 인디언 레드로 골고루 부드럽게 그려진 영역과 완전히 대조를 이루는 것으로 해석된다."

  뉴먼의 모든 그림이 그렇듯이 작품과 제목은 떼어놓을 수 없다. "단일성"은 분리를 극복한 조건을 그리고 있다. 그러한 하나임의 순간은 살면서 혹은 죽은 다음에도 일어날 수 있다. 죽음의 순간에 모든 반대는 극복되고, 모든 차이, 결정, 구별은 원시적인 하나로 재흡수 된다. 이 최종적인 통일성은 원시적인 통일성의 거울 이미지다. 시작 이전과 이후는 하나다. 탄생과 죽음 사이에서, 현존은 언제나 이미 사라지고 있는 '순간' 속의 '지금'과 '여기'의 비경험으로서만 경험될 수 있다. 이러한 일 순간적인 '지금'은 이미지와 말을 초월하며, 따라서 이해 불가능한 것으로 남는다. 장 프랑수아 리오타르[Jean-François

Lyotard는 대단한 영향력이 있던 「숭고와 아방가르드The Sublime and the Avant-Garde」라는 논문에 이렇게 썼다. "지금에 지나지 않는 뉴먼의 지금은 의식에는 낯선 것이어서 의식으로 구성될 수 없다. 그것은 오히려 의식을 분해하고 퇴위시키며 형성할 수 없고, 심지어 자신을 구성하기 위해서는 잊어야만 하는 것이다."

뉴먼의 예술에 리오타르가 얼마나 적절한 지적을 하고 있는지 이해하기 위해서는 다시금 칸트의 비판 철학으로 돌아가 보는 게 도움이 된다. 칸트가 특히 『판단력 비판[1790]』을 통해서 바로 모더니즘과 포스트모더니즘의 숭고미에 대한 규범적인 해석을 했기 때문이다. 이 세 번째 비판(미학)은 첫 번째 비판(사유, 이론)과 두 번째 비판(행위, 실천)을 연결하는 동시에 갈라놓고 있는 경계, 가장자리, 한계라고 볼 수 있다. 이성을 한계까지 밀고 가면, 개념, 이념, 말은 공허해지고 결국 침묵에 빠지게 된다. 칸트는 이렇게 주장한다. "이성은 실제 이념으로 절대적 총체성을 요구하고 있는 반면, 우리의 상상 속에는 무한한 진보를 향한 노력이 있다. 바로 그 이유로, 이 이념을 얻기 위해 감각의 세계에서 사물의 크기를 추정하지 못하는 바로 그 무능력은 우리 안에 있는 초감각적 능력의 감정을 일깨우는 것이다… 숭고는 모든 감각 기준을 초월하는 정신 능력을 증명하는 사유 능력일 따름이다." 칸트는 수학적 숭고와 역학적 숭고로 구분한다. 그가 수학적 숭고의 예로 들고 있는 것은 이집트 피라미드로, 그의 주장에 따르면 그 크기와 규모는 압도적이다. 칸트는 이렇게 말한다. 기자를 찾는 방문객들에게 "상상력이 최대치를 획득하고 한계를 확장하려는 성과 없는 노력 속에서 다시 움츠러들지만, 그러면서 정서적인 기쁨에 빠지고 마는, 하나의 전체라는 이념을 제시하기에 상상력 자체가 충분치 못하다는 느낌이 뼈저리게 든다."

　수학적 숭고가 양적이라면, 역학적 숭고는 질적이다. 칸트가 역학적 숭고의 예로 들고 있는 현상은 자연의 압도적인 힘이다. 뉴먼이 "나는 자연이다"라고 선언할 때 아마도 칸트를 염두에 두고 있었을 수 있다. 칸트의 설명을 좀 더 들어보자. "우리가 자연의 숭고라고 이미 익숙해져 있는 것들에는 특정한 객관적 원리와 그에 부합하는 자연의 형식이 부재하고 있어서, 오히려 자연의 혼돈이나 가장 원시적이고 가장 불규칙적으로 황폐한 상태에서, 우리가 그 크기와 힘을 지각할 수 있다면, 자연은 숭고라는 이념으로 우리를 흥분하게 한다." 수학적 숭고이건 역학적 숭고이건 간에 숭고가 초래하는 기쁨은 칸트가 '부정적 쾌'라고, 심지어는 '불쾌한 감정'이라 부르는 낯선 기쁨이다. 부정적 쾌는 엄청난 과잉으로 만들어진다는 점에서 숭고는 아름다움의 조화로운 균형과 안심을 주는 평형상태로 만들어지는 쾌와 구별된다. 추상표현주의 화가들이 자유롭게 의견을 발표했던 잡지 《호랑이의 눈》에 실린 짧은 논문 「숭고는 지금이다 The Sublime is Now」에서 뉴먼은 새로운 미국 미술을 유럽의 플라톤 관념론까지 소급해가는 형식주의 미술과 구별했다. "철학에서 볼 수 있는 혼돈이란 조형 예술사에 점철된 투쟁의 반영에 불과하다. 오늘날 우리에게 그리스 예술이라고 하면 완벽한 형식에서 고양감 sense of exaltation 을 찾을 수 있으며, 그 고양감은 이상적인 감수성과 같으며, 무형식의 형식을 갖는 숭고의 형식을 파괴하려는 욕망이 두드러지는 예술, 예를 들어 고딕 예술이나 바로크 예술과 반대되는 것이라는 주장이 떠오른다." 뉴먼은 예술의 목적은 아름다운 이미지나 형식을 재현하기보다 숭고한 비형식성을 제시하는 것이라 확신했다.

> 나는 유럽 문화의 무게로부터 자유로운 여기 미국에서 몇몇 사람들은 해답을 찾아내고 있다고 믿는다. 우선 예술이 아름다움의 문제, 그리고 어디에서 아름다움을 찾아야 하느냐는 문제와 관련이 있다는 것을 철저히 부정하는 데에서부터 시작해야 한다… 우리는 인간의 고양高揚에 대한 자연적인 욕망, 다시 말해 절대적 정서와의 관계에 관한 관심을 주장하고 있다… 우리는 기억, 연상, 향수, 전설, 신화를 비롯한 서유럽 회화의 장치로 사용되어 온 모든 장애물에서 벗어나고 있다. 예수, 인간, '삶'을 소재로 성당을 만들어내는 대신에 우리는 스스로를 우리 자신의 감정으로서 성당을 만들고 있다.

뉴먼은 〈단일성〉에서 자신의 스타일을 발견했고, 오하이오 계곡에서는 소재를 발견했으며, 기념비적인 〈영웅적이고 숭고한 인간Vir Heroicus Sublimis, 1950/1951〉을 그리면서는 비로소 숭고라는 절대적인 감정을 전달할 수 있는 효과적인 방법을 개발할 수 있었다. 칸트가 말하듯, 숭고에서는 크기가 중요하다. 1968년 처음 루브르 박물관을 찾았을 때 뉴먼은 복제품으로만 친숙했던 몇몇 그림들의 웅장한 크기를 보고 깜짝 놀랐다고 한다. 몇몇 추상표현주의자들이 이미 커다란 그림으로 실험을 하고 있기도 했지만, 뉴먼은 어떤 수준이 되면 양적인 증가가 질적 변화를 낳는다는 확신에 도달해 있었다. 〈영웅적이고 숭고한 인간〉의 크기는 2.4×5.5미터다. 모든 뉴먼의 회화가 그렇듯이 관람객과 작품을 구분하는 어떤 액자도 없다. 폭발적인 크기에 더해 뉴먼은 캔버스를 수직에서 수평으로 돌려놓고, 집의 숫자를 하나에서 다섯으로 늘렸다. 작품의 탁 트인 장場은 붓질의 흔적은 전혀 찾아볼 수 없는 브릴리언트 레드로 칠해졌다. 하드 에지hard-edge를 가진 집들은 하얀색에서 크림, 오렌지에서 산호색까지 색이 다양하다. 1951년 베트 파슨스 화랑에서 열린 뉴먼 개인전에서 이 그림이 처음 전시되었을 때 뉴먼은 벽에 이런 해설을 붙였다. "커다란 그림은 멀리서 보려는 경향이 있습니다. 그러나 이 전시회의 커다란 그림들은 가까운 거리에서 보도록 그렸습니다." 가까운 거리에서 보면, 이 그림은 관람객을 집어 삼킬 것이다. 모든 차이와 구별은 붉은빛 속에서 사라진다. 마치 경계의 한계를 넘어 터렐의 간츠펠트에 들어가거나 다크스페이스에 앉아 있는 듯한 효과를 준다. 주체와 대상이 사라져서 하나임의 느낌이 든다. 이런 방식으로 불가해하게 〈영웅적이고 숭고한 인간〉은 나 혹은 정확하게 말해 그 자신the I이 경험할 수 없는 것의 경험이 된다. 터너Turner(영국을 대표하는 낭만주의 화가-옮긴이)처럼 바다 경관에 숭고를 재현하려 하는 대신, 뉴먼에게 숭고는 그림 그 자체에서 생겨나는 '경험'이다. 다시 말해서, 그림은 하나의 사건이자 해프닝이다. 주체와 대상이 없는 상태에서 이 사건은 사람들의 말문을 막히게 한다. 사람들이 유일하게 할 수 있는 반응은 침묵에 빠지는 것이다.

알랭 코르뱅Alain Corbin은 많은 시사점을 담은 책 『침묵의 예술: 소음으로 가득한 세상에서 침묵을 배우다Historie du Silence: de la Renaissance a nos jours』를 이렇게 시작한다.

침묵은 그저 소음의 부재가 아니다. 우리는 이 점을 거의 잊고 살아왔다. 청각적인 표지들은 바뀌고 약해지며 그 신성함을 상실해왔다. 침묵의 두려움 혹은 공포는 강화되어왔다. 예전 서구인들은 침묵의 깊이와 풍미를 즐길 수 있었다. 이들은 침묵을 신을 섬기고, 묵상하고, 내적 자아에 초점을 맞추고, 사색하고, 기도하고, 몽상에 잠기고, 창조를 위한 조건으로, 그리고 무엇보다도 말이 튀어나오는 내적 장소라고 생각했다. 이들은 침묵의 사회적 전략을 상세하게 나열했다. 그들에게 회화란 침묵의 말이었다.[4]

회화는 '침묵의 말'이다. 뉴먼의 가장 중요한 작품을 이보다 잘 설명하는 표현은 없다. 숭고는 형식이 없고, 비결정적이고, 비분화되어 있기 때문에 예술가들은 상상 불가능한 것을 상상하고, 말하기 불가능한 것을 말하고, 분절될 수 없는 것을 분절하는 불가능한 도전에 직면하게 된다. 아주 낯선 방식으로, 뉴먼의 작품이 거둔 성공은 그 실패. 그 실패가 바로 침묵을 볼 수 있게 해 준다.

축약들과 개념들

수축 contract, 라틴어로 'contrahere', 같이 끌다 : 둘 이상의 당사자 사이에서 이루어지는 합의; 계약에 참여하다; 공식적인 합의로 결정하다; 습득하다 혹은 초래하다; 함께 당김으로써 크기가 줄어들다, 수축하다; 몇몇 글자 혹은 소리를 생략해서 말을 짧게 만들다.

축약 contraction : 짧아진 말. 근육이 흔히 두꺼워지며 짧아지는 수축.

개념 concept, 라틴어로 'concipere', 제 것으로 만들다 : 일반적인 이념 혹은 이해. 사유 혹은 통념.

구상 conception : 정신적 개념을 형성할 수 있는 능력. 정신적으로 품은 것. 시작. 출발. 정상적인 조건이라면 생존과 성숙이 가능한 접합자接合子의 형성.

서양 역사에는 주요한 신학적인 대안이 둘이 있는데, 각각은 다른 근본 원리에 기반을 두고 있다. 하나는 요한복음의 "태초에 말씀이 있었다"이고, 다른 하나는 요한 볼프강 폰 괴테와 프로이트의 말처럼 "태초에 행위가 있었다"다. 헤스Hess는 괴테의 『파우스트』의 한 구절을 인용하며 〈단일성〉 논의를 시작한다. 프로이트가 『토템과 터부』의 마지막 부분에서 인용했던 부분이기도 하다.

> 이렇게 쓰여 있다. 태초에 말씀이 있었다.
> 여기서 당장 막힌다. 대체 누가 도움을 주어 번역을 이어갈 수 있게 해 줄 수 있을까?
> 나는 말씀이 그렇게 대단한 의미가 있다는 데 동의할 수 없다. 그러니 다르게 번역해야겠다.
> 진정 정령이 내게 도움을 줄 수 있다면.
> 자. 이렇게 써보자. 태초에 정신이 있었다.
> 그런데 대체 왜 나의 펜은 이다지도
> 지나치게 서두는 것일까? 첫 구절을 신중하게 생각해야 한다.
> 정신이 모든 것을 창조하고 성취하였는가?

이렇게 해석되어야 한다. 태초에 힘이 있었다.

하지만 내가 쓰고 있는 도중에 마음이 바뀐다.

무언가가 이렇게 쓰지 말라고 경고하고 있다.

정령이 도움을 주어, 순식간에 필요한 것을 깨달았다.

그래서 쓴다. 태초에 행위가 있었다.

뉴먼의 집은 이 창조적인 '순식간'을 재연하고 있다. 그가 자신의 예술이 '우리로부터, 우리 자신의 감정을 가지고' 성당을 만든다고 선언했을 때, 그는 자신의 작품 창조가 실제로 신의 창조 작업의 연장이라고 말하는 것이다. 신이 창조자라는 게 중요하다기보다는 창조야말로 신성한 작업이라는 것이 뉴먼의 요점이다. 헤스는 뉴먼이 "창세기의 이미지를 취해서 자신의 예술을 창조 행위로 예술가를 신으로 만들고 있으며 이 아이디어를 열정적이고 강한 활력으로 넘치는 색채로까지 확장하고 있다. 작품의 뼈대를 이루고 아무것도 없는 캔버스에서 출발점이 되며, 그림을 그릴 공간을 열어 놓는 비밀스러운 대칭은 마치 신과 같이 눈에 보이지 않는다. 이 그림은 이처럼 신의 행위를 암시하고 있고, 이렇게 신의 현존을 개인적이고 신비적인 방식으로 증명한 예로는 뉴먼에 훨씬 앞서는 카발라파(유대교 신비주의파 – 옮긴이)를 들 수 있다"라고 설명하며, 이 중요한 측면을 평론가들은 간과하고 있다고 꼬집었다.

뉴먼의 신은 낯선 신이다. 생경하다고까지 하긴 힘들지만, 이 신은 물러남으로써 접근하고 감춤으로써 드러내고 침묵을 지킴으로써 말하는 신이다. 뭐라고 규정하기 힘든 집과 더불어 우리는 다시 한 번 한 점^{point}의 문제로 돌아가게 된다. 죽음의 자취를 의미하는 바르트의 푼크툼이 아니라, 삶의 시작을 이야기하는 야베스의 점으로 말이다. 뉴먼의 집에서 우리는 예술 작품의 출발점을 분석했던 바실리 칸딘스키$^{Wassily\ Kandisky}$의 영향을 느낄 수 있다. 칸딘스키는 『점·선·면$^{Point\ and\ Line\ to\ Plane}$』에서 이렇게 말한다.

> 기하학적인 점은 눈에 보이지 않는다. 따라서 무형의 것으로 정의해야 한다. 물질 차원에서 보자면 0과 같다.
> 하지만 이 0에는 다양한 속성, 그 성격상 '인간'적인 속성이 숨어 있다. 우리는 이 0, 기하학적 점을 가능한 한 가장 큰 간결성과 관련지어, 다시 말해 가장 높은 정도의 규제, 그럼에도 불구하고 말하는 규제와 관련지어 생각한다.
> 따라서 우리는 이 기하학적인 점을 궁극적이고 가장 특이한 침묵과 말의 결합으로 간주한다.

움직임이 없는 상태로 존재하지 않는 이 점의 '끝없는 움직임의 잠재성'이 선을 만들고, 그 선이 다시 면을 만든다. '말씀'이 침묵에서 말을 만들어냈던 것처럼 점, 선, 면의 인터플레이는 형식이 없는 텅 빈 공간에서 3차원 형식을 창조한다.

뉴먼은 전통적인 의미에서는 독실한 신자라고 할 수 없지만, 언제나 종교에 그리고 심지어 신학적인, 좀 더 정확하게는 무/신학적인 주제에 관심을 두고 있었다.[5] 초기 연작, 〈시초$^{The\ Beginning,\ 1946}$〉, 〈순간$^{Moment,\ 1946}$〉, 〈명령$^{The\ Command,\ 1946}$〉, 〈발생적 순간$^{Genetic\ Moment,\ 1947}$〉에서 뉴먼은 생명의 기원에 관한 숙고를 시작한다. 사유와 더불어 그림도 성숙해지면서, 그는 카발라파가 짐줌$^{Zim\ Zum}$이라 명명한 이름 붙일 수 없는 소실점을 일직선 집^{zip}으로 변환한다. 로버트 로젠블럼$^{Robert\ Rosenblum}$은 뉴먼의 작품은 부정신학을 미술로 옮겨 놓은 것이라고 주장해왔다. 이미 지적했듯이 신플라톤주의 전통에서는 신성의 과잉 충만이 비어있던 공간까지 넘쳐흘러 들어가며 세계를 만들었다. 이와는 반대로 뉴먼이 선호하고 있는 카발라 전통에서는, 세계란 신적 충만이 짐줌으로 후퇴하면서 창조되었다. 독일의 유대교 철학자 게르숌 숄렘$^{Gershom\ Scholem}$은 이렇게 설명한다. 랍비 이삭 루리아$^{1534~1572}$에 따르면 "무한존재 아인소프$^{En-Sof}$의 최초의 행위는 밖으로 나간 게 아니라, 안으로 움츠러드는 동작으로, 물러나고 후퇴하는 걸음이었다. 따라서 발산이 아니라 그 반대인 수축을 한 것이다. 분명한 윤곽으로 자신을 드러내는 신은 자신의 존재로 계속해서 깊이 물러나며, 계속 자신으로 모으는, 창조가 시작하면서부터 계속 이런 행동을 해온 신으로 대체되었다".[6] 이렇게 아인소프가 존재 이전으로 후퇴하며 뒤에는 10개의 세피로트^{Sefirot}(발산을 뜻하는 말로, 자신을 드러내고 계시하는 신성을 의미한다 - 옮긴이)가 남고, 이 세피로트를 통해 신은 계속 우주를 만들고 유지한다.

이러한 구도에서, 신학, 우주론, 인류학은 같은 과정을 다른 측면에서 살펴본 관점들이다. 창조를 낳는 '행위'는 절대적인 '심연$^{Abyss,\ Unground,\ Abgrund}$'으로 '존재'가 태초에 후퇴한 것이다. 창조는 후퇴와 더불어 시작되고 탄생은 수축과 더불어 시작되므로, 밖에 - 자리를 잡은(혹은 존재하는, ex는 ~에서부터, sister는 위치를 잡는다는 의미

다) 모든 것과 모든 사람은 한 번도 현존하지 않았던 타자로부터 태어난다. 뉴먼의 그림에서 카발라의 신은 '숨은 신$^{\text{deus absconditus}}$'으로, 다시 말해 감춤 안에서, 감춤을 통해 드러나는 신으로 재현되는 것이 아니기 때문에 형상이 그려진다. 역설적으로, 수축은 팽창이고, 한계는 탈-한계다. 엘리엇 R. 울프슨$^{\text{Elliot R. Wolfson}}$은 독일 신비주의 사상가 야코프 뵈메$^{\text{Jakob Böhme}}$에서 유대교 신비주의의 신지학적 ^{theosophy}(우주와 자연의 불가사의한 비밀, 특히 삶의 근원이나 목적에 관한 여러 가지 의문을 학문적 지식이 아닌 직관을 통해 파악하며, 신과 신비적 합일을 이루고 그 본질을 인식하려고 하는 종교적 학문 – 옮긴이) 성향이 보인다고 지적한 글에서, 숄렘의 분석을 언급하며 짚고 넘어간다.

"인간이 들숨과 날숨이라는 이중 과정을 통해 존재하듯이, 그리고 그중 하나만 없어도 살 수 없듯이, 창조 전체도 신의 들숨과 날숨이라는 거대한 과정으로 구성되어 있다"는 숄렘의 견해를 수정하고 싶다. 우주적 과정의 '영구적인 긴장'은 반드시 모든 표현에서 후퇴가 선행되어야 한다는 의미는 아니다…. 오히려, 역설적이지만, 팽창 그 자체가 후퇴라는 말이다. 마치 모든 폭로가 감춤인 것과 마찬가지다…. 왜냐하면 폭로된 것은 감춤이고 감춤이 감춰지지 않는다면 감춤으로서 폭로될 수 없기 때문이다. 탈한정된 공간으로 무한한 것이 집중되면 필연적으로 그 무한성이 희석되게 된다. 모든 무한한 창조 행위는 바로 이 이중 과정이라는 프리즘을 통해 보아야 한다. 그리고 다시 한 번 이 두 과정은 연속적이 아니라 동시에 일어나는 과정임을 강조해야겠다.^{7}

앞으로 우리가 살펴보겠지만 카발라파의 신화학과 신학의 기반을 이루고 있는 형이상학적 원리는 수피^{Sufi}(이슬람의 한 종파 - 옮긴이) 신비주의뿐 아니라 이단, 심지어 정통 기독교의 많은 부분에서 나타나고 있다. 아인소프는 모든 구별, 차이, 정의를 넘어 존재하고 있기에, 그것은 분절될 수 없고, 따라서 말할 수 없고, 알 수 없는 것으로 남아있다. 뉴먼은 자신의 그림에서 어떤 말로도 포착할 수 없는, 형상을 그릴 수 없는 것을 형상화하려 한다. 짐줌―나는 이를 집줌^{Zip} ^{Zum}으로 바꿔 부르고 싶다―은 창조의 시작인 후퇴를 보여준다. 몇몇 작품에서 집은 세로로 만들어져, 세상과 하늘 그리고 깊이가 서로 연결되어 있다고 암시한다. 다른 그림에서 집은 수평으로 자리를 잡아, 현재라는 틀을 만드는 끝없이 후퇴하는 과거와 더불어 미래의 지평을 암시한다. 말할 수 없는 지평이 바로 모든 게 거기서 등장한 기원이다.[8] 최초의 수축은 생략을 의미하는 세 점으로 표시되고 다시 재표시된다… 이것이야말로 최초의 침묵 소리로, 그것 없이는 어떠한 '말씀'도 존재하지 않는다.

몇 점의 회화와 (세 개가 아닌) 두 점의 조각이 이 (요)점을 분명히 한다. 1949년 뉴먼은 〈침묵의 종말$^{End\ of\ Silence}$〉을 완성했다. 이 작품은 크기와 스타일을 볼 때 〈영웅적이고 숭고한 인간〉보다는 〈단일성〉에 더 가깝다. 97×76센티미터 크기의 이 작품에는 〈단일성〉에서 보다 더 넓고, 더 불균등한 집이 수직으로 그려져 있다. 〈영웅적이고 숭고한 인간〉의 완벽한 표면과는 달리, 수직 띠가 만들어내는 두 개의 어두운 고동색 사각형들은 뉴먼의 팔레트 나이프의 흔적을 보여주며, 고요함보다는 격렬함을 암시하고 있다. 형태가 없는 배경에서 등장하는 형상들을 분절함으로써 무질서 속에서 질서를 창조하는 집이 갑작스럽게 끝나며 침묵도 끝이 난다. 이러한 방식으로 집은 무-유한의 경계와 한계를 형성한다. 무형식은 형식을 낳는 수축으로 나타나기 때문에 〈침묵의 종말〉은 최초의 말씀에 있는 침묵의 무한한 메아리다.

이 최초의 말씀은 환원될 수 없고 모호한 상태로 남아있는 침묵과 항상 쌍을 이루고 있기에 절대로 투명하지 않다. 이 맥락에서 적절한 두 번째 그림은 〈아브라함 Abraham, 1949〉이다. 아브라함은 유대 민족의 아버지이니 화가의 아버지라고도 할 수 있다. 이 그림은 꽤 크고(25×10미터), 매우 어둡다. 넓은 검은색 집이 캔버스를 둘로 나누어 두 개의 비대칭적인 암녹색 장이 양쪽에 펼쳐진다. 〈아브라함〉은 애드 라인하르트와 마크 로스코라는 뉴먼의 동료 두 명의 가장 중요한 작품을 암시하고 있다. 이 그림은 뉴먼이 '침묵의 말'을 그리는 데 성공한 작업 중 하나다. 카발라파에 속하는 게로나의 아즈리엘 Azriel of Gerona, 1160~1238을 언급하면서 울프슨은 간접적으로 뉴먼의 그림 이해에 도움을 준다.

"숨겨진 것의 힘에서부터… 들리는 것이 등장하고…, 들리는 것에서 보이는 것이 등장한다. 우리는 숨겨진 것에는 관심이 없다. 들리는 것에만 관심이 있다." … 보이는 것을 넘어서 말해지는 것이 있다. 말해지는 것 넘어서 숨겨진 것이 있다. 하지만 숨겨진 것은 인간 인식으로는 접근할 수 없다. 가청성과 가시성 영역과 연결된 단계적 차이에서 들리지 않고 보이지 않는 것의 흔적으로만 접근할 수 있다. 표현할 수 없는 이름을 발생시키는 신비로운 설명에는 비밀을 전승하는, 암묵적으로 말하고, 보이지 않게 쓰고, 공개적으로 은폐하는 비교적秘敎的인 방법이 암호화되어 있다. 새겨지고, 소리 내어 말해지고, 숙고되는 말 넘어, 계속해서 침묵의 아우성으로 실어 날려지는 문자들이 있다.

하지만 무슨 말이? 누구의 말이 이 침묵의 소리를 내는가? 그리고 이 말은 누구에게 하는 것인가? 만일 어떤 사람이라면, 누가 이 말의 침묵을 듣는가?

일 년이 지난 후, 뉴먼은 〈여기 I^{Here I}〉이라는 모호한 제목을 가진 최초의 조각을 통해 현존과 현재라는 문제로 되돌아왔다. '여기'와 '지금'이 여기와 지금이라는 데 절대 만족하지 않고, 그는 〈여기 II^{Here II, 1965}〉, 〈여기 III^{Here III, 1965~1966}〉에서 이 주제에 계속 천착했다. '여기'라는 말은 되풀이되며 지금 이 순간의 현존보다는 그 부재를 가리키고 있다. 〈아브라함〉과 〈여기 I〉은 완전히 다르지만, 아브라함이라는 고유명사 때문에 하나로 묶여있다. 신이 아브라함에게 외아들 이삭을 희생물로 바치라고 명령하는 극적인 이야기는 창세기에서 찾아 볼 수 있다.

그래서 둘이 하나님이 지시하신 곳에 이르렀을 때 아브라함은 그곳에 단을 쌓고 나무를 벌여 놓은 다음 자기 아들 이삭을 묶어 단의 나무 위에 올려놓았다. 그리고 그가 손을 내밀어 칼을 잡고 자기 아들을 치려고 하는 순간 여호와의 천사가 하늘에서 "아브라함아, 아브라함아" 하고 불렀다.

아브라함이 대답했다. "내가 여기 있습니다."

(창세기 22:9-12, 현대인의 성경)

〈여기 I〉은 내가 여기 있습니다라는 말이 될 수 있다. 키르케고르가 『두려움과 떨림 Fear and Trembling』에서 보여주었듯이 침묵을 깨는 신의 목소리는 아브라함을 침묵하게 만든다.[9] 〈여기 I〉은 2.4m 정도로 〈영웅적이고 숭고한 인간〉의 집과 비슷한 높이의 두 수직적 요소로 구성되어 있다. 이 두 기둥은 뉴먼이 벼락같은 계시를 얻었던 인디언 무덤 흙더미와 닮은 토대 위에 올라가 있다. 〈Here I〉에서 I는 1이라는 의미인가? 나라는 의미인가? 왜 I가 두 개일까? 왜 하나가 아니라 두 개, 혹은 두 개로서의 하나, 하나로서의 둘일까? 〈여기 I〉은 모든 바탕에서 분리된 집[zip] 형상의 조각이라는 것이 분명하다. 하지만 아직도 'I'를 어떻게 읽어야 하는가하는 문제가 남아 있다. '하나임'의 I인가? 혹은 언제나 고유한 정체성을 가지고 있는 주체로서의 I인가? 이 모호성은 의도적인 것으로 보인다. '여기'와 '지금'이 완전히 지금·여기와 완전하게 같을 수 없는 것처럼, 이 I도 현재 속에 완전히 현존할 수 없다. I는 I인 상태로 II가 된다. 언제나 가까이에 있으며 다른 곳에서부터 오는 'I'는 영원히 이중적일 수밖에 없다. 그 현존을 현존하는 동시에 불완전하게 만드는 비-현존과 함께하기 때문이다. 이러한 방식으로 'I' 그 자체는 이 작품에서 암시하고 있는 비가시성 속에서 신의 다가오는 후퇴와 후퇴하며 다가오는 것을 들을 수 있는 비어있는 공간 혹은 열린 공간으로 보인다.

1963년 건축가 리처드 마이어Richard Meier는 뉴먼에게 유대교 회당 디자인을 의뢰하며 유대인 박물관에서 열린 전시에 초대했다. 뉴먼은 집zip을 이용해 유대인 회당 디자인의 틀을 만들었는데, 이 작업을 헤스는 이렇게 설명했다. "두 원천에서 아이디어가 나왔다. 1950년대 초반, 그는 토니 스미스Tony Smith(미국의 조각가이자 건축가 - 옮긴이)에게 건축을 통해 그림을 제시하는 새로운 방법을 알아냈다고 이야기한 적이 있다. 창문과 돌이 90도 각도로 교차하며 지그재그 형태를 그리는 벽을 만들고, 그림은 벽의 중실단면soild section(속이 차 있는 단면 - 옮긴이)에 직각으로 걸어, 벽 전체 높이의 창문 역할을 하도록 만드는 것이다."[10] 유대인 회당에서 점은 선이 되고, 3차원 구조를 만드는 면이 된다.

이 회당은 결국 지어지지 않았지만, 뉴먼의 마지막 조각〈짐줌Zim Zum, 1969〉의 청사진 역할을 했다. 코르텐강corten steel을 이용해 2.4×4.6×1.9미터 크기로 만든 이 작품은 직각으로 놓인 여섯 개의 강철 패널이 비어있는 공간을 가운데 두고 마주 보도록 만들어졌다. 위에서 보면 Z 모양은 일련의 대칭 사각형이 집zip과 같은 선에 의해 분리된 듯한 모습이다. 이 비뚤배뚤한 벽 한가운데 있는 공간은 캔버스에서 집이 했던 역할을 담당한다. 사람들이 이 내부 공간에 들어서면, 주변 세계는 확장하는 동시에 수축하는 것처럼 느껴진다. 사실상 장소라고 할 수 없는 이 장소가 바로 마콤Makom('장소' 혹은 '편재'를 의미하는 유대어 - 옮긴이)이다. 헤스는 내가 이제껏 유대인 회당 디자인에서〈짐줌〉에 이르기까지 추적하고 조합했던 뉴먼 작품의 다양한 흐름을 이렇게 잘 요약하고 있다.

현관을 빛으로 가득 채우고 빛으로 가득 채워진 공간으로 들어오면서 지그재그 창은 '세상이 창조되기 전'과 '창조된 첫날' 사이에 일어난, 이삭 루리아(유대 신비주의 학자-옮긴이)가 말하는 응축 Tsimtsum을 재연하는 듯 보인다. 이 창들은 신도석을 가로지르도록 만들어져 점이 점을 향하고, 각은 각으로부터 서둘러 멀어져 신의 '수축' 느낌을 고조시키며, 동시에 창들을 압축해 담고 있는 기둥 역할을 하는 무거운 돌담과 더불어 분절되고 있다. 마콤은 '장소로, 사람이 서 있는 곳 '율법Torah'과, '말씀'과 '백색의 불'과 '검은 불'을 직면하는 장소다. 뉴먼이 깨달음을 얻었던 애크런 부근 무덤을 상기시키는 흙더미이며, 그의 첫 번째 조각, 〈여기 I〉에서 수직 요소가 찌르고 들어가는 흙더미이기도 하다.[11]

짐즘이라는 드러내는 공간으로 사람을 끌어들이며 뉴먼은 '예술작품의 기원'으로 돌아갈 수 있는 가능성을 만들었다. 그 기원은 말의 침묵을 들을 수 있는 곳이다.

침묵에 종을 울리다

너무도 흔하다보니, 어디에서나 들을 수 있는 말이 있다. "태초에 하나님이 천지를 창조하셨다. 땅이 혼돈하고 공허하며, 어둠이 깊음 위에 있고, 하나님의 영은 물 위에서 움직이고 계셨다. 하나님이 말씀하시기를 '빛이 생겨라' 하시니, 빛이 생겼다. 하나님 보시기에 그 빛이 좋아보였다. 그래서 하나님이 빛과 어둠을 나눠서, 빛을 낮이라고

하시고 어둠을 밤이라고 하셨다. 저녁이 되고 아침이 되니, 하루가 지났다." 어둠에서 빛으로, 물에서 육지로, 침묵에서 말로. 이러한 말을 처음부터 다시 듣는 것이 아직 가능할까?

침묵과 언어와의 관계를 하이데거보다 더 깊게 파고든 철학자는 없다. 그는 존재를 '심연의 근거 없는 근거'라고 이름을 붙였고 '토대를 이루는 말 없음'이라고 설명한다.[12] 「언어Language」라는 제목의 논문에서 그는 이렇게 중요한 이야기를 쏟아 놓는다.

> 언어는 침묵의 고함으로서 말한다. 침묵은 세계와 사물을 현존 속에 실어 나르고, 낳고 견딤으로써 잠잠해진다. 세계와 사물을 침묵의 방식으로 실어 나르는 것은 중요한 떨어뜨려-실어 나르기dif-ference를 일어나게 만드는 것이다. 언어는 세계와 사물의 떨어뜨려-실어 나르기가 일어나고 발생하면서, 혹은 떨어뜨려-실어 나르기 사건으로서 계속된다.
>
> 침묵의 고함은 절대로 인간의 것이 아니다. 오히려, 인간은 실제로 그 본성상 언어에 주어진다. 그래서 언어적이다. '언어적'이라는 말은 여기서는 언어를 말하는 것 밖에서 일어난다는 의미다. 따라서 이제껏 일어난 것인 인간은 언어에 의해 제 자신이 된다. 그래서 인간은 언어의 본성, 다시 말해 시끄러운 침묵에 주어지거나 전유된 채 남아 있게 된다. 인간이 들을 수 있도록 침묵의 고함으로 소리를 내기 위해서는 인간의 말이 필요하고 말을 이용해야 하는 것이 언어의 본성이며, 현존이라는 점에서 그러한 전유가 일어난다. 인간은 침묵의 고함에 속할 때만 자신 방식대로의 소리로 말할 수 있다.

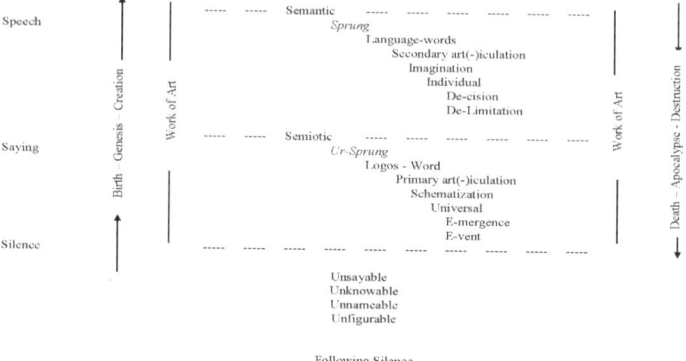

〈그림 7〉 하이데거의 침묵의 경로

    하이데거가 그리고 있는 침묵에서 언어로 갔다가 다시 침묵으로 가는 경로가 대단히 복잡하고 난해해서 도움이 될까 싶어 그림으로 요약해보았다〈그림 7〉.

    하이데거는 "언어는 침묵에 기반을 둔다"라고 주장한다. 그러나 침묵은 특수한 기반이다. 자신이 기반이 되고 있다는 언어나 말에 시간적으로 선행하지 않기 때문이다. 언어와 침묵은 순차적이라기보다는 하나의 관계에 묶여 있는 것으로, 동시에 둘이 등장하며 변증법적으로 극복되지 않는 '반대의 일치'coincidentia oppositorum를 만들어 낸다. 따라서 침묵의 실현은 언어의 부정이며, 언어의 실현은 언어를 불충분한 상태로 남겨 놓는 것이다. 왜냐하면 언어는 침묵을 잠잠하게 만들 수 없기 때문이다. 신학자 토머스 J. J. 알타이저Thomas J. J. Altizer는 『신의 자기 구현The Self-Embodiment of God』의 「창세기」 장에서 이 복잡한 이야기를 잘 정리했다.

말이 현존하고 있을 당시의 침묵은 단순한 침묵일 수 없다. 침묵은 말의 목소리로 말하고, 자신의 타자성 속 안에 있는 자신을 구현하는 자기부정의 타자성 속에서 말하기 때문이다. 침묵으로서의 침묵은 말에서는 부재한다. 하지만 침묵은 말의 '타자'로서 현존한다. 그 현존에서 침묵은 새로운 정체성을 구현한다. 따라서 말의 현존에서 우리는 그 자신과는 다른, 정확히 말의 현존 속에서 그 자신과 다른 침묵에 관해 질문할 수밖에 없다. 결과적으로, 우리는 말이 현존한 상태에서는 침묵에 이런 말만으로 반응할 수 있다. 태초 신.

"태초 신." '말씀'을 통해 무에서 존재자를 끄집어낸 신이다. 하이데거의 주장에 따르면 언어는 우리가 그 안에 거주할 수밖에 없는 세계를 형성한다. 언어의 발화는 존재자를 창조하고 외양을 등장하게 만드는 창세기적 '사건'이다. 이런 방식으로 "말하는 것은 보이는 것이다… 보이는 것은 현존하는 것을 드러나게 하고 부재하는 것을 보이는 곳에서 사라지게 한다." 말하는 것은 후퇴를 통해 접근하고, 감춤을 통해 드러냄으로써 우리를 외면하는 것이 우리를 향하도록 만든다. 하이데거가 했던 다음의 말은 집[zip]과 조각들 형상을 가진 '짐줌'을 보고 했음직한 말이다.

> 사고되어져야만 하는 것이 인간을 외면한다. 그것은 인간으로부터 후퇴한다. 하지만 어떻게 우리가 처음부터 후퇴하는 어떤 것에 관한 최소한의 지식을 가질 수 있을까? 어떻게 그것에 이름을 부여할 수 있을까? 우리로부터 물러나는 모든 것은 도달하기를 거부한다. 하지

만. 후퇴는 아무것도 아닌 것이 아니다. 후퇴란 하나의 사건이다. 사실, 후퇴하는 것은 현존하며 인간을 만지고 놀라게 하는 그 어떤 것보다도 본질적으로 인간과 더 많은 관련이 있고 더 많은 권리가 있다… 후퇴라는 사건은 모든 현존하는 것에서 가장 현존하는 것이고, 따라서 실재하는 모든 것을 실재성을 무한정 능가한다.

이 복잡한 주장을 명쾌하게 이해하기 위해서는 하이데거가 명확히 하고 있지 않는 몇 가지를 구분할 필요가 있다. '말해진 것^{Said}'/'말하는 것^{Saying}', 로고스 – 언어/말, 의미론/기호론을 구별해야 한다. 페르디낭 드 소쉬르$^{Ferdinand\ de\ Saussure}$는 『일반언어학 강의$^{Course\ in\ General\ Linguistics}$』에서 다음과 같은 유명한 주장을 한다. "언어에는 실정적인 관계라고는 없는…차이만이 있다." 다시 말해 언어는 자기지시적인 기표의 연쇄를 만드는 폐쇄된 차이의 네트워크다. 하이데거는 이 차이가 '사건의 발생 혹은 떨어뜨려 – 실어 나르기의 발생'을 전제로 하고 있다고 덧붙인다. 이 적극적인 구분은 이제까지 발화되지 않았던 것을 발화한다. 이 '발화' 혹은 '분절'을 의미하는 'articulate'의 어원은 하이데거가 언어의 근본이라고 간주하는 과정을 가리키고 있다. 구별되지 않는 것을 구별함으로써 분절이라는 사건은 로고스를 구성하는 차이의 경계 혹은 문턱을 표시한다. 소쉬르의 두 번째 중요한 요점은 언어^{langue}와 말^{parole}의 구분이다. 언어는 보편적인 구조로 개별적인 말의 가능성 조건이 된다. 비유하자면 우리의 정신이 경험이라는 자료를 처리하는 프로그램과 연결되어 있다고 생각하면 된다. 이렇게 이해하면 언어란 인간이 그 모습을 본떠 만들어졌다는 신적 로고스와 기능적으로 동등한 것이다. 이렇게 로고스는 다양한 모습으로 나타나며 이항적이거나 변증법적인, 혹은 디지털적인 메타구조를 가질 수 있다.

소쉬르는 언어 구조의 공시적 관계에만 관심이 있었고, 통시적인 측면이나 역사에는 관심이 없었다. 따라서 언어 체계의 기원에 관해서는 질문을 던지지 않았다. 에마뉘엘 레비나스$^{Emmanuel\ Levinas}$는 소쉬르가 간과한 기원을 찾으려 들었다. 그 방법은 우선 말하기^{dire} 행위 혹은 사건과 말해진 것^{dit} 사이의 구조적 질서를 구분하면서 시작된다. 말해진 것으로서의 능력을 갖는 언어는 서양 철학과 신학에서 전통적으로 로고스에게 할애된 역할을 해왔다. 하이데거는 이렇게 지적한다. "말씀$^{Ho\ Logos}$이라는 말은 모든 현존하는 것을 모아 이름 붙이고 그들 모두를 우리 앞에 엎드리게 한다. 말씀은 현존하는 것이 일어나는 현존의 장소에 이름을 붙인다… 언어는 말하는 것일 수 있다. 언어는 현존 안에서 현존하는 것 앞에 엎드리는 것을 모은 것일 수 있다. 사실, 그리스인들은 이 언어의 근본적인 결정 속에서 살았다. 하지만 이에 대해서는 결코 생각하지 않았다." 레비나스는 하이데거를 따라, 언어가 등장한 침묵의 기원을 추구하며 철학이 사유하지 않고 남겨 놓은 것을 사유하려고 한다.

로고스의 역할이 가능한 언어는 기호의 분화 구조를 통해 우리가 경험하는 세계를 만든다. 이 네트워크는 개인 주체 이전 즉, 개인 주체가 이를 통해 말하기 전에 이미 존재하고 있다. 우리가 7장에서 좀 더 자세히 살펴보겠지만, 칸트가 첫 번째 비판에서 했던 주장은 상상력이 개념(말해진 것 혹은 로고스)과 경험이라는 자료(주어진 것)를 종합해서 합리적인 지식을 창조한다는 것이었다. 감각적 직관은 그것을 구성하는 선험적 도식^{schemata}을 넘어서기 때문에, 상상력으로 상상할 수 없는 것은 나머지와 불가피하게 뒤얽히게 된다. 이성은 상상력의 활동을 전제하고 지식은 감각 자료를 전제하므로, 이성에는 언제나 맹점이 있기 마련이다. 따라서 모든 지식은 비지식에 감염되어 있다. 모든 언어 매개 행위는 분화되지 않아 왔던 것을 분화하는 감각적 직관의 탈 - 경계 속에서 일어난다. 이 분절화는 기원적 말하기^{dire}를 통해 등장하는 좀 더 원시적인 분절화 다음에서야 등장한다.

이 말하기가 개인 주체의 행위는 아니라는 것을 강조해야 할 필요가 있다. 이 말하기는 오히려 개인 주체와 대상이 드러나도록 하는 구조를 만드는 익명적인 행위 혹은 사건이다. 그렇다면 말하기는 로고스의 최초의 혹은 최초 이전의 분절이고, 이것은 또 언어의 분화 구조가 되어 이를 통해 세계가 잉태된다. 잉태는 존재론적인 동시에 인식론적인 과정이다. 세계는 말씀을 통해 창조되는 동시에 잉태된다. 창조 행위는 단 한 번에 완성되는 사건이 아니라 개인 주체의 언어활동을 통해 지속적으로 일어나는 일이며, 이 개인 행위자를 통해 "언어가 말한다"는 유명한 표현을 하이데거가 쓰기도 했다. 분절을 가능하게 하는 차이와 구별의 기원으로서 말하기는 '로고스를 넘어, 존재와 비존재를 넘어, 본질을 넘어, 진실과 비진실을 넘어' 존재한다.

말해진 것이 작동하는 방식을 이해하기 위해서는 그 구성적인 한계를 알아야 한다. 말하기가 말해진 것의 가능성의 조건인 만큼, 모든 언어에서 말하기는 이해될 수 없다. 언어는 이해할 수 없고, 따라서 말해질 수 없는 것으로 남아 있는 사건을 전제로 한다. 말하기는 프로그램되어 있지도 않고, 계획되어 있지도 않은, 전혀 예상치 않은 상태에서 벌어지는 우발적인 사건이다. 그러한 이유로 하이데거는 모든 독창적인 것은 근원적 도약^{Ursprung}(기원, 원천, 시작, ur, 근원 + Sprung, 도약)이라고 주장했다. 이 도약이 어떤 간극이나 열림을 남겨 놓고, 그 열림이 그것을 이해하려는 모든 제스처로부터 후퇴하는 타자에게 말하기와 말해진 것 모두를 드러내 보여준다. 즉, 말하기란 '타자에게 노출하는 것'이다.

어디에서나 일어나는 말하기의 퇴위와 경쟁하는 말해진 것은, 이 말해진 것에서 통시성을 유지한다. 정신은 그 통시성 속에서 숨을 참으며, 다른 것의 메아리를 듣는다. 이 측면, 근원-이전의 말하기가 생기를 북돋아 주는, 준비-이전의 측면은 현존과 현현을 거부하거나, 정해진 시간을 거부한다. 말할 수 없는 말하기는 말해진 것에, 말할 수 없는 것을 폭로하거나 모독하는 욕설 같은 과실에 적합하다. 하지만 그것은 숨넘어가는 정신이 사라지는 메아리를 보존하는 모호성 혹은 초월이라는 수수께끼 속에서 말하지 않는 것을 지우지 않은 채, 자신을 보잘 것 없게 만드는 행동이다.

여기에서 초월적인 것은 멀리 있는 절대 타자$^{Wholly\ Other}$가 아닌 언어가 필요로 하는 동시에 참을 수 없는 인접한 다른 것으로 '보인다'. 칸트의 개념 분석이 사고할 수 없는 어떤 것을 전제하고 있었듯이, 레비나스의 말하기와 말해진 것 역시 모든 말하기를 가능하게 만드는 말할 수 없는 것을 전제하고 있다. 이 말할 수 없는 것, 이름 붙일 수 없는 것, 형상을 만들 수 없는 것은 침묵에 싸여 있는 알 수 없는 것이다. 언어는 침묵의 배신betrayal이다. 이 'Betray'라는 말은 암시적인데 포기한다는 의미, 배신을 통해 적의 권력에 영합한다는 의미, 거짓으로 판명된다는 의미, 희망이나 기대를 실망에 이르게 한다는 의미, 잘못된 길로 이끈다는 의미, 약속을 어기며 (비밀을, 혹은 비밀로 지켜져야 하는 사항을) 폭로한다는 의미까지 다양하면서 상충되는 의미를 갖고 있기 때문이다. 침묵의 배신은 경로 – 이탈dis-course을 통해 탈 – 폐쇄dis-close하는 행동이다. 침묵을 들을 수 있는 유일한 방법은 언어라는 수단을 통한 배신뿐이다. 레비나스가 주장하듯이 "말해진 것의 언어에서는 모든 것이 배신의 대가로 우리 앞에 전달된다… 언어는 우리에게 말을 허용한다. 그 말이 이 존재 외부의 것, 이 존재의 외부 – 붙잡기ex-ception라도 상관없이 마치 존재의 타자가 존재의 사건인 것처럼 말이다." 존재의 현존에서 발생하는 사건은 절대 현존할 수 없으므로, 말이나 개념으로는 올바르게 다시 – 제시할 수 없다. 개념의 기원은 언제나 이해할 수 없는 것으로 남아 있다.

줄리아 크리스테바Julia Kristeva는 정신분석 전통 안에서 작업했지만, 언어의 의미론적 측면과 기호학적 측면을 구분하며 레비나스의 말하기와 말해진 것 사이의 인터플레이를 보다 명확하게 이해시켜준다.[13] 소쉬르의 랑그와 같은 언어의 의미론적 기능은 이항 구조를 가진 일반적인 규약의 언어적 요소를 분명하게 구분한다. 이는 여러 가지로 변주가 되는 로고스의 영역이다. 의미론이 디지털이라면 기호학은 아날로그다. 분명한 논리 기능으로 환원될 수 없는 언어의 기호학적 측면은 규약화 될 수 없는 모호한 힘들의 작용이다. 이 과정은 이해할 수 없고, 통제 할 수 없는 의식 활동을 중단시킨다. 이 중단은 "언어에 오류 혹은 흐릿함을 도입한다." 그러한 오류가 논리적으로 이해할 수는 없지만, 예술작품의 서로 교차하는 리듬과 운율을 통해서는 포착할 수 있다. 괴테와 프로이트를 논의하며 크리스테바는 이렇게 썼다.

> 말에 선행하는 '시작'이 있었을 것이다. 프로이트는 괴테를 따라 『토템과 터부』의 말미에 "태초에 행위가 있었다"라고 말했다. 이렇게 언어 앞에 있는 것 안에서. 안에서부터의 투사에 의해 외부는 정교화된다. 내부에 대해서 우리가 가진 유일한 경험은 쾌와 고통의 경험뿐이다. 외부는 내부의 이미지로 쾌와 고통으로 만들어진다. 내부와 외부의 비차별성은 따라서 이름붙일 수 없는 것이 되고, 쾌와 고통이 양쪽으로 건널 수 있는 경계가 된다. 후자의 이름을 붙이는 것, 따라서 이들을 구분하는 것은 언어를 도입하는 것과 같다. 이렇게 언어가 도입되면 다른 모든 반대들에 그리하듯이, 고통과 쾌를 구별하고 내부/외부의 분리를 만든다. 하지만 이 한계의 침투성을 보려는 장인이 있을 수 있다. 이들은 쾌와 고통으로 넘치는 말 안에 포함되어 있는 언어 이전의 '시작'을 이용해보려고 애쓴다.

장인과 예술가들이 이용하려고 하는 쾌와 고통의 언어 이전 동시성은 칸트라면 숭고라고 이야기하는 부정의 쾌락이다. 이러한 관점에서 중요한 예술은 초월적인 예술이다. 중요한 예술은 언어가 통제하려 애쓰는 억압된 것의 회귀를 요청하며 경계선들을 넘는다.

크리스테바의 관심은 주로 문학이었고, 문학은 근본적으로 '시적'이라고 말했다. 하이데거와 바타유와 마찬가지로 크리스테바도 시를 특정한 문학 장르로 국한시키는 대신 이 용어를 확장해 모든 독창적인 창작 활동을 포함시킨다. 하이데거가 반복해서 지적했듯이 '시'는 그리스어 'poiein'에서 나왔고, 이는 '만들다 혹은 창조하다'라는 의미다. 작가는 의미론·통사론적으로 적절한 언어라면 말하지 못하는 말을 수행하는 미끄러지는 말les mots glissants로 구성된 모호한 언어를 가지고 논리적인 질서를 중단시킴으로써 창작을 한다. 이 작업이 성공적인 경우 시적 언어는 침묵을 드러낸다. 크리스테바는 문학 분석에만 매달리지 않고 시각예술, 특히 회화에까지 자신의 분석을 확장했다. 암시성이 풍부한 논문「지오토의 기쁨Giotto's Joy」에서 그녀는 문학에서 미끄러지는 말이 하는 역할을 회화에서는 색의 차이가 하고 있다고 주장했다. "색은 통일성을 산산조각 내는 것이다. 따라서 색을 통해, 색들을 통해서 주체는 (재현적인, 이데올로기적인, 상징적인 등의) 자신이 받아들이며 주체로서 의식하는 규약 내 자신의 소외에서 벗어날 수 있다. 마찬가지로 색을 통해서 서구 회화는 내러티브와 관점(지오토의 경우)은 물론 재현(세잔, 마티스, 로스코, 몬드리안 등) 규범이라는 제약에서 벗어나기 시작했다… 색은 0의 의미가 아니다. 색은 본능적인 충동, 다시 말해 죽음을 통한 과다한 의미다." 0의 의미에서의 죽음은 동시에 예술의 탄생이다. 타나토스와 에로스는 숭고의 순간에 산산조각 나는 '경험' 속에서 만난다.

뉴먼의 그림들에서 볼 수 있는 끝없는 색의 변화는 의미론적 구조로 형식화되기를 피하는 기호학적 접근과 후퇴의 리듬을 만들어 낸다. 하이데거는 이렇게 주장한다. '말하기는 어떠한 진술로도 포착되는 것을 허용하지 않으려 든다. 그것은 우리에게 침묵을 통해 전유를 성취하라고, 언어의 존재와 더불어 움직이기 시작하라고 요구한다. 그러기 위해서는 침묵에 관해 말해서는 안 된다.' 말로 진술될 수 없는 것도 예술 작품에서는 드러낼 수 있다. 뉴먼은 말할 수 없는 것을 배반하고 드러내는 이미지들에서 침묵을 들을 수 있는 장소를 만들어, 침묵을 울리는 말하기를 그린다. 하이데거가 볼 때 이 장소는 '세계의 열린 곳을 열어 놓고 있는' 뉴먼의 집이나 카발라의 짐줌과 같은 예술 작품의 기원이다.

내가 이 맥락에서 주장해왔던 것처럼, 침묵에는 두 차원이 있다. 하이데거가 주장하듯이 "말해지는 모든 것은 다양한 방식으로 말해지지 않은 것에서부터 나온다. 그냥 말해지지 않았건, 아니면 말의 영역 넘어 존재한다는 의미에서 말해지지 않은 상태로 남아있건 마찬가지다." 전자의 경우 말해지지 않은 것은, 원칙적으로는 말해질 수 있지만 의도적으로 억압되고 있는 것이다. 후자의 경우 말해지지 않은 것은 말할 수 없는 것이다. 더 심오한 침묵은 자발적인 침묵의 무언의 장과 그 침묵이 열림을 만들어내는 말이다. 창세기는 말과 물 사이의 인터플레이로 시작한다. 물은 어두운 심연의 형상을 만든다. 그것이 깊은 침묵이고, 거기에서부터 하느님이 말씀을 만드신다. 하이데거는 이 팽창적인 언어 이해가 오해를 낳을 수 있다고 깨닫고, 좀 더 암시적인 낱말을 찾았다. 「언어에 관한 대화 A Dialogue on Language」는 '한 일본인과 어느 질문자' 사이에 있었던 가상의 대화다.

이 글에서 하이데거는 레비나스의 주장을 선취하는 대안적인 낱말을 제안하고 있다.

> J(일본인): 하지만 [언어보다] 더 적절한 말을 찾을 수 있나요?
>
> I(질문자): 제 생각에는 찾은 것 같습니다. 하지만 지금과 같은 이름으로 사용되면 계속해서 타락해 개념을 의미하게 되지 않을까 걱정스럽습니다.
>
> J: 어떤 말입니까?
>
> I: '말하기'라는 낱말입니다. 말하고, 그 안에서 말해지고, 앞으로 말해질 것이라는 의미이지요.
>
> J: '말한다'는 건 무슨 의미입니까?
>
> I: 아마도 '보여준다'와 같을 거예요. 등장하고, 빛나게 한다는 의미에서요. 하지만 암시적인 방식이죠.
>
> J: 그렇다면 말하기란 인간의 말을 위한 이름은 아니군요….

외양을 등장하게 만드는 이 비인간적인 혹은 트랜스휴먼적인 말하기는 예술작품에서 등장한다. 예술은 어떤 제한적인 활동 영역이 아니라 무한한 창조 과정으로, 인간 주체가 그들 정신이 헤아릴 수 없는 바를 말하는 수단이 되도록 세계를 낳는다.

이제껏 살펴본 것처럼, 사원은 '자기 - 폭로'의 세계와 '자기 - 은둔'의 세상 사이에 긴장이 존재하는 장소다. 예술은 감춤으로써 보여주는 비밀스러운 능력이 있다. 이 숨바꼭질은 하이데거가 보기에 의심스러운 사기가 아니라 진리의 도래다. 그는 이 진리를 '알레테이아^{aletheia}'라고 부른다. 전통적으로 이 낱말은 (망각, 잊음, 감춤을 의미하는) '레테^{lethe}'의 반대로 이해되어 왔다. 알레테이아는 무시간적이고 영속적이라기보다 시간과 역사를 낳는 태고의 사건으로서의 진리다. 흔한 진리의 대응이론(진술의 진실 또는 허위가 세상과 어떻게 관련되어 있고 그것이 세상을 정확하게 묘사하는지에 의해서만 결정된다고 보는 주장 – 옮긴이)과는 반대로 알레테이아는 "한 실체(주체)가 다른 실체(대상)와 흡사하다는 의미로 지식과 대상 사이의 합의 구조를 의미하지는 않는다." 진리란 모든 종류의 대응을 가능하게 하는 기원적 분화를 불러일으키는 열린 공간, 혹은 밝힘^{Lichtung}이다. 침묵의 일시적 중단, 소멸, 틈이 없이는 소통이 불가능하다. 진리 너머에 있는 것에 관한 담론을 열면 진리는 그것이 발화하는 반대를 회피할 것이다. "진리에 감춤의 의미로 아직까지 발견되지 않고, 비 – 발견되지 않은 것들의 저수지가 있는 한, 진리란 비 – 진리다. 비감춤 속에서, 진리로서, 이중 규제 혹은 거부의 다른 '아님'이 일어난다. 진리는 따라서 열린 터와 이중의 감춤 사이의 대립으로 발생한다. 진리란 그 안에 모든 것이 위치하고, 존재로서 자신을 드러내고 후퇴하는, 자제하고 있는 모든 것이 거기에서 나오는 열림을 언제나 특정한 방식으로 얻을 수 있는 태초의 갈등이다."

뉴먼의 집의 경계, 경계선, 가장자리, 한계에 따르면 수축은 팽창이다. 모든 것이 일어나고 모든 것이 등장하는 열림을 만드는 예술작품 안에서 후퇴는 수행된다. 영원히 예측되지 않던 지속적인 창작 과정의 독창성은 최초의 창조 사건을 넘어서 확장된다. 세계는 비 – 유한한 예술작품이다. 비가시적인 것을 드러냄으로써 예술은 모든 것을 낳은 침묵을 드러내 보인다. "하지만 지금 존재하는 것을 넘어, 그것에서 떨어져서가 아닌 그것에 앞서, 일어나는 다른 어떤 것이 여전히 있다. 전체로서의 존재 중에 열린 장소가 생긴다. 이곳이 열린 공간이자 밝힘이다. 존재하는 것, 존재와 관련된 사유에서 이 열린 공간은 존재보다 더 정도가 크다. 열린 중간은 존재하는 것에 의해 둘러싸여 있지 않다. 오히려 밝은 중간 그 자체는 존재하는 모든 것을 마치 우리가 제대로 알지 못하는 무^{Nothing}처럼 에워싸고 있다." 이 무는 월리스 스티븐스의 「눈사람$^{\text{The Snow Man}}$」에 등장하는 무와 같다.

> 듣는 사람, 눈 속에서 듣는 사람,
> 그리고 그 자신이 무인 사람은, 본다
> 거기에 없는 무를, 존재하고 있는 무를.

그리고 이 무$^{\text{No-thing}}$가 부정 신학의 비객체적 객체인 것이다.

4
. . .

...

5

너머
Beyond

마지막 회화

뉴욕 미술관에서 열리는 개막 행사에는 모든 사람이 검은색 옷을 입고 있다. 화려한 색의 드레스나 슈트 혹은 셔츠를 입고 나타나는 것은 정말 세련되지 못한 사람으로, 쉽게 말하자면 정상이 아니다. 캘빈 클라인에서 아르마니, 프라다, 베르사체에 이르기까지 모든 옷에서 색은 빠져 있고, 모두가 검은색이다. 가장 유행하는 스타일이 청교도 풍인가 하는 생각도 든다. 많은 현대 건축과 예술에서 장식이 범죄 취급을 받고 있다면, 패션 세계에서는 색이 범죄인 듯하다. 수도사나 수녀들만 미술에 관심을 갖고 있는 게 아닌가 하는 느낌도 든다. 하지만 이들은 트라피스트회Trappist(기도·침묵 등을 강조하는 엄격한 수도회 - 옮긴이)처럼 침묵을 열심히 지키는 것 같지는 않아 보인다. 패션업계의 검정색 강박은 교회, 사원, 유대인 사원, 회교 사원을 떠난 많은 사람에게 예술이 종교를 치환하고 있음을 반영하고 있는 것일까? 많은 현대 예술에는 너무도 흔히 간과되고 있는 대단히 종교적인 차원이 있다.[1] 종교에서 예술로의 이 변화는 어디에서 왔을까? 언제 시작되었을까?

2차 세계대전의 공포가 핵전쟁과 냉전의 공포로 바뀌면서, 모든 것이 끝났다는 느낌이 서구 사회와 문화 모든 곳에 스며들었다. 신의 죽음, 종교의 종말, 철학의 종말, 역사의 종언, 예술의 죽음, 마지막 회화 등이 흔히 들어볼 수 있었던 말이다. 이러한 말들이 등장하게 된 데는 많은 원인이 있었겠지만, 종말 강박의 철학적·예술적 뿌리는 18세기 마지막 10년으로 소급될 수 있다. 칸트의 『판단력 비판[1790]』이 출간된 후, 헤겔, 셸링, 피히테, 휠덜린, 노발리스, 괴테, 실러, 슐레겔 형제, 티크 등을 포함한 저명한 작가, 예술가, 철학자들이 독일의 예나라는 소도시에 모여들었다. 이곳에서 이들은 나중에 모더니즘과 포스트모더니즘이라 알려진 사조의 초석을 놓았다. 지식의 한계와 예술의 중요성에 관해 칸트의 분석이 제시한 폭넓은 함의를 다듬으면서, 이들은 철학적 관념론과 문학의 낭만주의를 만들었고, 이 철학과 문학사조는 현대의 문학, 신학, 예술로 가는 길을 닦았다. 미술 비평을 통해 사실상 추상표현주의 운동을 낳았던 클레멘트 그린버그Clement Greenberg는 1960년 발표된 중요한 논문 「모더니즘 회화Modernist Painting」에서 모더니즘의 기원을 칸트의 비판철학에서 찾았다. "나는 모더니즘을 철학자 칸트에서 시작된 자기-비판적인 경향성의 강화intensification, 심지어 악화라고 생각한다. 칸트는 수단 그 자체를 비판의 대상으로 삼았던 첫 번째 철학자였기 때문에, 나는 그를 최초의 진정한 모더니스트로 간주한다." 칸트는 사유를 비판

작업에서 스스로를 사유하는 데 이용해 이론과 실천 활동에서 이성의 한계를 알아내고자 했다. 그린버그는 "칸트는 논리를 이용해서 논리의 한계를 설정했다. 그러면서 자신이 차지하던 오랜 영역에서부터 물러난 논리는 이제 남아 있는 영역에서 좀 더 안전한 상태가 되었다." 이성의 한계를 설정함으로써 칸트는 예술적 상상력을 위한 열림을 창조했다.

예나에 모여들었던 철학자, 작가, 예술가들에게 예술은 종교적인 아우라가 있는 것이었다. 이들은 이 아우라를 개인적·사회적인 변혁의 힘으로 이용하려 했다.『인간의 미적 교육에 관한 편지[1794]』에서 프리드리히 실러[Friedrich Schiller]는 칸트의 판단력 비판에서 만들어진 미적 이상은 기술적[descriptive]이라기보다는 규범적[prescriptive]이라고 주장하며, 근대 아방가르드 개념을 만들었다고 했다. 미적 교육을 통해 예술가는 인간 의식을 혁명적인 정치 행동을 추진하는 방향으로 바꾸려고 노력한다. 예술가는 추종자들을 약속의 땅까지 인도하는 선지자가 된다. 노발리스에게 보내는 편지에서 예나 그룹에서도 가장 창의적이고 영향력 있었던 프리드리히 슐레겔[Friedrich Schlegel]은 이렇게 주장했다. "나는 새로운 종교를 만들어야 하지 않을까 하는 생각과 최소한 그러한 종교를 가르치는 데 도움을 줘야 하지 않을까 하는 생각을 합니다. 새로운 예수가 되는 데는 아마도 당신이 나보다 더 자격이 있다는 생각도 듭니다. 그렇다면, 저는 기꺼이 사도 바울이 되겠습니다." 예나 그룹에서 '새로운 종교'를 발견할 수 있을 만한 사람은 슐레겔도 노발리스도 아니었다. 굳이 한 사람을 들자면『종교론: 종교를 경멸하는 교양인을 위한 강연[1799]』을 통해 종교를 열렬히 옹호하고 현대 신학의 출발을 알렸던 프리드리히 슐라이어마허Friedrich Schleiermacher였다.

책 제목에서도 알 수 있듯이 슐라이어마허의 목적은 종교의 입장에서 종교를 변론하려는 것이었다. 그는 가능한 한 정통 기독교 교리를 피하며 계몽주의적 종교 비판에 부응하는 종교 해석을 제시하려고 애썼다. 18세기 내내, 철학자들은 신의 존재를 증명하는 새로운 버전의 고전주의적 존재론, 우주론, 신학을 개발해 종교와 이성을 화해시키려 했다. 존 로크John Locke나 데이비드 흄David Hume과 같은 영국 경험론자들의 날카로운 분석을 통해 이러한 주장들이 무너져 내리자, 칸트는 『순수이성비판』을 통해 '이성을 제약하고 신앙의 여지를 마련'하려고 했다. 그리고 『실천이성비판』에서 그는 종교를 이론 이성에서 실천 이성으로 옮겨가며 옹호하려 했다. 칸트에 따르면 신, 자유, 불멸에 대한 믿음은 도덕적 행위를 위한 필수 전제조건이다. 예나의 관념론자와 낭만주의자들이 보기에 칸트 철학은 자신들이 극복하고자 노력했던 구분을 내화함으로써 개인적·사회적 소외와 파편화라는 문제를 더욱 악화시키고 있었다. 순수이성비판은 인간을 그들이 결코 알 수 없는 세계와 단절시켰고, 실천이성비판은 개인의 경향성과 보편적인 도덕적 의무 사이에서 주관성을 분열시켜놓았다.

슐라이어마허는 이론과 실천의 분할을 넘어서는 통일성을 드러냄으로써 자아와 세계 사이의 소외와 자아의 자신으로부터 분열을 치료하려 했다. 그의 가장 중요한 공헌은 종교적 믿음을 감정과 미적 자각에 비추어 재해석한 것이다. 두 번째 강연에서 그는 '종교의 본질'을 '무한에 대한 감각과 취향'이라고 정의했다. 종교를 예술의 입장에서 접근함으로써 칸트의 판단력비판을 전유하며, 칸트의 순수이성비판과 실천이성비판에 대한 비판에 나선 것이다. 그는 종교를 이론과 실천 사이의 경계를 따라서 위치시켰다. 그에 따르면 이 경계선은 미적 경험에 고유한 감수성의 영역이다('미학'이라는 말은 '지각'과 관련되어 있다는 그리스어 'aisthetikos'에서 유래했다). 이러한 관점에서 보면 종교는 사유나 행동의 문제가 아니라 감각^{Gefühl}의 문제가 된다. 좀 더 구체적으로 말하자면 종교는 주관성과 객관성의 '태초의' 통일성을 즉각적으로 포착할 수 있는 '독특한 직관'이다.

슐라이어마허에게는 기원이었던 것을 터렐과 뉴먼은 각기 다른 방식으로, 말레비치^{Malevich}나 라인하르트^{Reinhardt}는 회화를 통해 추구하고 있다. 슐라이어마허는 이 비객관적이고 비주관적인 차원이 원시적 하나임을 이렇게 설명했다.

> 모든 감각적 지각에서 일어나는 최초의 신비로운 순간으로, 직관과 감정이 분리되기 이전의 순간, 감각과 대상이 서로에게 흘러 들어가 하나가 되는 순간이다… 자신의 의식 앞에서 자신을 어떻게 들어야 할지를 알아야 한다. 최소한의 의식을 통해서 자신의 상태를 재구성할 수는 있어야 한다. 의식의 등장을 보아야지, 이미 존재하는 어떤 것을 숙고해서도 안 된다. 사유는 이미 찢어진 것만을 껴안을 수 있다. 그런 이유로 영혼의 어떤 확고한 행동을 의사소통의 대상으로 만들자마자, 그것은 이미 찢어지기 시작한 것이다. 따라서 어떤 분명한 예도 제시할 수 없다. 왜냐하면 어떤 것이 예가 되는 순간, 내가

가리키고 싶은 것은 이미 과거이기 때문이다. 기원적 통일성의 희미한 흔적만이 보여질 수 있다.

이 감정은 주체 탄생 이전에 존재하므로, 의식적으로 경험될 수 없다. 이 사라짐의 순간에 "감각과 대상이 합쳐지고 하나가 된다. 그런 다음 각각은 제자리로 돌아간다. 대상은 그것의 지각으로부터, 그 대상으로부터 사람은 감정을 빌려온다. 내가 말하고자 하는 것은 이 초기의 순간을 사람들은 늘 경험하면서 동시에 절대 경험하지 못한다는 것이다." 슐라이어마허가 볼 때 이 불가능한 '경험'은 유한 속에 무한이 근본적으로 내재하고 있음을 암시한다. 실제로 그는 심지어 "신성이란 특정한 유형의 종교적 경험과 다름없다"라는 말까지 한다. 다른 사람들이 보기에 그러한 경험을 의식적으로 처리할 수 없는 불가능성은 비지식이라는 구름에 싸여있는 근본적으로 초월적인 실재를 가리킨다. 주체와 대상의 분화 이전에 내재하는 것이든, 혹은 자아와 세계 너머에 초월적으로 존재하든 간에 이 감정은 발화될 수 없고, 따라서 침묵에 잠겨있는 상태로 남아있다.

예나의 철학자, 작가, 예술가들은 프랑스혁명이 새로운 시대의 여명을 알렸다고 확신했다. 새로운 시대에서 예술가들은 선지자 역할을 맡아 추종자들을 근대성이라는 약속의 땅으로 이끌어야 한다고 믿었다. 공포정치로 인해 이 꿈은 잔인하게 산산조각이 났지만, 이들은 포기하지 않았다. 오히려 다양한 오컬트적 믿음과 실천을 가지고 지하로 파고 들어가, 마침내 백 년 후 러시아에서 재표면화시킬 수 있었다. 『정신현상학』에서 헤겔은 자신있게 단언했다. "우리 시대는 새로운 시대를 탄생시키는, 이행의 시기다. 정신은 이제껏 자신이 거주해오고 상상해 왔던 세계를 깨부수고 있다." 이 묵시론적인 전망은 헤겔의 심오한 종말 감각에서부터 나온다. 그에 따르면 자연과 인간 역사의 발전 경로 전체는 19세기 프로이센에서 근대 국가가 탄생하며 절정에 도달했다. 이때야말로 새로운 시대의 여명이자, '역사의 종말'이었다. 러시아 이민자로서 권위 있는 헤겔 해석자 알렉상드르 코제브Alexandre Kojève는 파리에서 일련의 강연을 통해 역사의 종말에 대해 나름대로 설명했는데, 그 강연은 전후 철학자, 작가, 예술가들에게 커다란 영향을 미쳤다. 코제브의 헤겔 해석에 의하면, 역사의 종말은 예술의 종말이며, 애드 라인하르트가 덧붙였듯이, 예술은 '마지막 회화' 없이는 끝날 수 없다.

혁명 이후 유럽의 혼란 속에서 헤겔과 동료들의 자신감은 빠르게 사라져버렸지만, 동유럽과 서유럽의 신비주의적 전통 속에서 이들의 사상이 종합되며, 오랫동안 많은 사람에게 영향을 미쳤다. 헬레나 블라바츠키Helena Blavatsky, 1831~1861의 신지학과 루돌프 슈타이너Rudolf Steiner, 1861~1925의 인지학antroposophy은 헤겔의 복잡한 철학 언어를 쉽게 이해할 수 있는 용어로 바꾸어, 모더니즘 운동을 창시한 몇몇 예술가들에게 세계를 전망하는 토대를 제공했다. 블라바츠키의 신지학에 커다란 영향을 받은 가장 중요한 예술가로는 알렉상드르 코제브의 삼촌이기도 했던 바실리 칸딘스키가 있다.[2] 칸딘스키에게 역사는 19세기 프로이센이 아니라 20세기 모스크바에서 끝났다. '추상의 왕국'이라고 그가 묘사했던 곳으로 갈 수 있는 문은 러시아혁명이었다. 예술가들은 이 혁명으로 가는 길을 보여주는 전위였다. 1911년 발표한 『청기사파Der Blaue Reiter』에 칸딘스키와 공동편집자 프란츠 마르크Franz Marc가 쓴 서문을 보면 헤겔의 영향을 쉽게 알아차릴 수 있다. "위대한 시대가 시작되었다. '잃어버린 균형'을 되찾는 경향이 강해지고, 영적 식목이 필연적인 것이 되고, 첫 꽃이 피어나는, 정신적 '깨어남'의 시대. 우리는 인간이 경험한 가장 위대한 시대, 위대한 정신의 시대의 문턱에 서있다." 슐라이어마허가 종교 언어를 예술 이미지로 옮겼던 것처럼, 칸딘스키는 종교적·정신적 의미로 가득 찬 회화를 만들었다. 종교가 한때 번창했던 곳에서 이제는 예술이 자라고 있다. 『예술에 있어서 정신적인 것에 대해Concerning the Spiritual in Art』에서 칸딘스키는 이렇게 쓴다. "버려진 교회 무덤이 흔들리고, 잊혀진 무덤이 문을 열면서 거기에서 잊혀진 유령들이 일어난다." 칸딘스키는 헤겔보다는 슐라이어마허의 입장에 동의하며, 무한 혹은 절대적인 것은 이성적으로는 이해될 수 없으며, 감정 안에서 직접 경험될 수 있다고 확신했다. "얼마 전만 하더라도 말도 안 되는 것이라고 비난받던 예술에 관한 심오한 책을 쓰는 미학 철학자들도 있었다. 이러한 책들을 쓰면서 그들은 예술이 최근에서야 극복한 장애물들을 치우고, 자신들이 선택한 자리에 영원히 남아있을 새로운 장애물을 세운다… 그러한 원칙 이론 그 어떤 것도 너머에 놓여있는 것들, 비물질적인 영역에 있는 것들에 대해서는 말할 수 없다. 물질적인 존재성을 갖고 있지 않은 것은 물질적으로 분류할 수 없다. 미래의 정신에 속해 있는 것은 감정에서만 실현될 수 있고, 이 감정으로 가는 길은 예술가의 재능밖에 없다." 모든 공리주의적 기획이 갖는 조악한 유물론을 극복함으로써 예술적 추상은 열등한 물질을 정신적인 실재로 바꾸는 연금술 과정 같은 것이 된다. 이 연금술 과정을 가리키는 기술적인 용어가 바로 '승화'(라틴어 '숭고하게 만든다'는 의미의 'sublimare'로 sub, '~까지' + limen, '문턱'의 의미다).³ 승화는 의식의 문턱 아래에서 작동해 말이 표현할 수 없는 것을 전달한다.

칸딘스키는 이 새로운 예술에서 "총체적인 추상과 총체적인 리얼리즘이 수렴된다"라고 주장한다. 실재는 맑스주의 혁명가들이 외치는 것처럼 물질적인 것이라기보다는 정신적인 것이라고 보아야한다. 추상 예술은 일상 세계의 탈물질화 과정을 통해 실재를 표현한다. 재현을 최소화하면서 추상은 결국 침묵으로 끝난다. 레나토 포기올리Renato Poggioli는 그의 중요한 연구『아방가르드의 이론Theory of the Avant-Garde』에서 스테판 말라르메의 시를 평하는데, 이 부분은 칸딘스키가 예술에서 추상과 리얼리즘의 동시 발생을 어떻게 이해하고 있었는지를 이해하는 데 도움을 준다. "순수성이라는 근대적 신비로움은 담론적이고 통사적인 요소를 없애고 싶어 한다. 그래서 예술을 모든 심리적·경험적 현실과의 관련 속에서 해방하고, 모든 작품을 그 자신 표현적 본질의 은밀한 법칙, 혹은 자신의 장르 혹은 수단에서 주어진 절대적인 것들로 환원하려 한다." 그렇다면 현실은 담론 넘어 존재하며 통사적인 법칙으로 표현할 수 없다. 모든 한계를 넘어서 계속 밀고 나간다면, 순수한 형식은 무형식의 침묵 속으로 붕괴한다. 도널드 쿠스핏Donald Kuspit은 칸딘스키가 추구하는 정신성은 두 요소가 상호교차한 결과라고 주장한다. 그 두 요소는 연금술과 침묵으로, 둘 다 이미 "같은 목표로 가기 위한 다른 길로서 '총체적인 추상'과 '총체적인 리얼리즘'이라는 말에 이미 명확히 드러나 있다. 총체적인 추상이란 일종의 침묵이다. '현실의 전환적 지지가 추상에서는 빠져있다.' 총체적인 리얼리즘이란 일종의 연금술이다. '추상의 전환적 이상화(예술적인 요소)는 객관에서는 빠져 있다…' 총체적인 추상(세계에 관한 완벽한 침묵)과 총체적 리얼리즘(세계 대상의 연금술적 변성)은 '예술적'인 것을 최소화하는 하나의 같은 과정이다."

포기올리는 화가들이 재현 불가능한 것을 재현하는 방법으로 이용하려는 추상의 침묵을 종교적 우상파괴의 미적 버전이라고 생각한다. 추상의 신은 그저 단순히 내재하는 것이 아니라, 숨은 신으로서 비어있는 이미지에 의해 만들어지는 감정 안에서 드러난다.

> 의도적인 침묵. 의도적인 부정은 예술적인 것(고상한 외적 아름다움)을 가차 없이 최소까지 환원함으로써 추상적인 작품의 포착하기 어려운 정신적 분위기를 유지하는 주요한 방법이다. 실제로 침묵은 아름다움을 완전히 없애려 한다. 역설적으로 절대적인 침묵은 근본적으로 아름다워진다… 침묵은 지각과 관례적으로 연관된 모든 습관적인 매개를 파괴하면서, 즉각성이라는 황홀한 감각과 근본적인 아름다움의 경험을 불러낸다. 침묵의 성취는 추상을 존재하게 하는 부정 과정의 논리적 결과물이다. 결과적인 침묵은 환원적인 추상의 더는 환원할 수 없는 결과다.

이러한 전망 혹은 전망의 결여를 놓고, 질문이 제기된다. 추상의 침묵은 어떻게 그려질까? 그것이 어떻게 형상화될까? 그것이 어떻게 그려질 수 있을까? 다시 한 번 우리는 우리가 시작했던 문제로 돌아간다. 침묵은 무슨 색인가? 아마도 하얀색? 아마도 검은색? 아마도 그 사이 어딘가의 색? 무한정 회색으로 수렴하는 색?

1915년 페트로그라드에서 열린 '마지막 미래파 회화전 0, 10'에 카지미르 말레비치[Kazimir Malevich]는 〈검은 사각형[Black Square]〉이라는 제목의 작품을 전시실의 위쪽 구석에 걸었다. 러시아 정교 신자들의 집이라면 전통적으로 종교적 아이콘이 걸려 있는 곳이었다. 0은 부정과 긍정을 합치는 동시에 분리하는 점[point]을, 10은 전시회에 참여한 예술가들의 수를 가리키는 것이었다. 말레비치의 〈검은 사각형〉은 주변 경계를 이루는 하얀 사각형 위에서 떠다니는 듯 보인다. 일 년이 지난 후, 말레비치는 무한이라는 느낌을 불러일으키는, 하얀 사각형 위에 하얀색 사각형이 겹쳐지는 작품 연작을 시작한다. 칸딘스키와 마찬가지로 말레비치에게도 예술은 근본적으로 정신적인 것이었다. 그러나 칸딘스키는 추상적인 형상을 이용해 절대적인 느낌을 불러일으키려 했던 반면, 말레비치는 모노크롬 회화에 의지해 무한의 비결정성을 전달하려 했다. 그의 작품은 러시아 신비주의자이자 블라바츠키의 추종자였던 P. D. 우스펜스키[Ouspensky]에 많은 영향을 받았다. 우스펜스키가 볼 때 정신적인 현실은 3차원 세계에 국한될 수 없었다. 『네 번째 차원: 불가역적 영역에 관한 연구[1909]』와 『테르튬 유기체: 세계의 수수께끼의 열쇠[1911]』에서 우스펜스키는 칸트 철학, 신지학, 동양 신비주의의 통찰을 합쳐 인간 의식이 점진적으로 무한한 인식을 향해 나가는 일종의 진화론을 만들어 낸다. "이 무한 감각은 깨달음 이전에 처음이자 가장 끔찍한 시련이다. 아무것도 존재하지 않는다! 보잘것없는 불쌍한 영혼은 무한한 텅 빈 공간 속에 매달려 있는 느낌이 든다. 그러곤 심지어 이 빈 공간도 사라진다! 아무것도 존재하지 않는다. 무한만 존재한다."

말레비치는 이 네 번째 차원을 '비객관적인 세계'라고 부른다. 슐라이어마허가 말하는 자아와 세계가 찢어지기 이전의 순간처럼, 말레비치의 비객관적인 세계에서도 주체와 대상이 없다. 롤랑 바르트의 『0도의 글쓰기』를 떠올리며 말레비치는 자신이 '0도의 그리기'를 해야겠다고 결론짓는다. 심지어 "나는 나 자신을 0의 형태로 바꾸었다. 그런 다음 '0'을 넘어 'I'까지 갔다"라고 말했다. 〈검은 사각형〉은 말레비치가 그 안으로 현실의 4차원을 밀어 넣으려는 검은 구멍이다. 그는 이렇게 말한다. "1913년 나는 예술을 객관성이라는 안전 담보물로부터 해방시키려고 낑낑대고 있었다. 나는 사각형이라는 형태로 도피해, 하얀 장에 검은 사각형밖에 없는 그림을 전시했다. 비평가들과 더불어 대중들은 한숨을 내쉬며 말했다. '우리가 사랑한 모든 것은 사라졌다. 우리는 사막에 있다… 우리 앞에는 흰 배경에 검은 사각형 외에는 아무것도 없다!'라고 말했다." 말레비치는 이 그림과 더불어서 예술은 사막에서 헤매게 되었다고 했다. 하지만 그는 이 그림을 절망으로 이끈 상실의 기호로 간주하지 않았다. 과거의 많은 선지자나 묵상가처럼, 그는 사막이야말로 신의 초월성이 드러나는 장소라고 믿고 있기 때문이다.

> 하지만 이 사막은 모든 곳에 스며들어 있는 비-객관적인 감각의 정신으로 가득 차있다.
> 심지어 나조차도 내가 일하며 살고, 내가 현실이라고 믿어왔던 '의지

와 이념의 세계'를 떠난다는 생각을 하자 두려움에 가까운 감정에 사로잡혔다.

그러나 비-객관성을 해방시키는 더없이 행복한 감각이 나를 '사막'으로 이끌었다. 여기서는 느낌 외에는 어떤 것도 현실적이지 않다. 따라서 느낌이 내 삶의 실체가 된다.

이것은 내가 전시해왔던 '텅 빈 사각형'이 아니다. 오히려 비-객체성의 느낌이다.

말레비치에게 현실의 사막은 무한정한 소리의 침묵이 있는 곳이다. 말레비치의 추상 작업을 이해하지 못하는 사람도 많았고, 심지어 적대적인 사람도 있었다. 작품이 허무주의적이라는 비판을 받자, 말레비치는 자신의 작품이 러시아 정교의 오랜 종교적 아이콘 전통과 깊이 공명하고 있다고 설명하는 글을 쓰기도 했다. 망자를 찍은 사진처럼, 아이콘의 응시도 평범한 경험을 넘어선 차원에서 오는 것으로 보인다. 대상이 없는 상태에서는 주체도 없다. 따라서 비-객체성이라는 느낌은 내가 경험할 수 있는 것의 가능성을 넘어 존재한다. 하지만 "하얀 장 위의 검은 사각형은 비-객체의 느낌이 표현되는 첫 형태다. 사각형은 느낌이고, 하얀 장은 이 느낌을 넘어 존재하는 비어있는 공간이다… 단순해 보이는 사각형과 거기서 나오는 형태들은 원시인의 원시적인 상징처럼, 함께 조합되었을 때, 어떤 장식이라기보다는 리듬의 느낌을 나타낸다." 느낌이 텅 비어 있다는 느낌… 거기가 아닌 거기… 거기로서의 거기가 아닌. 반복적인 맥박처럼 이러한 현존과 부재의 리듬을 느끼고, 이를 통해 예술가들은 말해질 수 없는 것들을 그리려 한다.

말레비치 말고도 20세기 러시아 화가 중 흑백 그림을 실험한 사람은 많다. 1918년에 같은 절대주의^{Suprematism}파로 분류되는 알렉산더 로드첸코$^{Alexander\ Rodchenko}$는 말레비치의 백색회화 연작에 부응해서 8편의 검은 회화 연작을 완성했다. 하지만 로드첸코의 관심사는 정신보다는 물질적인 것이었다. 말레비치가 일상적인 경험 너머에 있는 초월적인 영역을 추구했다면, 로드첸코는 사람들을 다시 일상생활이라는 구체적인 현실로 돌려놓으려 했다. 〈검은 사각형〉에 대한 반응에서 2년이 지난 후, 말레비치와 로드첸코는 혁명적인 정치 의제를 발전시키는 데 회화가 갖는 가치에 의문을 품기 시작했다. 말레비치는 이렇게 썼다. "절대주의에서 회화에는 의문의 여지가 없다. 회화는 이미 오래전에 끝났고, 화가는 과거의 편견이다." 로드첸코는 한술 더 떴다. 1921년 5×5 = 25 전시회는 그에게 미술에 사망선고를 내리는 계기가 되었다. "미술은 죽었다! 미술은 종교만큼이나 위험한 도피주의적 행동이다… 사변적인 행위(다시 말해 그림 그리기)는 그만두고, 건강한 예술의 근원, 예를 들어 색, 선, 재료, 형식을 현실의 장과 실천적 구성의 장으로 넘겨주자."

그러나 이는 하나의 끝이지, 완전한 끝은 아니다. 최소한 아직은 아니다. 모스크바에서 죽은 것은 뉴욕에서 다시 태어났다. 뉴욕의 애드 라인하르트는 자신 있게 선언했다. "나는 누구나 할 수 있는 최후의 그림을 만들고 있을 따름이다." 마지막 그림은 마지막 말이고, 마지막 말을 넘어선 침묵만이 있다.

종말

예술로서 회화의 종말?

주어진 시간의 끝에 다가가는 형식 속에서 작업하고

예기치 못한 대담함을 발산하며

모든 것에서 자신을 소외시킴으로써 순수해진다

감각 대상, 다양함에서… 후퇴한다

비감각적인, 형식이 없는, 형태가 없는, 색이 없는,

소리가 없는, 냄새가 없는

소리도, 시각도, 느끼기도, 감각도 없다   강렬함이 없다

이미지도, 정신적인 감각의 복제본도, 이미지를 만들기도, 상상하기도 없다

개념도, 사유도, 이념도, 의미도, 내용도 없다

모든 의미를 잃어버릴 때까지 계속 되풀이되는 공식의 반복…

주체 횡단적/주체를 가로지르는

가 아닌 것

돌아오기 마지막 말은 언제나 은밀하게 최초의 말이 되어야 한다.

검은색 혹은 흰색?

검은색 혹은 흰색? 검은색과 흰색? 검지도 않고 희지도 않은 색? 라인하르트는 마지막 회화의 색은 검은색이어야 한다고 생각했다. 하지만 검정이 색인가? 혹은 색의 부재인가? 검정은 검은색인가? 혹은 색의 혼합인가? 검은색은 흰색일 수 있을까? 어쨌든 낭만주의 시인

존 키츠John Keat가 썼듯이 "한밤중에는 내일이 싹트고 있다." 니체도 동의했다. "이슬 한 방울? 영원의 증기와 향? 들리는가? 냄새 맡는가? 지금 막 세계는 완전해졌다. 한밤중은 한낮이기도 하다." '검정'이라는 낱말의 복잡한 역사는 문제를 더 복잡하게 만든다. '검정'은 어원적으로 'blanc'라는 말과 연관되어 있는데, 고대 영어 'blaec'에서 오고 'blac'과 같은 어원을 갖는 이 낱말은 '하얗게 빛난다'라는 의미다. 흰색으로서의 검정, 검정으로의 흰색. 마지막 말이 처음의 말이고, 한밤이 한낮이라면, 아마 검정 – 하양에서 정반대가 만날 것이다. 그것은 회색일 수도 있고 아닐 수도 있다.

검정이 항상 단색monochrome이었던 것은 아니다. 심지어 무색achrome일 수도 있다. 일본인 화가 카츠시카 호쿠사이(《가나가와 해변이 높은 파도 아래》와 같은 '우키요에'로 유명한 일본 에도시대 말기 화가 – 옮긴이)를 언급하면서 라인하르트는 검은색에도 많은 종류가 있다고 말한다. "낡은 검정과 신선한 검정이 있다. 광 검정과 무광 검정, 햇빛 속의 검정과 그늘 속의 검정이 있다. 낡은 검정은 파란색을 약간 더해야 한다. 무광 검정은 하얀색을 더한다. 광 검정에는 고무를 더해야 한다. 햇빛 속의 검정은 회색 그림자를 가져야 한다." 스테파니 로젠탈Stephanie Rosenthal은 《검은 그림들Black Paintings》 전시 도록에서 이렇게 말했다. "색 혹은 비 – 색으로서 검정의 지위는 수백 년에 걸쳐 한 번 이상 바뀌었다. 아리스토텔레스는 하양과 검정(빛과 어둠)은 다른 모든 색을 만드는 기본색이라고 했다. 르네상스가 되면서 검정과 하양은 더는 색으로 대접받지 못했다… 나중에, 예수회 수학자 루이 베르트랑 카스텔Louis Bertrand Castel이 검정은 색의 부정이 아니라 모든 색을 구성하는 실체라는 견해로 되돌아갔다. 그는 자신이 살았던 시대의 관습적인 위계질서를 뒤집어, 검정에 가장 높은 지위를 부여했다. '모든 것은 검정에서 오고, 하양으로 끝난다'." 라인하르트가 보기에 검정은 '비 - 색'이다. 그는 이렇게 인정한다. "예술가이자 화가로서 나는 상징적인 것을 제거하고 싶다. 검정은 색으로 흥미롭다기보다는 비 - 색으로서, 색의 부재로서 흥미로운 것이다. 그런 다음 예술에서 검정에 관해 이야기하고 싶다. 모노크롬, 모노톤, 회화의 예술과 색채의 예술 등을."

감춤이 드러냄의 수단이 될 수 있다면, 후퇴를 통해서 실재는 부정적으로만 다가갈 수 있는 먼 '너머'가 될 수 있다. 라인하르트에게 추상은 부정이다. 이 입장의 함의를 설명하면서, 그는 "절대적인 진술은 부정적으로만 가능하다"라고 고집한다. 그는 자신의 흑색회화를 "부정신학의 오랜 전통과 연관시킨다. 그 전통에서 종교의 본질, 그리고 나의 경우 예술의 본질이 보호되고, 그 본질을 고정시키는 것을 막고 본질의 품격을 떨어뜨리거나 착취하지 못하도록 보호하려는 시도가 이루어진다." 전후 뉴욕의 많은 동료 예술가들과 마찬가지로 라인하르트도 빠르게 팽창하는 예술 시장을 걱정하고 있었고, 이에 따라 끊임없는 예술의 상품화 경향에 저항 전략을 개발하고 있었다. 라인하르트의 대표작을 언급하며 바바라 로즈$^{Barbara\ Rose}$는 이렇게 말한다. "이 흑색회화들은, 특히 '종교적'이라고 할 수는 없지만, 예술을 상업적으로 교환 가능한 상품의 지위로 환원시키려는 세속적인 문화에 맞서 정신적인 차원을 복원하려는 노력을 보여주고 있다."

1963년 영향력 있는 예술 비평가 해롤드 로젠버그$^{Harold\ Rosenburg}$는 유명한 선언을 한다. "뉴먼$^{1905~1970}$은 문을 닫았고, 로스코$^{1905~1970}$는 블라인드를 내렸고, 라인하르트$^{1913~1967}$는 불을 껐다."[4] 종교에 투자를 멈추지 않던 이 세 화가는 검정에 정신적 아우라가 있다고 생각하고, 거기에 푹 빠져있었다. 뉴먼과 로스코는 유대인 가문이었고, 라인하르트는 루터교 집안에서 자라났다. 물론 유대교도 개신교만큼 교파가 다양하지만, 두 종교 전통 사이에는 중요한 유사점이 있다. 아브라함의 신은 루터의 신처럼 '숨은 신'이다. 키르케고르의 효과적인 표현으로는 '무한히 질적으로 다르고', 따라서 영원히 이 세계 '너머에' 있으면서도 역설적으로 이 세계 '내부에' 존재하는 신이다. 한 번도 제대로 신학을 공부해본 적은 없지만, 라인하르트는 기독교의 신비주의 전통에 매력을 느꼈다. 그가 특히 관심을 가졌던 인물은 십자가의 요한$^{John\ of\ the\ Cross,\ 1542~1591}$, 니콜라우스 쿠자누스$^{Nicholas\ of\ Cusa,\ 1401~1464}$, 마이스터 에크하르트$^{Meister\ Eckhart}$ 같은 중세의 신비주의자였다. 이들의 가르침은 라인란트 지역의 신비주의자 요하네스 타울러$^{Johannes\ Tauler,\ 1300~1361}$, 헨리 수소$^{Henry\ Suso,\ 1295~1366}$, 얀 반 뤼스브룩$^{John\ con\ Ruysbroeck,\ 1293~1381}$에게 영향을 주었고, 이들은 다시, 루터 신학에 기반을 제공했다. 근대 초기에 철학과 문학이 이 전통을 전유하면서 20세기 예술의 전환으로 가는 길이 열렸고, 그 길이 결국은 라인하르트의 흑색회화까지 이어졌다.[5] 요하네스 타울러의 신에 대한 신비로운 지각을 읽어보면, 그가 말레비치나 라인하르트의 작품을 보고 설명하고 있는 것이 아닌가 하는 생각도 든다.

신은 형언할 수 없는 어둠이면서, 근본적인 빛이다. 이해 불가능하다고도 하고 외로운 사막이라고도 한다. 신은 분명 존재한다. 그 누구도 신을 통해 신의 길을 발견하거나, 어떤 이정표도 볼 수 없다. 인간이 알아볼 수 있는 흔적은 전혀 남기지 않기 때문이다. 여기 '어둠'을 통해 빛을 이해해야 한다. 창조된 지성은 결코 밝혀 주지 않는 빛, 자연적으로 결코 이해할 수 없는 빛, 그리고 거기로 가는 길을 찾을 수 없기에 '황량하다'라고 불리는 빛 말이다. 거기에 도달하기 위해 영혼은 자신 위로, 모든 이해와 오성을 넘어가야 한다. 그런 다음에야 자신의 원천인 강에서, 진정하고 본질적인 물에서 물을 마실 수 있다. 여기 물은 달콤하고 신선하고 순수하다. 모든 강이 신선하고 순수함을 잃기 전, 그 원천에서 단맛을 내는 것과 같다.

뉴먼과 마찬가지로 라인하르트 역시 종교보다 정치가 더 중요한 집안에서 자랐다. 하지만 기존 정치를 안에서부터 풍자적으로 공격했던 뉴먼과는 달리 라인하르트는 정치적 주류를 넘어 이리저리 헤매다가 결국 공산당과도 관련을 갖게 된다. 말레비치와 로드첸코처럼, 그 역시 추상 미술과 혁명적인 공산주의 의제를 결합해보려 노력했다. 그의 정치 활동은 과격한 수준이어서 1940년 중반에서 50년대 중반까지 FBI의 감시를 받기도 했을 정도였다. 하지만 결국은 콜롬비아 대학에서의 경험이 어떤 정치 활동보다 그의 삶에 더 결정적인 영향을 미쳤다. 콜롬비아 대학에서 그는 미국을 대표하는 교육자 및 영향력 있는 뉴욕 지식인들을 만나 교류했다. 그를 가르친 교사 중에는 프란츠 보아스Franz Boas, 존 듀이John Dewey, 자크 바준Jacques

Barzun, 루이스 멈퍼드Lewis Mumford, 메이어 샤피로Meyer Shapiro 등이 있었다. 하지만 라인하르트는 강의실에서보다 강의실 밖에서 새로 사귄 친구 토머스 머튼Thomas Merton과의 교우관계를 통해 훨씬 더 많은 것을 배울 수 있었다. 머튼을 통해 라인하르트는 다이세츠 테이타로 스즈키Daisetsu Teitaro Suzuki가 콜롬비아 대학 강의를 통해 제시한 선禪 불교라는 새로운 세계를 접할 수 있었다.

머튼은 프랑스에서 태어났다. 아버지는 뉴질랜드 출신 화가였고 어머니는 미국 퀘이커 교도이자 예술가였다. 그는 성공회 교회에서 세례를 받았다. 1차 세계대전 중 그의 가족은 미국에 이민 왔고, 1935년 머튼은 콜롬비아 대학에 입학했다. 1939년에는 영문학 학사와 석사 학위를 받았다. 석사 학위 논문으로는 영국 낭만주의자 윌리엄 블레이크William Blake의 글과 계시적인 그림을 연구했다. 그는 항상 불안해했다. 결국 머튼은 제라드 멘리 홉킨스Gerard Manley Hopkins의 시를 읽고 영감을 받아 1941년 가톨릭으로 개종했다. 그는 시토회(가톨릭교회의 봉쇄 수도회 가운데 하나다 - 옮긴이)에 가입해 켄터키주 바드스타운 부근 겟세마니 성모마리아 수도원에 들어갔다. 일 년 후에는 수련 수사가 되었다. 그리고 수도원의 트라피스트Trappist 전통에 따라 침묵 서약을 했다. 이 시절 머튼에게는 일 년에 겨우 네 통의 편지만이 허락되었는데, 그럼에도 머튼과 라인하르트는 온갖 어려움을 뚫고 관계를 유지했다. 종교적 자서전 『칠층산The Seven Storey Mountain, 1948』의 출간과 더불어 머튼은 명성도 얻고 미국의 가장 중요한 종교 지도자 중 한 명이 된다.

이 길고 긴 여행 내내 머튼에게는 라인하르트와의 관계, 그리고 그의 예술과의 관계는 언제나 중요했다. 라인하르트는 자신의 친구를 '위대한 침묵의 사제'라고 불렀다. 수년 동안에 걸쳐 머튼은 라인하르트에게 '내가 쉬는 작은 방에 걸어 둘 검은색과 푸른색의 십자가 그림(대략 30×15센티미터)'을 그려달라고 했다. 결국 라인하르트가 동의하고 그림을 완성했을 때, 머튼은 이 작품이 영적인 영감을 준다는 감상을 이렇게 표현했다. "검은 배경에 거의 눈에 보이지 않는 십자가가 있다. 마치 어둠에 푹 빠져, 벗어나려 애쓰는 듯한… 뚫어지게 바라보아야 그 십자가가 보인다. 다른 모든 것을 버리고, 그림에 집중해야 한다. 마치 창을 통해 밤을 응시하듯이… 정말 '신성한' 그림이다. 기도를 돕는. 이렇다 할 특성도 없는 '이미지'로 정신을 당장 기도의 밤에 익숙하게 만들고, 그리고 기도 안으로 들어와 기도를 망치는 사소하고 소용없는 이미지는 한편으로 치워버릴 수 있게 도와주는 그림이다." 라인하르트는 머튼과 오래 편지를 주고받으며 가톨릭 신비주의와 선불교를 깊이 이해하게 되었다. 라인하르트의 작품에서 볼 수 있는 침묵을 보는 것의 중요성 대부분은 머튼에게 배운 것이다. 머튼의 『새 묵상의 씨앗들 New Seeds of Contemplation』은 라인하르트의 작품 뒤에 놓여있는 종교적인 계시를 가장 잘 표현하고 있다.

> 살아 있는 신. 신으로서의 신이자 철학자의 추상이 아닌 신은 우리의 눈으로 볼 수 있고 우리의 마음이 이해할 수 있는 어떤 것의 영역을 넘어 존재한다… 볼 수 있는 그 어떤 것도 신일 수 없고, 신을 신으로 재현할 수 없다면, 신을 찾기 위해서 우리는 볼 수 있는 모든 것을 넘어 어둠으로 들어가야 한다. 들을 수 있는 것이 전혀 없는 것

이 신이므로, 그를 찾기 위해서 우리는 침묵으로 들어가야 한다.

신은 상상될 수 없으므로 우리의 상상력이 신에 관해 말해주는 모든 것은 궁극적으로는 우리를 그릇된 길로 이끌게 되고 따라서 우리는 진실한 신을 알 수 없다. 신을 알기 위해서는 우리가 상상될 수 있는 모든 것을 넘어, 이미지도 없고 어떤 창조된 존재 비슷한 것도 없는 어둠으로 들어가야 한다.

얼마 지나지 않아 라인하르트는 예술가로서의 사명을 스스로 발견한다. 그렇지만 아직 머튼의 영향은 깊이 뿌리 박혀 있었다. 학부를 다니는 동안 라인하르트와 머튼은 《제스터 Jester》라는 제목을 가진 유머 잡지에 거의 고정적으로 글을 쓰곤 했다. 졸업 후, 라인하르트는 광고 미술, 그래픽 디자인, 일러스트 등 온갖 일을 하며 생계를 유지했다. 그러다 시간이 나서 진지한 작품을 만들어야겠다 싶으면, 초현실주의 회화 실험을 하곤 했다. 하지만 결국은 이러한 구상 작품에서 벗어나 뉴먼이나 로스코 혹은 당대의 다른 화가들이 선호했던 흑색 그림들을 그리기 시작했다. 데이비드 실베스터 David Sylvester 는 "흑색은 추상표현주의자들에게는 신성한 색이었다. 그들의 청금석(한때 너무도 희귀해서 성모마리아나 그리던 색 - 옮긴이)이라 할 만했다. 이들은 흑색을 신비롭게 만들었다"라고 했다.[6] 모두는 아니지만 몇몇 개인의 느낌과 감정을 작품을 통해 표현하는 추상표현주의자와는 반대로 라인하르트가 볼 때 흑색 추상은 비개인성 혹은 익명성 때문에 매력적이었다. 라인하르트는 자신을 주장하는 대신에 자신을 잃어버리는 방법을 찾고 있었다. 그의 〈4분 33초〉와 『침묵』에 영감을 주었던, 라우센 버그의 백색회화들에 대한 존 케이지의 언급은 라인하르트가 성숙한 작업을 착수하게 되는 계기가 된다. "누구에게, 주체가 없다. 이미지도 없다. 취향도 없다. 대상도 없다. 아름다움도 없다. 메시지도 없다. 재능도 없다. 기법도 없다(이유도 없다). 아이디어도 없고/ 의도도 없고/ 예술도 없고/ 감정도 없고/ 검정도 없고/ 하양도 없고(없고 그리고)… 눈먼 자들은 다시 물이 맑아지는 것을 볼 수 있다."

케이지의 말은 라인하르트 예술의 기본원리를 효과적으로 포착하고 있다. 그것은 바로 부정이다. 「부정에 관해서 On Negation」라는 짧은 글에서 라인하르트는 이렇게 썼다.

> … 반-반-예술, 비-비-예술, 비-표현주의자,
> 비-이미지스트, 비-초현실주의자, 비-원시주의자, 비-야수파,
> 비-미래파, 비-구상, 비-대상, 비-주체,
> 비-행동, 비-낭만적, 비-계시적, 비-상상적
> 비-신비적, 비-유기적, 비-활력적, 비-폭력적,
> 비-천박한, 비-자연주의적인, 비-초자연주의적인,
> 반-우연, 반-브루트-정크-팝-포크-예술, 비-구역,
> 비-지역주의적, 비-민족주의적, 비-재현적…

이 리스트는 끝없이 확장될 수 있다. 케이지와 라우센 버그에게 침묵이 백색이었다면, 라인하르트와 머튼에게 침묵은 흑색이었다.

1956년부터 죽기 직전까지, 라인하르트는 흑색으로만 작품을 그

렸다. 1960년부터는 모든 그림이 정사각형(152×152센티미터)이었다. 말레비치는 종교 아이콘을 검은 사각형으로 그렸던 최초의 화가는 아니었다. 1617년, 영국의 장미십자회원(장미를 예수 부활의 상징으로 여기고 경배하는 비밀 종교 집단 - 옮긴이) 로버트 플러드Robert Fludd는 『우주의 역사Utriusque cosmi』라는 제목의 책을 출간했는데, 이 책에 13×13센티미터 크기의 검은 사각형 이미지가 있다. 사각형 위와 아래에 플러드는 "그리고 이것은 무한의 안에 있다"라고 적어 놓았다. 라인하르트가 이 도상학적 전통을 확장한 것은 니체가 한밤중에 한낮을 드러내는 가치를 재평가하려는 의도였다. 그는 자신 있게 주장한다. "나의 그림은 어둠의 힘이 거두는 승리를, 빛과 악의 힘을 평정하는 평화를 표상한다." 부정의 전략 속에서, 라인하르트는 밀접하게 관련된 세 개의 전술을 전개한다. 동질화, 표준화, 반복이 그 셋이다. 그는 자신의 글을 통해 이 문제들을 탐구한다. 그래서 작품에서 뉴먼의 제목을 이해하는 것이 필수적이듯이 라인하르트의 경우는 그의 글이 작품 세계를 이해하는 데 중요한 역할을 한다. 라인하르트의 모노크롬 사각형과 그와 관련된 텍스트를 꼼꼼히 읽다 보면, 그들이 표상하리라고 기대되던 통일성을 파괴하는, 우리가 보지 못하는 데 숨어있는 무언가가 반드시 등장한다. 모노크롬은 사실 모노크롬이 아니고, 사각형은 단순한 사각형이 아니며, 반복은 실제로 반복하지 않는다.

라인하르트는 동서양의 신비주의자들이 황홀경을 찾았던 밤 너머에 있는 밤보다 더 어두운 검은색을 추구했다. 이 흑색회화들은 백색의 정확한 반대가 아니다. 오히려 빛의 사라짐을 드러내 보인다.

모든 반사를 피하려고 물감에서 오일을 빼내어 빛을 흡수하는 무광 표면을 만든다. 그림만큼이나 시적인 표현을 구사하며 라인하르트는 이렇게 썼다.

어둠

'북쪽' 검은 매체 선호
'검은' 마음의 매체
청교도적, 독선적, 자기비판
나쁜 양심의 양심
빛나는 어둠, 진정한 빛, 쉬이 사라짐
"어둠을 자신의 숨을 장소로 만든 그"
"혼자인 것이 혼자로 도피"
완벽함, 중심적인, 응집력 있는, 정화 원리
논쟁적, 교조적, 성서적
사원 이미지를 뒤에 남기고 떠나다
아름다움 위로, 불가해하고, 설명할 수 없는 미덕들 넘어 솟아오른
자기 초월이   드러나고 하지만 드러나지 않고
분화되지 않은 통일성, 하나임, 비 구분, 비 다양성
어떤 것의 의식도 없고
의식의 의식도 없는
모든 구분은 어둠 속에 사라진다
어둠은 신비한 빛이고, 메아리다…

이러한 그림들은 당장 직접적인 효과를 주지 않는다. 터렐의《다크스페이스》와 마찬가지로 라인하르트의 흑색회화도 이해하고 감상하기 위해서는 시간이 필요하다. 그 작품들을 오래 붙잡고 있을수록, 작품들은 더 복잡해진다. 정적으로 현존하지 않고, 표면들은 시간에 따라 계속 바뀐다. 사람들의 눈이 서서히 적응하면서 '색이 없는 비색'이 실제로는 검정이 아니라 다크 레드, 마룬, 파랑, 녹색, 보라색의 혼합이라는 사실을 깨닫는다. 한때는 동질적으로 보였던 표면이 여러 다른 색으로 보이며 일렁이는 빛을 발하기 시작한다.

색만이 아니다. 라인하르트의 말을 빌자면 '무형식의 형식'도 시간과 함께 바뀐다. 흑색회화의 일정한 크기는 사실 뉴먼이나 폴록과 같은 화가들의 과도한 크기의 대안으로, 의도적이다. 이 포맷의 표준화는 개인 화가의 손이라는 흔적을 지우고, 더 나아가 태초의 혹은 묵시론적인 하나임 속에서 주체성을 없애려는 목적을 진작시킨다. 우리가 앞으로 보겠지만 이 절차는 도널드 저드$^{\text{Donald Judd}}$나 댄 플래빈$^{\text{Dan Flavin}}$ 같은 미니멀리스트들의 작품을 선취하고 있다. 라인하르트는 사각형을 자신의 부정성 원리의 확장으로 본다고 설명했다. "5피트 너비, 5피트 높이, 사람만큼의 키, 사람이 팔을 펼친 만큼(크지도, 작지도 않고, 작고, 크기가 없는) 너비의 사각형(중립적이고, 형체가 없는) 캔버스, 하나의 수직적 형식을 부정하는 하나의 수평적 형식(형식이 없고, 꼭대기도 없고, 바닥도 없고, 방향도 없는), 세 개의(더 많을 수도 적을 수도 있는) 어둡고(빛이 없고) 대조가 없는(색이 없는) 색, 붓질을 지우기 위한 붓질, 무광, 평평하고, 손으로만 그린 표면(광택이 없고, 질감도 없고, 비선형적이고, 하드 에지도 아니고, 소프트 에지도 아닌), 그

표면은 주변 환경을 반사하지 않는. 그래서 순수하고, 추상적이고, 비-대상적이고, 시간도 없고, 공간도 없고, 변화도 없고, 관계도 없는, 사심 없는 그림…" 완벽하게 사각형인 모노크롬 '흑색'회화는 의미를 영도$^{\text{degree zero}}$까지 환원시킴으로써, 의식을 넘어 기독교 신비주의자 위 디오니시오스 아레오파기테스$^{\text{Pseudo-Dionysius the Areopagite}}$가 '무지의 구름$^{\text{the cloud of unknowing}}$'이라 불렀던 곳으로 가고자 한다. 하지만 다시 한 번, 그림들은 시간과 더불어 바뀐다. '색이 없는' 데서 색이 탐지될 수 있었던 것처럼 형식이 없던 데서 형식이 등장한다. 사각형 안의 구분이 드러나지 않았던 십자가들을 드러나게 한다. 마치 이 '검은 사제'가 트라피스트 수도원에 은둔하고 있는 침묵을 지키는 친구에게 비밀 메시지를 보내는 것 같다.

　라인하르트는 자신은 그림으로 글을 쓰는 부정 신학자라고 고백한 바 있다. 모든 부정 신학이 다 그렇듯 그의 여행이 원하는 마지막은 신과의 완전한 합일이다. 그다음 시에서 라인하르트는 모든 신비주의자의 실천과 글뿐 아니라 자기 작품의 동기가 되는 욕망을 근사하게 요약한다.

　하나
"당신은 형식이 없지만,
당신은 많은 형식을 낳는다. 그러곤
그것들을 자신 속으로 물러나게 한다."
"자신을 분화하기 그러면서도 분화되지 않은 상태로 자신 안에 남아 있기."

"보냄으로써, 모든 것이 끝났다 =
보내준 것들에 의해 세계를 얻었다!
하지만 당신이 노력하고 또 노력하면
그때 세계는 얻는 것을 넘어선다."
"태초에 끝이 있었다." 반대로…
그것이 하나임을 제외한 어떤 특징도 없는
사물이 아니고, 그 안의 사물도 아니다
희지도 않고 검지도 않으며, 붉지도 않고 녹색도 아니며, 어떠한 색
도 아닌
존재 없이, 무가 되며, 이름도 없는…

이 하나는 포착하기 힘들고, 따라서 통일성을 향한 욕망은 필연적으로 좌절을 겪기 마련이다. 만족, 충족, 구원은 언제나 포착 바로 너머에 있으며, 따라서 무한정 연기된다. 바로 이러한 이유로 라인하르트는 '똑같은' 그림을 죽을 때까지 계속하고 계속하는 반복을 거쳐 그려야만 한다.

반복 강박

수전 손택은 현대 미술의 기본원리 중 하나가 반복이라고 주장했다. "작품이 어떻게 반복되는지 자각하지 못한다면, 작품은 문자 그대로 거의 인지할 수 없고, 따라서, 동시에 이해할 수 없다. 메세 커닝햄Merce Cunningham의 〈윈터브랜치Winterbranch〉나 찰스 우오리넨Charles Wuorinen

의 실내악 협주곡이나 윌리엄 버로우즈^William S. Burroughs의 『네이키드 런치^Naked Lunch』, 혹은 애드 라인하르트의 '흑색'회화에서 '내용'이 아니라 다양성과 잉여성의 원칙(그리고 사이의 균형)을 이해하고 난 다음에서야 이 작품들은 지겹거나 추하거나 혼란스러운, 혹은 이 셋 모두로 보이게 될 것이다." 라인하르트가 반복 강박을 갖게 된 이유를 이해하기 위해서는 그의 믿음과 작품에 큰 영향을 미쳤던 큰 영향을 미쳤던 기독교 신비주의자인 위 디오니시오스…와 니콜라우스 쿠자누스를 살펴보아야 한다.[7] 디오니시오스에게 신은 '이름 없는 존재'로 '신의 침묵, 어둠, 무지'에 싸여 있고, 그러한 까닭에 '완전히 지각할 수 없으며 볼 수도 없다.' 『신의 이름들과 신비 신학^The Divine Names and the Mystical Theology』의 첫 장에서 그는 이렇게 썼다.

신의 어둠

오 삼위일체
  존재를 넘어,
  신성을 넘어,
  선을 넘어, 그리고
  신적인 지혜 안에서 기독교인들의 인도를 넘어
가 우리를 신비로운 봉우리로 인도한다
  무지와 빛을 넘어
  거기엔 단순하고, 용서받고, 그리고
    바뀌지 않는 신학의 신비가

숨겨진 신비로운 침묵의 빛 너머
어둠 속에 감춰져 있다.
거기에, 위대한 어둠 속에
그 어둠을 넘어서면 모든 것이 명백한
앞을 볼 수 없는 지성이 놀랍도록 빛나고 있다.

여기서 계속 반복되는 '넘어', 혹은 '너머'를 어떻게 이해해야 할까? 8세기가 지난 후 니콜라우스 쿠자누스는 디오니시오스가 제시하지 못했던 설명을 제시한다. 『신의 이름들』에서 디오니시오스는 신은 '이것도 저것도 아니며, 여기에도 저기에도 있지 않다'라고 말했다. 왜냐하면 신이 모든 것에 있는 것처럼 신은 어디에도 없기 때문이다. 『신비 신학』의 마지막 부분에서 그는 '모든 긍정 위에서, 신은 완전하며 유일한 모든 것의 원인이며, 모든 것의 부정 위에서, 모든 것에 완전히 의존할 필요가 없고 모든 것 너머에 존재하는 탁월한 하나가 있다'라고 말한다."

"신은 이것도 저것도 아니다." "여기에도 저기에도 없다." "모든 긍정과 모든 것의 부정 위에서." 쿠자누스는 이 '~도/~도 아닌' 너머에 있는 낯선 것을 탐구하는 데 평생을 바쳤다. 쿠자누스의 소위 부정신학의 근본적인 전제는 신은 대립항을 갖고 있지 않다는 것이다. 헤겔이 무한과 유한 사이의 대립이 무한을 제약함으로써 무한을 부정한다고 주장했듯이, 쿠자누스는 모든 대립은 신을 제약함으로써 부정하는 것이라고 주장했다. 문제는 그것을 넘어 존재가 존재하고, 비존재 혹은 무는 존재하지 않는 비대립적이라는 점을 상상해야 하는 게 어렵다는 점이다. '~도/~도 아닌'이 반복해서 나타나는 게 쿠자누스 글의 특성이다. 예를 들어 『박학한 무지On Learned Ignorance』에서 그는 이렇게 쓴다.

> 진리는 더 많거나 더 적지 않고, 다만 나눌 수 없다.
> 게다가 우리가 최대를 존재로 수축시켜, 그 어떤 것도 최대 존재에 대립되지 않는다고 말한다면, 비-존재도 최소 존재도 그 대립 항이 되지 않을 것이다.
> 따라서 신에게 적용될 수 있는 것은 이러한 종류의 통일성이 아닌, 타자성도 복수성도 다양성도 대립될 수 없는 그런 통일성이다.

이 리스트는 끝도 없이 계속될 수 있다. 하지만 요점은 명확하다. 대립과 부정들은 그들이 긍정하려는 무한한 신에게 한계를 지우고 나서 부정하게 된다. 이 통찰은 당장 자명하지는 않지만, 상당히 광범위한 함의를 지닌다.

쿠자누스를 따르자면, 언어로 포착할 수 없던 것을 지칭하는 데 사용되는 용어는 대립적이 되어버린다. 따라서 완전히 틀렸다고는 할 수 없지만, 잘못된 방향으로는 나아갈 수 있다. 말할 수 없는, 알 수 없는, 이름 붙일 수 없는, 형상을 만들 수 없는, 분화할 수 없는, 분절될 수 없는 등과 같은 용어들이다. 더 중요한 것으로, 신은 더는 하나One로 간주되지 않는다는 것이다. 쿠자누스는 이 하나의 존재에 관해 말하는 방법을 찾기 힘들다는것을 깨달았다. "하지만, 하나라는 통일성은 숫자일 수 없다. 숫자란 더 큰 것을 허용하기 마련인데,

어떠한 방식으로도 통일성은 최소일 수도 최대일 수도 없다. 통일성은 최소이기 때문에 모든 수의 시작이고, 최대이기 때문에 모든 수의 끝이다. 따라서 절대적 통일성, 다시 말해 어떠한 대립도 없는 통일성은 그 자체로 절대적 최대이고, 그것이 바로 축복받는 신이다. 이러한 통일성은 그 자신이 최대이기 때문에 더는 커질 수 없다. 왜냐하면 그것이 될 수 있는 전부로 존재하기 때문이다. 따라서 그 하나는 숫자일 수 없다." 숫자가 아닌 하나는 정말 하나인가? 이 질문은 까다로우면서도 중요한 문제를 제기한다. 서구 신학과 철학의 역사 내내 신, 절대자, 혹은 실재는 일반적으로 하나, 통일성, 동일성과 동일시되어왔다.[8] 집요하게 반복되는 철학적·신학적 문제는 어떻게 하나에서 몇이 유래되느냐, 어떻게 통일성에서 대립이 나올 수 있느냐, 어떻게 동일성에서 차이가 쪼개지느냐였다. 쿠자누스는 이 문제의 전제가 잘못되었다고 주장한다. 그는 숫자들을 대립적(다시 말해서 1은 2가 아니며, 2는 1이 아니다 등)이라고 생각하기 때문에 신은 하나도 아니고 여럿도 아니며, 계산을 가능하게 만드는 0점에 가깝다고 결론지었다. 문제는 이 '~도/~도 아닌'은 말로 표현할 수 없다는 점이다. 소쉬르가 가르쳤듯이 언어는 차이의 유희이기 때문이다. 쿠자누스는 『숨어계신 하나님에 대한 대화 Dialogue on the Hidden God』에서 소쉬르의 요점을 선취하고 있다. "이름을 부과하는 것은 분화하는 이성의 운동이다." 하나도 아니고 여럿도 아닌, 신은 언어 너머에, 그렇지만 언어와 대립하지 않는 상태로 존재한다. 박식한 무지를 가진 사람은 자신이 모르는 것을 알고 있고, 역설적으로 침묵의 상태로 남아있는 말로, 말해질 수 없는 것을 말한다.[9]

꼬집어 이야기하지는 않았지만, 쿠자누스의 '~도/~도 아닌'은 라인하르트의 글에 반복적으로 등장하며, 그의 검은 그림의 파형을 그리는 리듬에서도 간접적으로 나타난다. 쿠자누스의 통찰을 염두에 두고, 라인하르트의 중요한 텍스트 「하나」로 다시 돌아가 읽어보도록 하자.

총체성, 통일성, 최종성 　　말이 없는 본질…
그것이 하나임을 제외한 어떤 특징도 없는 ←
그것은 사물이 아니고, 사물 안의 사물도 아니다
희지도 않고 검지도 않으며, 붉지도 않고 녹색도 아니며, 어떠한 색도 아닌
존재 없이, 무가 되며, 이름도 없는.
이 하나밖에 아무것도 없는 곳에서는, 아무것도 보이지 않는다
최초의, 독특한, 다른 어디에서 유래할 수 없는
경외로운 　　 '절대적인 접근 불가능성' ←
초-이성적
발화 너머에 있는 것에 대한 표의문자, '발화 불가능성
부정의 연쇄, 불교의 '부정신학' ←

부정의 원리라는 대립 너머에, 라인하르트의 회화적 실천을 복잡하게 하는 대립 항의 리듬이 있다. 긍정 신학에 반대되는 단순한 부정 신학 대신 라인하르트의 작품은 반복적으로 부정과 긍정 사이에서 왔다 갔다 하는 비부정적 부정 신학이라고 설명할 수 있다.

색이 없는 흑색, 무형식에 숨어있는 십자가를 그리는 형식처럼 보이는 차이의 색을 통해서 라인하르트는 말로는 표현하지 못하는 것을 그리고 있다. 하나^{One}는 결코 진정한 하나가 아니고, 현존^{Presence}은 지금/여기에 완전히 현존할 수 없기에, 끝없는 반복이 그것을 넘어서면 비대상적 열망만이 있는, 침묵과 가능한 가장 가까운 근사치다. 라인하르트가 보기에 흑색회화의 반복은 돌려보내는 것을 가까이 가져오는 의식적인 과정이다. 그림을 보는 사람들에게 이 의식에 참여하는 것은 언제나 다른 곳에 있지만 언제나 가까이에 있는 어떤 너머로 끌어들이는 것이다.

위대한 반복의 이론가 둘을 들자면 『쾌락 원리의 저편$^{Beyond\ the\ Pleasure\ Principle}$』을 쓴 지그문트 프로이트와 『반복^{Repitition}』, 그리고 같은 쌍을 이루는 『두려움과 떨림』을 쓴 키르케고르다. 프로이트의 분석은 라인하르트의 '너머'의 '이것도, 저것도 아닌'을 설명해 주고, 키르케고르의 주장은 로스코의 '맞서'의 '이것도, 저것도 인$^{either/or}$'을 설명해 준다.[10] '너머'와 '맞서'는 침묵의 대안적 소리들이다. 프로이트가 볼 때, 반복은 트라우마의 징후고, 이는 어머니와 떨어짐의 결과로 일어나는 기원적인 통일성의 상실로 시작되었다. 그는 어느 날 자신의 쾌락 원리로 설명할 수 없는 행동을 발견했다고 한다. 엄마가 잠시 자리를 비웠을 때 손주를 지켜보던 중이었다. 아기는 말도 못 할 정도로 어렸지만, 숨바꼭질 비슷한 놀이를 하면서 자신의 스트레스를 그에게 보여주었다. 엄마가 곁을 떠날 때마다 아이는 울지 않았지만, 작은 물건을 침대 아래로 던지고, 그 물건을 찾아 헤매는 습관을 가지고 있는 것이었다.

꼬마는 이 행동을 하면서, 크고, 길게 "오-오-오-오"하는 소리를 냈다. 흥미와 만족의 표현이었다. 애 엄마와 나는 이게 감탄사라기 보다는 독일어로 '가고 없다'는 의미의 'fort'라는 데 의견을 같이했다. 나는 이게 일종의 놀이이고, 아이의 장난감의 유일한 용도는 '사라짐'을 연기하는 것이라는 사실을 깨달았다. 그러다가 내 견해가 옳다는 것을 확인한 계기가 있었다. 아이에게는 나무로 만든 실패가 있었고, 거기에 실이 감겨 있었다… 아이는 줄을 붙잡고 매우 숙련된 솜씨로 침대 커튼 가장자리 쪽으로 실패를 던졌다. 실패는 사라져버렸다. 그와 동시에 아이는 "오-오-오-오" 소리를 내기 시작했다. 그러곤 다시 줄을 끌어당겨 침대에서 실패를 꺼내고 즐거움에 찬 '다^{da}'('거기'라는 의미)라는 소리로 실패의 재등장을 반겼다. 그렇다면 이것은 사라짐과 돌아옴이라는 완전한 하나의 놀이다.

그렇게 프로이트는 손주의 놀이가 엄마의 떠남을 재연하는 행위라고 결론지었다. 당시 프로이트는 모든 심리 활동은 쾌락 원리에 지배된다는 이론을 세웠다. 개성의 구조와 개발에 대한 그의 해석은 고대 철학과 신학의 아이디어를 심리학적으로 번역한 것이었다. 플라톤의 마부가 각기 다른 방향으로 달려가려는 영혼과 육체라는 두 마리 말을 통제하느라 애썼다면, 프로이트의 자아^{ego}는 이드^{id}와 초자아^{superego}의 상충하는 요구에 균형을 맞추려 애쓴다. 그의 개성 발달 이론은 주체와 대상 혹은 자아와 세계가 미분화된 조건에서 자신의 주변과는 분명히 구별되는 완벽하게 분화된 개별 주체로 나아가는 패턴을 반복하고 있다. 시작 이전에는 자궁 속에서 아이와 엄마는 하나였고 아이는 의식도, 자의식도, 욕망도 없는 상태다. 출산은 아이가 어머니와 떨어지며 자아와 세계가 동시에 등장하는 트라우마 경험이다. 이러한 분리는 결과적으로 시간과 역사 속으로 떨어지는 것이다. 영양분을 공급하는 엄마의 모체로부터 떨어지며 즉각적인 만족을 잃으면서 아이의 욕망이 시작된다. 출생과 더불어 욕망(쾌락 원리)과 주변 세계의 요구(현실 원리) 사이의 갈등이 분출한다. 점차 늘어나는 욕망의 좌절이 점진적인 주체의 개인화라는 결과를 낳는다.

   프로이트는 쾌락 원리를 자아 안에서 경쟁하는 욕망 사이의 긴장과 자아와 세계의 요구 사이의 갈등을 줄이는 것이라고 정의한다. 아이에게 최초로 엄마와 떨어진 삶은 잃어버린 통일성을 되찾으려는 길고 긴 노력이 된다. 프로이트는 인간에게 두 기본적인 욕구가 있는데, 다른 방향에서 같은 목표를 추구하는 이 욕구를 에로스^{Eros}와 타나토스^{Thanatos}라고 부른다. 에로스의 목적은 자아와 타자가 하나가 되는 완벽한 결합이다. 이와는 대조적으로 타나토스는 사람이 살아있을 때, 생명이 만들어지는 비유기적인 상태로 돌아가려는 충동이다. 어떤 경우든 분화 혹은 개인화 과정은 역전되고, 개인은 생성의 모체 속으로 재흡수된다. 이 순간 자궁과 무덤은 하나가 된다.

   '포르트/다'라는 이 간단해 보이는 놀이는 프로이트의 이론 전체를 위협했다. 이 놀이가 엄마의 부재라는 트라우마 경험을 반복하는 것이라면, 쾌락 원리 너머에 무언가가 있어야만 한다. 자신의 이론의 토대를 보전하면서 이 행동을 설명하기 위해 프로이트는 이 아이의 놀이는 상실을 정복하기 위한 노력이라고 주장했다. "처음에 아이는 수동적인 상황에 있었다. 하지만 놀이를 반복하다 보니, 비록 불쾌한 놀이였지만, 자신이 적극적인 역할을 하게 되었다. 이러한 노력은 기억 그 자체가 쾌락이었는지 아닌지와는 별개로 작동하는 정복을 위한 본능으로 억압될 수 있다." 쾌락을 위한 충동은 니체의 권력 의지의 대안적인 표현이라 할 수 있는 정복 의지가 된다.

그러나 이 '너머'를 이해하는 다른 방법이 있다. 쾌락은 긴장을 감소시킨 결과로도 얻을 수 있지만, 긴장을 최대화함으로써도 얻을 수 있다. 이것이 바로 칸트가 숭고와 관련짓고, 라캉은 '주이상스^{jouissance}'라고 부르는 '부정적 쾌'다. 가장 강렬한 쾌는 총체적인 통일성이라는 완전한 만족을 경험할 수 없는 불가능성에서 유래하는 고통과 분리할 수 없다. 중요한 것은 욕망은 충족을 바라는 것이 아니라, 욕망을 욕망한다는 것이다. 반복 강박은 상실을 정복하려는 시도라기보다는, 만족의 불가능성과 함께 오는 쾌를 간청하는 것으로 이해할 수 있다. 라인하르트의 반복적인 붓질의 교차하는 리듬은 '거의^{Almost}'의 쾌를 추구하지만, 또 반드시 그렇지는 않은 '포르트/다' 놀이다. 언제나 항상 거의다. 이브 - 알랭 부아는 「거의의 한계$^{The\ Limit\ of\ Almost}$」를 부정신학이 자신의 예술에 대한 '오늘날 최고의 비유'라는 라인하르트의 주장을 언급하며 끝낸다.

라인하르트가 하고자 하는 말은 그의 부정적인 언어, 그리고 예술이 당연히 종교적으로 보일 수밖에 없도록 거의 그렇게 선고 된다는 것이다. 그의 예술은 거의 종교적으로 보이는데, 왜냐면 부정신학이 그러하듯이, 그의 예술도 '그것은 아니지만 거의'와 관련되어 있기 때문이다. 따라서 이 비유는 불가피하다. 하지만 또 혼란스럽다. 이 혼란의 논리는 자크 데리다가 완벽하게 분석한 바 있다. 그의 해체주의 기획이 그 논리로 고통을 받았으니 말이다. "명제가 부정적인 형식을 띠는 순간, 그 명제는 최소한 신학적 명제와 닮기에, 그것만으로 말해진 부정성을 극단까지 밀고 가기에 충분하다. 예를 들어 나는 이렇게 말한다. X는 이것도 아니고 저것도 아니며, 이것의 반대도 아니고 저것의 반대도 아니며, 절대적으로 이질적이고, 완전히 다르기 때문에, 공유하고 있는 것이 하나도 없는 이것의 단순한 중화도 아니고 저것의 단순한 중화도 아니다. 이런 말을 할 때마다, 나는 이 이름 혹은 다른 이름 아래에서 신을 말하기 시작한다." 부정성은 많은 모습과 입장을 갖고 있다. 라인하르트는 선불교 신도가 아니고 신비주의자도 아니며, 불가지론자도 아니고 변증법을 믿지 않으며, 해체주의자도 아니다. 어떤 것도 아니다. 하지만 거의 그렇다. "거의 가능한, 거의 존재하지 않는, 알려졌다고 할 수 없는, 보인다고 할 수 없는 그림."[11]

부아는 거의 옳다고는 할 수 있지만, 완전히는 아니다. 종교라는 아우라는 이 그림들에서 사라지지 않았다. 라인하르트는 그의 회화에서 등장하는 의식적인 반복을 말레비치가 방의 위쪽 구석에 놓던 아이콘(성상)과 관련시킨다. "아이콘이라는 아이디어는 그림을 계속해서 그리게 만들었고, 구도도, 색도, 표현도 없고 비가시성만 있는 그 올바름을 얻기 위해서 몇 개의 단순한 아이디어에 골몰하게 했다." 이미 세상을 떠난 지 오랜 시간이 지난 이름 없는 사람의 사진을 보는 것처럼, 흑색회화를 응시한다는 것은 말씀 너머에 있는 침묵을 보는 것이다.

6

맞서
Against

불행한 의식

1970년 2월 25일 스스로 목숨을 끊을 당시 마크 로스코는 두 권의 책을 읽고 있었다고 한다. 하나는 프리드리히 니체의 『비극의 탄생』이고, 다른 하나는 쇠렌 키르케고르의 『두려움과 떨림』이었다. 니체와 키르케고르는 여러모로 다르지만, 침묵에 몰두해 있었다는 점은 같았다. 그러나 둘은 침묵의 문제를 정반대의 방향에서 접근한다. 니체가 볼 때 침묵은 우리를 둘러싸고 있으며 실재의 근본적 내재성의 결과였다. 반면 키르케고르가 보기에 침묵은 우리 너머에 있으며 실재의 근본적 초월의 결과였다. 로스코는 이 두 중요한 철학자들의 글을 읽으며 삶의 비극적 차원과 인간 존재의 불가피한 소외라는 공통점을 발견했다.

키르케고르는 헤겔이 화해시키려 했던 대립, 예를 들어 주체/대상, 자아/타자, 내재/초월, 인간/신과 같은 대립항을 떼어놓는 데 평생을 바쳤다. 실재는 자연과 역사 속에 완전히 모습을 드러내는 내재하는 현존이 아니고, 결코 현존할 수 없으며, 삶이 지속되는 동안은 다가갈 수 없는 상태로 남아 있는 '너머'로 언제나 물러나는 것이다. 이 '너머'는 우리한테서 워낙 멀리 떨어져 있어서, 실재는 실제로는 이 세계에 등을 돌리고 개인들을 낯선 타자로서 대면하는 것처럼 보인다.[1] 역설적인 말이지만, 이 이름 붙일 수 없는 초월은 많은 이름을 부여받았다. 그중 키르케고르에게 가장 중요한 것은 '무한하게, 질적으로 다른 것', '완전한 타자' 그리고 단순하게 그저 '신'이라는 이름이었다. 하지만 가장 효과적인 이름은 '절대자'다. '절대자 the Absolute'는 '그중에서도 특히', '무조건적인', 다른 어떤 것과 '관련되지 않은', '독립적인'의 의미를 갖는 라틴어 'absolvere'(ab, 밖으로 + solver, 잃다)에서 유래한 말이다. 이해한 바와 같이, 절대자란 모든 관계로부터 물러나는 것이고, 따라서 자아와 세계를 버리는 것이다. 이 후퇴는 침묵 속에서 끝나고, 할 수 있다면 간접적으로만 소통할 수 있는 말이 예측 불가능한 상태에서 폭발함으로써만 그 침묵을 깰 수 있다. '완전한 타자'는 순수한 빛에 쌓여 있을 수는 있지만, 거기에서 물러남으로써 세계에 어두운 그림자를 드리운다. 키르케고르의 순례자를 묘사하는 느낌을 주는 십자가의 요한의 글을 읽어보자. "그것(영혼)은 자신의 쾌를 위해 얻는 세 종류의 선으로, 시간적이고 자연적이며 영적인 선의 심오한 비움과 궁핍화를 내부에서 느낀다. 그리고 이러한 선과 반대되는 악, 능력들의 중단과 어둠 속에서 영을 버리는 것과 같은 악의 한 가운데에 놓여 있는 것을 발견한다." 이렇게 영혼이 빠져드는 심연으로부터 빠져나오는 길을 많은 중세 신비주의자는 사다리라고 묘사한다. 앞서 말했듯이 이 이미지가 등장하는 가장 유명한 글은 요한 클리마쿠스$^{John\ Climacus}$(때로는 '사다리의 요한'이라고도 불린다)의 『거룩한 등정의 사다리』다. 요한 클리마쿠스는 6세기 혹은 7세기 시나이산 수도회의 수사였다.

키르케고르는 자신이 탐구하던 다른 세계 말씀의 신처럼, 간접적으로 소통했다.[2] 그는 책 대부분을 익명으로 출간했고, 책을 쓸 때마다 다른 관점을 취했다. 키르케고르는 요하네스 클리마쿠스의 이름으로 『철학적 단편$^{Philosophical\ Fragments}$』, 『철학적 단편에 부치는 비학문적인 해설문$^{Concluding\ Unscientific\ Postscript\ to\ the\ Philosophical\ Fragments}$』이라는 자신의 중요한 작품을 쓰기도 했고, 안티-클리마쿠스$^{Anti\text{-}Climacus}$라는 가명으로 『죽음에 이르는 병$^{The\ Sickness\ unto\ Death}$』을 썼다. 고대의 요한 클리마쿠스는 신과의 완벽한 결합으로 향해 가는 신비로운 등정의 사다리를 제공했다면, 근대의 클리마쿠스는 무지의 문턱으로 이끄는 사다리를 독자들에게 제공한다. 그 문턱에서 개인은 결정해야 한다. 말의 기원인 침묵을 결코 떨쳐 버리지 않으려 간접적으로 말씀하는 초월적 신을 믿음의 도약을 통해 믿어야 하는지 말아야 하는지 말이다.

키르케고르는 1843년 같은 날 출간된 두 권의 책에서 침묵에 관한 가장 길고 긴 사유를 전개한다. 하나는 『반복: 실험 심리학 에세이$^{Repetition:\ An\ Essay\ in\ Experimental\ Psychology}$』이고, 다른 하나는 『두려움과 떨림: 변증법적 서정시$^{Fear\ and\ Trembling:\ Dialectical\ Lyric}$』다. 두 책은 모두 구약성서에 등장하는 인물 이야기를 출발점으로 삼고 있다. 여기서 두 인물은 욥과 아브라함이다. 습관처럼 키르케고르는 세 부분으로 나뉜 세 번째 책 『교훈적 담론Edyfying Discourses』을 같은 날, 이번에는 자신의 이름으로 출간한다. 『두려움과 떨림』은 요하네스 데 실렌티오Johannes de Silentio라는 가명으로, 『반복』은 콘스탄틴 콘스탄티우스Constantine Constantius라는 이름으로 출간한다. 처음 익명으로 낸 책 『이것이냐 저것이냐Either/Or, 1843』부터 키르케고르는 저작권에 관해서는 침묵을 치켰다는 점에 주목해야 한다. 출판사 발행인을 제외하고는 그 누구도 책의 저자를 몰랐다. 『철학적 단편에 부치는 비학문적인 해설문1846』을 쓰고 난 다음에서야 비로소 키르케고르는 자신의 정체와 전략을 밝혔다. 라인하르트는 '같은' 회화를 계속 반복해야 했지만, 키르케고르는 레기네 올젠Regine Olsen과의 파혼 이야기를 계속 반복해야 했다. 『두려움과 떨림』, 그리고 『반복』은 '같은' 이야기의 두 버전이다. 『두려움과 떨림』에서 요하네스는 종교적 사명과 윤리적 책임 사이에서 갈등을 겪는다. 『반복』에서 콘스탄틴은 반복이 과연 가능한지를 탐구한다.

『반복』의 주장은 가명으로 시작된다. 콘스탄틴은 로마 제국을 기독교화한 콘스탄티우스 황제의 둘째 아들로 337년에서 340년까지 재위했다. 레기네와 파혼 직후 키르케고르는 그가 막 저버린 관계를 다시 돌이킬 수는 없을까 하는 생각에 잠긴다. 이 젊은이는 '당신의 성실한 익명의 친구'가 되고, 콘스탄틴은 '침묵을 지키는 나의 모든 것을 터놓을 수 있는 친구'가 된다. 욥기를 위안을 주는 안내서로 삼아, 젊은이는 자신과 사랑하는 여인과의 관계를 '영적 시련'으로 해석한다. 그러다 그녀가 다른 사람과 결혼했다는 이야기를 들으면서 예기치 못했던 위안을 받게 된다. 절망에 빠지는 대신 젊은이는 이렇게 선언한다. "이제 비로소 다시 나 자신이 되었다. 다른 사람이라면 길에서 돌아보지도 않을 이 자아를 다시 갖게 되었다. 내 본성 속 불화는 치유되었다." 자신의 말을 스스로 납득시키기라도 하는 양, 그는 자신의 상황을 욥의 경험을 통해 해석한다. "그렇다면 반복은 없는가? 모든 것을 두 배로 돌려받지 않았는가? 나 자신을 정확히 두 배의 의미로 느끼는 방식으로 다시 찾지 않았는가? 영에게 전혀 중요하지 않은 세상 물건들의 반복은 무엇인가? 반복에 비해 그 물건들은 무엇인가? 욥은 자신의 아이들만을 두 배로 받지 못했다. 인간의 삶이라는 것은 두 배로 만들 수 있는 물건이 아니기 때문이다. 그런 경우 영적인 반복만이 가능하다. 하지만 시간적인 삶에서는 진정한 반복이라 할 수 있는 영원에서처럼 그 반복이 완벽하지 않다." 자신의 행동하는 이유에 관해서는 침묵을 지키는 초월적인 신이 주는 과분한 선물이다.

하지만 욥기$^{Book\ of\ Job}$는 젊은이의 말처럼 해피엔딩으로 끝나지 않는다. 젊은이는 욥기에서 가장 중요한 두 가지 요점을 간과하고 있다. 욥이 재산과 재물을 되찾는 것은 산문 에필로그에 나오는 내용이지, 시로 쓰인 욥기 자체에는 등장하지 않는다. 시는 불협화음으로 끝나버린다. 그리고 신은 욥에게 아무것도 설명하지 않는다. 욥이 바라는 답을 주는 대신 신은 자신의 동기에 관해 침묵을 지키고, 더 나아가 자신의 힘으로 욥을 침묵시키려 한다.

그때에 주께서 회오리바람 속에서 욥에게 응답하여 이르시되,
지식이 없는 말들로 이치를 어둡게 하는 이 자는 누구냐?

이제 남자답게 허리를 동이고 내가 네게 물을 터이니 너는 내게 대답할지니라.

내가 땅의 기초들을 놓을 때에 네가 어디 있었느냐?

네게 명철이 있거든 밝히 고하라.

(욥기 32:1-4, 킹제임스 흠정역)

신은 욥이 고통을 받는 이유에 대해 자신의 전능한 의지를 행사했다는 것 외에 어떠한 것도 제시하지 않는다. 장황한 비난이 이어지지만, 잭 마일스$^{Jack\ Miles}$가 지적하듯이 "욥은 어떠한 말에도 수긍하지 않는다. '제가 주께 무엇을 대답하리이까?'는 회피에 불과하다. '나는 비천한 자이오니'는 사실일 수 있다. 하지만 그는 이렇게도 주장한다. '내가 한 번 말하였사오나 응답하지 아니하겠나이다. 참으로 두 번 말하였사오나 더 이상 말하지 아니하겠나이다.' 이 말들은 욥이 천둥소리를 내는 신의 요구를 부정하는 말이다." 심지어 신의 천둥소리로도 욥을 침묵시킬 수 없었다. 욥은 대답하지 않고 대답하는 반응을 보이기 때문이다. 마일스는 욥의 마지막 말을 해석한다.

그때에 욥이 주께 응답하여 이르되,

주께서는 모든 것을 하실 수 있사오며

어떤 생각도 주께 숨길 수 없음을 내가 아오니

지식도 없이 이치를 가리는 자가 누구나이까?

그런즉 내가 깨닫지 못한 것을 말하였으며 내게는 너무 놀라운 일들을 곧 내가 알지 못한 일들을 말하였나이다.

주께서 말씀하시니 들어라. 내가 말하겠다.

내가 묻겠으니 내게 답하라.

주의 말씀이 내 귀에 닿았지만

이제는 내 눈으로 주를 뵈옵나니,

그러므로 하나의 보잘것없는 인간으로서 슬픔 속에 떠나이다.

(욥기 42:1-6, 옮긴이 역)

마일스는 설명한다. "구조적으로 볼 때, 욥이라는 글쓴이는 두 개의 요구와 두 개의 장황한 거부로 대칭 구조를 만든다. 신은 정의와 관련된 요구를 거부한다. 신은 권력과 욥의 요구에 관해 장황하게 말한다. 욥은 거부한다. 욥의 침묵은 아마도 극적인 목적에서 볼 때는, 다소 지나치게 모호할 수 있다. 욥이 거부 반응을 보인다는 사실을 우리가 알아차릴 만큼의 반응을 하고 있다는 것이 중요하다. 우리가 말하는 '그가 신의 말씀에 넘어갈까?'라는 질문에는 부정으로 답할 수밖에 없다. 욥의 반응은 응답을 거부하는 것이다. 따라서 자신이 신의 말씀에 넘어가지 않았다는 사실을 증명한다."

오랫동안 사람들이 주목하지 않았던 점이 있는데, 신은 욥을 침묵시키는 데 실패하지만, 욥은 사실상 신을 침묵시킨다는 것이다. 주어진 인용문에서도 마지막 말을 하는 것은 신이 아니라 욥이다. 내가 알기에 마일스는 처음으로 "신이 욥에게 들으라고 말하는 두 부분으로 이루어진 말은 언약^{testament}이요, 마지막 말이다. 신은 히브리 성경에서 다시는 말하지 않는다"라고 지적한 사람이다. 이 '히브리 성경' 혹은 '유대인 성경'이라는 단서는 중요하다. 욥이 반응을 거부한 후

신이 침묵에 빠진다는 주장을 받아들이기 위해서는 기독교 성경이 아니라 유대교 성경의 순서를 따라야만 한다. 유대인 성경은 기독교 '구약' 성경 끝에 있는 선지자들을 중간으로 옮기고, 중간에 있는 지혜서들은 끝으로 옮겨 놓았다. 이 유대인 성경이 끝난 다음에 와야 하는 내용은 신약성서가 아니라 미슈나와 탈무드로, 이 책들은 유대인 성서를 내부에서 확장하는 역할을 한다. 마일스를 따르자면 히브리 성경은 신의 침묵으로 끝이 난다.

키르케고르가 『두려움과 떨림』에서 탐구하고 있는 침묵은 휴스턴 로스코 교회(로스코 채플)에 가면 볼 수 있다.

> 하나님께서 아브라함을 시험하시려고 그에게 이르시되, 아브라함아, 하시니 그가 이르되, 보소서, 내가 여기 있나이다. 하매 그분께서 이르시되, 이제 네 아들 곧 네가 사랑하는 네 유일한 아들 이삭을 데리고 모리아 땅으로 가서 거기서 내가 네게 일러 주는 산들 가운데 하나에서 그를 번제 헌물로 드리라. 하시니라. 아브라함이 아침에 일찍 일어나 나귀에 안장을 얹고 자기와 함께한 자기 청년들 가운데 두 명과 자기 아들 이삭을 데리고 번제 헌물에 쓸 나무를 쪼개어 가지고 일어나 하나님께서 자기에게 말씀해 주신 곳으로 갔더라. (창세기 22:1-3, 킹제임스 흠정역)

너머에서 온 부름은 예상하지 못했을 뿐더러 이해할 수 없는 내용이었지만, 아브라함은 아무 말도 하지 않고 복종한다. 아내 사라에게 아무 말도 하지 않고, 이삭과 하인들에게도 아무 말을 하지 않는다.

그저 침묵 속에서 자신이 이해하지 못하는 내용에 복종한다. 요하네스 데 실렌티오는 시인이지, 신자가 아니다. 그래서 그는 아브라함을 보고 경이로움과 동시에 두려움을 느낀다. 믿음을 갖고 싶지도 않고, 믿을 수도 없는 요하네스는 외부에서 이 신앙의 움직임을 묘사한다. 그는 아브라함 이야기를 네 개로 변주하며 '변증법적 서정시'를 시작한다. 그 변주를 보면 그에게 가장 놀라웠던 점은 아브라함의 침묵이었다. "아브라함은 아침에 일찍 일어나 나귀에 안장을 얹고, 이삭을 데리고 텐트를 떠난다. 그리고 아브리함의 아내 사라는 창으로 이들이 계곡 아래로 내려가는 것을 보이지 않을 때까지 지켜본다. 이들은 사흘 동안 침묵 속에서 나귀를 타고 간다." 사흘… 사흘이라는 긴 시간 동안 말이다. 상상해보라. 이제 곧 이유도 모른 채 죽여야 할 아들을 옆에 두고 말 한마디도 없이, 단 한마디도 하지 않고, 침묵 속에서 걸어간다고 생각해 보라. 아브라함은 대체 무슨 생각을 하고 있었을까? 이삭은 무슨 생각을 하고 있었을까? 사라는 무슨 생각이었을까? 미래는 결정되지 않았다. 이삭의 미래뿐 아니라, 신이 선택한 민족의 미래도 결정되지 않았다. 이를 신앙이라 불러야 할까? 미쳤다고 해야 할까? 신은 말하는 때에도 침묵을 지키니 확신할 방법이 없다. 요하네스는 많은 어려운 문제들을 파고들지만, 『두려움과 떨림』은 침묵, 인간의 침묵과 신의 침묵에 관한 길고 긴 묵상이다. 말해진 것, 말해지지 않은 것, 말해질 수 없는 것, 모든 말에서 말해지지 않는 것.

    요하네스는 이런 질문으로 자신의 묵상을 종결짓는다. "사라 앞에서, 엘르아살 앞에서, 이삭 앞에서 자신의 목적에 관해 침묵한 아브라함을 윤리적으로 옹호할 수 있는가?" 그러나 이 질문은 쉽게 답하기 힘들다. 아브라함의 침묵은 다면적이기 때문이다. 요하네스는 세 종류의 침묵을 발견한다. 그 세 가지, 미적·윤리적·종교적 침묵은 키르케고르의 삶의 변증법에서 삶의 방식의 세 단계에 조응한다.[3] 신앙을 사변적 반성(이론 이성)으로 환원시켰던 헤겔이나 신앙을 도덕적 행위(실천 이성)로 환원했던 칸트와는 달리 키르케고르는 신앙은 영원히 너머에 존재하며, 심지어 인간 이성에 반하는 근본적으로 초월적인 신과 고립된 개인 사이에 완전히 사적인 문제라고 주장했다. 앞서 보았듯이 헤겔은 로고스야말로 모든 현실의 기반이며, 따라서 아직까지 말해지지 않은 모든 것도 원칙적으로 말해질 수 있다고 주장했다. 칸트가 보기에, 지고의 선은 윤리적 행위이며, 그 안에서 개인은 합리적이고 도덕적인 법칙에서 드러나는 보편적 의무를 수행하기 위해 개인적인 성향은 억누르거나 지양해야 한다. 하지만 키르케고르가 보기에 삶의 종교적 단계에서 신은 전적인 타자$^{Wholly\ Other}$고, 개인은 보편보다 더 위에 있다. 따라서 신앙은 이론 이성이나 실천 이성 그 어느 것으로도 환원될 수 없다.

미적 침묵은 자발적이다. 말할 수 있지만 말하지 않기로 작정한 사람이 그런 침묵을 선택한다. 다음 장에서 보겠지만, 침묵을 지키는 데는 많은 이유가 있을 수 있다. 『두려움과 떨림』에서 요하네스는 괴테의 『파우스트』를 전유해 자발적인 침묵을 설명한다. 요하네스가 보기에 파우스트는 '최고의 의심하는 자'로, 모든 것을 의심한다. 데카르트와는 다르게 자신의 자의식에 관해서도 확신이 있지 않다. 비지식의 심연을 들여다본 파우스트는 의심에 대해 생각한다.

의심은 인간을 두렵게 하고, 세계를 자신의 발아래 요동치게 하고, 인간을 찢어버리며, 모든 곳에 찢어지는 경고음을 낸다. 그는 자신의 의심을 마가렛(파우스트가 열렬히 사랑하는 가련하고 순수한 젊은 여성)이나 다른 사람과 나누게 되면, 그들의 세계도 붕괴할 것이라는 사실을 알기에 침묵을 지키기로 결심한다. 하지만 파우스트는 동정심이 많은 사람이다. 그는 존재를 사랑하고, 그의 영혼은 질투라고는 모른다. 그는 자신이 불러일으킬 분노를 멈출 수 없다는 것을 알고 있다… 그는 침묵을 지키고 있다. 그는 소녀들이 가슴에 죄 많은 삶의 과일을 꽁꽁 감추고 있는 것보다 더 세심하게 자신의 의심을 감추고 있다. 그는 가능한 한 다른 사람들과 보조를 맞춰 걸으려 애쓴다. 하지만 자신 내부에서 벌어지고 있는 일에 사로잡히다 보니, 어쩔 수 없이 보편을 위해 희생하게 되었다.

파우스트의 결정이 고귀해 보일 수도 있지만, 윤리적 관점에서 보자면, 자기 노출이라는 기본적인 도덕 원칙을 위배하고 있다. 자신과 다른 사람에게 개방적이고 정직해야 한다는 의무에는 어떠한 예외도 있을 수 없다. 침묵은 기만이고, 기만은 도덕률을 어기는 것이다. 요하네스는 설명한다. "그러한 윤리는 보편적이다. 보편으로서 자명하고, 드러나 있다. 즉각 그 사람이라고 간주되는 개별자, 다시 말해 육체적·심리적 존재로서의 개인은 감춰지고 숨겨져 있다. 따라서 윤리의 과제는 자신을 이 감춤에서 빠져나오게 하고 보편 속에서 드러내 보이게 하는 것이다. 따라서 감춤 속에 남아 있으려 할 때마다 그는 유혹 속에서 죄를 짓고, 거짓을 말하는 것이다. 그 유혹에서 빠져

나오기 위해서는 자신을 드러내는 수밖에 없다." 윤리적인 관점에서는 죄이지만, 이 죄는 종교적인 관점에서는 신앙이 될 수도 있다.

아브라함은 다르다. 침묵 속에서 광야로 여행하면서, 그는 '미지의 경계'에 절대적인 침묵으로, 절대자의 침묵으로 다가간다. 요하네스는 설명한다. "아브라함은 침묵을 지키고 있다. 하지만 그는 말할 수 없다. 거기에는 고통과 번민이 있다. 밤낮을 쉬지 않고 계속 말한다 해도 상대방에게 이해시킬 수 없다면, 말하고 있는 게 아니다. 아브라함이 바로 이런 경우다. 그는 어떤 말이고 할 수 있지만 하나는 말할 수 없다. 그가 그것을 말한다는 것은, 다시 말해 다른 사람이 이해하도록 말한다는 것은, 그가 말하지 않는 것이다." 신앙이 깊은 침묵은 두 상호관련된 인수의 함수다. 첫째, 신은 '완전한 타자' 혹은 '무한하고 질적으로 다른 자'이므로, 무한을 유한한 언어로 이해할 수 없다. 이해할 수 있다면 무한은 무한이 아니라 유한으로 환원된 것이기 때문이다. 둘째, 개인은 절대자와 완전히 사적인 혹은 절대적인 관계를 갖고 있으므로, 믿음의 특이성은 일반적이고 보편적인 언어로는 이해할 수 없다.

하지만 말과 침묵을 그저 반대로만 볼 수는 없다. 오히려, 역설적으로 말하자면, 침묵을 지킴으로써 아브라함의 말은 신의 말씀을 모방하고 있다. "그는 말할 수 없었다. 그는 어떤 인간의 언어로도 말할 수 없었다. 그가 세상 모든 언어를 이해한다고 해도, 그가 사랑하는 사람들이 그의 말을 이해한다고 해도, 그는 말할 수 없었다. 그는 신의 언어로, 방언(종교적 황홀 상태에서 나오는 뜻을 알 수 없는 기도의 말 - 옮긴이)으로 말한다." 방언은 숨겨진 상태로 있는 것을 드러냄으로써 로고스를 배신하는 말로 말할 수 없는 것을 말하는 행동이다. 이는 신앙의 역설이다. 침묵이 말하고, 말은 침묵을 지킨다. 아브라함은 "무엇보다, 어떠한 것도 말하지 않는다. 그 형식으로 그는 자신이 해야만 하는 말을 한다."

헤겔에게는, 정신이 여행하며 '정거장'들에서 모든 형식의 초월을 부정하고, 신과 자아, 자아와 다른 자아들, 자아와 세계, 자아와 함께 하는 자아 사이의 대립을 화해시킴으로써 점차 '불행한 의식'을 극복한다. 키르케고르가 보기에 삶의 길의 단계들은 '십자가의 길'을 관통한다. 그 길에서 개인들은 다른 개인들로부터 점차 고립되며, 결국은 절대적이고 초월적이며 총체적으로 알 수 없는 신과 대면하고 두려움과 떨림 속에 서 있게 된다. 겉으로 볼 때, 신앙이 깊은 개인은 '가장 불행한' 사람과 구별되지 않는다. 키르케고르는 말한다. "이런저런 방식으로 이상과, 삶의 본질과, 의식의 충만과 본질적인 성격을 자신의 외부에 두고 있는 사람은 불행하다. 불행한 사람은 언제나 자신으로부터 부재하고, 절대로 자신 앞에 현존하지 않는다." 결코 여기가 아닌, 언제나 다른 곳에 있는 가장 불행한 사람은 이 세계 어디에서도 편안할 수 없다.

십자가의 길

외부에서 내면으로 들어오면서, 로스코의 휴스턴 채플[1971] 모든 곳에서 바넷 뉴먼의 영향이 보인다. 원래 채플 건축가는 인근 세인트토머스 대학교 캠퍼스와 채플을 설계했던 필립 존슨이었다. 하지만 의

견의 차이로 인해 존슨은 이 프로젝트에서 하차했다. 최초 디자인은 플랫폼을 높이 짓고, 그 위에 높은 피라미드와 빛이 들어오는 큰 둥근 창을 가진 건물을 올리는 것이었다. 로스코는 비잔틴 교회와 세례당에서 볼 수 있는 8각형 평면을 선호했다. 존슨은 로스코의 제안을 수용하면서까지 3년을 버텼지만, 결국은 빛의 문제로 갈라서고 말았다. "로스코가 존슨의 디자인이 추하고 우스꽝스럽다고 반대한 것은 아니었다. 언제나 그렇듯이 로스코는 빛에 민감했다. 존슨은 강한 텍사스의 빛이 피라미드에 스며들어, 방 전체에 퍼지는 것을 상상했다. 로스코는 자신의 그림이 창조된 곳과 비슷한 공간에 전시되길 원했다. 그래서 69번가 스튜디오와 같은 환경을 만들고 싶어 했다. 로스코의 새로운 스튜디오에서는 커다란 천장에 낸 채광창 아래에 낙하산을 걸어놓고 이를 조절하며 빛을 통제할 수 있었다." 이 조명 문제를 해결하는 데만 몇 년이 걸렸다. 로스코가 선호하는 채광창을 사용하면 빛이 지나치게 많아, 그림이 상할 우려가 있었기 때문이다. 1976년 금속 칸막이가 설치되어, 둥근 창을 숨기면서 들어오는 빛을 막았다. 구조물 한가운데 있는 전시안 all-seeing eye 은 가려졌고, 그러면서 채플의 분위기는 해가 밝을 때도 어둡고 답답한 느낌을 주기 시작했다.

채플 입구에는 높은 대나무로 둘러싸인 사각 반사 풀이 있다. 풀 한가운데, 뉴먼의 커다란 조각 〈브로큰 오벨리스크 Broken Obelisk〉가 마치 물 위를 떠다니는 것처럼 자리 잡고 있다. 1963년 구상되었던 이 작품은 1967년이 되어서야 비로소 제작되었다. 처음에 존과 도미니크 드 메닐 부부가 마틴 루터 킹 목사의 기념비로 이 작품을 주문해서 유스턴 시청 밖에 설치하려 했다. 시장과 시의회가 이 선물을 거절하자, 메닐 부부는 이 작품을 로스코 채플에 두기로 했다. 코르틴 강으로 만들어 27톤이 넘는 이 작품은 3.1미터의 피라미드 위에 5미터 높이의 깨진 오벨리스크가 거꾸로인 상태로 위태롭게 올라 있는 형상이다. 이런 형태의 오벨리스크를 만들기 위해서 커다란 피라미드와 작은 피라미드의 끝을 잘라내고, 둘을 연결하는 강철 파이프를 삽입했다.⁴ 터렐과 마찬가지로 뉴먼도 오랫동안 피라미드에 매료되었었고, 기자의 피라미드를 자신의 조각 모델로 삼았다. 토머스 헤스는 이 역사에서 피라미드를 "말 그대로 '등정의 장소', 죽은 왕이 하늘을 나는 배를 타고 태양까지 가는 출발점이라 상기시켰다. 태양에 도착하면 태양이 하늘을 가로지르고 땅 아래로 내려가게 하는 일을 맡아, 태양신 라를 도우며 영원히 살게 된다." 깨진 오벨리스크는 "창세기의 수직적인 명령에서, 위로 계속 별까지 올라가는 길이 있고, 또 거기서부터 내려오는 길이 있음을 암시한다… 그렇다면 이 조각은 죽음과 직면하고 있는 것이 아니고, 이집트의 죽음 지향 종교에 직면하고 있는 것도 아니며, 아무리 상상력을 동원하더라도 '기념비'도 아니다. 오히려 예술과 인간의 삶의 찬미, 탄생과 재생의 찬미다." 하지만 이 조각을 다르게 해석하는 방식도 있다. 이 오벨리스크는 무한과 유한을 결합하는 태양 빛을 표상하는 것이 아니라, 신비로운 등정을 불가능하게 하고, 인간을 신이 침묵을 지키는 어두운 세계로 유배시킨 파괴된 사다리로 이해해야 한다는 견해다. 이렇게 보면, 이 작품은 텍사스의 밝은 빛이 로스코 채플의 어둠으로 이행하는 과정을 보여주는 효과적인 도입부일 수 있다.

채플 내 뉴먼의 두 번째 흔적은 실제로는 현존하지 않는다.《십자가의 길Stations of the Cross, 1955~1966》이라고 결국 제목 붙여진 15편의 연작이다. 이 연작의 주제는 비잔틴 시대에 순례자들이 골고다까지 십자가를 지고 갔던 예수의 경로를 그대로 따르는 의식에서 비롯되었다. 15세기 후반 이후, 14개의 장소가 고정되었다. 십자가의 길은 예수의 사형 언도로 시작되어(I), 십자가에 못박히고(XI), 죽고(XII), 십자가에서 내려와(XIII), 무덤에 눕는 것(XIV)으로 끝난다. 예수의 발걸음을 따르는 순례자들에게 이 경험은 '그리스도를 본받는 것'이고, 이들은 미래의 영생을 얻을 수 있다는 희망으로 고통을 참는다. 여행의 가장 어두운 순간은 세시쯤 되어 십자가의 예수가 "엘리 엘리 라마 사박다니?"하고 외치는 때다. 이는 "하나님, 나의 하나님, 어찌하여 나를 버리셨나이까?"라는 의미다. 시편 22장에 등장하는 이 말은 신약에도 두 번 등장한다. 마태복음 27장 46절과 마가복음 15장 34절이다. 이 순간 예수는 키르케고르의 불행한 인간의 극단적인 순간을 표현하고 있는 듯하다. 절망에 가득한 마지막 말 이후, 예수는 "큰 소리를 지르시고, 숨지시니라"(마가복음 15장 38절) 그러곤 침묵이 왔다.

1966년 뉴먼은 구겐하임 미술관에서 최초의 '십자가의 길' 전시를 열며 이렇게 안내문을 썼다.

> 라마 사박다니. 왜? 왜 당신은 저를 버리셨나이까? 왜 저를 버리셨나이까? 어떤 목적으로 왜?
> 이는 예수의 수난이다. 이는 예수의 격렬한 항의다. 십자가의 길이

라는 끔찍한 길 때문이 아니다. 대답이 없는 것에 대한 질문이다… 라마? 어떤 목적으로? 인간 고통에 대한 대답 없는 질문이다…

최초의 순례자들은 십자가의 길을 걸으며 자신을 그 원래의 순간들과 일치시키려 했다. 그 길을 경건한 전설로 환원시키지 않았고, 한 인간과 그의 고통의 이야기를 숭배하려 들지도 않았다. 다만 각각 자신이 겪는 고통의 이야기를 증언하려 했다. 하나이고, 끝없고, 가차 없고, 의지에 의해 결정된 고통—끝없는 세계 말이다.

"태어난 자들은 죽어야 한다.

자신의 의지에 반해 형성되고

자신의 의지에 반해 태어났고

자신의 의지에 반해 살고

자신의 의지에 반해 죽는다."

반해. 반해. 반해. 반해. '왜'라는 물음에 답은 없다. 침묵만이 있을 뿐이다.

이 그림들을 시작하면서 뉴먼은 연작을 생각하지도 않았고, 주제를 떠올리지도 않았다. 그는 1958년 심장병을 겪은 다음 작품을 시작했다. 병으로 인해 병원에 장기 입원한 후였다. 그는 1958년 한 점을 더 완성했고, 1960년 이 프로젝트에 관심이 쏠리면서 두 점을 더 만들었다. "네 번째 작품을 만들 때는, 하얀 선을 썼는데, 그 선은 캔버스보다 하얄 정도로 농도가 높았다. 보고 있노라니 울부짖음이라는 아이디어가 떠올랐다. 이 추상적인 울부짖음이 모든 것, 예수 수난의 모든 것이라는 생각이 떠올랐다." 이제껏 유대교 종교 전통과 진지한 대화를 나누는 작품들을 그려온 화가가 갑자기 《십자가의 길》이라는 연작을 그리기로 한 결정은 낯설게 느껴질 수도 있다. 하지만 뉴먼은 신학적 적절성보다는 인간 존재에 더 관심이 있었다. 예수의 수난이 그의 주제였지만, 실제의 소재는 설명할 수 없는 인간의 고통이었다. 대략 2×1.5미터 정도의 그림 크기를 말하며, 그는 이렇게 설명했다. "나는 인간의 울부짖음을 표현하기 위한, 인간 정도의 크기를 원했다." 이 주제가 그를 사로잡기 시작하면서, 작품들 역시 십자가의 길을 따라 걷는 의식적인 순례가 되었다. "그림을 그릴 때 느꼈던 감정을 묘사하는 은유로 제목을 붙이고 싶었다. 문자 그대로가 아니라, 일종의 신호로서. 작품에서 각각의 장소는 나 자신의 삶, 예술가의 삶에서 의미 있는 단계다. 내가 어떻게 작업했는지를 보여주고 있기 때문이다. 내가 그리는 순례자가 바로 나였다."

뉴먼의 그림에서는 고통에 대한 순응보다는 저항이 더 많이 보인다. 구겐하임 전시회 카탈로그에서 로렌스 앨러웨이[Lawrence Alloway]는 뉴먼이 던진 질문을 이렇게 기록했다. "화가나 시인이 되겠다는 어리석은 인간의 충동을 어떻게 설명할 수 있을까? 그것은 인간의 타락에 대한 저항, 그리고 에덴동산으로 돌아가고야 말겠다는 고집 말고는 다른 어떤 행위로 설명할 수 없다." 아마도 이러한 태도가 뉴먼의 《십자가의 길》을 분위기상 로스코 채플보다는 엘스워스 켈리[Ellsworth Kelly]에 더 어울리게 느껴지게 한다. 뉴먼의 그림들은 어둡기보다는 밝으며, 엄숙하기보다는 가볍다. 그의 작품 14개 중에서 4개는 백색이다. 3점은 크림색에 하얀 집[zip]이 있고(9, 10, 11), 하나는 순백색에 회색빛이 도는 하얀 집이 있다(14). 8점은 주로 하얀색에 검은 집이 있다. 어떤 작품은 하드 에지이고, 어떤 작품은 흐릿하며, 길이도 가지각색이다(1~8). 두 점만이 검은색 바탕에 하얀 집이다(12~13). 전체를 보았을 때, 집의 다양한 너비와 위치가 드러남과 사라짐의 인터플레이를 암시하는 맥박 치는 리듬을 만들어 낸다. 가장 놀라운 것은 뉴먼이 전통과 단절하고 15번째 장소를 더했다는 점이다. 〈Be II $^{1961/64}$〉라는 제목의 이 작품은 완전히 하얗고, 왼쪽은 〈영웅적이고 숭고한 인간〉을 연상시키는 흐릿한 진홍색 경계이고, 오른쪽은 날카로운 에지를 가진 검은 집이다. 이 그림이 1962년 처음 전시되었을 때, 당시 전시회가 열리는 갤러리를 소유하고 있던 알란 스톤$^{Alan\ Stone}$은 이 그림을 〈부활^{Resurrection}〉이라고 이름 붙였다. 이 작품을 마지막으로 덧붙이면서 뉴먼은 다른 세계에 있는 '추상의 왕국'보다는 '지상의 기쁨이 가득한 동산'에 훨씬 관심을 보이는 것 같다.

어둠에 접근하기

자살은 최후의 침묵을 자신에게 강요하는 행위다. 로스코가 자살로 자신의 삶을 끝내는 것은 어찌 보면 불가피한 일이었다. 어둠에 다가가기는 그의 생애와 작품 전반에 걸쳐 중요한 주제였기 때문이다. 로스코는 삶의 비극성을 인식하면서 니체의 『비극의 탄생』, 그리고 특히 키르케고르의 『두려움과 떨림』에 매료되었다. 키르케고르의 아브라함 묘사는 로스코 작품들의 모델 역할을 했다. 이미 1953년 로스코는 키르케고르가 『두려움과 떨림』에서 묘사한 아브라함의 이삭 희생이 자신의 모델이라고 말한 바 있다. 로스코의 아브라함/이삭

이야기 해석은 시간에 따라 바뀌어 갔다. 앞서 말했듯이 아브라함이 기꺼이 이삭을 희생시키겠다는 의향은 키르케고르가 자신의 종교적 천직을 위해 레기네를 희생하기로 마음먹은 것과 같다고 해석할 수 있다. 로스코는 키르케고르의 경험에서 자신의 문제의 전조를 보았다. 기념비적인 로스코 전기에서 제임스 E. B. 브레슬린[James E. B. Breslin]은 이렇게 썼다. "죽음 직전, 로스코가 자신의 스튜디오에 간직하던 책 중 하나가 낡을 대로 낡은 키르케고르의 『두려움과 떨림』이었다. 1958년 프랫 강연에서 그 책에 관심을 보이며, 로스코는 아들 이삭 대신, 가부장 아브라함과 자신을 동일시했다. 아내를 포함한 주변 모든 사람으로부터 소외된 사람. 침묵을 지키며 '이해를 넘어' 하나의 행동에 헌신하는 사람."[5]

죽음 이전 몇 달에 걸쳐 어둠이 로스코를 에워싸고 있었다. 1958년 그는 동맥류에 걸려 육체적·정신적으로 쇠약한 상태가 되었다. 쇠약한 상태였음에도 불구하고 술과 담배는 조금도 줄이지 않았다. 우울증이 깊어지면서 정신과 치료를 받고 항우울제를 먹기 시작했다. 설상가상으로, 그가 '멜'이라 즐겨 불렀던 아내 메리 앨리스 베이스틀[Mary Alice Beistle]가 그를 떠났다. 1969년 애드 라인하르트가 죽은 지 2년 후, 그는 리타 라인하르트와의 관계를 시작했다. 자신은 리타를 사랑한다고 주장했지만, 정작 로스코는 멜을 떠날 수 없었다. 그림은 그의 기분을 반영하듯 점점 어두워졌다. 죽기 1년 전 그는 〈회색 위에 검정[Black on Grey]〉 연작을 시작했다. 그의 시그니처라고 할 수 있는 떠다니는 세 색 띠가 회색 위에 검정의 두 띠로 바뀌었다. 하지만 이 작품들은 아주 검은색은 아니었다. 한번은 라인하르트의 검은 그림들에 관해 리타에게 말하면서 "나도 그런 그림을 그렸어야 했어"라고도 말한 적이 있다. 하지만 로스코는 자신과 라인하르트가 믿는 바가 달랐다는 사실을 이해하고 있었다. "그가 신비주의자였다는 것이, 나와 라인하르트의 다른 점이었다… 그래서 그의 그림은 비물질적이었다. 나의 그림은 여기에 있다. 물질적으로. 표면도. 붓질 등등. 하지만 그의 작품은 만질 수 없다."

어둠 한가운데서도, 빛의 순간이 있었다. 1969년 6월 9일 로스코는 잠깐 적을 두었던 예일대학교에서 명예박사 학위를 받았다. 킹만 브루스터 총장이 수여한 학위를 받고 했던 연설은 흥미로웠다.

> 제가 젊은 시절 예술은 외로운 것이었습니다. 화랑도, 미술 컬렉터도, 비평가도, 돈도 없었죠. 하지만 그때가 황금기였습니다. 잃을 것이라고는 없고, 얻을 것에 대한 전망만 가득했거든요. 오늘날은 그렇지 않습니다. 장황함, 활동, 소비가 지나치게 많은 시대입니다. 어느 쪽이 세상을 위해 나은지 굳이 말씀드리지 않겠습니다. 하지만 저와 같은 삶을 살 수밖에 없던 많은 사람이 뿌리를 내리고 성장할 수 있는 침묵의 공간을 필사적으로 찾아왔다는 사실은 알고 있습니다. 그분들 모두가 그런 공간을 찾기를 바랄 뿐입니다.

로스코는 살면서 침묵의 공간을 찾을 수 없었다. 결국 죽어서야 발견할 수 있었다. 7달이 지난 후 그는 약물을 과다 복용하고 팔의 동맥을 그었다. "아무런 유서도 남기지 않았다. 한때 이야기했던 것처럼, '침묵은 그토록 정확하다.'"

침묵의 공간

2010년 존 로건^{John Logan}의 책을 연극으로 만든 《레드^{Red}》는 토니상 작품상을 수상했다. 이 연극은 로스코와 그의 조수 켄이 나눈, 길고도 긴 대화로 이루어져 있다. 1858~1859년에 스튜디오에서 5번가 시그램 빌딩에 있는 포시즌스라는 레스토랑에서 의뢰한 벽화를 그릴 캔버스 앞에 앉아 있던 로스코는 대화를 꺼낸다. 시그램 빌딩은 루트비히 미스 판 데어 로에^{Ludwig Mies van der Rohe}가 미국에서 처음 의뢰받은 건물이었고, 그의 조수가 바로 필립 존슨이었다. 켄은 로스코에게 예술 이론에 관한 질문을 던지고, 결국 작품을 포기하고 선금으로 받은 돈을 돌려주게 만든다. 팝아트에 대한 경멸을 감추지 않으며, 로스코는 이렇게 폭발한다.

로스코: 그 화가들이 뭐가 문제인 줄 알아? 네 말 정확히 그대로야. 그들은 당장의 순간을 위한 그림만을 그려. 그게 전부지. 시대정신 예술이니 뭐니 하는 거지. 완전히 시간적이고, 완전히 일회용이야. 크리넥스 같은 거지. 예를 들자면…

켄: 켐벨 수프 캔. 만화책 같은…

로스코: 이 망할 화랑들이 돈이라면 무슨 짓이든 다해주니까… 쓰레기 같은 취향도 다 받아 주는 거지. 그건 장사야, 젊은이, 예술이 아니라구!… '예쁜', '아름다운', '근사한', '좋은'. 그게 지금 우리의 삶이야! 모든 게 '좋지'. 이상한 모양의 코와 안경을 쓰고, 바나나 껍질에 미끄러지면, TV는 그걸 보여주며 모든 사람이 행복해하며 웃어젖히지… 어때? 좋아. 오늘은 어땠어? 좋았어. 기

분이 어때? 좋아… 어떠냐구? 오늘은 어땠냐구? 기분이 어떠냐구?! 괴로워. 미묘해. 고민이야. 아파. 불행해. 나는 좋지 않아. 우리는 좋지 않아. 좋은 거 빼고 다야… 이 그림들 좀 봐. 이것 봐! 여기 검은 사각형이 보이지? 출입문 같기도 하고, 구멍 같기도 하지? 그래 하지만 이건 입을 크게 벌리고 우울하고, 더럽고, 원시적이고 현실적인 어떤 것을 내보내는 침묵의 울부짖음이기도 해. 근사하지 않지. 좋지도 않아. 실재지. 황홀경의 신음. 신적인 혹은 저주받은 어떤 것. 인간적인 것. 하지만 만화책이나 수프 깡통 아니고, 나를 너머, 지금을 너머 있는 거야. 그것이 무엇이든 간에 이쁘지도 않고, 좋지도 않아… 나는 너의 마음을 멈추려 여기에 있다. 이해가 가?! 나는 너를 생각하게 하려 여기에 있다… 나는 예쁜 그림을 그리려 여기에 있지 않다.

울부짖음. 침묵 속의 울부짖음. 마치 에드바르 뭉크$^{Edvard\ Munch}$의 〈절규^{Scream}〉와 같다. 신적이거나 저주받은 어떤 것. 연극 초반부에 로스코는 이미 자신의 연작 끝뿐 아니라 삶의 종말마저 선취하고 있다. "삶에서 두려운 건 단 하나야… 어느 날 검정이 빨강을 삼켜버리는 거지." 그런데 휴스턴 채플에서 검정이 빨강을 삼켜버린다.

로스코: 지금은 벽화를 그리고 있어. 서른 혹은 마흔 점쯤 할 거야. 그러곤 어떤 게 최고인지 콘서트를, 푸가처럼 할 거야. 밑칠 좀 도와줘. 그럼 색을 입힐게. 그리고 볼게, 그리고 더 칠할게…

켄: 언제 끝날지 어떻게 아세요?

로스코: 모든 붓질마다 비극이 있어.

로스코의 비전은 비극적이다. 그는 "비극적인 소재만이 유효하다. 나를 깨어나게 하는 비극적 경험만이 나의 예술을 위한 유일한 원본이다." 놀랍게도 로스코는 휴스턴의 그 장소를 한 번도 찾지 않았고, 채플이 문을 연 1971년 바로 한 해 전 사망했다. 그는 자신이 무신론자라고 주장했다. 하지만 그의 예술이 종교 문제를 탐구하고 있다는 사실은 부정할 수 없다. 실제로 그의 종교는 예술이었다. "나는 색, 형식, 그리고 그 어떤 것의 관계에도 관심이 없다… 그저 내가 관심 있는 것이라고는 기본적인 인간 감정의 표현이다. 비극, 황홀경, 불운 등이다. 그리고 많은 사람이 내 그림을 보고 무너지고 우는 것은, 내가 그림을 통해 바로 그러한 기본적인 인간 감정을 전달하기 때문이다. 내 그림 앞에서 우는 사람들은 내가 그 그림을 그릴 때 느꼈던 것과 똑같은 종교적 경험을 하는 것이다." 로스코의 그림들이 종교적 경험을 불러일으킨다면, 그것은 참으로 낯선 종교로, 종교가 없는 종교, 심지어 종교에 반하는 종교라고 불러야 할지 모르겠다.

로스코는 뉴먼과 마찬가지로 유대인이었지만, 그 역시 다른 몇몇 예술가와 같이 기독교적 주제에 관심을 두었다. 셀든 노델만^{Sheldon} ^{Nodelman}에 따르면 1966년 이탈리아 여행 중 로스코는 르네상스 화가 프라 안젤리코$^{Fra\ Angelico}$가 피렌체 산 마르코 수도원에 그려놓은 그림들을 보고 깊은 감명을 받았다고 한다. 토르첼로 섬의 산타 마리아 아순타 바실리카에 있는 작품들에도 많은 영향을 받았다고 한다. 초기 작품들에서는 재현적 요소가 많았고, 로스코는 이러한 요소들 이용하여 노골적으로 기독교적 주제, 특히 십자가에 못 박힌 예수를 그렸다(예를 들어, 〈십자가 책형Crucifixion, 1936〉, 〈십자가상Crucifix, 1941~1942〉). 재현을 버리고 자신만의 고유한 스타일을 천착하기 시작한 다음에도 종교의 그림자는 남아서, 눈에 덜 띄면서도 오히려 더욱 강력한 영향을 발휘했다. 휴스턴 채플의 형식과 내용 모두 종교에 흠뻑 젖어 있다.

휴스턴 채플에서는, 빛의 세계를 지나 어둠의 세계로 들어가게 된다. 파사드는 아무런 장식도 없는 벽돌로, 검은 동굴 같은 구멍이 나 있어 채플이라기보다는 마치 왕릉 같은 느낌을 준다. 부정신학의 제스처를 모방이라도 하는 듯 어떤 계단도, 기둥도, 표시도, 창문도 없다. 직선으로 된 틈 안으로 두 개의 커다란 검은 문이 있다. 앞서 말했던 것처럼 이 건물의 8각형 구조는 비잔틴 교회와 세례당에 영감을 받았다. 문을 지나면 쌍을 이룬 도끼와 쌍을 이룬 그림들이 교차하며 해소 불가능한 긴장이 만들어지는 공간을 마주하게 된다. 입구와 애프스(교회 동쪽 끝에 있는 반원형 부분 - 옮긴이)는 동 - 서 축을 가로지르는 남 - 북 축 위에 얹혀 대칭 십자가를 형성한다. 이 십자가 위에 각진 네 벽을 연결하는 또 하나의 십자가가 겹쳐진다. 이 8각형은 원에 가까운 공간을 만들어 내며, 반복적인 자전 운동을 암시하고, 서로 겹쳐지는 직선은 일관적인 내러티브 가능성을 암시하는 방향성을 제시한다. 다른 채플과의 구조적 차이는 시간의 대조적 해석을 반영한다. 우상을 반대하는 구조이지만, 마치 뉴먼의 작품처럼 십자가의 길을 암시하는 14개의 회화에 의해 내러티브의 느낌은 강화된다.

터렐의《다크스페이스》와 마찬가지로 사람들의 눈이 채플의 어둠에 적응하기까지는 한참의 시간이 필요하다. 어떤 인위적인 조명도 없다. 그저 눈에 보이지 않게 숨겨진 둥근 창에서 들어오는 끊임없이 변화하는 자연광만이 내부 공간을 밝힌다. 처음에 모든 '흑색' 그림들은 다 똑같아 보였다. 하지만 점차 그 차이들이 드러나기 시작했다. 그림들은 짝을 이루어 대립하며 자리 잡고 있다. 각진 벽에 의해 만들어지는 십자가 지점마다, 모두 같은 크기의 모노크롬 회화가 있다. 다른 십자가의 동 – 서 축에도 똑같아 보이는 세 폭의 그림들이 있다. 십자가 북쪽 끝에 있는 제단화는 다른 두 그림에 비해 커 보인다. 두 입구 가운데에도 하나의 모노크롬 회화가 있다. 이 유사 원형 공간과 숨겨진 채광창은 폐쇄공포의 느낌과 더불어, 우리가 모르는 새 무언가가 벌어지고 있다는 조바심을 조성한다.

채플 한가운데 놓인 이동 가능한 벤치에 앉아 오랫동안 그림에 대해 생각해 볼 수 있다. 그림을 오래 들여다보면 볼수록, 더 많은 차이들이 등장한다. 수평축에 반사되는 세 폭 그림들에서 가운데 그림이 약간 도드라져 보이며, 골고다 언덕에서 두 범죄자 십자가 사이에 놓인 예수의 십자가를 상기시킨다. 이 그림은 딥 블랙으로 가장자리에 짙은 적회색 줄이 있어 마치 뉴먼의 집^{zip}을 상기시킨다. 마주 보고 있는 세 폭의 그림들은 대칭을 이루고 있는 것처럼 보이지만 사실은 그렇지 않다. 그림의 전반적인 크기는 같지만, 가장자리의 너비가 약간 다르고, 서쪽 벽 가운데 그림은 동쪽 그림보다 3.175 센티미터 아래 달려 있다. 애프스 쪽 가운데 그림은 올라가 있지 않고, 반대쪽 그림보다 더 넓다. 이 세 그림은 검은색이 아니라 약간 붉은빛과 푸른 빛이 도는 진보라색이다. 좀 더 가까이에서 보면, 각진 벽에 걸린 단순한 모노크롬처럼 보이던 것이 사실은 보라색이 그 아래에서 암시되고 있는 붉은빛과 함께 미묘하게 바뀌는 것을 보게 된다. 문과 반대편 애프스 사이의 그림들은 나머지와 또 다르다. 딥 블랙의 수직 사각형은 진보라색을 띤 고동색 사각형 틀 속 위에서 떠다니는 듯 보인다. 14점의 회화를 하나의 전체로 이해할 수는 없지만, 함께 보았을 때, 복잡한 차이와 반복의 유희를 재연하며 그림을 보는 사람들 마음의 평정을 깬다. 처음에는 정적인 무정형의 형태로 보였던 것들이 사실은 끊임없이 움직이고 형태를 바꾸는 유사－형태였다. 마치 그림의 표면이 어떤 숨겨진 깊은 곳에서 번져 나온 잔물결로 반짝이는 듯하다. 로스코는 한때 자신의 목적이 '사람들이 보고 싶어 하지 않은 것을 보여주는 것'이라고 말한 적이 있었다. 브레슬린은 로스코가 "형식의 영역 너머에 있는 흐름, 물건, 텅 비어 있음을 발견하고 싶어 했다. 다시 말해 우리가 보고 싶어 하지 않는, 물질을 이루는 기본 물질들 말이다"라고 말하며 그의 말을 뒷받침해 주었다.

  요동치는 자연광이 그림을 바꾸기도 하지만, 시간 역시 예술 작품에 개입해 나름대로 영향을 미친다. 이 그림들은 사람들을 들어오지 못하게 가로막았던 어떤 것으로 끌어당김으로써 끊임없이 사람들을 외면하던 것으로 향하게 만든다. 터렐의 간츠펠트와는 다르게 문턱을 넘어 작품 안으로 들어가는 것도 불가능하다. 여기에는 어떤 신비로운 결합도 없다. 오히려 무언가는 영원히 다가갈 수 없는 곳으로 남아 있는 저 너머의 곳으로 끊임없이 후퇴한다. 역설적으로 이 후퇴는 예술 작품의 당김이 되어, 보는 사람들을 더, 더, 더 찾고, 질문하고, 요구하게 만든다. 하지만 대답은 언제나 '아니오'다. 더 정확하게 말하자면 해답은 언제나 답이 없는 게 아니라 침묵이고, 보는 사람들은 마치 욥처럼 이유도 모른 채 남겨진다.

그림들을 갈라놓는 동시에 연결하고 있는 아무런 장식도 없는 하얀 벽은 그림의 어둠을 깊게 만든다. 로스코의 십자가의 길은 부활로 가지 않았고, 부활을 넘어 화려한 색의 〈Be I〉, 〈Be II〉로 가지도 않는다. 그저 가차 없는 어둠이 있을 뿐이다. 실재가 후퇴하며 십자가의 길은 둥근 길이 된다. 계시라는 특별한 순간은 절대 현존하지 않는 영속적인 현존이 돌아오며 사라져 버린다. 노델만이 주장하듯 "형식적으로 똑같은 그림 단위의 반복은 만남의 순간이 다시는 일어나지 않는다는 것, 즉 궁극적인 자신과의 합일은 있을 수 없다는 것을 보여 주기 위해 필요하다. 이 불가용성不可用性, unavailability을 강조하도록 그림들이 설치되었다. 지속적으로 바뀌는 주변 빛, 주변 시야의 유희로 인한 불안정한 대조적인 가상성의 흐름, 식별가능성의 직전에서 명암도든, 선형적인 그라피즘graphism(종교적인 마법에 초점을 맞춘 고대 추상화 - 옮긴이)이든 중요한 형식들이 합쳐져 있는 상황, 이 모두가 보는 사람의 인지적 가용성 추구를 좌절시킨다." 로스코 채플은 보는 사람을 '미지의 구름' 속으로 끌어들이지 않는다. 다만 사람들과 미지의 세계를 갈라놓고 있는 만灣 같은 간극의 가장자리로 끌고 간다. 요하네스 클리마쿠스가 급박한 질문을 던지는 곳이다.

그렇다면 미지란 무엇인가? 이성이 반복적으로 도달하는 한계인가? 그런 만큼 정적인 개념 형식을 동적인 개념 형식으로 대체하는, 다른. 절대적으로 다른 곳인가? 하지만 그곳은 절대적으로 다르므로, 구별할 수 있는 어떤 표지도 없다. 절대적으로 다르다는 인증을 받았을 때, 그곳은 폭로 직전에 있는 듯하지만, 전혀 그렇지 않다. 왜냐하면 이성으로는 절대적으로 비슷한 것도 생각할 수 없기 때문이다. 이성은 절대적으로 자신을 부정할 수 없다. 다만 자신을 통해 자신 내부에서 자신이 아니라고 자각할 수 있는 것을 인식하는 목적으로만 사용된다. 이성은 절대적으로 자신을 초월할 수 없다. 따라서 자신을 통해서 자신보다 우월하다고 인식하는 것을 인식할 뿐이다.

키르케고르의 반복 강박은 트라우마가 된 상처를 치유하려는 의도가 아니라, 오히려, 그 강박을 절대로 정복될 수 없는 미지의 것에 드러내 보임으로써, 그 주체에게 트라우마를 초래하게 하려는 것이다. 로스코의 순환 여행은 한밤이 한낮이 되는 니체의 영원회귀가 아니다. 오히려 밤을 넘어 어둠이 영원히 모든 빛을 흡수함으로써 밝음을 압도하는 밤으로 회귀하려는 것이다. 로스코는 윌리엄 워즈워스William Wordsworth(19세기 낭만주의를 대표하는 시인 - 옮긴이)를 전도한 후에, 학생들 앞에서 이렇게 말했다. "모든 예술은 필멸의 시다."(워즈워스는 「영혼불멸의 시Intimations of Immortality」를 썼다 - 옮긴이) 10년 후, 누군가 채플 회화의 의미를 묻자, 그는 주저하다가 이렇게 답했다. "죽음의 무한성… 죽음의 무한한 영원성이죠."

타자의 불가용성, 미지의 접근 불가능성, 죽음의 무한성 모두가 자아를 자신에게 다시 돌아가도록 만든다. 로스코가 볼 때, 자아로 가는 여행은 혼자 해야만 한다. 삶의 단계를 따라 여행이 길면 길수록, 더더욱 고립된다. 카스퍼 다비드 프리드리히$^{Casper\ David\ Friedrich}$의 성숙한 스타일을 선취하고 있는 〈바닷가의 승려$^{Monk\ by\ the\ Sea,\ 1808\sim1810}$〉까지 소급되는 낭만주의 전통을 상기시키며 로스코는 자신도 한 번은 '한 인간 형상이 홀로 완전한 정지의 순간에 있는 그림'을 그린 적이 있다고 고백했다. 수년 동안 로스코는 키르케고르가 그렸던 아브라함의 이삭 희생을 묘사하는 것이 자신의 예술적 사명이라고 생각했다. 어둠이 내리고, 채플의 벽이 닫히면서, 관객들은 모리아산 정상에 홀로 서서 침묵, 그것도 절대적인 침묵과 만나 최후의 절망에 찬 절규를 외치는 예술가를 만난다. 바람에서는 어떠한 목소리도 들리지 않고, 아들의 목소리를 양의 소리로 대체하는 목소리도 없다. 침묵 외엔 아무것도 없다. 신에 대한 자아. 세계에 대한 자아. 다른 자아들에 대한 자아. 자아에 대한 자아. 더는 말할 것이 없다. 하지만 이 말할 것이 없는 것은 어떻게 말할 것인가?

죽음의 봉인

게임을 한다. 무한한 회색 속에 흑색과 흰색을 놓는 놀이다. 빠져나갈 길은 없다. 흑색이 언제나 이긴다. 외통수에 빠진다.

스웨덴의 감독 잉마르 베리만$^{Ingmar\ Bergman}$보다 침묵에 오랫동안 천착했던 예술가는 없다. 우주의 침묵. 가족, 친구, 낯선 사람들을 갈라놓는 침묵. 무엇보다 신의 침묵. 서로의 작품에 대해 단 한마디 논평도 하지 않았지만, 로스코는 그를 이해하고 자신의 작품 속에 해석했으며, 베리만도 로스코를 이해하고 자신의 영화를 통해 평했다.

베리만의 작품에서는 어디에서나 침묵이 현존한다. 특히 그의 침묵 3부작인 《창문을 통해 어렴풋이$^{Through\ a\ Glass\ Darkly,\ 1961}$》, 《겨울빛$^{Winter\ Light,\ 1963}$》, 《침묵$^{The\ Silence,\ 1963}$》에서 두드러지는 것을 볼 수 있다. 이 작품들은 모두 흑백이다. 스웨덴이 점차 세속화되던 시대에 루터교 목사 가정에서 자라난 베리만은 신의 침묵에 사로잡혔다. 《창문을 통해 어렴풋이》는 조현병을 앓고 있는 여성이 자신을 겁탈하려는 신을 무시무시하고 사악한 거미로 보는, 그녀의 복잡한 가족 역학을 다루고 있다. 《겨울빛》에서 루터교 목사 토마스 에릭슨은 자신의 신앙과 더불어 목회자를 거의 잃고, 핵전쟁에 의한 살육 위협에 절망하고 있는 어부 요나스 페르손 앞에서 자신의 배교를 인정한다. 목사가 어떠한 해답도 내놓지 못하자 요나스는 자살하고 만다. 토마스는 요나스의 아내를 만나 가식적인 조의를 표한 후 주중 예배를 위해 교회로 향한다. 거기엔 장애인 교회지기와 자신의 정부만이 참석해 있다. 늦은 오후 겨울빛 속에서 교회는 구름이 덮인 날의 로스코 채플만큼이나 어둡다. 예배가 시작되기 전 교회지기는 목사에게 추천받은 복음을 읽고 의문이 생겼다고 질문한다.

교회지기: 예수의 수난. 고통이요… 고통의 초점이 모두 잘못되었다고 말씀하시지 않았던가요?

목사: 무슨 말이요?

교회지기: 육체적 고통을 강조한 거요. 그렇게 끔찍할 리 없잖아요. 주제넘은 말처럼 들릴 수도 있겠지만, 제 생각엔 저도 예수님만큼이나 육체적 고통은 많이 겪었거든요. 그리고 예수님의 고통

은 그리 길지 않았잖아요. 그저 네 시간 정도? 저는 예수님은 다른 차원에서 훨씬 더 고통을 받았다고 생각해요. 제가 잘못 생각했을 수도 있어요. 하지만, 겟세마네(예루살렘 동쪽에 있는 동산. 그리스도 수난의 땅-옮긴이)를 생각해 보세요. 목사님. 예수님의 사도들은 잠들었잖아요. 최후의 만찬의 의미는 물론, 아무것도 몰랐어요… 날이면 날마다 같이 살았지만, 예수님 말씀을 전혀 이해하지 못했어요. 그들이 예수님을 버렸죠. 마지막 하나까지요. 예수님은 혼자 남겨지셨죠… 정작 의지할 사람이 필요할 때 버려진 거죠. 그게 정말 말 못 할 정도로 고통스러웠을 거예요. 하지만 최악의 고통은 아직 오지 않았죠. 십자가에 못 박히면서 예수님은 고통 속에 소리치셨죠. "하느님, 나의 하느님, 왜 저를 버리셨나이까?" 정말 크게 소리치셨을 거예요. 하늘에 계신 아버지가 그를 버렸다고 생각하셨을 테니까요. 그 순간에 하느님의 모든 말씀이 거짓이라고 믿으셨겠죠. 죽기 직전의 순간, 예수님은 의심에 사로잡히셨던 거예요. 그게 아마 예수님의 가장 커다란 시련이 아니었을까요? 신의 침묵이 말이에요.

목사: 옳습니다.

교회지기는 오르간 음악이 배경에 깔리며 연주되는 가운데 교회에 초를 밝히려 자리를 뜨기 전까지 더는 아무 말도 하지 않는다. 토마스는 조용히 제단으로 가는 계단을 오르고, 텅 빈 눈으로 텅 빈 교회를 바라보며 읊조린다. "거룩, 거룩, 거룩, 만군의 주여. 그 영광이 온 땅에 가득합니다." 그러곤 침묵.

3부작의 마지막은 《침묵》이다. 원제는 《신의 침묵》이었지만, 이 작품에서 베리만은 신과 피조물 사이의 침묵보다는 인간 사이의 침묵에 더 많은 관심을 보였다. 배경은 전쟁 중인 에소토니아의 티모카^{Timoka}(티모카는 '처형자'라는 의미다)라는 황량한 마을이다. 군인과 군사용 차량이 침묵 속에 거리를 순찰하고 있다. 에스터와 언니 안나, 그리고 안나의 열 살 난 아들 요한은 기차를 타고 미지의 목적지를 향해 가고 있다. 기차가 멈췄고 한때 근사했던 호텔에 머물려 하지만, 지역 주민과 언어가 달랐기 때문에 자매와 호텔 직원 사이에 소통이 이루어지지 않았다. 에스터는 불치병 말기 상태로, 이 두 자매 사이의 긴장을 중심으로 드라마가 펼쳐진다. 진정한 의사소통 실패는 서로를 혐오하는 두 자매 사이에서 일어난다. 에스터는 요한과 안나를 두고 섹스로 도피한다. 돌아와서는 자신이 무슨 대단한 일이라도 한 양 언니를 조롱한다. 상태가 계속 나빠지면서, 에스터는 고립과 죽음이라는 두려움에 사로잡힌다. 그녀를 동정하고 도와주는 대신 안나는 에스터가 언제나 자신을 혐오하고, 도덕적으로 형편없는 사람 취급을 했다고 선언한다. 겁에 질린 에스터는 반박하려 해보지만 아무런 소용도 없다. 직업이 전문 통역사였음에도 불구하고 에스터는 자신과 가장 가까운 사람과도 소통하지 못한다. 다음 날 아침 안나와 요한은 에스터가 낯선 땅에서 혼자 죽어가도록 내버려 두고 떠난다. 그들이 떠나기 전 에스터는 수수께끼 같은 쪽지를 조카 요한의 손에 쥐어준다. "요한에게, 외국어로 하는 말." 언어가 외국어일 때, 쓰이고 말해질 때조차 말은 침묵을 지킨다.

이 3부작의 모든 주제는 1957년 《제7의 봉인$^{The\ Seventh\ Seal}$》에서 이

미 선취 되었다. 영화의 배경은 흑사병 시대 덴마크다. 당연한 말이 겠지만, 영화 제목은 로스코도 오랫동안 매료되어 빠져나오지 못했던 요한계시록에서 따왔다. 노델만에 따르면, 로스코는 엘 그레코의 〈성 요한의 계시Vision of St. John, 1608~1614〉에 너무도 깊은 인상을 받아, 자신의 채플에 기금을 댄 도미니크 드 메닐에게 함께 메트로폴리탄 뮤지엄에 가서 그 그림을 봐야 한다고 고집했다고 한다. 그에 대해 노델만은 이렇게 썼다. "로스코가 채플에 온통 마음을 빼앗겨 있던 시기에 엘 그레코의 마지막 계시는 틀림없이 그럴듯하게 들렸을 것이다. 서로 정반대라 할 수 있지만, 마찬가지로 경외심을 자극하는 방식으로, 프라 안젤리코Fra Angelico와 엘 그레코는 관객에게 줄 수 있는 효과를 암시했다. 그 효과야말로 로스코가 목표로 삼고, 그가 생각하는 채플 그림의 내용이었다."

《제7의 봉인》은 죽음의 사자 까마귀가 잿빛 하늘을 나는 장면으로 음산하게 시작한다. 안토니우스 블록이라는 기사와 그의 종자 옌스가 십자군 전쟁에서 10년을 보낸 후 덴마크로 돌아오는 중 바닷가에서 쉬고 있다. 기사는 일어나 바다에 얼굴을 씻고, 검은 망토를 입은 수도승처럼 보이는 사람에게 몸을 돌린다.

기사: 누구시오?

죽음: 죽음이오.

기사: 나를 만나러 오셨소?

죽음: 당신 옆에서 오래 걸어 다녔다오.

기사: 알고 있었소.

죽음은 안토니우스에게 죽음을 유예해주지 않겠다고 하지만, 기사는 죽음에게 체스 게임을 제안한다. 게임이 지속되는 한 죽음은 연기되고, 기사가 이기면 삶을 허용 받는 조건이다. 예측할 수 있는 일이지만, 죽음이 양보해서 게임은 시작된다.

기사와 종자는 집으로 먼 여행을 계속하면서 수없이 많은 '사악한 징조'를 마주한다. 눈이 없는 시체, 말을 먹고 있는 말, 파헤쳐진 무덤, 용병이 젊은 여성을 마녀라며 불태우고 있는 처형장 등이다. 한 가족은 분명한 희망을 준다. 미아(메리), 조프(조지프), 그리고 아기 미카엘로 구성된 가족이다. 이들은 햄릿의 성 엘시노어로 향하는 순회극단 단원으로, 그곳에 당도하면 교회 계단에서 공연할 예정이다. 조프는 다른 모든 사람들에게 조롱을 받는 광대같은 존재다. 그는 미아를 깨워 자신이 성모 마리아와 아기 예수를 보았다고 말한다. 조프는 안토니우스와 체스를 두는 죽음을 볼 수 있는 유일한 사람으로 다른 모든 사람은 안토니우스가 조프와 체스를 두고 있다고 생각한다. 어떤 의미에서는 그럴 수도 있다. 영화 내내 순회극단은 다가오는 비극적인 종말을 배경으로, 인간이 멍청한 짓을 저지르는 소극笑劇을 계속해서 공연한다.

종자는 이미 오래전에 신앙을 거두었지만, 기사는 믿음과 불신 사이에서 고통 받고 있는 영혼이다. 쉴 곳을 찾던 이들은 시골 교회에 다다른다. 거기에는 한 화가가 〈죽음의 무도〉라는 정교한 프레스코화를 그리고 있다. 기사가 제단 앞에 앉으니 "성인들의 그림이 냉담한 눈으로 그를 내려다보고, 예수의 얼굴은 위로 올라가 있고, 입은 고통의 외침으로 열려 있었다". 베리만의 예수는 십자가의 길에 있는 13번째 장소를 넘어서 움직일 수 없다. 두려움과 절망으로 고통스러워하며 안토니우스는 고해성사하려 하지만, 죽음이 이미 그 앞자리에 몰래 앉아 있다.

> **기사**: 왜 제 안의 신을 죽이지 못할까요? 왜 신은 이 고통스럽고 수치스러운 방식으로 계속 살고 있을까요? 제가 그를 저주하고, 내 마음속에서 찢어내 버리고 싶어 하는데요? 모든 것에도 불구하고 왜 신은 떨쳐 낼 수 없는 혼란스러운 실재일까요? 제 말 듣고 계시나요?
> **죽음**: 네, 듣고 있습니다.
> **기사**: 지식을 주세요. 믿음이 아니고, 거짓이 아니고, 지식을 주세요. 신이 제게 손을 뻗쳐 자신을 드러내고 제게 말하게 해 주세요.
> **죽음**: 하지만 그분은 침묵을 지키고 계세요.
> **기사**: 어둠에서 그분을 불러 보았지만 아무도 거기에 없어 보였어요.
> **죽음**: 아마 거기엔 아무도 없어요.
> **기사**: 그렇다면 삶이란 끔찍한 공포이군요. 모든 게 무라는 것을 알면, 죽음 앞에서는 아무도 살 수 없어요.

여행의 어둠과 우울함에서 잠깐 한숨을 돌릴 수 있는 유일한 경우는 기사와 종자가 '신성 가족'을 만나 맛있게 산딸기를 나눠 먹을 때 뿐이다. 하지만 이 빛의 순간에도 의심이 기사의 시야를 어둡게 만든다. 그는 미아에게 고백한다. "신앙은 고문이요. 알고 있었나요? 마치 어둠 속에 존재하고 아무리 소리쳐 불러도 절대로 모습을 드러내지 않는 누군가를 사랑하는 것 같아요." 도움을 요청하는 모든 소리, 사랑한다는 소리에 대한 답은 오로지 침묵뿐이다.

앞에 놓인 검은 숲에 숨어 있는 위험을 감지하고 미아, 조프 그리고 아기는 기사가 도중에 모은 잡다한 무리에 합류한다. 잠깐 휴식을 취하면서 기사와 죽음은 다시 한 번 게임을 시작한다. 죽음은 곧 체크메이트를 선언한다. 내기에서 이긴 죽음이 질문을 던진다.

죽음: 유예를 즐겼나?

기사: 뭐, 그렇지.

죽음: 그랬다니 다행이군. 이제 자넬 떠나겠네. 다시 만날 때, 자네와 동료들의 시간은 끝난 거야.

기사: 그럼 비밀을 말해주겠군.

죽음: 비밀 그런 건 없는데.

기사: 그러면 넌 아무것도 모르는군.

죽음: 말할 게 없어.

죽음은 기사와 동료들의 여행을 허락한다. 목적지에 도달해 보니 안토니우스의 아내 카린을 제외하는 모든 사람은 성에서 도망가고 없었다. 어색한 재결합이 있고 난 뒤, 카린은 여행객들에게 마지막 저녁을 만들어 준다. 함께 빵을 굽고 와인을 마시며, 카린은 요한계시록을 읽는다.

카린: … 그분께서 일곱째 봉인을 여실 때에 하늘이 반시간 쯤 고요

하더라. 내가 하나님 앞에 서 있던 일곱 천사를 보았는데 그들이
일곱 나팔을 받았더라. 또 다른….

정문을 크게 두드리는 소리가 세 번 들린다. 카린은 읽기를 멈추고
책 위로 응시한다. 옌스는 빠르게 일어나 문을 열어주러 간다.

> 카린: 첫째 천사가 나팔을 불매 피 섞인 우박과 불이 나와서 땅 위로
> 쏟아지니 나무의 삼분의 일이 타고 푸른 풀이 다 타더라.(킹제임
> 스 흠정역)

이제 비가 잦아든다. 햇불이 불타며 불안한 그림자를 천장과 벽에
드리우고 있는 크고, 어두컴컴한 방이 불현듯 엄청나고 무시무시한
침묵에 휩싸인다. 모든 사람은 잔뜩 긴장해서 정적을 듣는다.

죽음이 들어온다. 사람들을 하나하나 응시한다. 기사가 마침내 침
묵을 깬다. "어둠 속에서 우리는 당신, 주를 불러냈소. 자비를 베풀
어 주시오. 우리는 보잘것없고, 겁먹고, 무지하니." 하지만 다시 한
번, 아무런 대답이 없다. 죽음은 낫을 휘두르며 순례자들을 이끌고
수평선을 가로질러 넘어가며, 하늘에 모여드는 폭풍우 구름 속으로
춤추며 들어간다.

체크메이트. 검정은 하양을 이기고, 빨강을 잡아먹었다. 신의 침묵
은 세상을 커다란 황무지로 만들었다. 빠져나갈 곳이라고는 없는 황
무지로. 2차 세계대전과 냉전과 핵전쟁의 시대에 그림을 그리고 글
을 쓰면서, 로스코와 베리만은 '세속적인 시대'라고 흔히 오해되는

시대를 향한 복잡한 이행을 헤쳐 나가려 애썼다. 더는 신앙을 가질 수도 없고, 그러나 신을 버린다는 데에도 확신할 수 없었던 그들은 자신들이 더는 믿고 있지 못하는 것을 버릴 수도 없었다. 절망적인 부름에도 대답하지 않으려는 신을 두고 그들은 모든 곳을 돌아보았지만, 그저 침묵의 소리 외에는 아무런 소리도 들을 수 없었다. 그 소리가 로스코를 죽음으로 내몰았고, 베리만은 찾기를 멈추지 못했다.

7

내부에
Within

침묵, 좋아. 하지만 어떤 침묵! 침묵을 지키는 건 좋지만 어떤 종류의 침묵을 지키는지 생각해야 해.

_사뮈엘 베케트

회오리바람과 소용돌이

없이… 이전… 부터… 너머… 맞서… 안에. 알 수 없는 것, 말할 수 없는 것, 이름 붙일 수 없는 것은 밖과 너머뿐 아니라 내부 및 안의 문제이기도 하다. 왜냐하면 내부는 내면화도, 통합도, 동화도 불가능한 외부이기 때문이다. 이 내부성은 외부에서 침투할 수도 없고, 내부에서 표현할 길도 없는 침묵에 둘러싸여 있다. 따라서 모든 말은 아무것도 말하지 않는 침묵이며, 모든 창조는 창조의 부재이다. 이 캄캄한 내부의 침묵은 빛의 기원인가 아니면 빛의 소멸인가? 자궁인가, 무덤인가? 아니면 그사이의 무엇인가?

2017년 5월, 애니쉬 카푸어$^{Anish\ Kapoor}$의 작품이 브루클린 브리지 공원에서 베일을 벗었다. 〈하강^{Descension}〉이라는 제목의 대형 옥외 설치 조각이었다. 〈하강〉은 인도에서 열린 2015년 코치 - 무지리스 비엔날레에서 처음 제작되어 이탈리아 산 지미냐노 갈레리아 콘티누아라는 화랑에서 전시된 작품이다. 카푸어는 벌써 그보다 훨씬 전 〈하강〉을 예고하는 작품을 제작했다. 시간 속에 얼어붙은 회오리바람을 닮은 〈무제Untitled, 1983〉라는 제목의 검은 조각상이다. 최근작인 〈하강〉에서 회오리바람은 하늘에서 내려와 지표면을 뚫고 바다 깊은 곳으로 소용돌이친다. 30여 년이 흘러 기술이 발전하고 나서야 비로소 카푸어가 생각했던 최초의 비전이 실현된 셈이다.

〈하강〉은 지름 8미터의 원형 공간에서 대량의 물을 회전시켜 소용돌이를 발생시키고 이렇게 발생한 소용돌이가 끊임없이 회오리치도록 만든 작품이다. 유사한 이전 버전에서는 물에 검은색 염료를 타 블랙홀의 외관을 만들었었다. 그러나 뉴욕 버전에서는 물에 염료 처리를 하지 않았기 때문에 주변 이스트강 색깔이 물에 그대로 비친다. 이스트강을 가로지르는 브루클린 대교와 맨해튼 남쪽 스카이라인이 이 설치물의 액자 기능을 한다. 〈하강〉이라는 작품이 조각품이냐는 질문을 받고 카푸어는 못 견디겠다는 듯 대답한다. "물론 조각이죠. 조각처럼 보이지 않는다는 건 인정합니다. 보통 조각처럼 위를 향해 치솟는 것이 아니라 아래로 하강하는 조각이죠. 그래도 엄연한 조각입니다. 이 작품을 조각으로 분류해야 하는 이유는 여기에 명백히 인위적인 요소가 들어있기 때문입니다. '하강'은 자연 현상인 척 포즈만 잡을 뿐, 인공물이니까요. 분명히 만들어졌는데도 마치 그렇지 않은 척하는 허구인 거죠. 그 긴장이 작품의 중요한 부분입니다." 카푸어가 말한 대로 〈하강〉은 조각에 깃든 종래의 규칙을 깨버린다. 마이클 하이저Michael Heizer는 이런 조각을 '전도된 조각'이라 부른다. 외부가 내부가 되고, 존재가 부재가 되며, 아래가 위가 되고, 양이 음이 된다. 회전하는 물은 소용돌이를 만들고, 소용돌이는 관람객을 아찔한 저 밑으로 빨아들일 듯 위협한다. 이 어지럼증은 끊임없이 윙윙거리는 백색 소음, 발밑에서 마치 땅이 꺼져 미끄러질 것 같은 느낌을 주는 부단한 진동으로 인해 더욱 강화된다. 카푸어의 〈하강〉에서 땅^{grund}은 심연^{abtrund}(ab는 '~로부터 떨어져', grund 는 '땅'이라는 뜻이다)이 된다. 〈하강〉을 보는 관람객은 헤아릴 수도 없이 보이는 텅 빈 공간 위에 서서 옴짝달싹할 수가 없다. 설상가상으로 이 소용돌이는 영원해 보인다. 카푸어는 질문에 대한 대답을 하지 않고 오히려 관람객들에게 질문을 남긴다. "얼마나 깊을까? 대지의 중심을 향해 가는가? 도대체 무엇인가? 이걸 만드는 것은 무엇인가? 보통 사람들은 자신이 보고 있는 대상을 가늠해보고 싶어 한다. 그러나 대상이 가늠을 거부할 때 비로소 뭔가 다른 일이 일어난다는 것이 나의 생각이다." 가늠도 측정도 불가능한 것을 어떻게 측정할 것인가? 헤아릴 수 없는 것을 어떻게 헤아릴 것인가? 명명할 수 없는 것을 어떻게 들을 것인가? 회오리바람에서 나의 목소리는 침묵이라는 소용돌이가 된다. 질문에 대답은 없다. 존재하는 것은 침묵… 끝없는 침묵이다.

 에드거 앨런 포$^{Edgar\ Alan\ Poe}$보다 심연의 소용돌이가 내는 침묵에 익숙한 작가는 아마 없을 것이다. 포의 「침묵^{Silence}」이라는 제목의 소네트를 보기로 하자.

  침묵은 두 겹으로 존재한다 ― 바다와 해변 ―
    육신과 영혼. 우리는 고독한 장소에 살고 있다,

멋대로 자란 풀이 새로 뒤덮은 자리, 근엄한 은총,
인간의 추억, 전해져 내려오는 눈물 가득한 이야기,
　　그에게서 공포를 빼앗으라. 그의 이름은 '그만'.
　　그는 육신을 입은 침묵. 그를 두려워 말라!
　　　그의 내부에 악한 힘이라고는 없으니.
하지만 어떤 절박한 숙명(때 이른 운명!)이
　　　그대를 그의 그림자(인적 없이 고독한 그곳을 떠돌던
무명의 요정)를 만나게 한다면,
그대 자신, 하느님께 맡기라!

　두 겹의 침묵은 침묵 내부의 침묵, 말의 반대인 침묵보다 더 근원적인 침묵이다. 사막부터 바다까지, 그 사이 어디건 침묵의 메아리는 존재한다. 포가 느끼는 무시무시한 침묵이 있다. 그의 침묵은 역설적이게도 무시무시한 폭풍우의 무자비한 소음으로 초래될 수 있다.

　에드거 앨런 포의 「침묵─우화 Silence─A Fable」에서 이름 없는 한 남자가 무덤 옆 그늘에 앉아있다. 악마가 다가와 그 남자의 귀에 속삭인다. "내 말을 들어 봐… 내가 말할 곳은 리비아에 있는 음울한 곳이야. 자이르강에 둘러싸인 곳. 고요도 침묵도 없는 곳이지." '무시무시한' 강은 사막을 통과해 흐르고 있고 가장자리에는 '캄캄하고 소름 끼치도록 드높은 원시림'이 있다. 세상의 웅성거림과 소음을 피해 수도사들이 머무는 사막과 달리 포의 사막은 불협화음을 방불케 하는 소음으로 요란하다. 사막 한가운데 거대한 암석이 솟아있고 암석에는 '적막'이라는 글자가 새겨져 있다. 암석 꼭대기에는 '신의 특성'을 지닌 인간이 고독에 몸을 떨며 앉아있다. 그의 얼굴에 새겨진 주름은 '인류를 향한 혐오'를 표현한다. 이름 없는 화자는 적막의 소음에 압도되어 끔찍한 폭풍이 불어 닥치자 '침묵의 저주'를 외친다. 마침내 바람이 잦아들고 천둥소리도 가라앉고 강물도 물러난다. 이제 '한없이 광대한 사막'에는 아무런 목소리도 없다. 화자는 "암석에 새겨진 글자를 보았다. 글자는 바뀌어 있었다. '침묵'이라는 글자였다." 포의 침묵은 마음을 가라앉혀주기는커녕 소음보다 더 위협적이다. "결국 남자는 몸서리를 치며 외면하고는, 황급히 먼 곳으로 달아났다."

그러나 포는 달아날 수 없는 악마에게 사로잡혀 있었다. 왜냐하면 악마는 포의 내면에 존재하고 있었기 때문이다. 어디를 보아도 유령과 그림자와 또 하나의 자신, 무덤, 납골당이 보였다. 포의 상상력은 미쳐 날뛰었고 그를 높은 곳으로 이끌었지만 높은 곳으로 가 봐야 그곳은 다시 심연이 되어버렸다. 포는 심연이 두렵지만 거부할 수 없다. 그를 붙잡고 기진맥진하게 만드는 심연은 최소한 잠시 동안이나마 그를 구한 예술의 원천이었다. 그의 삶은 북극과 남극이 상징하는 양극단 사이에 매달려 있었다. 그는 언제나 남극을 향해 있었다. 당시 많은 다른 이들에게 그러했든 포에게도 남극은 세상의 모든 바다가 소용돌이치며 흘러 들어가는 종착지였다. 남극으로 흘러 들어가는 바닷물은 다시 돌고 돌아 나일강 입구와 미국의 나일강이라 할 수 있는 미시시피 강어귀를 돌아 나온다. 포는 「병 속에서 찾은 원고$^{\text{MS. Found in a Bottle}}$」라는 소설에서 이러한 여정을 그린다. 이 소설은 '예술작품의 기원'을 다루고 있는 믿을 수 없는 이야기다.

소설에서는 또 다른 무명 화자가 등장해, 자바 해안을 따라 항해하는 배 이야기를 들려준다. 항해하던 배 주위에서 갑자기 거친 폭풍이 일어나 배가 난파한다. 생존자는 두 명뿐이다. "무슨 기적 덕인지는 모르겠지만 나는 파괴를 면하고 살아남았다. 바닷물의 충격에 실신했다 일어나보니 몸이 선미 기둥과 키 사이에 끼어 있었다. 간신히 한 발을 빼내서 어질어질한 상태로 주변을 둘러보다 퍼뜩 든 첫 번째 생각은 우리가 파도 사이에 있다는 것이었다. 어떤 상상도 넘어서는 태산보다도 크고 거품을 내뿜는 무시무시한 바다의 소용돌이에 우리는 꼼짝없이 갇혀버렸다." 겁에 질린 생존자 둘은 부서진 배의 잔해에 매달려 남쪽으로 떠가던 중 심연 밑바닥으로 내동댕이쳐지고, 그곳에서 유령선을 만난다. 화자는 선창에 자신을 '숨기고' 알아들을 수 없는 침묵의 언어로 말하는 유령들을 보면서 "경탄과 누를 길 없는 경외감에 사로잡힌다". 신을 묘사하기 위해 고군분투하는 부정신학자처럼 화자는 이렇게 전한다. "최근 나는 배의 구조를 꽤 관찰한 편이다. 이 배는 무장이 잘 되어 있긴 하지만 군함은 아니다. 배의 삭구素具, 구조와 일반 장비, 죄다 군함에서는 볼 수 없는 것들이었다. 이 배가 무엇인지는 알 수 없지만, 무엇이 아닌지는 쉽게 알 수 있다."

유령선은 계속 남극을 향해 표류하다 결국 '위용을 자랑하는 폭포'를 향해 돌진하는 해류에 갇힌다. 카푸어가 만든 소용돌이 구멍처럼 끝도 없는 심연으로 끌려 내려가며 이야기는 결론으로 치닫는다. "아, 끔찍하고도 끔찍하다! 돌연 빙산이 오른쪽과 왼쪽에서 커다란 입을 벌린 채 나타났다. 우리는 아찔함을 느끼며 광대한 동심원

속 원형 경기장만 한 경계선을 돌고 또 돌고 있다. 경기장 벽의 정상은 머나먼 어둠 속으로 사라져버렸다. 내 운명을 곰곰이 생각해 볼 시간이 거의 남아있지 않았다. 원은 급속도로 작아지고 있었고 우리는 소용돌이의 손아귀에 붙잡힌 채 미친듯이 아래로 추락하는 중이다. 바다와 포효하는 폭풍과 천둥 한 가운데서 배는 떨고 있다. 오 하느님! 그리고 가라앉고 있다!" 끝이라고 생각했지만 끝난 게 아니었고 '병 속에서 찾은 원고'는 화자가 계획이 있었던 덕에 살아남는다. "나는 이따금 이 일기를 계속해서 쓸 것이다. 물론 이 일기를 세상에 전달할 기회가 없을지도 모르지만 노력할 것이다. 최후의 순간 원고를 병에 담아 바다로 던질 것이다."

「병 속에서 찾은 원고」는 사실은 창작 과정을 다룬 소설이다. 화자의 남극 여행은 포의 내면 여행을 상징한다. 그를 사로잡은 악마는 바로 그의 상상력이다. 그는 악마(상상력)에게 저항하지 못한다. 내부가 텅 빈 이 공간은 예술가를 끌어들이는 동시에 내쫓는 곳으로서, 칸트가 이성의 한계에서 발견한 심연이다. 칸트의 주장을 보자. "특히 처음 태어났을 때, 이 운동은 진동에 비유할 수 있다. 동일한 대상이 급속히 만들어내는 끌고 당기는 움직임 같다는 뜻이다. 상상력이 과잉까지 치닫는 지점(직관의 각지覺知에 의해 상상력은 과잉으로 치닫는다)은 심연과 같고 상상력은 심연에서 자신을 잃을까봐 두렵다." 상상력은 형식과 무정형, 질서와 (칸트의 생생한) 용어를 빌자면 '혼돈, 혹은 야생 상태 그대로 가장 불규칙한 무질서이자 폐허'의 경계를 따라 작동한다. 이제 칸트의 통찰이 지닌 의의를 설명하는 과제는 하이데거에게 넘어갔다. "상상력이라는 초월적 힘에 '뿌리를 둔'

인류의 본질은 '미지unknown'다. 칸트가 '우리에게 알려지지 않은 미지의 뿌리'에 관해 말했다면 분명히 살펴보았을 법한 미지다. 여기서 미지는 단순히 우리가 아무것도 모르는 어떤 것이 아니다. 미지란 기지의 것에 내재된, 뭔가 불안을 조성하는 것, 나와 맞서 있는 어떤 것이다. 그러나 애석하게도 칸트는 상상력의 초월적인 힘을 더 독창적으로 해석하는 과제를 마무리하지 못했다… 오히려 미지의 뿌리에서 움찔하며 물러났다." 칸트를 그토록 깊이 동요시킨 것이 무엇인지 이해하기 위해서는 상상의 불가능성을 상상해보아야 한다. 상상할 수 없는 것을 상상한다고 상상해보라. 존재 이전의 존재를 상상하라. 존재 이후의 존재를 상상하라. 존재하지 않음을 상상하라. 상상하지 않음을 상상하라.

알 수 없는 것, 말할 수 없는 것, 명명할 수 없는 것은 열 수 없는 지하 묘지처럼 우리의 내부에 있다. 칸트는 내재하는 다른 세계로부터 후퇴했지만, 이 심연이 예술작품의 기원임을 깨달았다. 상상력은 직관의 형식들과 오성의 범주들을 분별력 있는 다수의 직관들과 종합하면서, 혼돈에 질서를 부여하려 한다. 『순수이성비판』에서 칸트는 주장한다. "인간 오성의 이 도식화schematism는 외양들과 그 단순한 형태에 적용될 때 예술이 되지만 그 예술은 인간의 영혼 깊은 곳에 감추어져 있다. 자연은 인간의 영혼이 활동하는 방식을 인간이 발견하도록 허락하지 않을뿐더러 인간이 볼 수 있도록 문을 열어주지도 않는다." 지식은 그 작업을 완전히 알 수 없다고 해도 본질상 예술적일 수밖에 없다. 칸트가 물러선 곳에 포가 벌컥 들어온다.

내 감각이 느끼는 공포를 이해한다는 것은 도저히 불가능하다는 생각이 든다. 그러나 이 끔찍한 공포의 신비를 꿰뚫어 보고 싶은 호기심은 내 절망을 이길 만큼이나 강하다. 죽음의 가장 섬뜩한 면과 나를 화해시킬 정도로. 우리가 아주 흥미진진한 지식—절대로 전달되지 않는 비밀을 향해 급속히 다가가고 있다는 것은 명백하다. 이 지식, 이 비밀을 획득하는 순간 곧 파멸이다. 아마 이 흐름을 타고 우리는 남극으로 끌려가는 것 같다. 아무리 말도 안 되는 추정이라 하더라도 결국 그런 생각 외에 다른 생각은 들지 않는다고 실토할 수밖에 없다.

"절대로 전달되지 않는 비밀, 그 비밀을 획득하는 순간 파멸이다." 이것이 바로 이름값을 하는 모든 예술의 기원이다. 마지막 순간, 기이한 병 하나가 남극해 표면에 떠오르고 포효하는 파도는 병 속 메시지를 멀고 먼 인도의 해변으로 실어 나른다. 포와 마찬가지로 애니쉬 카푸어의 삶과 예술 또한 양극단 사이에 멈추어 서 있다. 동양/서양, 힌두교/유대교, 외부/내부, 긍정/부정, 반사/흡수, 색채/암흑, 기하학적 질서/유기적 질서, 표면/심연, 돌출/함몰, 볼록함/오목함, 대지/하늘, 물질/비물질, 무의식/의식, 존재/부재, 가시/비가시, 충만/공허. 카푸어에게 가장 매력적인 것은 이쪽이건 저쪽이건 양 끝이 아니라, 그 사이의 기이한 비어있음이다. 카푸어는 고백한다. "결국, 제가 말하고 있는 주제는 나 자신입니다. 그리고 무無를 만드는 일에 대해 생각합니다. 그 무는 제게는 텅 비어있음입니다. 하지만 그 또한 어떤 것이기도 합니다. 실제로는 아무것도 아니지만 말입니다." 아무엇도 아니지만 존재하는 무엇, 혹은 어떤 존재이되 아무것도 아닌 것을 이해하는 유일한 방법은 비어있는 곳으로 뛰어드는 것이다. 비어있음은 상반된 것들을 분리하는 동시에 이어주며, 그 덕에 생명이 가능해지지만 둘 사이의 긴장은 견딜 수 없는 것이 된다. 아래는 위에 대한 카푸어의 설명이다. "이항 대립은 인간 조건의 근원적인 요소입니다. 물질에서 비어있음을 포착하는 것은 드라마를 창조하는 하나의 방식, 육체적으로나 심리적으로 명료한 언어를 사용해서 장면을 배치하는 방법입니다. 모든 형태는 오목하거나 볼록하거나 둘 중 하나라는 의미에서 그렇다는 말입니다. 인도에서 미술에 사용되는 재료로는 빵과 쌀, 흙처럼 사라질 수 있는 것도 있고 돌과 귀금속처럼 지속적인 것도 있습니다."

카푸어는 1954년 인도 뭄바이 출신의 예술가다. 그의 아버지는 인도인이고, 어머니는 갓난아기 때 온 가족이 바그다드에서 인도에 이민 온 유대인이다. 카푸어는 유대인 전통을 배경으로 성장했지만, 작품에는 유대교와 힌두교 두 종교의 흔적이 모두 나타난다. 처음에는 아버지를 따라 공학을 공부하기 시작했지만, 이스라엘에서 지낸 후 카푸어는 미술을 직업으로 선택했다. 1973년 이스라엘을 떠나 영국으로 이주했고 처음에는 혼지 예술대학, 나중에는 첼시 예술학교에서 수학했다. 카푸어는 평생 신화와 종교에 관심이 지대했고 이러한 관심은 〈의인화된 의례Anthropomorphic Ritual, 1977〉처럼 학생 시절 제작한 초기 작품에서 이미 나타난다. 이탈리아 미술평론가 제르마노 첼란트Germano Celant는 이 작품에서 카푸어가 추구하고 있는 바를 이렇게 설명한다.

그는 상반되지만, 서로를 끌어들이기도 하는 요소들 사이의 균형, 즉 이원성을 확립한다. 신성과 인간성, 영적인 것과 물리적인 것, 천사와 악마 사이의 변증법을 유지하는 가운데 그는 비상하는 동시에 하강하는 형태를 만든다. 그의 작품은 대지와 창공, 낮음과 높음, 먼지와 공기의 만남에 기대는 순환적 비전을 유지한다. 영광스러운 육신의 원형은 가변성과 안정성 사이의 변증법적 관계를 통해 변형된다… 열림은 닫힘을, 가득 차 있음은 텅 비어있음을, 무한은 유한을 요구한다.

카푸어 초기 작업의 가장 큰 특징은 생동감 넘치는 색채의 비범한 사용이다. 앞으로 살펴보겠지만 초기작은 휴스턴 로스코 교회에 있는 로스코 작품의 어둡고 칙칙한 색보다는 엘스위스 켈리의 텍사스 오스틴 교회의 색에 더 가깝다. 카푸어가 자신이 색을 발견한 것은 1979년 인도에서 돌아오는 여행에서였다고 말한다. 하지만 그가 인도에서 배운 것은 색뿐만이 아니다. 그는 고향에서 초기작의 뿌리를 발견했다. "제가 작업하던 방향이 이미 그곳에 존재한다는 것을 몰랐어요. 인도에 머물렀던 기간은 한 달 남짓이지만 제 존재를 진정으로 확인하는 경험이었죠… 인도인은 삶을 상반된 두 가지 힘의 관점에서 바라봅니다. 제가 매료된 것은 도로 옆 작은 사원이었습니다. 특히 도로 옆 사원은 이러한 이원론적 비전을 향해 있습니다." 카푸어는 이미 알고 있었지만, 외국에 체류하는 동안 잊고 지내던 것을 인도에서 재발견한다. 종교와 영성은 특별한 시간이나 공간에 국한되어 있는 것이 아니라 삶과 경험의 전 영역에 스며들어 있다는 것이다. 이런 통찰을 통해 카푸어는 내내 그의 작품 세계를 지배할 확신 하나에 도달했다. "형식을 중시하는 조각품을 만들고 싶지 않습니다. 사실 그런 조각은 제겐 흥밋거리가 아닙니다. 저는 신앙이나 열정, 물질적 관심사 외부에 있는 경험을 다루는 조각품을 만들고 싶어요."

카푸어는 예술학교에 다니는 동안 이러한 예술적인 탐색을 시작했지만, 1985년이 되어서야 비로소 그 작품을 완성했다. 처음엔 파리, 나중에는 런던의 코라클 출판사에 전시되었던 〈1000개의 이름 1000 Names〉이라는 작품이다. 카푸어는 1985년까지 이 다면적 작품을 계속 발전적으로 변주해나갔다. 사원의 벽에서 뭄바이 거리까지 자신이 가 본 모든 장소에서 카푸어가 본 것은 선명한 색이었다. 카푸어는 이 색을 자신의 목적에 맞게 변형시켰다. 〈1000개의 이름〉에서 사용했던 색은 빨강, 파랑, 노랑 삼원색과 흑백뿐이다. 작품이 정교해질수록, 색의 상징은 구체성을 띠게 되었다. 칼 융$^{Carl\ Jung}$의 저작에 깊이 심취했던 경험이 카푸어의 상징과 색 이용에 지대한 영향을 미쳤다. "붉은색은 남성성과 생성의 상징이고, 흰색은 처녀성과 여성성을 상징합니다. 노란색은 욕망(붉은색 중 열정과 태양을 연상시키는 부분)을 상징하죠."

〈1000개의 이름〉은 그 수수께끼 같은 제목이 암시하고 있듯이, 무엇이건 이름을 제대로 짓는 것은 애초부터 불가능하다는 뜻을 담고 있는 작품으로 회화도 조각품도 아닌 둘 사이의 어떤 것이다. 카푸어는 색소를 고운 가루로 만들어 변형하기 쉽고 부서지기도 쉬운 형태로 만든다. 작품의 모든 요소는 덧없이 사라지기 쉬운 순간성이 특징이다. 색이 만든 형태는 금방이라도 바스러지기 쉬운 상태이며, 언제든 자신을 만든 최초의 물질로 돌아가려 한다. 확산되는 형태와 반쯤 모습을 갖춘 형태들은 방 내부에 감싸져 있다. 방은 "의식과 무의식, 밤과 낮, 남성과 여성, 능동성과 수동성, 삶과 죽음이라는 상반된 요소들의 결합에서 태어난 마법 같은 환경이 된다." 로스코의 어두운 예배당이나 잉마르 베리만의 흑백영화와는 대조적으로 이 작품에서는 색채가 암흑을 압도하며, 죽음에 대한 삶의 승리를 암시한다. 카푸어는 어둡고 습한 런던 시절의 음울함으로 잠시 가려질 수는 있을망정 완전히 말살되지 않는 왕성한 생명력을 인도의 찬란한 태양에서 발견한다.

 이 작품에 등장하는 형태는 기본 고체의 형태―일부는 열려 있고 일부는 닫혀 있는 입방체, 일부는 똑바로 서 있고 일부는 기울어진 원뿔, 일부는 위쪽 끝이 잘려 나가 있고 일부는 끝이 하늘을 가리키는 피라미드, 일부는 꼭대기 부분에 구멍이 나 뒤틀려 있고 일부는 휴화산 분화구처럼 꼭대기 안쪽이 패인 모양의 구형―부터 초승달, 나선을 그리며 위로 올라가는 소용돌이, 타원형, 상자 속 상자, 심지어 피라미드 꼭대기로 이어지지 않고 텅 빈 벽으로 이어지는 각진 계단처럼 불규칙한 형태까지 다양하다. 이런 형태들 사이에는 무정형의 물체들이 무작위로 흩어져있다. 그중 많은 것이 검은색과 흰색이다. 끝없는 형태와 색의 변주가 만들어내는 활력과 역동성이 바로 〈1000개의 이름〉이 주는 전체적인 느낌이다.

 그러나 이 작품에서 가장 도발적인 것은 눈에 보이는 것이 아니라 보이지 않는 것, 비가시적 요소다. 중요한 것은 작품 공간에 있는 것이 아니라 없는 것이고, 뚜렷이 나타나지 않고 잠재되어 있다. 작품의 형태는 모조리 맨바닥에 앉아있거나 텅 빈 벽에 부착되어 있다. 많은 경우 형태를 지닌 물체는 (바닥이건 벽이건) 자리 잡고 있는 평면에 반쯤 잠겨 있다. 이러한 배치 때문에 형태들은 방안에 존재하지 않는 땅에서 방금 등장했거나 막 그 땅속으로 들어갈 것 같은 느낌을 자아낸다. 마치 모든 색과 형태들이, 스스로를 은폐함으로써 드러내는 사물이거나 원초적 에너지의 현현인 듯 보인다. 이 작품에서 가시적인 것과 비가시적인 것 사이의 관계는 우주론적으로는 서로 겨루는 힘들의 인터플레이며, 심리적으로는 의식과 무의식 간의 상호작용으로 해석할 수 있다. 화려한 색의 형태들은 의식 활동의 표면 아래 놓인 어떤 과정이나 움직임을 나타내고 있는 것으로 보인다. 이러한 작품 해석은 다음 섹션에서 다시 하기로 하자. 힌두교 우주론의 순환적 세계관에서 세계는 신들의 놀이인 창조^{lila}의 외형이다. 가장 본질적인 것은 언제나 숨어 있기에, 본질을 묘사하기 위해 사용되는 형태와 이미지, 언어는 언제나 불완전하다. 본질은 형태와 이미지와 언어 같은 것으로는 결코 표현할 수 없는 무엇인가를 암시하기 때문이다. 이러한 결핍은 심연이며, 심연은 존재하는 모든 것의 근원 없는 근원이다.

　칸트와 달리 카푸어는 심연을 외면하지 않았다. 오히려 예술작품의 침묵이라는 기원을 쫓아, 에드거 앨런 포를 따라 심연으로 뛰어든다. 이러한 믿음의 도약을 거치며 카푸어의 색은 어두워지고 그의 비물질적 물질은 실체화된다. 1990년 진행했던 인터뷰에서 〈1000개의 이름〉이라는 제목의 의미를 묻는 말에 대답하던 카푸어는 화려한 색감의 안료 작업을 버리고 다른 작업으로 이행하고 있는 이유를 피력한다.

애니쉬 카푸어: 저는 항상 제 작품이 뭔가 다른 것을 다뤄야 한다고 생각했습니다. 뭔가 다른 그것이 작품을 구해준 요소이고, 어떻게든 흥미롭게 만든 요소겠지요. 나는 언제부터인가 사물을 전체가 아니라 부분만 드러내는 이유를 생각하기 시작했습니다. 색채 조각을 만들며, 그것들이 모두 서로에게서 나와 자신을 만드는 게 아닐까 하는 생각이 떠올랐어요. 그래서 조각에 구체적인 이름이 아니라, 그냥 통칭, 일반적인 이름을 붙이기로 했죠. '1000개의 이름'이라는 말은 무한을 상징합니다. 1,000이라는 숫자는 그냥 상징적 숫자에 불과해요. 가루로 된 작품들은 바닥에 놓여있거나 벽에서 튀어나와 있어요. 바닥의 가루는 바다의 표면을 규정하고 물체들은 빙산처럼 일부는 가라앉은 듯 보입니다. 무언가 부분적으로 그곳에 존재한다는 생각과 잘 어울리는 듯 보이죠. 이제 물체가 방향을 완전히 바꾸어버린 겁니다. 이제 물체들이 있는 장소는 전부 다른 곳입니다. 물체들은 모두 여기 있는 무엇, 즉 내부에 있는 것인 동시에 여기 있지 않은 것이기도 합니다. 그 과정은 물체를 몽땅 비워냄으로써, 대상을 비움으로써 일어납니다. 물체를 비우는 것은 물체를 채우는 것이기도 합니다. 어딘가 다른 곳이 그렇게 생겨납니다. 달리 어떻게 말할 수 있을지 모르겠군요.

아미나 미르: 채운다고요? 무엇으로 채우죠?

애니쉬 카푸어: 뭔가 불가피한 것으로요. 말할 수 없는 것, 알 수 없는 것, 만날 수 없는 것으로 채웁니다. 두려움, 공포로 채우는 겁니다. 어두워서 공포죠. 아마 공포는 죽음일 겁니다.

이런 관점에서 보면 카푸어의 예술 전체는 비어있음과 공허에 관한 것이다. 포와 마찬가지로 카푸어에게도 비어있음은 내부에 존재한다. 개인적이라는 의미가 아니다. "비어있음은 사실은 내부의 어떤 상태다. 내적인 텅 빔은 오이디푸스적인 측면에서 보면 공포와도 관련이 깊지만, 그보다는 어둠과 더 가깝다. 내부의 암흑만큼 검은 것은 없다. 어떤 암흑도 내부의 암흑만큼 깜깜하지 않다. 나는 비어있음의 현상학적 현존이 어떻게 작용하는지 알고 있지만, 그에 대한 현상학적 경험이 불충분하다는 점도 알고 있다. 그러다 보니 이야기 없는 이야기라는 관념, 가능한 한 직접적인 방식으로 심리작용과 두려움과 죽음과 사랑을 받아들이는 관념으로 다시 돌아가게 된다. 비어있음은 발화가 없는 상태가 아니다. 비어있음은 잠재적 공간이지 비공간이 아니다." 현상학은 현상의 외관을 연구한다. 하지만 나타나지도 않는 것을 어떻게 연구하고 생각하고 숙고할 수 있을까? 보이지 않는 것을 어떻게 보고, 말할 수 없는 것을 어떻게 말하며 침묵을 지키고 있는 것을 어떻게 들을까? 텅 빔을 판단하는 것은 어떻게 가능할까?

카푸어는 색에서 출발해서 형태로 옮겨간다. 내부의 암흑을 표현하기 위해 그는 가능한 한 가장 검은색을 찾는다. 절대 검정. 시카고 밀레니엄 공원에 있는 오브제 작품, '콩the Bean'이라는 애정 가득한 별명으로 불리는 〈클라우드 게이트Cloud Gate〉처럼 눈부시게 빛나는 오브제로 유명한 예술가에게 절대 암흑이라니 놀라운 이야기처럼 들릴 수 있다. 그러나 카푸어의 작품에는 아무리 반짝이더라도 불안을 자아내는 예상 밖의 변주가 존재한다. 볼록 표면의 돌출과 오목 표면의 패임 간의 상호작용을 통해 카푸어는 사실상 구멍이라 할 수 있는 주름을 만들어낸다. 내부에서 보면 모든 사유에 양분을 공급하는 '침묵의 공간' 역할을 하는 구멍이 드러난다.

흰색과 흑색의 차이는 사유와 몰입 간의 차이다. 절대 검정은 절대적인 몰입을 불러일으켜야 한다. 카푸어는 자신이 찾던 검정을 영리용으로 생산된 밴타 블랙Vantablack에서 발견한다. '밴타'는 '수직으로 정렬된 나노튜브의 배열Vertically Aligned Nano Tube Arrays'이라는 용어의 줄임말로, 밴타 블랙은 들어오는 거의 모든 빛을 반사하지 않고 99.965퍼센트 흡수한다. 모든 빛을 나노튜브 안에 가둔 다음 열로 발산하기 때문에 가능한 것이다. 밴타 블랙은 원래 영국의 나노 회사 서리 나노 시스템에서 개발한 물질이다. 회사 웹사이트에는 다음과 같이 제품 설명을 한다.

> 밴타 블랙은 인공 물질로는 가장 검은 물질이라는 세계 기록을 보유한 도료입니다. 원래는 위성에 탑재하는 흑체 교정 시스템에 쓰려고 개발했지만 독특한 물리적, 광학적 성질로 인해 현재 광범위하게 응용되고 있습니다… 밴타 블랙은 거의 모든 입사광을 흡수하기 때문에 빛을 억제하고 관리하는 문제들을 해결하는 데 적합합니다. 밴타 블랙은 빛을 거의 반사하지 않기 때문에 블랙홀과 가장 가깝다고 여

겨집니다. 반사율이 매우 낮은 밴타 블랙은 놀라운 광학 효과를 산출하곤 합니다. 밴타 블랙을 3차원 물체에 발라 놓으면 표면이 까맣게 변한 나머지 표면의 성질을 식별하기가 매우 어려워져, 밴타 블랙을 발라놓은 3차원 물체는 2차원 물체처럼 보입니다.

카푸어는 밴타 블랙의 사용 독점권을 확보하면서 미술계에 일대 파란을 일으켰다. 2014년 BBC와의 인터뷰에서 그는 이 물질에 매료된 사연을 다음과 같이 설명했다. "밴타 블랙은 너무 검다 보니 거의 보이지도 않습니다. 일종의 비현실적인 특성이죠. 저는 늘 낯선 물질에 끌렸습니다. 그 물질이 주는 신선한 느낌 때문입니다. 너무 어두워서 걸어 들어가면 자신이 무엇인지, 누구인지 감각을 다 잃을 뿐 아니라, 시간 감각까지 죄다 잃어버리는 공간을 상상해보세요. 이런 공간에서는 정서적인 자아에 무언가가 일어납니다. 이렇듯 방향을 상실한 상태에서 무언가 다른 것을 찾으려면 자신의 내면에 도달해야 합니다."

검정의 예술적 잠재력을 탐색하는 동안 카푸어는 "물체가 아닌 물체를 어떻게 만들 것인가, 공간 속에 구멍을 어떻게 만들 것인가, 존재하지 않는 것을 어떻게 만들 것인가"라는 문제에 골몰한다. 문제 해결 시도의 일환으로 그는 《공空. Voids》이라는 제목의 연작을 제작한다. 〈어머니는 공이다Mother as Void, 1988〉와 〈어머니는 배다Mother as Ship, 1989〉, 〈마돈나Madonna, 1989~1990〉, 그리고 〈두 눈, 내면을 향하다Eyes Turned Inward, 1993〉에서 카푸어는 화랑 벽에 세로로 세운 거대한 볼록 물체 속 텅 빈 공간을 밖으로 뒤집어 내놓는다. 이 연작들은 어떤 힘의 장을 만들어 관람객을 빨아들이겠다고 위협한다. 카푸어의 설명은 심연의 소용돌이 가장자리에 있는 에드거 앨런 포의 화자를 간접적으로 소환하는 느낌을 준다. "저는 늘 공포라는 관념에 끌렸어요. 아주 시각적인 의미에서요. 떨어지는 감각, 내부로 끌려가는 느낌, 자아를 잃는 느낌에 끌렸죠."

카푸어는 돌을 사용한 연작에서 비어있음과 차 있음의 복잡한 인터플레이를 만들어냄으로써 텅 빔을 탐색하는 가장 효과적인 방법을 개발한다. 첼란트는 종교 신화와 의식에서 돌이 중요한 역할을 맡아왔다는 데 주목한다. "종교의 역사에서 신성함을 가장 잘 나타내는 물체는 돌이다. 셈족의 베델(예루살렘 북쪽의 고대 도시, '하느님의 집'이라는 뜻—옮긴이)부터 아랍인들의 성지 메카에 있는 카바 신전, 아나톨리아의 태양신 미트라^{Mithras}의 검은 돌, 인도-이란의 빛의 돌$^{lithic\ of\ light}$이 대표적인 예다. 그리스의 데우칼리온^{Deucalion}과 피라^{Pyrrha}의 신화에서는 심지어 인간도 돌로 상징된다. 이 모든 이유로 돌은 인간이 신에 이르는 길이라고 할 수 있다." 《공》 연작은 〈나¹〉라는 제목의 작품으로 출발한다. 〈나〉는 석회암 덩어리 한가운데 구멍을 내어 파랗고 어두운 내부의 구멍을 만든 작품이다. 얼핏 견고한 실체처럼 보이지만 실제로는 비어있다. 카푸어는 같은 주제를 다른 조각들로 확장한다. 거칠게 자른 커다란 석회암에 사각형을 정밀하게 파 넣은 〈아담^{Adam}〉이라는 작품도 비슷하다. 카푸어는 뉴먼과 유사한 방식을 쓴다. 제목을 이용해서 자신의 추상적 물체와 작가의 표현으로 '비물체'에 구체성을 부여하는 것이다. 그의 조각들은 공에 '관한^{about}' 것이다. 공으로 들어가는 입구/구멍은 자신을 담을 수 없는 공간을 만드는 물체를 나타낸다. 〈아담$^{1988~1989}$〉에서 베이지색 암석의 구멍, 그리고 〈그것이 인간이다$^{\text{It is Man, 1988~1989}}$〉의 깊은 파란색 구멍은 검정에 가깝다. 이 작품들은 인간의 깊은 내면에 절대로 채울 수 없는 공허함이 있다는 것을 직접적으로 암시함으로써 설교라도 할 것 같은 느낌을 준다. 그러나 이 비어있음은 단순한 결핍과는 거리가 멀다. 오히려 이 비어있음은 말 사이의 침묵처럼 모든 형태와 외양의 표현을 가능하게 한다.

비어있음과 그것이 품은 침묵은 일단 정의되는 순간, 확산한다. 〈공의 장$^{\text{Void Field, 1989}}$〉이라는 작품은 큰 돌(241×127×114센티미터) 열여섯 개를 흰 벽이 있는 텅 빈 방에 불규칙적으로 띄엄띄엄 놓은 것이다. 돌마다 중앙 부위에 검은 구멍이 자리 잡고 있다. 크고 오목한 작품은 내부에 있는 모든 것을 밖으로 돌려놓는 반면, '공의 장'은 외부 세계를 안으로 돌려놓는다. 다시 한 번 카푸어는 작품에 예상치 않은 변화를 준다. "〈공의 장〉은 제가 늘 다루어왔던 종류의 이 항대립이 명료한 방식으로 확립된 듯 보이는 작품입니다. 질량, 무게, 부피에 관한 작품인 동시에 무게나 부피가 없어 보이기도 하고 덧없어 보이기도 하죠. 진정한 의미에서 돌을 하늘로 바꾸는 작품입니다. 돌 내부의 어둠은 깜깜한 밤의 어둠이자 하늘의 어둠입니다." 카푸어가 땅과 하늘 사이의 교류를 만들려 시도한 것은 이번이 처음은 아니었다. 〈하늘 거울$^{\text{Sky Mirror, 2006}}$〉이라는 작품은 (지름 1,067센티미터의) 거대한 오목/볼록 거울을 뉴욕 5번가 록펠러 센터의 심장부에 설치했다. 카푸어는 거울을 상이한 위치에 설치한 여러 작품에서 이러한 제스처를 반복했다. 그 효과는 공간에 구멍을 창조하는 것이고 그 구멍은 입구라고 한다. 그곳에서는 앨리스가 가는 이상한 나라처럼 안에 있는 것은 밖으로 나가고, 밖에 있는 것은 안으로 들어온다. 카푸어는 이렇게 설명한다. "〈공의 장〉에서 대지를 하늘로 바꾸었을 때, 그 반대로도 시도해보면 멋지겠다는 생각이 떠올랐어요. 〈공의 장〉에서는 대지가 하늘을 품고 있죠. 땅은 밖에, 하늘은 안에 있습니다. 그 반대는 땅을 안으로, 하늘을 밖으로 놓는 것이었어요. 돌 몇 개에 색칠을 했어요… 그러자… 돌은 하늘 조각들이 되었죠. 돌은 무게가 없어졌어요. 어떤 의미에서는 힘이 하나도 들어가 있지 않은 듯 보였습니다." 〈천사Angel, 1989〉라는 제목의 이 작품은 점판암 오브제에 클라인블루로 보이는 색을 칠해 바닥에 수평으로 늘어놓은 것이다.[1] 하늘을 땅으로 내리고 대지를 하늘로 들어 올림으로써 카푸어는 신과 인간을 합류시키는 동시에 분리하는 가상의 '액시스 문디axis mundi'(세계의 축, 하늘과 땅의 접촉을 의미하는 종교 개념—옮긴이)를 창조한다. 이 두 궤적은 〈유령Ghost, 1997〉에서 합류한다. 〈유령〉은 195×140×120센티미터짜리 돌 중앙에 커다란 검은 사각형을 안으로 새겨 넣은 형태의 오브제다. 카푸어는 안으로 새겨 넣은 공간을 비워두지 않고 중앙에 만곡형 거울을 설치해 관람객이 자신의 형상을 비춰볼 수 있도록 만들었다. 만물의 내부가 외부로 나오고 외부에 있는 것이 내부로 들어갈 때, 위와 아래, 오른쪽과 왼쪽의 모든 방향이 전부 바뀌면서, 상반된 것들은 결합되었지만 하나로 융합되지는 않았다.

   카푸어는 텅 빔에 관한 가장 폭넓은 사유를 두 작품에 개진해놓았다. 두 작품은 첼란트가 적절히 평가한바 '자아의 건축물'을 제시한다. 조각에서 건축으로 옮겨가면서 카푸어는 두 개의 보완적인 구조물을 설계한다. 하나는 〈공을 위한 건물Building for a Void, 1992〉, 또 하나는 〈림보로의 하강Descent into Limbo, 1992〉(고성소 또는 림보는 기독교의 신학에서 예수를 미처 알지 못하고 원죄 상태를 유지한 채 죽은 사람들의 사후 상태에 대한 신학적 유추에 근거를 둔 내세관―옮긴이)이다. 〈공을 위한 건물〉은 1992년 세비야 세계 박람회 출품용으로 제작한 15미터짜리 원통형 구조물이다. 나사가 땅으로 들어가는 모습처럼 보이기도 하고, 소용돌이가 하늘을 향해 올라가는 모습처럼 보이기도 한다. 이 구조물에는 두 개의 입구가 있다. 벽에 난 구멍 하나는 위로부터 빛을 들이고, 바닥에 있는 구멍은 〈하강〉과 마찬가지로 바닥없는 심연의 어둠을 드러낸다. 〈림보로의 하강〉은 독일 카셀에서 열리는 현대미술 전시회 도큐멘타 9회 전시회에서 처음 선보인 작품으로 6×6×6미터짜리 콘크리트 정육면체다. 중앙에는 지름 3미터짜리 검은 구멍이 있다. "그냥 바닥에 납작하고 푸른 표면이 있다는 착각이 들 수 있지만, 막상 가까이 다가갈수록 벼랑 끝에 서 있다는 느낌을 받게 됩니다. 바닥은 보이지 않아요. 영원히 추락할 것만 같은 느낌을 주는 것이죠. 바로 림보입니다. 어마어마한 긴장이 여기서 생겨납니다. 마치 지각이 존재하기를 멈춘 듯, 저 아래 거대한 빈 공간만 있는 듯, 절대적인 어둠만 있는 듯한 느낌이 들죠."[2] 앞에서도 언급했지만, 카푸어는 늘 텅 빈 공간으로 추락할 가능성에 매료되어 있다. 2018년 포르투갈의 포르투 박물관에 이 작품이 전시되었을 당시 바닥없이 깊어 보이는 이 심연을 응시하던 한 관람객이 실제로 바닥 중앙 구멍 속으로 추락하는 사고가 있었다. 다행히 구멍의 깊이가 8

피트밖에 되지 않아서 큰 사고로 이어지지 않았다. 이 사건은 우연한 사고가 아니다. 카푸어의 의도는 작품이 위험해 보이는 것이다. 그는 자신의 예술이 혐오스러운 동시에 기이한 매력뿐 아니라 불편함과 불안감을 일으키기를 바란다. 카푸어는 돌로 제작한 자신의 작품을 두고 뜻밖에도 신과 형이상학을 이야기한다.

애니쉬 카푸어: 이 돌은 경이의 공간이지만 아무 특징도 없어요. 그러니 어떤 의미에서는 존재하지 않는 것이기도 하죠. 실제로는 조각이 아닌 조각을 만든다는 관념의 산물입니다. 그저 공간 속의 구멍, 비물체, 물리적 실체가 없는 것을 만들고 싶었죠. 비물체를 만드는 일은 불가능합니다. 무익하고 소용도 없죠. 이 불가능한 일과 끊임없이 씨름하는 일은 내게는 신에 대한 어떠한 생각과도 아주 비슷합니다. 손에 완전히 잡히지 않는 비실체라는 점에서요. 예를 들 수도 없고 만들 수도 없고, 존재하게 할 수도 없습니다. 그저 먼 곳에서 가리킬 수 있을 뿐이죠. 그렇게만 해도 가치가 있다는 게 내 생각입니다. 비실체는 제겐 물체이자 물질입니다. 예술은 그런 것들로 만들어야 해요. 예술이 늘 불완전할 수밖에 없는 이유도 바로 그 때문입니다. 예술은 완성할 수 없어요.

아미나 미르: 예술은 존재와 비존재 둘 다에 관한 것이군요.

애니쉬 카푸어: 그래요. 바로 그겁니다.

존재와 비존재, 그것이 문제다. 예술이 삶이냐 죽음이냐의 문제일 때 다음과 같은 질문이 제기된다. 검정이 빨강을 압도할까, 빨강이 검정을 압도할까?

앞에서 이야기한 바대로 카푸어는 예술작품의 기원을 끊임없이 찾는다. 작품 제작 내내 카푸어가 발견하는 예술작품의 기원은 여성성, 심지어 모성성과 계속 연관된다. 그는 실토한다. "제게 기원이라는 통념은 매우 중요합니다. 그래서 그 비슷한 제목의 작품을 수도 없이 제작하기도 했지요. 저를 예술가로 나타나게 하는 기원의 장소를 끌어들이려는 겁니다. 그 기원의 장소가 제겐 여성성으로 느껴집니다. 창작자로서 제 자아는 여성인 것 같아요. 창의력은 여성성이라는 느낌이 듭니다. 아주 동양적인 생각이죠. 보통 서양 전통, 특히 근대 미술 전통은 근본적으로 남근성이 특징입니다. 서양 조각은 남근성을 바탕으로 한 미술입니다. 제 작품은 그와 정반대로 보이죠. 이 스튜디오에 있는 모든 작품이 다 똑바로 서 있다는 의미에서 남근성이 있다고도 볼 수도 있겠지만, 사실은 죄다 텅 비어 있기 때문에, 모두를 남근성의 전복으로 보아야 합니다. 제 작품들은 평면성이 아니라 오목함을 지향하니까요. 제게는 매우 중요한 문제입니다." 단단한 돌에 뚫어 놓은 카푸어의 구멍은 모두 하드 에지 사각형 형태는 아니다. 많은 구멍은 여성의 음문 모양을 닮아 부드러운 곡선을 가지고 있다. 이 모티프는 안료를 사용한 〈장소Place, 1985〉에서 이미 선취된 바가 있다. 이 작품은 한쪽 면에 외음부 모양의 구멍을 낸 코발트 블루 색의 노출 상자. 그리고 강렬한 빨간색으로 칠한 〈어머니는 산이다Mother as Mountain, 1985〉라는 작품도 피라미드 형태의 구조물 옆면이 부드럽게 물결치는 경사면으로 이루어져 있고 꼭대기에 외음부 모양의 구멍을 만들어 놓았다. 〈세상의 기원L'origine du monde, 2004〉이라는 또 다른 작품 제목은 아예 구스타프 쿠르베Gustaf Courbet가 그린 유명한 회화 이름을 그대로 가져왔다. 카푸어의 〈세상의 기원〉은 순백색의 방 기울어진 한쪽 벽에 검은 타원형 구멍을 뚫어 놓은 작품이다. 이 작품들에 나타나는 카푸어의 심연 같은 구멍은 전부 생성을 담당하는 모체의 자궁으로 볼 수 있다.

카푸어는 남성성과 여성성 간의 노골적인 대화를 창조한다. 이 대화에 영향을 끼친 것은 아니무스와 아니마의 원형을 구분했던 융이다. 이러한 구분은 남성성과 여성성에 대한 이해를 제한하는 전통적 이항대립을 재확인해주는 면이 없지 않지만, 카푸어의 작품에서 가장 도발적인 특징은 그가 은폐의 생성적 잠재력을 탐색하고 있다는 점이다. 탄생과 창조는 돌출과 후퇴 사이의 복잡한 상호작용과 관련이 있다. 이러한 상호작용에서 은폐된 것은 생산력이다. 남근성을 상징하는 직립한 돌이 있는 조각품에는 외음부를 상징하는 것이 분명한 구멍이 텅 빈 공간을 형성한다(가령 〈세 마녀Three Witches, 1990〉를 보라). 심지어 〈유령〉의 구멍 속 거울은 외음부 모양을 하고, 관람객의 모습을 조각 내부에 있는 듯 반영한다. 최근 카푸어는 휴스턴 미술관 외부에 남근처럼 생긴 반짝이는 오브제를 설치했다. 그 오브제에 약간 오목한 외음부 모양의 거울을 끼워 넣어 관람객의 상이 거꾸로 맺히게 함으로써 대상을 통합한다.

카푸어의 작품에서 그저 그런 색이 아닌 특히 붉은색의 귀환은 형태의 발전 못지않게 중요하다. 그의 후기작 거대한 〈마르시아스2002〉, 〈주머니2006〉, 〈풍만한 형상 내부Inwending Volle Figur, 2006〉, 〈나의 붉은 고향²⁰⁰³〉, 〈밀다 - 당기다 II^{Push-Pull II, 2008~2009}〉를 보면 모두 붉은 색을 사용한 작품들이다. 붉은 작품은 계속 이어진다. 붉은색을 사용한 작품 중 가장 압도적인 것은 〈세상의 끝에서^{At the Edge of the World, 1998}〉라는 작품이다. 어마어마하게 커다란 반원형 돔이 화랑 전체를 꽉 채운 채 관람객 위에 떠 있다. 돔은 관람객들을 텅 빈 중심으로 빨아들이겠다는 듯 위협한다. 붉은색은 피와 분리해 생각하는 것이 불가능하다. 피는 폭력의 상징이므로 죽음의 상징이지만, 동시에 생리도 연상시키므로 탄생과 생명의 징조이기도 하다. 카푸어의 조각은 로스코의 회화를 전복하고 켈리의 교회로 향한다. 카푸어는 붉음을 검정으로 지워버리지 않는다. 그가 관람객들에게 뛰어내려 추락하라고 청하는 붉은 심연은 무덤이라기보다는 자궁에 가깝다. 탄생의 예술적 표현은 창의성이며 창의성의 산파는 상상력이다.

> 비어있음은 실제로는 많은 현존으로 나타납니다. 빈 공간이 공포스러운 것은 자아의 상실을 연상시키기 때문입니다. 비물체가 비자아로 이어지는 것이죠. 대상에 의해 먹힌다는 생각, 비물체 속에 있다는 느낌, 몸, 동물, 자궁 속에 있다는 관념이 작동하는 것입니다. 저는 늘 공포의 통념, 어지럼증, 추락, 안으로 끌려 들어가는 느낌에 매료됩니다. 빛과의 합일이라는 그림을 뒤집는 숭고의 관념이기 때문입니다. 이 관념은 안을 밖으로 뒤집는 역전입니다. 어둠의 비전인 셈이죠. 공포는 어둠이고 눈은 어둠을 믿지 못합니다. 결국 손은 뭔가를 잡을 희망을 가지고 어둠으로 향합니다. 어둠을 빠져나갈 희망의 가능성은 오직 상상력에만 있습니다.

카푸어의 작품은 말할 수 없이 심오한 심연을 떠다니는 병 속 원고처럼, 깊은 심연에서부터 표면으로 떠오른다.

비밀들

소음은 외설이다. 소음은 어떤 비밀이나 사생활, 내면성, 내면을 향한 성찰이 모조리 없어질 때까지 만물에 침입하고 침투하며, 스며든다. 녹음 기술과 감시 기술은 빅 데이터, 알고리듬, 초고속 컴퓨터와 결합해 누구도 비밀을 지킬 수 없는 세계를 창조한다. 비밀이 인간을 인간답게 하는 요인이라면, 소음을 그칠 줄 모르고 폭격을 하며 소음은 인간성을 파괴하고 있다. 프로그래밍을 거친 데이터와 정보에 의해 내면성을 삭제당한 사람들은 더 이상 자신이 아니다. 사람들은 완전히 투명해져 피상적인 존재가 된다. 장 보드리야르는 이러한 상태를 '외설'이라고 불렀다. 그의 진단을 들어보자. "외설은 더는 스펙터클이 없을 때, 더 이상의 무대가 없을 때, 더 이상의 극장도 환상도 없을 때, 모든 것이 즉시 투명해지고 가시화되고 정보와 소통이라는 무자비한 날것 그대로라는 빛에 노출될 때 시작된다… 외설은 섹슈얼리티에 국한되지 않는다. 오늘날 존재하는 포르노그래피는 정보와 통신, 회로와 네트워크, 기능과 물체의 가독성, 입수 가능성, 조율과 규제, 강요된 의미화, 수행 능력, 연결, 다기능성과 자유로운 표현 속에 깃들어 있기 때문이다." 소음은 내면성을 제거함으로써 창의력의 원천을 파괴한다. 그리고 비밀은 숨겨져 있다. 비밀의 그 은폐성, 은닉성이야말로 예상치 않은 창의력의 원천이다. 미지의 것, 심지어 알 수 없는 것, 아직 생각하지 않은 것을 생각하게 해 주고 한 번도 말해지지 않은 것을 말하게 해 준다. 기원을 알 수 있는 창의력은 더는 창의적이지 않다.

키르케고르의 비판 대상은 헤겔이다. 헤겔에 따르면 내면은 불가피하게 외면이 되고 외면은 내면이 된다. 이 투명한 세계에 비밀이란 전혀 없다. 헤겔의 사변철학은 보드리야르가 스펙터클의 사회라고 기술한 바의 핵심에서 감지한 외설을 직접 낳는 철학이다. 모든 것을 말할 수 있고 알 수 있고 명명할 수 있을 때 삶은 우연, 참신함, 경이로움을 잃고 동일성의 영원한 회귀가 된다.

키르케고르의 생애와 저작은 여러 방면에서 비밀이라는 수수께끼에 관한 길고도 긴 숙고다. 이미 『두려움과 떨림』에서 그가 보여주었던 침묵 분석을 살펴본 바가 있다. 이 책에서 마지막 문제로, 그는 침묵과 비밀 사이의 관계를 다룬다. 그는 평생 자신을 따라다녔던 질문을 제기하는 것으로 결말을 짓는다. "아브라함이 아내인 사라 앞에서, 충실한 종인 엘르아살 앞에서, 아들 이삭 앞에서 침묵을 지킨 일은 윤리적으로 옹호 받을 수 있을까?" 키르케고르는 칸트와 헤겔을 표적 삼아 자신의 답을 내놓기 시작한다. "윤리는 보편자다. 보편자는 결국 노출된다. 단독자인 개인은 내밀하고 감각을 느끼고 마음을 지닌 존재라 여겨지며 숨겨져 있다. 따라서 개인의 윤리적 과제는 은폐 상태를 벗어나 보편자 속에서 자신을 드러내는 것이다… 헤겔 철학은 은폐의 정당성과 비교 불가능성의 정당성을 상정하지 않는다. 그래서 헤겔 철학의 일관성은 폭로를 당연한 것으로 요구한다."[3] 칸트와 헤겔과는 달리 키르케고르에게 종교적 신앙은 보편적인 윤리 법칙으로 환원될 수 없다. 단독자인 개인이 보편자보다 더 위에 있기 때문이다. 언어는 보편적일 정도는 아니어도 일반적이기 때문에 인간이건 신이건 환원불가능한 단독자인 구체적 존재를 알 수도 없고 표현할 수도 없다. 다시 말해, 실재는 영원히 침묵할 것이다. 실재는 언어가 자신을 붙잡으려는 순간 바로 달아나기 때문이다. 신앙을 지닌 개인과 초월적인 신 사이의 관계는 근본적으로 단일하고 고유한 관계이므로 표현 불가능하며, 내면성 속에 숨겨져 있다. 완전한 타자인 신의 초월성은 개별 자아의 접근 불가능한 내면성에 그대로 반영되어 있다. 개인을 가장 심오한 인간 존재의 층위에서 정의하는 것은 은밀한 내면성이다. 키르케고르의 믿음의 기사(아브라함)에게서 발견할 수 있는 가장 놀라운 점은 그가 다른 사람들과 별로 달라 보이지 않는다는 것이다.

키르케고르는 비밀과 내적 성찰의 관점에서 신앙을 이해하는 자신의 견해가 끝없는 질문을 제기한다는 것을 깨닫는다. 가장 당혹스러운 것은 신앙과 악마성이 겉으로는 구별이 되지 않는다는 사실이다. "나는 늘 역설과 마주친다." 이렇게 키르케고르 자신도 인정한다. "신과 악마라는 역설이다. 둘 다 침묵이기 때문이다. 침묵은 악마의 덫이다. 악마는 침묵할수록 무시무시하다. 그러나 침묵은 신과 단독자인 개인이 서로를 이해하고 소통하는 방식이기도 하다." 이렇게 외면적으로는 구별할 수 없다 하더라도, 신앙인의 침묵과 사악한 자의 침묵은 내적으로는 전혀 동일하지 않다. 신앙인이 침묵을 유지하는 것은 말을 할 수 없기 때문인 반면 악인이 침묵을 유지하는 것은 말을 하지 않으려 들기 때문이다. 키르케고르는 악마성을 폐쇄성(det Indeslutte, in+slutte 닫다)으로 규정한다. 즉, 닫혀 있음, 폐쇄와 감금을 의미한다. 『공포의 개념』에서 키르케고르는 이렇게 주장한다. "악마성은 스스로 입을 닫아버리는 침묵이며, 마지못해 입을 연다. 이 두 정의는 사실⋯ 같은 것을 나타낸다. 스스로 닫아버리는 침묵도 분명 침묵$^{det\ Stumme}$이며, 표현이 요구될 때는 자신의 의지에 반해야 말할 수 있기 때문이다." 악마적인 침묵은 말할 수 없는 위반을 의지로 감춘다. 속이고 기만하고 남을 학대하더라도 말과 폭로와 고백은 안도를 불러일으키며 심지어 용서를 가능하게 하기도 한다. "언어 즉, 말은 정확히 구원이다. 개인을 의도적 침묵의 공허한 추상으로부터 구하는 것이다." 그러나 악한 자는 말하기를 거부하며 결코 폭로되지 않는 비밀로 자신을 굳게 닫아버린다. 더 이상 자신의 것이 아닌 정체성을 잃느니 침묵을 지키는 편이 더 낫다.

하지만 이러한 침묵도 가장 심오한 것이라고는 할 수 없다. 신앙인의 침묵이나 악마의 침묵보다 훨씬 더 깊은 다른 비밀이 존재한다. 가장 깊은 비밀은 완전히 불가사의하며 대답할 수 없는 질문을 제기한다. 자신조차 모르게 자신으로부터 비밀을 유지하는 것은 가능한가? 비밀이라 인식하지 못하는 비밀은 진정 비밀인가? 알려질 수 있는 비밀은 여전히 비밀인가? 비밀이 공유된다면 그것은 여전히 비밀인가? 확실히 대답할 수는 없지만 단서, 숨겨진 실마리들이 있다. 여기저기 아무렇게나 뻗어있는 숲길처럼, 이러한 실마리들은 그 어떤 곳으로도 이어지지 않을지도 모른다.

신성한 침묵과 악마적 침묵 간의 대조가 내면을 들여다보는 행위에는 다른 차원이 있음을 암시하고, 이러한 다른 차원들로 인해 주체가 쪼개지는 불가피한 단층들이 만들어진다. 자아의 내부에 있는 말할 수 없는 외부는 의식과 자의식 밑에 있을 수도 있고 위에 있을 수도 있다. 프로이트의 의식과 자의식은 바닥없는 심연의 바다 위를 떠다닌다. 이 바다에서는 사유와 언어도 카푸어가 눈부신 색의 분말로 만든 조각만큼이나 부서지기 쉽다. 가시적인 세계가 저 밑 비가시 세계의 흔적이듯, 언어(dis-course는 애초에 경로를 벗어난다는 뜻)는 결코 말할 수 없는 것을 간접적으로 말하는 것이다. 데리다가 보기에 프로이트 꿈의 배꼽은 미지의 것과 접촉하는 지점이며, '내면의 형태… 금고이며, 내부 안에서 밖으로 던져진' 지하묘지다. 데리다는 니콜라스 에이브러햄$^{Nicholas\ Abraham}$과 마리아나 토록$^{Mariana\ Torok}$의 『늑대인간의 마법언어: 익명성 연구$^{The\ Wolf\ Man's\ Magic\ Word:\ A\ Cryptonymy}$』를 끈기 있게 읽는 과정에서 질문을 던진다. "지하묘지란 무엇인가? 그 어떤 지하묘지도 스스로를 드러내지 않는다. 지하묘지는 뭔가 위장하고 숨기려는 성향이 강하다. 그 무엇이란 늘 어떤 면에서건 육신이다. 뿐만 아니라 지하묘지는 은닉 행위와 위장도 숨긴다. 지하묘지는 품는 동시에 숨긴다… 따라서 지하묘지는 자연적인 장소가 아니라 기술, 건축술, 인공적인 산물의 충격적인 역사다. 다른 장소에 포함된 장소인 동시에 다른 장소로부터 엄격히 분리된 장소, 칸막이, 울타리, 고립된 섬 따위 공간에 의해 일반적인 공간에서 분리된 장소다." 갈라진 자아라는 건축물은 긴 세월을 버틴 암석을 파서 만든 지하묘지와 같다.

자아라는 건축물의 비밀을 고려할 때, '키르케고르'가 덴마크어로 묘지를 의미한다는 것을 주목해 볼 필요가 있다. 키르케고르처럼 데리다가 보기에도 자아는 늘 표리부동하다. "자아는 묘지다. 지하묘지는 자아 내부에서 외부와 단절된 채 감싸여 있지만, 그곳은 낯선 장소로서 금지와 배제의 장소다. 자아는 자신이 지키는 장소를 소유한 소유주가 아니다. 자아는 소유주처럼 자신이 지키는 장소를 늘 돌아다니면서 지키지만 그뿐이다. 자아는 내내 묘지를 돌아보고 또 돌아보며 특히 그 땅에 대한 지식을 총동원해 방문객들을 물리친다… 만일 호기심 많은 자들, 다친 자들, 수사관들을 들이는데 동의한다 해도 그가 동의하에 그들에게 보여주는 것은 거짓 흔적과 가짜 무덤뿐일 것이다." 지하묘지는 일종의 구멍으로, 내적 투사가 이루어지지만 통합되지 않는, 소모되지만 동화되지 않는 무엇에 의해 창조된 입구다. 이 숨겨진 지하묘지에서는 사람이건 사물이건 모조리 불가사의가 된다. 지하묘지에서는 "'비밀이 본질이다.' 그렇기 때문에 지하묘지, 숨겨진 장소, 은닉 행위의 흔적을 숨기는 위장이자 침묵의 장소인 것이다. 내적 투사가 말한다. '탈-명명$^{\text{de-nomination}}$'이라는 매개체는 내적 투사만 누리는 '특전'이다. 통합은 내내 고요하다. 오직 침묵만 상대하거나 비밀 장소에서 침입자들을 몰아낸다. 지하묘지가 기념하는 것은 통합한 대상의 '기념비'도, '묘지'도 아니고, 다만 대상의 배제다… 문은 자아 내부의 저주받은 통로처럼 침묵 속에 봉인된다. 이제 자아는 버려진 금고가 된다."

지하묘지의 침묵은 메마른 불모지가 아니다. 지하묘지는 비어있지 않다. 문학비평가 프랭크 커모드$^{\text{Frank Kermode}}$의 멋진 표현대로 '비밀의 기원'은 존재한다. 다른 것들도 다 그러하듯 기원이라는 것은 이중적이다. 비밀은 내적 투사와 억압에 의해서 발생되기만 하는 것이 아니고, 늘 불완전한 창작 언어와 작품을 생성하기도 한다. 마가복음에 적혀있듯 돌을 굴러내 밖으로 내보내거나 안으로부터 파낼 때, 무덤(예수의 부활 이야기에서 유래―옮긴이)은 말씀을 무한히 재탄생시키는 자궁이 된다. 고집 센 승객이 굳게 '비밀을 지키는' 유령선의 금고처럼, 자아 내부의 지하묘지는 온갖 언어로 된 침묵의 조종이며, 가장 심오한 예술 작품의 기름진 모체다. 자신의 무지를 아는 자들은 외설스러운 소음을 침묵시키는 가장 효과적인 방법이 명명 불가능한 것을 명명하는 것으로, 불가능한 투쟁을 포기하지 않고 지속하는 일이라는 점을 깨닫는다.

사뮈엘 베케트는 이런 선언을 한 것으로 유명하다. "표현할 것은 아무것도 없다. 표현할 수단도, 원천도, 힘도, 의무도, 그리고 표현하고픈 욕망도 없다." 아무 말도 하지 않으면서 말을 하거나 쓴다면, 그것은 침묵의 소리를 내는 일이다. 하지만 언어가 자신을 지우는 것이 가능한가? 말하고 쓰면서 아무것도 말하지 않는 것이 어떻게 가능한가? 자신의 희곡과 시와 소설에서 베케트는 침묵을 말하려 애쓰고 있다. 침묵에 관해 말하는 것이 아니라 침묵이 자신의 언어로, 언어를 통해, 언어 사이에서 말하도록 내버려 두는 방식으로 침묵을 말하고 쓰는 것이다. 불가능한 일을 시도하는 베케트의 언어는 결핍인 동시에 과잉이 된다. 단락과 문장 구조는 짧은 파편들로 수축하거나, 여러 페이지 심지어 책 전체 내내 이어지는 문장으로 폭발함으로써 상반된 방식으로 무너진다. 동시에 말과 말 사이의 간격, 말하지 않는 시간은 계속해서 확산되고 지나치게 길어져, 결코 끝나지 않을 것처럼 보인다. 베케트가 침묵으로 말하는 것을 들으려면 시간과 노력이 필요하다. 그의 어두운 비전은 자신도 모르는 사이에 희미한 희망의 빛을 품는다.

베케트는 1906년 더블린의 신교도 가정에서 태어났다. 트리니티 칼리지에서 프랑스문학을 전공했고 졸업 후에는 파리로 떠나 파리 고등사범학교에서 강의를 하기도 했다. 파리에 있는 동안 제임스 조이스의 『피네건의 경야Finnegan's Wake』 번역을 시작했지만 결국 포기하고 석사 학위를 밟기 위해 더블린으로 돌아갔다. 몇 년 동안 베케트와 조이스는 가깝고도 복잡한 관계를 발전시켜나갔다. 시력이 나빠져 고생했던 조이스는 『피네건의 경야』 중 일부를 베케트에게 구술하기도 했다. 베케트 성숙기 작품의 '부정적 능력'(낭만주의 시인 키츠가 처음 쓴 표현으로 일종의 '몰개성론'이다. 시인은 다른 사물처럼 고유한 속성을 갖지 않아야 다채로운 속성을 보여주는 위대한 작가가 될 수 있다는 말이다. '소극적 수용능력'이라고도 한다 - 옮긴이)은 조이스 문체의 거울 이미지라고 할 수 있다. 베케트는 언젠가 자신의 전기 작가 제임스 놀슨James Knowlson에게 인정하듯 말한 바 있다. "저는 조이스가 더 많은 것을 아는 쪽으로, 자신의 쓸거리를 통제하는 쪽으로 갈 만큼 멀리까지 가버렸다는 것을 깨달았어요. 그는 늘 더하고 있었어요. 고친 원고만 봐도 알아요. 반면 내가 글을 쓰는 방식은 빈곤화, 지식의 결핍, 빼는 것, 더하기보다 덜어내는 것이라는 것을 깨달았죠." 베케트와 조이스 두 사람 모두 언어의 한계라는 문제에 골몰했지만, 정반대 방향에서 문제에 접근했다. 베케트 언어의 빈곤은 조이스 언어의 충만이 역전된 형태로, 베케트의 비어있음과 조이스의 가득 차 있음은 침묵의 심연에서 만난다.

트리니티 칼리지에서 공부하는 동안 베케트는 르네 데카르트의 저작을 집중적으로 탐구했다. 근대 철학이 데카르트의 『방법서설[1637]』로 시작되었다면 베케트의 『이름 붙일 수 없는 자The Unnamable, 1953』로 끝난다고 볼 수 있다. 데카르트는 자기 확신이라는 견고해 보이는 토대로부터 자신의 세계를 재구축하고자 했다. 베케트는 데카르트의 주장에 확신이 없었다. 그래서 그는 축소의 문학을 개발하며 데카르트에게 저항했다. 그는 축소의 문학에서 주변 세계, 심지어 자신의 육신으로부터도 끊임없이 후퇴해 완전한 침묵의 내적 비어있음 상태에 도달할 때까지 물러난다. 『이름 붙일 수 없는 자』는 데카르트의 확신에 찬 (사고의) 자기 확실성에 반기를 들면서 시작된다.

> 지금 어디? 지금 누구? 지금 언제? 의심하지 않는. 나, 말하는 것은 나다. 믿지 않고 있는. 질문들, 가정들, 그렇게 부르다. 가고, 또 가고, 그걸 진행이라 부르다. 계속 그렇게 부르다. 언젠가 진행을 멈출 수 있을까, 언젠가 '나'가 안에만 머물고, 어딘가에, 나가지 않고, 옛날식으로 낮과 밤을 가능한 한 멀리서 보내러 나가지 않고 멀지 않은 곳에서 머무는 것이 가능한가. 아마 그것은 그렇게 시작된 듯하다… 나는 말하는 것 같다. 그것은 '나'가 아니다. 나에 관해서, 나에 관한 것이 아니다. 시작하기 위한 이 극소수의 일반적인 발언들. 나는 무엇을 할 것인가. 내 상황에서 나는 무엇을 하게 될 것인가. 나는 무엇을 해야 하는가. 어떻게 앞으로 나아가야 하는가? 순수한 단순한 아포리아로? 발언하면 머잖아 무효화되는 긍정과 부정으로?

"나, 말하는 것은 나다. 믿지 않고 있는." 베케트가 보기에 데카르트는 자신의 의심을 충분히 밀어붙이지 못했다. 자신이 의심하고 있다는 것까지는 의심하지 않았기 때문이다. '나'는 무엇인가? '나'란 누구인가?

이런 질문에 대답을 시도하는 가운데 베케트는 데카르트를 뒤쫓으면서 출발한다. "어느 날 난 그냥 집에 있었다." 외부 세계에서 자기 내면의 자아로 방향을 돌린 데카르트는 자신의 의식과 자의식 외에는 아무것도 없다. 이 지점에서 사유는 자신으로 돌아가는 재귀적인 성격을 띠게 된다. 훗날 하이데거가 강조했듯 "인간이 어디를 돌아보아도 보이는 것은 자신뿐이다". 그러나 베케트는 자신의 내면에서 자신 너머에 있는 무언가를 발견한다. "나는 말하는 것 같다. 그것은 내가 아니다. 나에 관한 것이 아니다."

> 나는 말로 이루어져 있다. 어떤 타인들, 타인들의 말, 장소, 벽, 바닥, 천장, 모든 말. 세상 전체가 여기 나와 함께 있다. 나는 공기, 벽, 사방이 벽인 곳에 있는 존재다. 모든 것이 뭔가 내놓고, 열고, 사그라들며, 흐른다. 마치 조각들처럼. 나는 이 모든 조각, 만나고 섞이며 산산이 부서지는 조각들이다. 가는 곳마다 나를 발견하고, 나를 떠나고, 나를 향해 가고, 나로부터 온다. 나 외에는 아무것도 없다. 모든 것이 나다. 나의 입자, 되찾은 나, 상실된 나, 길을 잃은 나의 조각들… 나는 완전히 다른 뭔가, 아주 다른 것, 텅 빈 공간, 굳게 닫힌 메마르고 차가운 암흑 공간, 아무것도 움직이지 않는, 아무것도 말하지 않는 공간의 말 없는 존재다.

베케트는 자기-지식에 내재된 자기모순을 깨닫는다. 눈알을 아무리 빨리 굴려도 보는 행위를 하는 자신을 보지 못하듯, 머리를 아무리 빨리 굴려도 생각은 이해라는 행위를 하는 자신을 이해할 수 없다. 인간의 정신에는 사각지대가 있다. 그래서 보는 것과 아는 것을 가능하게 하는 것은 보이지 않는 것과 알려지지 않는 것이다.

자기 인식은 자기 객관화를 전제로 한다. 자신을 알려는 노력 속에서 주체인 '나'는 자신을 객관화함으로써 '나' 자신으로 향한다. 거울 속에서 자신의 반영처럼 보이는 것을 보면서 자신을 보는 '나'는 누구, 혹은 무엇인가? 자기 인식의 대상을 만드는 이 '나'를 어떻게 알 수 있는가? '내'가 아무리 빠르고 깊이 생각하더라도, 주체인 자아와 객체인 자아 사이의 격차는 절대로 좁힐 수 없다. 따라서 가장 깊은 층위에서 '나'는 여전히 알 수도 없고 이름 붙일 수도 없다. 모든 명명은 탈-명명de-nomination이다. '나'는 자신에게 이름을 붙이지 않음으로써 비로소 자신의 이름을 붙일 수 있다. 에드문트 후설은 베케트의 통찰을 다음과 같은 말로 선취했다. "경험하는 자아는 스스로 받아들여 자기 힘으로 자신을 탐구 대상으로 만들 수 있는 존재가 아니다… 그 자아는 밝혀낼 수 있는 내용을 전혀 갖고 있지 않으며, 그 자체로도 묘사 불가능하다. 경험하는 자아는 순수한 자아이지만 그 이상은 아니다."『이름 붙일 수 없는 자』는 유아론唯我論을 다룬 소설로, 유아론의 한계를 추적한다. 베케트는 부정신학을 반영하는 부정 인간학을 개발해 숨은 신만큼이나 숨은 '나'는 알 수 없다는 것을 증명하려 한다. '나'의 비밀은 의식과 자의식 내부에 있는 지하묘지에 갇혀 있다. 의식과 자의식은 그 아래에 있는 심연처럼 헤아릴 수 없는 저 너머에 있다. 이 초의식$^{\text{supra-consciousness}}$은 분절되어 있지 않으며, 따라서 무의식으로서 침묵을 지키고 있다.

만일 내가 침묵한다면 『이름 붙일 수 없는 자』에서 말을 하는 자는 누구, 혹은 무엇인가? 바질, 벌레, 마후드인 듯 보이지만 아니다. 이것들은 이름 붙일 수 없는 화자를 위한 대리자이거나 필명에 불과하다. 화자는 이렇게 시인한다. "그들은 다 내가 만들었다." 텅 빈 이름 없는 '나'는 자신의 페르소나를 창조하는 창조자다. '나'는 자신의 말로 인물을 창조하는 작가와 같다. 세계의 창조가 초월적인 신을 기원의 시점으로 후퇴시키면서 이루어지듯 『이름 붙일 수 없는 자』 역시 필명 '사뮈엘 베케트'와 그가 창조하는 인물들을 허용하는 '나'의 후퇴로 창조된다. 인물들이 세상으로 들어가면 이들은 자신만의 삶을 살아가며 나/저자/화자에게 자신들의 언어를 말하도록 강요한다. 나/저자/화자는 자신만의 언어가 없기 때문이다.

> 내가 지금 말해야 하는 것은 나에 관한 것이다. 설사 그들의 언어로 말을 해야 한다고 하더라도 말이다. 그것은 시작일 것이다. 그것은 침묵, 광기의 끝을 향한 한 걸음일 것이다. 말을 해야 하지만 할 수 없음의 광기, 나와 관련 없는 것들, 중요하지 않은 것들, 내가 믿지 않는 것들, 내가 누구인지 내가 어디 있는지 말하지 못하도록 나를 꽉꽉 채우는 것들, 그리고 이 상황을 끝낼 수 있는 유일한 방법으로 내가 해야 하는 것을 하지 못하도록, 내가 해야 할 것을 하지 못하도록 막기 위해 나를 꽉꽉 채우는 것들 말고는 말할 수 없는 광기의 끝을 향해 나아가는 발걸음.

말은 '나'에게 등을 돌렸고 '나'를 배신했다. 결국 화자는 절망해 이렇게 단언한다. "그건 대명사의 잘못이다. 나를 위한 이름이 없다. 나를 위한 대명사가 없다. 모든 문제는 거기서 유래한다. '나'는 대명사인 동시에 또 대명사가 아니라는 것. 나는 '그것'이 아니라는 것. 다 내버려 두자, 다 잊어버리자, 어렵지 않다. 우리의 관심사는 무엇에 관한 것이다. 이제 우리는 그것, 누군가, 혹은 뭔가, 그곳에 있지 않은, 혹은 어디에도 없는 누군가 혹은 무엇에 도달한다." 대명사가 터무니없이 정치적 논쟁거리가 되었던 시대, 베케트는 슬기로운 조언을 제공한다. "대명사와 다른 부분들을 놓고 다투어 봐야 아무 의미 없다. 주체는 중요하지 않다. 아예 존재하지도 않으니까."

오류 천지의 대명사들은 호도할 여지가 있음에도 불구하고 분절되지 않은 '나'에게 가르칠 것이 있어 보인다.

> 먼저 나는 내가 무엇이 아닌지 말할 것이다. 그것이 그들이 내게 진행하라고 가르쳐준 방식이니까. 그다음은 내가 무엇인가에 관해 말할 것이다. 그것은 이미 진행 중이다. 나 자신이 겁을 먹도록 방치한 지점에서부터 다시 시작하면 된다. 나는, 군이 말할 필요도 없지만, 머피도 와트도 머시어도 아니다. 아니, 나는 심지어 나를 내세운 그들, 즉, 이름도 기억이 나지 않는 다른 이들의 이름을 부를 수조차 없다. 그들은 내게 내가 자기들이라고 말한 이들이다. 이들은 압력을 받거나 혹은 두려움 때문에 내가 되려고 노력했음이 틀림없는 이들, 아니면 나를 인정하지 않으려 애썼을 게 틀림없는 이들이다…이들의 이름, 이들의 기묘한 장치를 명명하지 않고는 이들을 제거할 수

없다. 이것이 염두에 두어야 할 점이다.

이 단락에서 미묘하지만 중요한 변화가 일어난다. 그냥 부정이 아니라 '~도/~도 아닌$^{neither/nor}$'이라는 부정이다. 이 변화의 함의는 천천히 점진적으로 펼쳐진다. 대리자들은 자신들이 나를 표현한다고 주장하면서도 '나'를 부정한다. 따라서 '나'는 자신이 부정당하고 있음을 부인함으로써만 자신을 긍정할 수 있다. 나는 이것도 아니고 저것도 아니며 다른 누구도, 무엇도 아니다. 심지어 '1000개의 이름'도 '나'를 포착하거나 표현할 수 없다. 이름 붙일 수 없는 것을 이름 붙이는 일의 무용함을 깨닫고, 마후드 혹은 화자인지도 확실치 않은 화자—단락들과 문장들은 끝이 없다. 화자의 정체성은 불명료한 채로 남는다—는 (있는지 없는지도 모르는) 친구들과 가족으로부터 물러남으로써 한 점으로, 그리고 심지어 그가 자신의 것이라고 믿지도 못하는 몸으로 수축한다. 모든 것이 시작된 기원, 영도$^{Degree\ Zero}$인 푼크툼에 도달할 때까지 가라앉는 것이다. 이 영도에서 내러티브의 기이한 전환이 발생한다. 외부와 내부, 안과 밖 사이의 명확한 구분선처럼 보였던 것이 흐트러지고, 이제 단순한 내부도 단순한 외부도 사라진 듯 보인다.

그것이 내가 느끼는 것이다. 외부와 내부와 그 중간의 나. 아마 그것이 나인 모양이다. 세계를 둘로 나누는 것. 한쪽은 외부, 다른 쪽은 내부인 둘로 쪼개는 존재. 금박지처럼 얇은 존재인 나는 외부도 내부도 아니다. 나는 중앙에 있다. 나는 외부와 내부를 나누는 칸막이다. 나는 표면은 두 개지만 두께는 전혀 없다. 내가 느끼는 것은 그렇다. 나 자신은 진동한다. 나는 **팀파눔**tympanum이다. 한쪽에는 정신, 다른 쪽에는 세계. 나는 양쪽에 얹힌 구조물이다. 나는 어느 쪽에도 속하지 않는다. 그들이 말하는 대상은 내가 아니며 그들은 나를 향해 말하는 것이 아니다. 그들이 말하는 것은 나에 대한 것이 아니다. 아니, 그것이 아니다. 나는 그 모든 걸 전혀 느끼지 못한다. 뭔가 다른 걸 시도해본다….

팀파눔이란 건물의 출입구 위 "안쪽으로 패인 장식 공간이나 평면으로 삼각형의 박공과 그걸 둘러싼 코니스로 에워싸여 있다". 팀파눔은 대성당의 초를 켜놓은 신성한 공간으로 들어가거나 그곳에서 나오는 입구이자 출구다. 성당 건축물의 정식 내부도 아니고 정식 외부도 아닌 팀파눔은 교환과 소통을 가능하게 만드는 문지방이자 통로를 나타낸다. 팀파눔은 또한 고막과 같은 막이다. 고막의 진동은 청각을 가능하게 만든다. 카푸어의 〈하강〉이 보여주는 소용돌이 가장자리에서 느껴지는 진동이다. 내부도 외부도, 본체도 아닌 팀파눔은 외부의 소음과 내부의 침묵 사이에 있는 경계다. 얇은 금박 같은 이 경계는 언어와 예술이 최초로 시작된 침묵의 심연을 볼 수 있도록, 아주 얇고 좁은 균열을 냄으로써 소음이라는 외설을 막는 팀파눔이다.

8

...

...

9

사이에
Between

이것도 저것도 아니다

1950년대 초, 실험 음악에 관심이 많은 야심만만한 작곡가였던 모턴 펠드먼Morton Feldman은 뉴욕 필하모닉의 안톤 베베른Anto Webern의 연주를 들으러 갔다. 청년 시절 펠드먼은 월링포드 리거Wallingford Riegger와 공부한 적이 있다. 리거는 아르놀트 쇤베르크의 추종자였고 쇤베르크는 베베른의 제자였다. 쇤베르크의 오페라 《모세와 아론Moses and Aron》은 이제껏 창작된 예술작품 중 신의 명명 불가능성을 가장 웅변적으로 증언하는 작품이다. 특히 의미심장한 12음 기법의 대본에 쇤베르크는 다음과 같은 말을 써 놓았다.

> **아론**: 오, 가장 드높은 환상의 형태, 환상을 마법의 형상으로 만들어주다니 얼마나 감사한지!
> **모세**: 어떤 이미지도 상상할 수 없는 이미지를 만들어줄 수는 없어.

《모세와 아론》의 중요성에 대한 의견을 피력하면서 대니얼 올브라이트Daniel Albright는 이렇게 말한다. "이런 종류의 예술이 할 수 있는 일은 부재를 노골적으로 표명하는 것과 이미 행한 것과 할 수 있는 것 사이의 격차를 보여주는 것이다." 이 오페라 곳곳에 존재하는 부재는 다음과 같은 후렴구에서 통렬히 되풀이된다. "오, 말씀이여. 그대 내가 갖고 있지 못한 언어여!"

어떤 우연한 만남으로 인해 펠드먼의 인생과 음악의 방향은 송두리째 바뀌어버렸다. 연주회장에서 베베른 작품에 대한 청중의 비난에 괴로웠던 펠드먼은 연주회장을 벗어나다 로비에서 존 케이지를 맞닥뜨렸다. 두 작곡가는 즉시 마음이 통했고 급속도로 친한 벗이 되었다. 케이지를 통해 펠드먼은 당시 주도적인 예술가들을 다수 만날 수 있었다. 잭슨 폴록, 빌럼 데 쿠닝, 필립 거스턴, 마크 로스코, 로버트 라우셴버그를 만났다. 이 예술가들과 교우가 깊어지면서 이들의 작품은 펠드먼에게 심오한 영향을 끼쳤다. 펠드먼은 특히 라우셴버그의 '백색회화'에 깊은 인상을 받았다. '백색회화'는 앞에서 살핀 바대로 케이지의 유명한 〈4분 33초〉에 영감을 준 작품이다. 「침묵 속에 있기To Be in the Silence」라는 제목의 논문에서 스웨덴의 피아니스트이자 작곡가 마츠 페르손Mats Persson은 펠드먼이 구매했던 최초의 회화가 바로 라우셴버그의 '흑색회화'였다고 전한다.

> 흑색회화는 펠드먼에게 평생의 동반자가 되었다. 그림을 보고 연구하면서 펠드먼은 곧 새로운 태도를 보였다. 자신에게만 고유한 뭔가를 만들고자 하는 욕망이었다. 그는 회화를 콜라주로 보지 않

았다. 회화는 콜라주 이상의 것이었다. 회화는 인생도 예술도 아니었다. 회화는 그 사이의 무엇이었다. 펠드먼은 이제 자신이 이 사이 in-between 에서 움직이는 음악, 재료와 구축 사이의 경계를 지워버리고 방법과 응용을 종합하는 음악, 범주들 사이의 음악을 작곡하기 시작했다고 말한다.

'이것도 저것도 아닌' '사이'에 대한 펠드먼의 관심은 필립 거스턴과의 우정과 함께 더욱 깊어졌다. 거스턴은 케이지로 인해 선불교에 입문하게 되는데, 그는 뉴먼과 머튼처럼 케이지와 스즈키의 선불교 강의에 참석했다. 그는 "선불교가 키르케고르의 절대적인 '이것이냐/저것이냐의 선택에 대한 대안을 제공해준다"라며 펠드먼을 설득했다. 선을 발견한 직후 펠드먼은 「이것도 저것도 아니다 Neither/Nor」라는 제목의 논문을 쓴다. 여기서 그는 뜻밖에 프랑스 작곡가 올리비에 메시앙 Olivier Messiaen 과 미국 철학자 헨리 데이비드 소로를 비교하며 예술의 정치화에 반기를 들었다. "내가 여기서 진정으로 하고픈 말은 우리가 부당하게 희생당해왔다는 느낌이 든다는 것이다. 수백 년 동안 우리는 유럽 문명의 희생자였다. (키르케고르를 비롯한) 유럽 문명이 우리에게 가져다 준것은 정치에서건 예술에서건 이것이냐 저것이냐 하는 양자택일뿐이었다. 하지만 우리가 원하는 것, 우리에게 없는 것이 이것도 저것도 아니라면? 우리가 정치도 예술도 원하지 않는다면? 우리가 성수를 뿌리는 세례 제스처로 정당화되지 않는 인간의 행동을 원한다면? 왜 그 행동에 이름을 붙여야 하는가? 그것에 이름을 부여하지 않은 채로 두는 데 무슨 잘못이 있단 말인가?"

이것도 저것도 아닌 사이에 대한 펠드먼의 가장 명시적인 탐색은 「이것도 저것도 아니다^{Neither}」라는 제목의 오페라 대본이다. 이 대본은 베케트가 쓴 동명의 시를 바탕으로 한 것이다.

이것도 저것도 아니다
그림자가 앞에서 뒤로도, 내부의 그림자에서 외부의 그림자로도 왔다 갔다 하지 않는다

불가해한 자아에서 불가해한 비자아로
그 어떤 것도 경유하지 않는다

불이 켜진 두 곳의 피난처 사이처럼
문이 살포시 거의 닫혔다가 다시 방향을 돌려
살포시 다시 열리듯

이리저리 호출되었다 외면당했다

길은 아랑곳 하지 않고, 하나의 빛 혹은 다른 빛에 열중한

들어본 적 없는 발소리, 소리만

마침내 영원히 멈출 때까지, 영원히 부재할 때까지
자아도 타자로부터

그러곤 소리 없음

그러곤 아무도 거들떠보지 않는 그 부정^{neither} 위로 부드러운 빛은 희미해지지 않는다

말할 수 없는 고향

펠드먼은 베케트를 만나 그의 언어를 음악으로 옮길 가능성을 의논하려 했지만, 베케트는 관심이 없었다. 제임스 놀슨은 두 사람의 대화에 관한 베케트의 설명을 전한다.

그(베케트)는 아주 당황스러워했다. 그는 잠시 후 내게 말했다. '펠드먼 씨 난 오페라를 좋아하지 않아요.' 그에게 말했다. '당신 잘못이 아니죠!' 그러자 그가 말했다. '제 언어가 음악으로 옮겨지는 게 마음에 들지 않아요.' 내가 말했다. '제 생각도 그렇습니다. 사실 저도 음악에 말을 사용한 적이 거의 없어요. 목소리를 쓴 작품은 많이 쓰긴 했지만, 가사는 없어요.' 그러자 그가 나를 다시 보더니 말했다. '그럼 뭘 원하는 거죠?' 내가 말했다. '나도 몰라요!'… 나는 정수를 찾고 있다고 말했다. 뭔가 늘 맴도는 것 말이다.

펠드먼은 그러고 나서 베케트에게 그의 작품 한 편을 위해 쓴 몇 줄의 가사를 보여주었다. 베케트는 흥미를 보였고 대답으로 자신의 전 생애와 작품의 주제는 단 하나뿐이라고 말했다. 그런 다음 그 내

용을 적었다. "그림자 속 앞에서 뒤로도, 내부의 그림자에서 외부의 그림자로. 앞으로 뒤로, 도달할 수 없는 자아와 도달할 수 없음 사이에서." 그런 다음 덧붙였다. "약간 작업이 필요하겠죠? 그렇지 않을까요? 뭐, 더 생각이 나거나 하면 보내드리죠."

 펠드먼은 케이지와 라우션 버그와 거스턴은 물론, 로스코와도 깊은 관계를 오랫동안 맺고 있었다. 앞에서 본 바대로 로스코는 휴스턴의 로스코 교회가 완공된 모습을 살아서 보지 못했다. 둘의 가까운 관계를 알고 있던 드 메닐 부부 대리인은 펠드먼에게 로스코를 기념하는 작품을 의뢰했다. 그 결과물이 1972년 로스코 교회에서 초연된 〈로스코 교회 The Rothko Chapel〉라는 곡이다. 펠드먼은 자신의 곡이 로스코 회화에 대한 대답이 되었으면 했다. 페르손은 설명한다. "거대한 그림을 통해서, 그에 더해 관람객에게 가까이 와서 보라는 구체적인 지침을 줌으로써 로스코는 관람객이 그림을 관찰하고 탐구하려는 태도를 미연에 방지하려 한다. 관찰이나 탐구는 그림의 직접 체험에 방해가 되기 때문이다. 펠드먼 역시 음악을 작곡할 때 비슷한 효과를 의도했다. 작품의 구조적 부분들이 서로뿐 아니라 전체와도 단순한 대칭관계를 맺지 않도록 유념했다." 우연성의 중요성은 펠드먼이 케이지에게서 배운 가장 중요한 교훈 중 하나다. 펠드먼은 역시 케이지에게 우연에 관련한 교훈을 주었다. 펠드먼의 혁신에 대한 응답으로 케이지는 〈변화의 음악 Music of Changes〉이라는 피아노곡을 작곡했다. 이 곡에서 그는 주역周易을 이용해 작품에서 음표를 연주할 부분을 지정했다. 펠드먼도 케이지도 연주 방식을 미리 짜 넣음으로써 작품을 통제하려 드는 대신, 예측과 예상 모두 하지 못한 것을 드러내는 우연의 조건을 창조할 방안을 탐색한다. 참신한 것이 예상치 않게 등장하는 우연의 장소 혹은 비장소는 이것도 저것도 아닌 그 사이다.

펠드먼이 〈이것도 저것도 아니다〉라는 오페라를 작곡하고 「이것도 저것도 아니다」라는 논문을 쓰던 시기, 데리다는 비범하고도 혁신적인 책인 동시에 책이 아니기도 한 『조종^{Glas}』을 쓰고 있었다. 'glas'는 죽음을 알리는 조종弔鐘을 가리키는 낱말이다. 'glass funèbre'하면 장례식의 종소리, 죽음의 종소리를 뜻한다. 이 저작에서 데리다는 키르케고르의 '이것/혹은 저것'이나 헤겔의 '둘 다'를 벗어나 역적^{liminal}(변화에 맞물려 있는 경계의 점 - 옮긴이) 시 - 공간을 그린다. 그는 '이것도 저것도 아니다'라는 주제에 관해 글을 쓰는 대신 '이것도 저것도 아니다'라는 개념을 시각화하고, 재연하는 문체를 개발한다. 『조종』의 한쪽을 보면 한 문단이 두 개의 세로 단으로 되어 있을 뿐 아니라, 두 개의 세로 단은 또 다른 삽입 문단으로 계속해서 나뉘어 있는 것을 알 수 있다. 더 큰 세로 단은 가족에 대한 헤겔의 해석에, 작은 세로 단은 도둑이자 범죄자이고 시인이자 극작가인 장 주네$^{Jean\ Genet}$에게 할애되어 있다. 이 저작에서 가장 중요한 것은 데리다의 헤겔이나 장 주네 분석이 아니라, 그 사이 공간에서 등장하는 무엇이다. 『조종』이 출간된 1971년으로부터 1년 후 데리다는 자신의 '기념비적' 저작을 요약하는 「탱팡^{Tympan}」이라는 글을 발표한다.

「탱팡」은 사실 『철학의 가장자리$^{Margins\ of\ Philosophy}$』라는 모음집의 서문이다. 이 서문의 주변부적 위상을 강조하기 위해 서문의 번호는 아라비아 숫자가 아니라 로마숫자로 표기했다. 저작 내부나 외부에도 없는 「탱팡」은 자신뿐 아니라 모든 다른 저작의 한계를 표시하는 『철학의 가장자리』 중에서도 주변에 있다. 『조종』과 마찬가지로 「탱팡」 역시 다른 두 개의 세로 단으로 배열되어 있다. 이번에도 큰 세로 단은 헤겔에게 할애되었고 작은 세로 단은 미셸 레리스^{Michel Leiris}의 『관통^{Biffures}』이라는 책에 할애되었다. 'biffer'은 '길게 자르다'라는 의미를 갖는 라틴어 'bifida'에서 유래한 낱말로, 상쇄, 관통, 삭제 등을 의미한다. 데리다의 저작 전체와 마찬가지로 「탱팡」 또한 말과 글, 다시 말해 현존의 형이상학을 내포하는 말, 그리고 헤겔과 하이데거로 대표되는 서양 철학 및 신학의 전복을 내포하는 글 사이의 관계를 다룬다.¹ 이 책의 경계를 설정하는 제목인 '탱팡'이라는 말 자체가 이미 이중적이다. 데리다는 '탱팡'과 '팀파눔'으로 다시 언어유희를 벌인다. '탱팡'은 '인쇄용지를 받쳐주기 위해 인쇄기에 놓는 패드용 천이나 종이'를 가리키는 말이고 '팀파눔'은 앞에서 설명한 바대로, 사원이나 성당의 입구에 성스러운 장소와 속세의 공간 사이의 입구를 가리킬 뿐 아니라 고막이라는 뜻도 가지고 있다. 이런 제목을 사용해 데리다는 자신의 주장을 자기 텍스트의 내부성과 외부성 사이의 경계선상에 놓는다. 그러나 데리다가 천착하는 쟁점은 그가 계속해서 귀를 언급하면서 한층 더 복잡해진다.

 청각 기관인 귀의 복잡성을 고려하지 않고는 침묵을 이해할 수 없다. 귀라는 청각 기관은 이미 두 개라는 점에서 이중적이다. 그뿐 아니라 귀는 육체의 외부와 내부 사이의 단순한 경계가 아니라 내적으로도 또 경계를 가진 복잡한 구조로 되어있다. 따라서 경계 내의 경계, (차이의) 가장자리 내의 가장자리를 만들어낸다. 귀는 두 개지만 하나만 따져 봐도 이미 하나가 아니라 셋, 즉 외이, 중이, 내이 세 부분으로 이루어져 있다. 그리고 귀의 세 부분을 분리 및 연결시키는 세 개의 막이 있다. 외이는 바깥 부분인 귓바퀴와 외이도를 포함한다. 외이도는 외부 세계의 음파를 고막으로 보내 고막의 진동을 초래하는 관이다. 중이는 모루뼈와 등자뼈와 망치뼈, 세 개의 뼈로 이루어져 있다. 이들은 음파를 고막에서 또 다른 막을 통해 내이까지 전달한다. 내이는 달팽이관이라는 미로 같은 관으로 이루어져 있다. 달팽이관 끝에는 또 다른 막이 있다. 기저막(내이 달팽이관의 코르티 기관을 받치고 있는 섬유성 막―옮긴이)이라는 이 막은 상이한 음파 주파수에 민감하다. 이 막의 진동은 신경전달물질의 분비를 초래하여 정보를 담고 있는 패턴을 뇌로 전달한다. 외부와 내부 사이의 단순한 경계처럼 보이는 것이 실제로는 구멍 속 구멍, 가장자리 속 가장자리, 한계 내의 또 한계다. 외부는 실제로 어디서 끝나며 내부는 어디서 시작되는가? 소리는 내부에 있는 것인가, 아니면 외부에 있는 것인가? 침묵은 세계에도 없고, 귀에도 없으며, 어딘가 그 사이에 있는 것인가?

데리다는 「탱팡」을 다음과 같이 시작한다.

탱팡하기 ― 철학.

한계에 다다르기: 이 문장은 아직 명제를 형성하지 못한다. 하물며 담론은 더더욱 되지 못한다. 그러나 이 문장이면 충분하다. 이 문장만 이용해도 이 책에 들어있는 거의 모든 문장을 낳을 수 있을 만큼 충분하다.

데리다의 저서들을 번역한 앨런 배스$^{Alan Bass}$는 도움이 되는 설명을 제시한다. "불어로 'tympansier'는 공개적으로 조롱한다는 의미의 옛 동사다." 데리다의 주장에 따르면 철학을 가장 잘 비판하는 방법은 철학의 경계 밖에서 비판하는 것이다. 철학은 늘 자신의 잠식성 시선을 제약할 수 있는 모든 한계나 경계를 지배하려 든다. 그래서 데리다가 지침으로 제시하는 질문은 다음과 같다. "만일 가장자리가 있다면 하나의 철학, 혹은 철학 일반은 여전히 존재하는가." 철학의 가장자리에서 사유한다는 것은 철학이 이해할 수 없는 어떤 한계 혹은 한계 철학을 생각하는 것이다. "만일 그 한계가 팀파눔이라면 문제는 기존의 한계를 제거하는 것이라기보다는, 한계 개념과 개념의 한계를 사유하는 것이다." 데리다의 주장에 의하면 이 한계를 사유하려면 니체의 인도를 따라 중간의 중간(중이)을 식별해야 한다. "망치로 철학하기 위해 자라투스트라는 자문부터 한다. 사람들의 귀를 뚫기 위해서는, 디오니소스적으로 심벌즈나 팀파니 악기 소리를 이용해 귀를 때릴 것인가. 사람들에게 '눈으로도 듣는 법을' 가르치기 위해서도." 11장에서 디오니소스 이야기를 다시 할 것이다. 지금 당장은 눈으로 작품을 듣는다는 것이 모든 발화를 가능하게 하는 비가시적 간격의 침묵을 보는 것임을 알면 충분하다. 야베스는 『가장자리의 서$^{The\ Book\ of\ Margins}$』에서 이렇게 말한다.

침묵은 처음에도 끝에도 있지 않다. 침묵은 사이에 있다.

멍에 아래

언어가 언어를 버린다.

언어는

존재하지 않으려 애쓴다.

  사이의 틈은 삶을 늘 불안정하게 만드는 욕망의 공간을 열어놓는다. 메를로퐁티의 설명대로 욕망은 "언어의 내부 어디에도 없다. 욕망은 말과 말 사이, 시간과 공간 사이의 구멍, 시간과 공간이 한계를 정하는 의미화 속에 있다. 정지된 이미지를 순차적으로 이어붙일 때 그 이미지들 사이에서 영화의 움직임이 발생하는 것과 마찬가지다. 광고 속 글자들이 검은 선 몇 개로 드러나지 않고 하얀 페이지에 희미하게 보이는 것도 그러하다. 하얀 페이지는 비어 있지만 의미로 가득 차 있으며 대리석처럼 밀도 높은 힘의 선들로 진동한다."

  철학은 침묵을 견딜 수 없다. 그러므로 말하지 않으려고 저항하는 만인과 만물에게 자신의 언어로 말하라고 강요한다. 만일 외부가 내부이고 내부가 외부라면 거울 속 반영은 거울의 집에 갇혀 있게 되는데, 이러한 상태는 순환으로 상징된다. 데리다는 이 순환에서 두 가지 버전을 본다. "지배와 위계, 포위를 전유하는 이 두 버전은 서로 소통한다… 두 버전 중 하나가 여기서(아리스토텔레스, 데카르트, 칸트, 후설, 하이데거) 더 강력하건 혹은 저기서(스피노자, 라이프니츠, 헤겔) 더 강력하건, 이들은 모두 동일한 바퀴의 움직임을 따라간다. 그 버전이 하이데거의 해석학적 순환의 문제건 헤겔의 존재론적 순환의 문제건 상관없다." 데리다는 이 두 가지 해석 전략 모두에서 결핍을 발견한다. 그는 이 결핍을 예증하기 위해 자신의 텍스트를 두 부분으로 가르는 틈새의 공간을 하얗게 비우고 난 후, 다시 위와 아래로

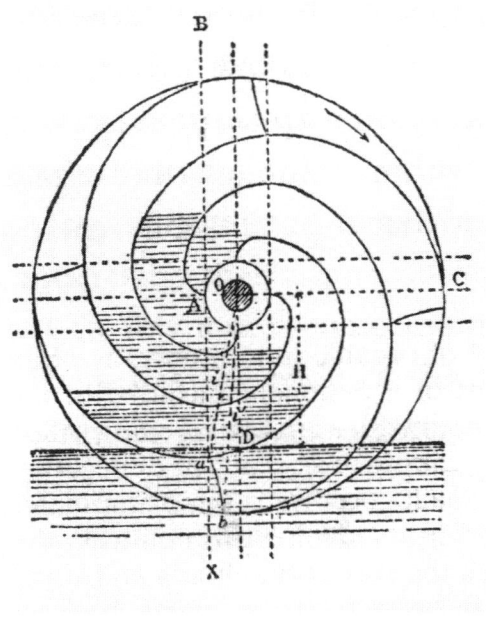

〈그림 8〉 라파예(Lafaye)의 팀파눔의 헤겔 버전
출처: 자크 데리다 『철학의 주변』(1982), xii

양분한다. 교차하는 여백의 텅 빈 공간은 마치 교차대구처럼 일종의 교차점을 형성한다. 확장한 각주에서 데리다는 팀파눔이 "수압 바퀴라는 뜻도 있으며, 건축가 비트루비우스^{Vitruvius}가 상세히 기술한 바 있다"라고 언급한다. 이 점을 명료하게 설명하기 위해 그는 또한 이미 말했던 바퀴의 예시를 든다. 바퀴의 이미지〈그림 8〉는 데리다가 서양 철학과 신학의 특징이라고 주장하는 재전유의 폐쇄 회로를 표상하는 게 아니라, 카푸어의 〈하강〉과 포의 바닥없는 심연을 닮은 회오리치는 소용돌이를 암시한다. 텅 빈 중앙부는 펠드먼의 〈이것도

저것도 아니다)에 영감을 준 라우센 버그의 회화만큼이나 검다. 이 중앙부는 원의 내부도 외부도 아니며 베케트의 이름 붙일 수 없는 언어를 연상시킨다. 나는 "세계를 둘로 나누는 것. 한쪽은 외부, 다른 쪽은 내부인 둘로 쪼개는 존재. 금박지처럼 얇은 존재인 나는 외부도 내부도 아니다. 나는 중앙에 있다. 나는 외부와 내부를 나누는 칸막이다. 나는 표면은 두 개지만 두께는 전혀 없다. 내가 느끼기에는 그렇다. 외부와 내부와 그 중간의 나. 아마 그것이 나인 모양이다. 나 자신은 진동한다. 나는 팀파눔이다".

데리다는 '탱팡'이라는 단어의 의미 하나를 더 추가해 논한 뒤 마침내 철학이라는 기구를 찔러 터뜨려버린다. 수동 인쇄기에서 탱팡은 인쇄 드럼(인자印字가 가능한 모든 위치에 문자를 공급할 수 있는 회전 원통-옮긴이)에 부착하는 재료. 양피지나 비단 천을 드럼 위에 올려 잉크로 누르면 탱팡 부분을 지나간다. 사원이나 성당이나 교회로의 진입/탈출, 팀파니의 윗부분의 가죽, 고막, 인쇄기, '탱팡'의 의미 목록은 계속된다. 데리다의 주장에 따르면 끝이 없어 보이는 의미 확산은 철학의 지배 의지를 전복시키며, 그 어떤 성찰로도 닫을 수 없는 구멍을 만든다. "의심할 바 없이 철학은 불안감을 해소하는 절대적 규칙, 다의성을 아우르는 규범을 찾아낼 것이다. 철학은 팀파눔이 자연적으로 만들어진 것인지 인위적으로 만들어진 것인지 스스로에게 질문할 것이다. 철학은 우리가 늘 확장하기와 경계 짓기, 틀 짓기를 통한 통일성으로 돌아오는지 물을 것이다. 이러한 통일성은 주변부를 처녀, 동질성, 부정의 공간/음의 공간으로 감시할 것이다. 외부는 외부로 남겨둔 채, 다시 말해 외부와 내부의 경계를 가르는 표시도, 이항대립을 나타내는 반대도 없이 결정을 내리지도 않고 마치 물질처럼 모체처럼 코라^{khora}처럼 형태나 유형을 받아 튕겨 내보낼 채비를 할 것이다." 철학을 부정하는 것처럼 보이는 것을 부정함으로써 자기 경계를 확보하려는 철학의 노력은 자기 전복이다. 이중부정은 타자를 제거하거나 통합하거나 동일화하지 않는다. 오히려 배제하려는 것을 포함시킴으로써 모든 차이와 모든 외관의 모체인 지하묘지를 창조한다. 데리다는 이름 붙일 수 없는 지하묘지를 코라라고 명명한다. 이 코라는 마이클 하이저가 〈이중부정$^{Double\ Negative}$〉이라는 조각 작품에서 구축 또는 해체하는 것이다. '이중부정'에 도달하려면 라스베이거스를 거쳐야 한다.

라스베이거스 잊기

동쪽에서 출발하는 비행기를 타고 라스베이거스에 접근하다 보면 저 아래 땅은 그 어떤 인쇄물로도 담을 수 없는 색깔로 그린 거대한 지형도처럼 보인다. 이 각도에서 보면 지도로도 다 담지 못할 만큼 땅이 무한대로 펼쳐져 있는 듯 보인다. 로키산맥의 서쪽 경사면이 유타주 캐년랜즈 국립공원으로 넘어가면서 지면의 색은 녹색과 회색에서 붉은색과 갈색으로 천천히 바뀐다. 험준한 바위투성이 봉우리들도 평평해져서 불에 덴 듯한 색의 고원과 메사^{mesa}(꼭대기는 평평하고 등성이는 벼랑으로 된 언덕. 미국 남서부 지역에 흔한 지형—옮긴이)로 바뀌고 부드럽게 대칭을 이루는 두 지대는 거친 가장자리와 깊은 협곡에서 끝난다. 협곡은 아득히 먼 옛날 커다란 뱀이 대지의 표면을 파들어 갈듯이 구불구불 움직이며 남긴 자취 같다. 협곡의 윤곽은 접히고 또 접혀 군데군데 정맥류를 방불케 하는 툭툭 불거진 정맥으로 덮인 뼈만 앙상한 긴 손가락과 닮은 모양이 되고, 눈부신 붉은색과 오렌지색은 풍파에 시달린 피부 빛으로 흐려진다. 앙상한 손가락처럼 불거진 협곡 부위들이 구불구불 아래로 흘러내려 푸르고 차디 찬 미드호 물속으로 빠진다. 미드호의 물은 급격히 물러나며 호수의 푸른색과 절벽의 붉은색 사이에 흰 가장자리만 삭막하게 남겨놓았다. 사라져가는 호수의 물은 기후 재앙까지 남은 시간을 재는 타이머다. 암석으로 얽혀 들어간 복잡한 선들은 조각과 드로잉과 수채화를 뒤섞은 듯, 인간의 손으로는 만들 수도 없고 어떤 미술관도 전시할 수 없는 대지의 걸작을 창조한다. 호수 경계 너머로는 암갈색 모래가 드넓게 펼쳐져서 서쪽으로 쭉 뻗어나간다. 사각형 모양의 아주 작은 나무들이 너무 가까이 뭉쳐 있어 격자 모양이 될 뻔 한 형태들이 마구 뒤섞여버린다. 주변부에서 중심으로 옮겨갈수록 타르페이퍼 지붕들이 붉은 타일로 바뀌고, 자연의 가장 소중한 자원인 물이 아무렇지 않게 반짝거리기만 하며 무책임하게 낭비되는 물웅덩이들이 눈에 띤다. 눈을 조금만 돌리면 라스베이거스가 지평선 끝에 어렴풋이 보인다.

   라스베이거스는 침묵의 바다에 떠 있는 작은 소음이다. 밤에 라스베이거스로 날아가 보라. 빛이 압도적이다. 전기 조명, 레이저 조명, 네온 조명 등 온갖 조명이 휘황찬란하다. 주변 사막의 어둠과 대비되며 안팎의 조명은 더욱 눈이 부시다. 라스베이거스 시내에는 조명만이 아니라 공항, 택시, 호텔, 엘리베이터, 쇼, 카지노 등 다양한 소음이 넘쳐난다. 도처에서 짤랑짤랑 울려대는 슬롯머신의 끊임없는 소음은 압도적이다. 소음이 지나치게 커서 자신이 무엇을 생각하는지조차 들을 수 없을 정도다. 물론 생각을 들을 수 없게 하는 것이 소음의 핵심이다. 소음은 라스베이거스에서 노는 사람들이 주변의 어둠을 무시하고 유희에 계속 탐닉하도록 설계되었다.

라스베이거스는 포스트모더니즘이 시작된 곳이며 그 주변 사막은 포스트모더니즘이 끝나는 곳이다. 1968년 미국의 건축가 로버트 벤투리Robert Venturi, 데니스 스콧 브라운Denise Scott Brown, 그리고 스티븐 아이즈노어Stephen Izenor는 예일대 건축대학원에서 라스베이거스에 관해 세미나를 열었고, 4년 후 『라스베이거스의 교훈Learning from Las Vegas』이라는 책을 출간했다. 이 책은 포스트모던 건축의 출발을 알렸다. 라스베이거스가 벤투리와 그의 동료들에게 흥미로웠던 이유는 건축뿐 아니라 그곳이 세계 제2차 대전 이후 미국 문화의 축소판이라는 인식 때문이기도 했다. 미스 판 데어 로에가 "적을수록 좋다"라는 격언으로 모더니즘의 본질을 간파하자, 벤투리는 "적은 건 지루하다"라는 말로 응수했다. 벤투리는 라스베이거스가 기호의 도시라는 것, 다시 말해 그곳이 자신 이외에는 아무것도 가리키지 않는 기호의 기호라는 것을 알아차렸다. 이 기호의 유희는 라스베이거스로부터 뻗어 나와서 쇼핑몰과 고급 부티크뿐 아니라 월가에서 급성장하고 있던 금융 시장까지 도달했다. 그렇기 때문에, 포스트모더니즘은 새로 출현하고 있던 금융 자본주의 시대를 위한 이데올로기까지는 아니더라도, 그 시대에 적합한 미학이었다. 벤투리는 다른 사람들이 저항한 것을 적극 포용하는 모습을 보여줬다. 아돌프 로스Adolf Loss 같은 모더니스트들은 "장식은 범죄다"라고 선언하면서 금욕적 복음을 설파했던 반면 벤투리는 기호의 무한 확산을 주장했다. 그에 따르면 라스베이거스의 건물들은 그것이 보여주려는 기호 뒤로 사라져버린다. 벤투리의 결론은 이렇다. "라스베이거스는 사실 모두가 다 기호다." 아닌 게 아니라 "간판이라는 기호를 모조리 제거하면 라스베이거스에 장소란 없다."

　라스베이거스를 20세기 후반 벌어지고 있던 넓은 변화의 징후라고 해석한 벤투리의 분석은 천재적인 선견지명을 보여주었다. 벤투리는 산업경제가 후기산업경제로 이행하면서 발생하는 변화가 갖는 광범위한 함의를 대부분의 사람들보다 더 일찍 알아차렸다. 산업경제가 물품을 제조하는 체제라면 후기산업경제는 이미지와 정보를 거래하는 체제다. 새로운 경제에서 교환의 징표이자 물품은 기호다. 우리는 그곳에서 물건이 아니라 형상, 사물이 아니라 재현, 주화나 지폐가 아니라 비트코인을 거래한다. 전자 및 디지털 혁명은 경제 영역에만 국한되지 않는다. 더욱 정교해진 디지털 기술은 사람들의 생활에 깊이 파고들어 개인의 경험뿐 아니라 사회 경험 전반을 바꾸어 놓는다. 『라스베이거스의 교훈』을 출간한 후에 수년 동안 벤투리가 예견했던 변화들은 더욱 빨리 현실이 되었다. 실재의 탈 물질화, 현실의 가상화라고 기술할 수밖에 없는 일들이 벌어졌다. 개인용 컴퓨터, 태블릿, 스마트폰, 비디오게임, 인터넷, 케이블TV, 전자 감시, 그리고 고속 금융시장이 전 세계로 확장되면서, 모든 것의 속도가 빨라졌고 결국 현실 자체가 탈물질화를 겪으며 가상이 되는 지경에 이르렀다. 보드리야르의 '현실 자체의 사막'이라는 적절한 표현이 실제로도 이렇게 눈앞에 이루어졌다. 그러나 탈물질화와 가상화에는 한계가 있으며 이 한계는 극복할 수 없다. 사라진 듯 보이는 실재/현실은 맹렬히 귀환한다. 9·11 테러, 2008년 금융위기, 그리고 진행 중일뿐 아니라 가속화중인 기후위기는 포스트모더니즘의 종말을 가리키고 있다. 1990년 어느 겨울밤, 배우기 시작한 것들을 내가 진정으로 이해하는데 거의 20년이 걸린 셈이다.

사이에 존재하다

사막 내의 사막. 사막 사이의 사막. '사막'은 명사인 동시에 '버리다'라는 의미의 동사를 가지고 있다. 버린다는 것은 물러나고, 떠나고, 버리고, 포기한다는 것이다. 대도시의 찬란한 조명이 우리를 현혹하지 않아도, 또 다른 사막이 우리에게 손짓하며 부른다. 사막 한가운데서, 정복 의지는 정의할 수도 닫히지도 않는 텅 빔, 틈 혹은 균열에 의해 팽팽해진 정복할 수 없는 힘들의 접근을 받아 산산조각 난다. 이 틈을 보려면 라스베이거스의 교훈을 잊으라고 가르치는 침묵을 들어야 한다.

나는 로스앤젤레스 카운티 미술관이 그의 작품을 입수한지 얼마 되지 않았을때, 그의 유명한 대지미술 작품인 〈이중부정〉 평론을 준비하기 위해 마이클 하이저와 네바다주로 가서 며칠을 함께 보냈다. 마이클은 라스베이거스 공항에서 자기 흰색 픽업트럭에 나를 태웠고 북쪽으로 130마일을 달려서 가든 밸리까지 갔다. 가든 밸리는 광대한 분지 중앙에 위치해 있다. 우리는 라스베이거스에 오래 머물지 않았고 두 시간 정도 운전해서 사막의 어둠 속으로 들어갔다. 운전해 가는 동안 마이클은 자신의 사연을 자기 버전으로 이야기해주었다. 그가 네바다주에 오게 된 것은 아버지 로버트 하이저 덕택이라고 했다. 그의 아버지는 뛰어난 고고학자셨고, 캘리포니아 버클리 대학교에서 연구에 매진하면서 아메리카 원주민 문화에 평생 관심을 갖고 계셨다. 그리고 멕시코, 남미와 미국 남서부, 특히 그레이트 베이슨(미국 서부의 네바다주, 유타주, 오리건주, 아이다호주를 아우르는 큰 분지-옮긴이) 지역을 광범위하게 답사하셨으며 마이클은 어렸을 때 아버지를 따라다니면서 올멕^{Olmec}, 아즈텍, 마야 및 잉카 미술과 건축에 큰 흥미를 느끼게 되었다고 했다. 1960년대 성년이 된 마이클은 샌프란시스코 미술대학에서 수학했지만 갈증을 진정시킬 수 없었는데 그 이유는 1960년대 미술계의 중심지가 뉴욕이었기 때문이다. 1965년 그는 마침내 동부로 이주해 훗날 소호가 될 머스 스트리트에 살았다. 추상표현주의가 시들기 시작하고 팝아트와 미니멀리즘이 등장하던 시절이었다. 앤디 워홀이 "상업미술이 미술의 다음 단계다"라고 선언하면서 미술은 이제 전후 소비문화의 일부가 되어가고 있었다. 마이클을 가장 괴롭혔던 문제는 미술의 상품화와 미술계의 상업화였다. 이 현란한 세계에서 자신의 길을 찾는데 별 문제가 없긴 했지만, 마이클은 신발에 묻어있는 흙먼지를 보았고, 뉴욕 생활이 편치만은 않을 것이라는 생각이 들었다. 그때 그는 월터 드 마리아$^{Walter\ De\ maria}$와 로버트 스미스슨$^{Robert\ Smithson}$을 만났고 마음이 잘 통하는 것을 느꼈다. 그러나 마이클은 뉴욕 대부분의 작가들과 이들의 작품이 도통 마음에 들지 않았다. 마이클은 뉴욕과 뉴욕에

이식된 유럽 전통에서 벗어나 사막에 자신만의 도시를 건설해야겠다고 결심했다. 1968년 줄리아 브라운$^{Julia\ Brown}$과의 인터뷰에서 마이클은 당시의 결심을 전했다. "미국 미술의 발전에 기여해야겠다고 결심했습니다. 유럽 미술을 이어가기만 하는 일은 그만 두기로 했죠. 제게 유럽 미술이란 걸어 다니며 보는 '발자크'나 '모세' 같은 회화와 조각을 말합니다. 저는 의도적으로 미국적인 미술을 개발하려 애를 쓰고 있었어요. 미국 미술이라고 할 만하다는 느낌을 준 유일한 원천은 아메리카였어요. 그래서 남미와 북미, 메소아메리카가 갖고 있는 것들에 눈을 돌렸죠. 미국적인 것은 에스키모나 페루 인들을 의미할 수도 있습니다. 유럽적인 욕망을 끝장내고 싶었어요… 뭐, 제정신이 아닐 수도 있겠죠. 그래도 미국의 정체성을 만드는 일에 기여를 해야겠다고 생각했어요." 마이클은 뉴욕의 고층건물 다락방과 화랑과 미술관에서 멀리 떨어진 서부에서만 새로운 종류의 예술 작품을 만들어낼 수 있다고 말했다.

 마이클은 밤새 운전을 하면서 네바다를 선택한 이유를 설명하느라 중간 중간 하던 이야기를 중단했다. 아버지를 따라 가든 밸리를 돌아다녔던 추억도 즐거웠지만, 마이클은 이 광활한 대지에 드러나 있던 지질학적 시간의 심오함에 마음을 빼앗겼다. 가든 밸리에는 11,000년을 거슬러 올라가는 인간 삶의 흔적이 깃들어 있었다. "이런 것들을 보면 좀 긴 안목이 생기죠." 마이클이 장난기를 섞어 말한다. 그는 수많은 암면조각에 매료되었을 뿐 아니라, 놀랍게도 산림 쥐들이 만든 둥지가 조각과 비슷한 특징을 보인다는 점에도 흥미를 느꼈다. 사막에는 패총도 여기저기서 발견할 수 있었다. 그는 또 도처에 흩어져 있는 뼈들의 조각 비슷한 성질에도 관심을 갖고 있었다. 2년 후 나는 마이클과 함께 『건축 버리기$^{Deserting\ Architecture}$』라는 제목으로 산림 쥐의 둥지에 관한 미완의 책을 함께 작업했다. 우리는 또 소와 쥐의 뼈로 조각품도 만들었고 이때 만든 작품은 지금 내 거실에 걸려 있다. 네바다의 사막은 나의 뼈 정원이 시작된 곳이다.

마이클은 네바다가 위태로운 현대 세계의 특징인 모순으로 가득 찬 곳이라며 서슴지 않고 지적했다. 그에게는 다가오는 종말을 느끼는 예리한 감각이 있었다. "제가 뭔가 새로운 것을 하고 있다는 것, 그것이 불명료하지만 건축 같은 다른 학문과 어떤 관계가 있다는 것을 알고 있었어요. 제 경우에 이런 감각은 우리가 세계의 종말에 가까이 다가가고 있다는 느낌에 바탕을 두고 있어요. 핵 이후의 시대에 살고 있다는 생각은 모든 것에 영향을 끼쳤죠. 폭탄이 곧 폭발하리라고 경고하는 시계가 째깍거리고 있어요. 베트남은 이미 모든 사람들을 위협했고 이제 중요한 문제를 이야기할 때가 되었어요." 그는 재앙의 징조가 사막 여기저기에 널려 있다고 말했다. 핵 실험장, 라스베이거스 외곽 벙커에 저장된 수소폭탄, 은폐된 군사기지, 네바다의 87퍼센트나 차지하는 연방 정부의 소유지에서 벌어지는 전쟁 시뮬레이션, 그리고 물론 51구역(민간인의 출입을 통제하는 미국 네바다주의 군사작전 지역 - 옮긴이)도 있다. 이곳이 군사 구역임을 강조라도 하는 듯 거대한 B - 52 폭격기가 300피트 상공으로 소리도 없이 날아오른다. 마이클에게 포스트휴먼(인간과 로봇 및 기술의 경계가 사라져 현존하는 인간을 넘어선 신인류 - 옮긴이)의 미래는 인간 이전의 과거 못지않게 중요했다. "제 예술은 우리가 핵 시대에 살고 있다는 자각을 바탕으로 한 것입니다. 인류는 문명의 종말 시대를 살고 있다고 볼 수 있어요." 마이클은 임박한 기술의 종말뿐 아니라, 사막에 사는 일 자체의 위험도 강조한다. 참을 수 없는 여름의 더위와 겨울의 추위, 끝없이 울부짖는 바람, 돌연한 폭풍우, 언제든 길을 잃을 위험, 그리고 도사리고 있는 방울뱀. 이러한 것들이 사막에 상존하는 위협이다. "사막 깊은 곳으로 들어갈 때는 꼭 권총을 휴대해야 합니다"라고 그가 경고한다. 나는 마이클이 늘 난방도구를 챙긴다는 것도 알게 되었다.

하이저의 이러한 통찰은 그의 예술을 이해하는 데 꼭 필요하지만, 정작 그의 말 중 내게 가장 잊을 수 없는 인상을 남긴 것은 좀 다른 것이다. 내가 종교학 연구자라는 것을 알게 된 마이클이 물었다. "『티베트 사자의 서The Tibetan Book of the Dead』를 읽어본 적이 있나요?" "읽었죠." 내가 대답했다. "그 책이 저를 구했어요. 저는 지나치게 신랄해져 있었어요. 망가져 있었다고 할 수 있죠. 그러던 중 아버지 서재에서 그 책을 발견했어요. 제게 또 다른 출구가 되어주었죠." 나는 혼잣말로 중얼거렸다. "또 다른 입구기도 하고요." 오래전 그날 밤 마이클의 말에 귀를 기울이며 나는 그가 위험을 예민하게 느낄 수 있는 감각이 있기때문에 사막에 끌렸다는 것을 분명히 알 수 있었다. 그의 이런 감각은 성스러움의 아우라에 대한 경외감과 분리할 수 없는 것이었다. 광활함, 세월, 고립, 그리고 침묵에 대한 경외감. 이 경외감은 내가 이해하고 싶지는 않지만 경험하고 싶은 것이었다.

우리는 하이코라는 마을에 닿았다. 잠깐이라도 한눈을 팔아버리면 놓칠 만한 곳이었다. 마이클은 마을 입구에 차를 세우고 '접근 금지'라고 쓰여있는 커다란 간판이 달린 문을 열었다. 우리는 그 문을 차로 통과했고, 먼지 낀 도로를 35마일 가량 다시 달렸다. 바퀴자국과 떠다니는 모래 때문에 도로가 이따금씩 사라졌다. 마침내 우리는 마이클이 작업과 생활을 병행하고 있는 곳에 도착했다. 판금과 콘크리트 블록으로 만든 건물 여러 채로 조성되어있는 단지 비슷한 곳이었다. 마이클은 이곳에서 두 조수 매리 셔너헌Mary Shanahan과 제니퍼 메츠키에비치Jennifer Meckiewica와 작업과 생활을 함께 하고 있었다. 짧게 인사를 나눈 후 다음 날 일정을 위해 잠자리에 들었다. 누워서 잠을 청하려는데, 마이클 하이저가 수도자처럼 사는 카우보이라는 생각이 문득 들었다.

다음날 아침 일어나보니 마이클과 매리와 제니퍼는 이미 일어나 있었다. 그의 작품 〈이중부정〉으로 향하기 전 마이클은 내게 영원히 끝나지 않을 것 같은 필생의 작업을 보여주고 싶어 했다. 그가 가든 밸리에 온 이유는 이 작품을 만들기 위해서라고 했다. 그는 직접 작품을 보기 전에는 작품 이야기를 하려 들지 않았다. 작품에 다가갔지만 넓은 입구의 끝에 도달할 때까지 아무것도 보이지 않았다. 아래를 내려다보던 나는 메소아메리카의 광장처럼 드넓게 패인 공간을 보고 깜짝 놀랐다. 그곳은 마치 미지의 신에게 바치는 의식을 위해 준비한 공간처럼 보였다. 중심 특징은 거대하고 긴 구조물로, 마야나 아즈텍 문명의 희생 제단을 닮아 있었다. 피라미드처럼 생긴 구조물의 위쪽 끝은 잘려나간 모양이었다. 세심하게 다듬어 놓은 붉은색 자갈의 옆면들은 45도 각도 정도로 기울어져 있어 거꾸로 세운 거대한 피라미드가 땅의 표면을 뚫고 땅 밑에 텅 빈 공간을 열어젖히는 느낌을 주었다. 마이클은 이 작품이 완성되면 지금 크기의 두 배가 될 것이고 그러면 터렐의 〈로덴 분화구〉보다 훨씬 더 큰 작품이 될 것이라고 말했다. 이 프로젝트는 예술적 비전으로 가득할 뿐 아니라, 원시성과 미래파의 기운이 동시에 감도는 테크놀로지의 역작이다.

마이클이 직접 이야기한 적은 없지만 내가 보기에 그는 분명 자신의 예술로 라스베이거스라는 세계가 상징했던 모든 것을 뒤집어 엎어버리고 싶어 하는 듯 했다〈그림9〉. 마이클은 자신의 작업을 통해 예술을 자신이 생각하는 현실세계와 다시 이음으로써 현실로 돌아가려 애쓰고 있었다.

하이저가 품은 성숙한 비전의 씨앗은 그가 뉴욕에 살던 시절 제작한 작품들에서 이미 눈에 띈다. 1966년에 이미 그는 《퇴출 회화 Displaced Paintings》라는 제목의 연작을 완성했다. 실제로는 벽에 거는 3D 조각 작품들이다. 가령 〈음의 회화 Negative Painting, 1966〉는 매끈한 평면에 십자가 모양으로 공간을 파낸 작품이다. 또 다른 작품에서는

탈 물질화 ➡ 물질화

빛 ➡ 중력

우상 ➡ 우상 반대

가시성 ➡ 비가시성

가상 ➡ 실재

소음 ➡ 침묵

〈그림 9〉 마이클 하이저의 라스베이거스 '뒤집기'

안료부터 직접 타는 오토바이까지 온갖 재료를 이용하여 사막 바닥에 정말 거대한 그림을 만들었다. 이 '회화'와 '드로잉'에 대한 하이저의 생각은 이렇다. "여기서 그림을 그리지만 사실은 조각, 음의 조각에 관심이 있습니다. 저는 더하지 않고 뺌으로써 뭔가를 만들고 있어요. 수백 만 년에 걸쳐 무에서 만들어진 지층을 생각합니다. 2년 정도면 다시 메꾸어질 구멍을 파면서 지형학의 시간을 모방하고 있습니다. 내일은 언덕 윤곽을 정확히 모방한 도랑을 파려고 합니다." 하이저의 초기작에 대한 명쾌한 설명을 제시하는 비평에서 게르마노 첼란트는 다음과 같은 해석을 내놓는다.

> 하이저의 작품들은 '퇴출 회화 Displacement Painting'라고 부를 수 있다. 그의 작품은 색과 표면 같은 주요소들 사이의 관계를 형태로 만드는 것을 목표로 하지 않는다. 그의 예술은 탈물질화를 지향한다. 작품들은 물질의 '퇴출', 다시 말해 부재를 향한다. 회화라는 실재를 해체함으로써 회화의 부재를 드러내는 것이다. 이 작품들의 가장 중요한 특징은 어지러울 정도의 비어있음, 회화의 중심에 발생하는 텅 빔이다. 이것이 음의 예술이다. '체계적 회화 Systemic Painting'에서 볼 수 있는 형태와 색채의 활력과 생기에 반대한 하이저의 작품은 절대적인 침묵이라는 상징을 향해 나아간다… 그의 작품은 내적 공간성, 부재와 비물질, 어딘가 다른 곳에 존재하는 것을 펼쳐 보인다.

하이저의 작품은 이 다른 곳이 늘 가까이 있다는 것을 보여준다. 《퇴출 회화》는 1960년대 후반 하이저가 캘리포니아와 네바다 사막에서 수행했던 일련의 실험을 위한 모델이 되었다. 이 작품들에서 그는 자신의 예술 전체를 떠받치는 토대 축을 정의했다. 음/양, 형상/대지, 존재/부재, 위/아래 그리고 참/빔 같은 것들이다. 초기 작품에서 그는 곡괭이와 삽, 심지어 두 발을 이용해 대지라는 피부에 균열을 만들었다. 이 피상적 절개에 만족하지 못한 하이저는 곧 대지를 덮고 있는 팀파눔을 뚫기 위해 건설에 쓰는 중장비까지 사용하는 방향으로 나아갔다. 양의 공간보다 음의 공간에 더 관심이 많았던 하이저는 이 작품들을 '음의 조각' 혹은 '역의 조각'이라 부른다. 그는 이러한 종류의 작업을 처음 시도했던 일을 다음과 같이 기술한다. "오브제 조각으로 처음 만들었던 작품은 〈퇴출/대체된 덩어리 Replaced Mass〉였어요. 오목하게 파 놓은 공간 세 곳에 화강암 덩어리를 넣은 다음 콘크리트로 가장자리를 두른 작품입니다. 재료는 그 지역에 존재하는 것들과 비슷한 것들로 골랐죠. 암석도 회색, 콘크리트도 회색이라 작품 전체는 무채색입니다. 재료 선택에서는 재료 자체의 성질과 응용도 고려했어요. 설치한 작품이 어떻게 보일 지가 문제였죠. 이미 알려진 요인들을 이용해 계산된 방식으로 예상할 수 있는 결과물을 내놓는 것보다는 작업이 끝나고 예상치 못한 결과물에 놀라는 상황을 만들고 싶었습니다." 그 후 여러 해 동안 하이저는 이 작품과 비슷한 오브제 조각을 실내와 실외에, 사막과 도시(뉴욕과 로스앤젤레스)에 계속 제작했다.

〈퇴출/대체된 덩어리〉가 작품을 땅 아래로 가라앉혔다면 〈공중에 뜬 거석 Levitated Mass〉은 돌을 땅에서 들어 올린 작품이다. 이 작품의 첫 버전은 뉴욕시 매디슨가와 56번가가 만나는 북서쪽 모퉁이에 놓여 있다. 깨끗하게 자른 화강암 덩어리 주위를 금속틀로 둘러놓은 작품으로 화강암 덩어리는 빠르게 흐르는 물 위에 떠 있는 듯 보인다. 그래서 이 작품도 계속 보고 있으면 어지러움을 느낀다. 마치 카푸어의 〈하강〉에서 소용돌이치는 급류를 보는 것 같다. 하이저는 화강암 표면에 고대 이집트 피라미드 상형문자를 연상시키는 문양을 새겨놓았다. 그는 이 작품의 제작 계기와 과정을 이렇게 설명한다.

작품을 구상했던 것은 1969년부터입니다. 원래는 돌을 덩어리째 사용할 생각이었는데 크기와 무게를 감당할 수 없어 더 얇게 잘라내야 했어요. 그렇더라도 암석의 원래 모양을 잃고 싶지는 않았어요. 광장의 특성을 고려해야했고 구조물 아래 데크를 뚫어 만들어야 하는 등 뉴욕시 쪽에서 요구하는 것들도 있었어요. 암석을 더 얇게 깎아서 작품을 제작했죠. 무게보다는 크기를 좀 줄이려는 목적에서였죠. 암석 꼭대기 쪽 결이 보이는 표면을 잘라내자 암석의 느낌이 죽어버렸어요. 다시 생명력을 부여해야 했죠. 이집트에서 배운 음각 부조를 이용해 돌에 부조를 새겨볼 기회가 왔다 싶었어요. 작품을 설치한 동네 주소를 암호 비슷하게 만들어 암석 꼭대기에 새겼어요. 오랫동안 관심이 있었던 환경 개념을 강화하려는 의도였죠. 주소는 작품 꼭대기에 직선들을 쭉 파 넣어 새겼어요. 암호는 기본적으로 숫자와 관련된 주소입니다. 파 넣은 직선의 숫자를 세면 56 MAD가 됩니다. (암석은 56번가와 매디슨가에 있으니까요) 직선 5개는 5를 나타내고 6개는 6, 13개는 알파벳의 13번째 글자인 M, 1개는 첫 번째 글자 A, 4개는 네 번째 글자 D를 나타냅니다.

매디슨가 작품의 광기는 로스앤젤레스 버전에 비하면 아무것도 아니다.

2012년, 드디어 하이저는 LA 카운티 미술관장 마이클 고번$^{Michael}_{Govan}$의 지속적인 후원 하에 LA 카운티 미술관 바깥에 〈공중에 뜬 거석〉의 원래 비전을 실현할 수 있게 된다. 이 작품은 높이 6.55미터에 무게는 340톤이나 나가는 거석을 위태로운 균형 맞추기 공정을 거쳐 공중에 띄워 놓은 것이다. 텅 빈 공간은 공중에 띄운 암석 아래 따로 만들었다. 거석 아래쪽으로 매끈한 콘크리트를 사용해 140미터 길이의 길을 좌우 완벽한 대칭 형태로 팠다. 관람객들이 돌 아래에서 길을 따라 내려갔다 올라갈 수 있도록 공간을 구성한 것이다. 전체 작품 주변에는 결이 거친 콘크리트를 10,117제곱미터 너비로 넓게 펼쳐놓았고 이는 메마른 사막 느낌을 주었다. 방문객들은 거석 아래나 주변을 걸어 다닐 수 있다. 하이저는 쓰고 싶은 바위를 리버사이드카운티 주루파 밸리에서 찾아냈다. 2012년 2월, 바퀴 196개가 달린 차량에 바위를 싣고 170킬로미터를 달려 설치장소까지 옮겼다. 운반 여정만 꼬박 11일 밤이 걸렸다. 구경꾼이 대규모로 몰려들어 운반 자체가 일종의 행위예술을 방불케 했다. 하이저의 거석 수송과 설치를 주제로 장편영화 길이의 다큐멘터리 영화가 제작되기도 했다. 이번에도 하이저의 작품은 사막/도시, 자연/인공, 유기체/기계, 내부/외부, 위/아래, 상승/하강, 그리고 무거움/가벼움 등 상반된 요소 사이에서 위태롭게 균형을 잡고 있다. 〈공중에 뜬 거석〉을 인상적으로 만드는 요소는 작품의 규모다. 공중에 떠 있는 바위 아래를 걷는 인간은 자신이 결코 지배할 수 없는 힘에 압도되어 한낱 보잘것없는 존재가 된다. 하이저에게 암석은 그냥 암석에 불과한 것이 아니다. 그는 암석에 자신이 신성하다고 여기는 영혼이 깃들어있다고 본다. 로스앤젤레스의 〈공중에 뜬 거석〉에 깃든 영혼은 뉴욕 버전과는 다른 방식으로 존재한다. "뉴욕에 있는 온갖 고층건물들은 수입한 돌로 뒤덮여 있습니다. 그 돌과 제가 들여온 암석에 한가지 차이가 있다면 제 돌은 마무리가 덜 되었다는 것, 다시 말해 죽지 않았다는 것입니다. 제 돌도 물론 톱질을 하고 다듬었지만 완전히 죽지는 않았어요. 저는 바위 속 영혼을 남겨두려 노력합니다."

네바다 이야기로 돌아 가 보자. 사막의 도시에 머무는 동안 마이클은 시간이 점점 걱정스러워졌는지 어두워지기 전에 〈이중부정〉까지 가려면 당장 출발해야 한다고 재촉했다. 다른 작품들과 마찬가지로 〈이중부정〉까지 가는 일 역시 만만치 않다. 순례(작품을 보러 가는 여정)도 작품 체험의 일부다. 가장 직접적인 경로는 라스베이거스에서 오버턴까지 129킬로미터 사막을 달려가는 것이다. 그러나 우리는 북부에서 출발했다. 급커브가 많은 지그재그식 위험한 모래 도로가 가드레일도 없이 모먼 메사 꼭대기까지 이어져 있었다. 거기까지 가도 정작 작품은 13킬로미터 더 떨어진 먼 곳에 있었다. 먼지 낀 도로는 애초에 찾기가 너무 어렵고 모래로 여기저기 덮여 있어 그 지역 지리를 잘 아는 마이클조차 길을 잃기 일쑤였다. 마침내 발견한 작품의 크기와 규모에 나는 완전히 압도당했다. 마이클은 음의 회화에서처럼 제거를 통해 창조한다고 했다. 즉, 부재가 현존을 드러내도록 하는 것이다. 〈이중부정〉은 메사의 두 곳을 파냈다. 24만 톤의 모래와 바위를 들어내 깊이 15미터, 너비 9미터의 대칭형 빈터를 만들었다. 90도로 세운 벽들이 있고 오르락내리락 다닐 수 있는 45도 경사로가 있다. 한쪽 끝에서 다른 쪽 끝까지 작품의 총 길이는 엠파이어스테이트 빌딩의 높이와 같다. 어느 인터뷰에서 마이클은 〈이중부정〉을 이와 같이 설명했다.

내가 보기에 완전한 음의 작품 negative works 은 현상학적입니다. 작품이 있는 공간에 도대체 왜 그 작품이 있는지 설명하고 보여주는 지표가 하나도 없기 때문입니다. 텅 빈 공간이 되어버린 작품에 무슨 일이 벌어졌는지 알 수 있는 실마리도 전혀 없죠. 〈이중부정〉은 중력 덕분에 자신의 물성 자체를 사용하도록 만들어졌습니다. 그러다 보니 어떻게 작품이 만들어졌는지를 설명하는 시각적 진술이 남겨져 있습니다. 지금은 현장에 실제로 존재하지 않는 형태나 대상에 대한 암시가 있습니다. 이 조각은 물질을 쌓는 게 아니라 제거하면서 제작한 것입니다. 그런 의미에서 〈이중부정〉은 종래의 오브제 조각이 아닙니다. 땅을 파낸 자리 두 곳은 지나치게 거대해서 하나의 형태로 합쳐질 것 같다는 암시가 있어요. 〈이중부정〉이라는 작품 제목은 말 그대로 두 곳을 파냈다는 뜻도 되면서, 형이상학적, 초월적 함의도 있습니다. 현실에서 이중부정이란 불가능한 개념이니까요. 저곳에는 아무것도 없어요. 하지만 그래도 조각은 조각이죠.

저곳에는 아무것도 없다. 하지만 여전히 있다. 이 아무것도 아닌 것이야말로 하이저를 매료시킨다. 그러나 아무것도 아닌 그것은 어디에 있는가? 그리고 텅 빈 곳은 도대체 몇 곳인가? 내가 두 곳을 보앉던 자리에서 마이클은 세 곳을 보았다. 대칭을 이루는 빈 곳이 두 군데 있었고, 그 사이에 한 곳이 더 있었다. 두 곳에서 파낸 흙을 가장자리에 버리고, 중력이 그 흙과 돌을 바닥없는 심연의 구멍으로 끌어내리도록 방치함으로써 만들어진 또 하나의 텅 빈 공간이다.

마이클이 말했다. "위에서 보아서는 세 번째 빈 공간을 알 수 없어요. 안으로 들어가 보아야 합니다." 그는 돌아서서 가 버리고 나는 혼자 남아 그의 작품 속으로 들어갔다. 텅 빈 공간으로 들어가려면 찢어진 대지의 가파르고 울퉁불퉁한 경사면을 내려가야 했다. 아래쪽으로 내려가 보니 비로소 이 비범한 작품의 충격적인 규모가 생생하게 드러났다. 흙과 돌을 퍼낸 바닥부터 정밀하게 다듬어 놓은 선과 표면과 평면이 무너져 내리고 있다. 이 작품은 침식 중이다. 세운 벽들은 바스러지고 바닥에는 영겁의 세월 동안 쌓인 잔해들이 어지러이 널려 있다. 〈이중부정〉은 고요한 한 예술가에 의해 조용히 변화를 겪고 있는 폐허다. 이 예술작품은 시간을 피하기 위해서가 아니라 우리를 시간 속으로 점점 더 깊이 포개어 넣기 위해 만들어졌다. 대지의 표면 아래쪽을 지나가면서 나는 오랫동안 고민해왔던 심오한 진실을 깨달았다. 파고 내려간다는 것, 그것은 회귀한다는 것이다… 시간과 공간의 무수한 층을 통과해 우리 세계뿐 아니라 다른 어떤 세계의 시작보다 더 이전인 아르케^{arche}, 처음, 시초로 돌아가는 것이다.

이 눈물의 벽들은 거대한 벽화, 풍성한 콜라주, 아상블라주 그리고 형언할 수 없는 아름다움이 결합된 모습을 보여준다. 인간의 손으로 만들었다고는 도저히 생각할 수 없는 정교하고 복잡한 색채와 형태, 형상들은 잊히지 않는 익명성, 무시무시한 비개인성, 인간이 아닌 존재의 지성을 암시하는 듯하다. 오래 버티면서도 부서지기 쉬운 퇴적층은 화석으로 굳어 웅얼거리며 불안감을 조성한다. 작품의 가장자리로 가면서 대지는 점점 더 불안해진다. 느슨하게 풀려난 모래와 자갈이 발밑에서 더 아래로 추락해, 아직 끝나지 않은 미완의 작품에 손을 보탠다. 오래전에 사라진 어느 문명이 선사한 선물과도 같은 이 압도적인 암면 조각은 해독할 수는 없지만 끝없이 읽고 다시 읽어내야 하는 신비다.

〈이중부정〉은 오래 보고 있을수록 더 기이한 느낌을 풍긴다. 이 작품은 단순한 부정성만 내포하고 있는 것이 아니며, 땅을 파고 들어간 음의 조각에 그치지 않는다는 의미도 있다. 이 작품의 이중성은 부정을 부정한다는 의미의 이중부정이 아니라 오히려 정반대다. 이 작품에서 이중부정이란 상반된 것들을 떨어뜨려 놓는 동시에 다시 합치는, '이것도 저것도 아닌' 것의 텅 빔을 열어놓는다. 텅 빈 공간 한가운데에 서 있는 것은 삶과 죽음이 발생하는 비장소인 '사이'에 있는 것이다. 그 순간 '나'는 실제로 외부에도 내부에도 있지 않은 틈파눔이 된다. 변화, 동요, 진동, 사라졌다(포르트)…돌아왔다(다), 있다…없다, 현존할 수 없기에 회귀할 수도 없는 것의 영원한 회귀.

앞에서 이야기한 바대로 '조각하다^{sculpt}'('자르다'라는 의미의 그리스어 'sek'에서 유래)라는 말은 개방하는 것, 뚫는 것, 새기는 것, 찢는 것, 가르는 것이다. 빼기가 더해진다. 적은 것이 많은 것이다. 〈이중부정〉은 비작품^{nonwork} – 작품, 작동하지 않음으로써 작동하는 작품이다. 하이저는 현존을 확인하거나 다시 현존$^{re-present}$, 혹은 재현시키기 위해 부재를 부정하거나 지양하지 않는다. 그의 작품은 현존의 불가능성을 제시하는 동시에 재현하며 그럼으로써 다시 현존은 불가피한 실패를 드러낸다. 이 예술작품은 무^{nothing}를 재현하는 불가능한 일을 이루어낸다. 재현을 멈추지 않고, 무를 재현하기 위해 하이저는 형상 – 토대의 관계를 재고함으로써 형상화의 토대를 재구성한다. "땅/대지 자체는 '토대'로서 안정적이고 당연한 공간이라고 간주되기 때문에 그 당연한 토대를 전복하거나 최소한 의문시하려 했습니다"라는 것이 작가의 설명이다. 안정적인 토대를 전복시키는 그의 작업은 비유에 그치는 것이 아니다. 그는 말 그대로 안정적으로 뒤집는다. 토대인 대지가 후퇴해 사라질 때 비로소 형상이 나타난다. 작가가 대지 표면의 막을 뚫을 때 물질은 어머니^{mater}, 즉 예술작품뿐 아니라 우리가 살아야 할 운명인 세계의 기원이 된다. 믿음의 도약을 할 채비가 충분히 되어 있다면 하이저는 우리를 무덤이자 자궁인 텅 빈 공간으로 추락시킨다. 이 공간은 만물이 출현했다 다시 돌아가는 생성적 모체다. 이곳 땅/기반의 부재는 단순한 부재가 아니라 침묵을 들음으로써 비로소 볼 수 있는 기반 없는 기반이고, 토대 없는 토대다.

  저녁때가 다가오면서 작품과 작별할 시간이 되었다. 바스러져 가는 경사면을 오르다 보니, 겨울 늦은 오후의 잿빛 햇살로 사방이 침침해졌다. 저 멀리 버진강이 산 아래를 따라 구불구불 흐르면서 네바다주와 애리조나주 사이의 경계를 이루고 있다. 불안감을 조성하는 텅 빈 공간을 떠나 다시 시간이 흐르는 넓은 통로로 들어서자 돌연 침묵이 나를 향해 돌진해왔다. 단순한 침묵이 아니라 압도적인 침묵이 손에 잡힐 듯 두 귀를 눌러댔다. 나는 잠시 멈추어 그 부정의 공간에 머물렀다. 내가 주변의 고요보다 더 고요해지리라는 실낱같은 희망이 솟아났다. 그 공간을 벗어나면서, 언젠가 마이클이 〈이중부정〉에 대해 했던 말이 무슨 뜻인지 불현듯 이해되었다. "경이로운 분위기를 조성하는 조각품을 만드는 작업은 흥미롭습니다. 작은 작품으로 그런 분위기를 낼 수 있다고들 하지만 제 경험으로는 그렇지 않아요. 거대한 건축물과 비슷한 크기의 조각은 오브제뿐 아니라 주변 분위기까지 만들어냅니다. 저는 경외가 종교적 경험과 유사한 마음의 상태라고 생각합니다. 사람들은 뭔가에 마음이 뜨거워질 때 자신이 뭔가 초월했다는 느낌을 받죠. 초월적인 예술작품을 창조한다는 것은 모든 것을 뛰어 넘는다는 것입니다." 예술작품 속에 머문다는 것은 무한에 가까워지는 경험에 다가가는 것이 아니겠냐는 깨달음이 찾아들었다.

그날 밤 마이클은 내가 동부로 돌아가기 전에 해야 할 일이 하나 더 있다고 말해주었다. 〈이중부정〉을 아래쪽에서 보았으니 이제 공중에서도 봐야 한다는 것이었다. 그는 이미 다음 날 아침 헬리콥터를 탈 수 있게 채비해 둔 상태였다. 이튿날 일찍 매커런 공항 부근 터미널에 도착해 헬리콥터에 탑승했다. 헬리콥터가 천천히 이륙하자 호텔과 카지노들이 아래로 가라앉는 것처럼 보였다. 북동쪽으로 급격히 우회전해 도시를 획 벗어나 사막 상공을 날았다. 모래와 세이지풀이 평평한 대지에 끝없이 펼쳐지는가 싶더니 사암 언덕에 튀어나온 거대한 암석 노두(돌출부)가 보였다. 그 사이로 아메리카 야생마와 큰뿔야생양과 야생 당나귀들이 한가로이 거닐고 있었다. 암석과 언덕 얼굴 부분에는 고대 지질학 시대의 흔적이 새겨져 있었다. 600피트 상공에서 보니, 대지는 풍부한 색조와 미묘한 무늬로 뒤덮인 캔버스처럼 드넓게 뻗어 있었다. 사막 깊숙이 들어갈수록 언덕들이 선사시대 바다에서 솟구쳐 나와 굳어버린 파도처럼 위로 솟아 산이 되었다. 헬리콥터가 가장 높은 봉우리 꼭대기를 거의 스치듯 지나가자 불의 계곡이 찬란한 붉은 색, 오렌지, 호박색, 연보라색 등 갖가지 색과 모양으로 불타는 듯 압도적인 풍광을 눈앞에 연이어 쏟아냈다. 태곳적을 기리는 하이저의 기념비는 하늘에서 보아도 역시 경이로웠다. 멀리서 보니 모먼 메사는 계곡 바닥으로부터 솟아오른 모양새다. 메사 위를 지나 먼 가장자리 쪽으로 다가가자 완전히 평평하고 수평을 이루던 땅이 끝나고 가장자리의 너덜너덜 찢어진 부분이 드러났다. 헬리콥터는 왼쪽으로 급격히 선회해 너덜너덜 갈라진 대지의 가장자리를 따라 눈이 닿는 한 지그재그로 이리저리 위로 솟았다 아래로 하강하며 움직이기 시작했다.

그러던 중 갑자기 거슬리는 뭔가 눈앞에 나타났다. 메사의 표면에 갈라진 부분 두 곳이 보였고 그것은 하이저의 〈이중부정〉이었다. 두 곳은 숨어서 누군가 자신을 발견해주기를 고대하고 있는 듯한 모습이었다. 전날 내가 땅에서 보지 못한 것, 그것을 하늘에서 볼 수 있었다. 텅 빈 두 곳 사이에 있는 제3의 텅 빈 곳이 두 곳을 분리시킴과 동시에 합쳐주고 있는 모습이 내가 새로 보게 된 광경이었다. 텅 빈 곳들 내부에 있는 텅 빈 곳 때문에 발밑 땅이 사라졌고 나는 숨이 멎을 것 같았다. 이 '안-사이^{in-between}'의 '비어있음' 덕에 만물이 나타나고 있었다. 마이클 하이저가 내게 보여주고 내가 이해하기를 바

랐던 것이 바로 이것임을 깨달았다. 그날 밤 비행기를 탄 후 일기장에 생각을 정리하기 위해 몇 자 적었다.

사막 한가운데 있다 보면 당연해 보이는 인간의 존재를 영원히 희석해버리는 대자연의 존재. 인간에게는 철저히 무심한 비인격성이 끝없이 다가오는 느낌을 받는다. 1만 1,000년 인간 역사의 흔적도 사막에서 끝없이 바스락거리는 놀라운 익명성을 지우지 못한다. 대지는 인간을 환대하지 않는다. 그뿐만이 아니다. 트럭을 타건, 말을 타건, 걸어가건, 위험은 늘 곁에 도사리고 있다. 나아갈 길은 늘 불분명하고, 도로는 방향을 바꾸는 곳마다, 길이 꼬이는 곳마다, 아니면 순식간에 돌풍만 불어도 금세 사라져버리겠다고 끊임없이 위협한다. 참을 수 없는 열기, 소스라칠 만큼 고통스러운 추위, 갑작스러운 폭풍, 독을 품은 거미, 죽음을 부르는 방울뱀은 피할 수 없는 위험이다. 자연이 조화로운 유기체라도 그 생생한 징후는 사막에서는 모조리 사라져버린다. 그러나 사막의 비인격성이 폭력적이지만은 않다. 뭔가 다른 것, 뭔가 남다른 것. 기존의 어떤 위협보다 더 불안한 무엇인가가 드넓게 개방된 사막이라는 공간에서 늘 동요하고 있다. 이 무엇, 실제로는 무無인 이것에 대한 유일한 감흥은 경외감, 종교적이라고 말할 수밖에 없는 어떤 경외감이다. 이 경외감을 경험하려면 침묵이 들어오도록 허용해야 한다.

귀를 기울여라
귀 기울이는 법을 배워라

침묵에 귀 기울이는 법을

존재하지 않는 침묵

우리가 하는 것이 아니라

우리가 하지 않는 것

존재하지 않는 침묵

우리의 것이 아닌 침묵

그때 난 그날 밤 『침묵을 보다』가 시작되었다는 것을 알지 못했다.

'사이' 놓기

거의 30년 동안 나는 〈이중부정〉에서 보고 체험한 것들을 어떻게 사유해야 할지 어떻게 말하고 써야 할지 고민해왔다. 보이지 않는 것을 어떻게 볼 수 있고, 알 수 없는 것을 어떻게 알 수 있으며, 말할 수 없는 것을 어떻게 들을 수 있을까? 어떤 말도 충분하진 못하지만 그래도 일부 말은 다른 말보다 낫다. 더 나은 말은 철학자이자 시인, 시인이자 철학자들의 언어다. 하이데거의 설명에 따르면 "존재^{being}는 '땅 아래$^{ab\text{-}ground}$', 다시 말해 불이 켜진 '안-사이'의 틈이며, 이 틈에 속하는 '암석'과 '절벽'과 '봉우리'는 피난처의 외양을 하고 스스로 은폐되어 있다." 하이데거는 이 생뚱맞은 주장을 명료하게 설명하려는 시도의 하나로 「사물$^{The\ Thing}$」이라는 논문에서 항아리라는 간단해 보이는 사례를 제시한다. 일반적으로 언어가 드러내지 않는 의미를 부각하려는 의도를 가지고 언어의 형태를 바꾸어가면서 그는 질문을 던진다. "사물의 사물스러운^{thingly} 측면은 무엇인가? 사물 자체란 무엇인가?" 하이데거의 주장에 따르면 사물은 '아래로 던져진 것$_{sub-ject, 주체}$'에 '거기로 향해 던져진 것(ob~을 향해+jacere 던지다, 대상)'이나 '맞서는 것(gegen~에 맞서+stephn 서다, 객체)'이 아니다. 오히려 사물의 사물스러운 측면은 비-사물$^{no-thing}$이다. "텅 비어 있음이야말로 항아리가 뭔가 수용할 수 있게 해 주는 특징이다. 텅 빈 공간, 항아리의 아무것도 아님이야말로 용기 역할을 하는 항아리의 정체성이다." 하이데거는 자신의 논지가 사람들의 일반적인 생각과 잘 어울리지 않는다는 것을 인식하고 있다는 듯이 설명을 이어간다.

> 항아리는 옆면과 바닥으로 이루어져 있고, 그 옆면들과 바닥 때문에 항아리로 서 있을 수 있지만 실제로 내용물을 담는 용기 노릇을 하는 것은 옆면과 바닥이 아니다. 수용을 담당하는 것이 항아리의 텅 비어있음이라면 도자기 물레 위에 놓고 항아리의 옆면과 바닥을 만드는 도공은 엄밀히 말해 항아리를 빚는 것이 아니라 그저 흙을 빚고 있는 것이다. 아니, 그는 비어있음을 빚고 있다. 그 비어있음을 위해, 그 비어있음 안에서, 비어있음으로부터 도자기의 형태로 만들고 있는 것이다. 도공은 처음부터 끝까지 손에 잡히지 않는 비어있음을 잡고 그것을 수용하는 용기의 형태를 항아리로 내놓는다. 항아리의 비어있음은 그것을 만드는 과정의 모든 조작과 가공을 결정한다. 항아리의 물성^{thingness}은 그 사물을 구성하는 물질(재료)이 아니라 버티고 있는 텅 빔에 있다.

사물의 텅 빔은 그 자체로 단일한 부정성이 아니라 이중부정성을 갖고 있다. 이 이중부정성은 확정적 형태의 사물이 모습을 드러내도록 하는 빈터다. 도공이 흙의 모양을 빚어 비어있음을 만들 듯, 하이저는 땅을 제거해 '땅 밑 심연$^{ab\text{-}grund}$'을 드러냄으로써 대상과 주체를 형성하는 텅 빔을 빚어낸다. 앞에서 본 바대로 하이데거에게 이 빈터^{Lichtung}는 예술작품의 알레테이아^{aletheia}, 즉 진리다. 알레테이아는 예술과, 예술이 창조하는 세계 침묵의 진리다. "때가 되면―하지만 언제가 '제' 때인가―인간의 말과 발화가 언어 발화에서 발생하는 방식을 따로 실어 나르는$^{dif\text{-}fernece,\ 차이}$ 침묵이 울리는 소리라 생각할 수밖에 없게 된다. 말이건 글이건 발화는 언제나 침묵을 깬다. 그렇다면 침묵의 울림은 무엇을 바탕으로 깨지는가? 깨진 침묵은 어떻게 말소리가 되는가? 깨진 침묵은 시와 문장에서 들리는 말을 어떻게 형성하는가?"

말은 자신을 낳는 침묵을 형성한다. 흙이 자신에게 형태를 주는 텅 빔을 형성하는 것과 같은 이치다. 흙과 대지는 텅 빔과 섞여 삶과 죽음의 모체, 창조성의 자궁이자 무덤이 되는 물질이다. 데리다는 플라톤을 따라 이 명명 불가능한 모체에 '코라^{khora}'라는 이름을 붙인다. "이 말을 '코라'('자리,' '장소,' '지역,' '나라'라는 뜻)라고 하건, 『티마이오스^{Timaeus}』를 따라 전통적인 비교, 이미지 은유를 통해 만든 용어('어머니,' '간호하는 자,' '그릇,' '각인‑담지자')로 부르건 간에, 여전히 그 번역은 해석망에 갇혀있다." 게다가 이 망은 끝이 없다. 의미도 비의미도 아닌, 지각도 이해도 불가능한 코라는 모든 양극성을 초월한다. "코라에 관한 사유는 양극성의 질서를 교란시키며, 변증법적 성격을 띠건 말건 양극성 전체를 괴롭힌다. 코라는 상반된 것들 모두에게 자리를 양보하기 때문에 코라는 그 어떤 전도나 역전에도 굴복하지 않는다. 이런 결과가 초래되는 이유는 코라가 그 이름을 넘어서는 불변의 자신이기 때문이 아니다. (비유적으로건 아니건) 감각의 양극성을 넘어설 때 더는 감각의 지평에 있지도 않거니와, 존재의 의미 같은 의미망에 갇히지도 않기 때문이다." 비장소이자 장소인 코라는 모든 장소를 퇴출시키며, '퇴출된/대체된 덩어리$^{Displaced/Replaced\ Mass}$'처럼 안정적으로 보이는 모든 장소를 동요시켜 불안을 초래한다.

코라라는 장소에 관하여 말하려고 애쓰는 것은 '그곳에 존재하지 않는 동시에 존재하는 무^無'에 관하여 말하려 애쓰는 것과 같다. 「말하기를 피하는 방법: 부정들$^{Comment\ ne\ pas\ parler:\ Dénégations}$」이라는 글에서 데리다는 코라에 관해 말하는 동시에 말하지 않는 것은 불가능하다고 주장한다. 말을 한다는 것은 늘 말할 수 없는 것에 관하여 말하는 것이다. 실제로 말하기가 가능해지는 것은 말할 수 없기 때문이다. 데리다가 쓰고 하이저가 새기는 코라는 신비에 싸인 신처럼 알 수도, 상상할 수도, 명명할 수도, 발화할 수도 없다. 말이란 언제나 자신을 북돋는 동시에 좌절시키는 침묵을 함축한다. 이 무^{無}에 관해 말을 하거나 글을 쓰려면 긍정적으로도 부정적으로도 생각하지 않아야 한다. 데리다가 표현할 수 없는 것을 표현하는 데는 긍정의 신학도 부정의 신학도 충분치 않다고 주장하는 이유가 이것이다. 그가 필요하다고 생각하는 것은 비부정적인 부정신학 같은 것, 그럼에도 불구하고 긍정의 신학은 아닌 신학이다. 신론도 무신론도 아닌 이런 '신학'은 무/신론$^{a/theological}$과 비슷할 것이다.

'이것도 저것도 아니다'는 '둘 다로 바뀔 수 없다… 그리고… 코라를 '어떤 것'이라고 말하는 것도 피해야 한다. 가령 있거나 있지 않은 어떤 것, 존재하거나 부재하는 것, 알 수 있거나 느낄 수 있는, 혹은 동시에 둘 다인 것, 능동적이거나 수동적인 것, 선한 것이거나… 악한 것, 신이거나 인간, 살아있거나 살아있지 않은 것… 근본적으로 인간도 신적인 존재도 아닌 것이라고 말하면 안 된다. 심지어 코라가 자리를 양보한다거나 코라가 있다라고조차 말할 수 없다. '존재하다(es gibt)'라는 번역어는 신의 섭리, 인간의 시혜, 아니면 심지어 하이데거의 텍스트가 말하는 존재(es gibt Sein)의 시혜를 지나치게 생생하게 선포하거나 상기시키는 단점이 있다. 코라는 심지어 모든 주체성에 앞서는 '그것(ça)', 주어진 '그것(es/id)'조차 아니다.

어떻게 말할 것인가? 어떻게 말하지 않을 것인가? 어떻게 부정[Not]을 말할 것인가? 말하지 않으면서 어떻게 부정을 말할 것인가? 무/신론은 말을 하는 것도 아니고 그렇다고 하지 않는 것도 아니며, 침묵을 지키는 동시에 말을 하는 불가능을 실현한다.

이것도 저것도 아니지만 늘 비-사물[no-thing]인 모체의 사이/간극에 붙는 부적절한 이름은 무수히 많다. 카발라의 이삭 루리아[Issac Luria]에게 이 장소 아닌 장소는 마콤이다. 마콤은 신의 이름 중 하나다. 앞에서 본 바대로 세상을 창조하기 위해 신은 비움 상태인 짐줌 지점까지 물러난다. '마콤'은 신이자 신의 물러남을 둘 다 가리키는 이름이다. 하이저는 뉴먼의 집[zip]을 수직에서 수평으로 찢어내 어머니의 대지에 새겨 넣는다. 창조 행위를 모방하는 재연이다. 마이스터

에크하르트Meister Eckhart에게 코라는 알 수 없는 '삼위일체인 신성'으로, 신 내부에도 너머에도 없는 신성이다.

> 나는 때로 이렇게 말했다. 영혼 속에는 홀로 자유로운 힘이 있다고. 때로 나는 말했다. 그 힘이 영혼의 지킴이라고. 때로 나는 말했다. 그 힘이 영혼의 빛이라고. 때로 나는 그것이 불꽃이라고 말했다. 그러나 지금 나는 이렇게 말하겠다. 그것은 이것도 아니고 저것도 아니나. 이것과 저것보다 더 높은 것, 땅 위에 있는 하늘보다 더 높은 것이라고. 그러므로 나는 이제 그것에게 과거에 내가 부여했던 이름보다 더 좋은 이름을 부여하겠다.
>
> 그러나 아무리 좋은 이름이라 해도, 어떤 말을 사용한다 해도 그 말은 거짓을 말할 뿐이다. 그 힘은 말보다 훨씬 더 높은 곳에 있다. 그것은 어떤 이름도 형태도 없고 텅 비어있으며 자유롭다. 신이 스스로 텅 비어있고 자유로운 것과 같다. 그것은 신처럼 온전히 하나뿐이며 단순하다. 인간은 어떤 방식으로든 그것을 볼 수 없다. 그것은 내가 말했던 것과 같은 힘이며—신은 그 안에서 신성으로 파릇파릇 자라고 있다—신의 영혼, 성령이다.

"때로 나는 그것이 영혼의 빛이라고 말했다." 이것은 레너드 코헨Leonard Cohen이 나지막이 읊조리며 노래할 때 살짝 보는 빛이다.

> 만물에는 틈이 있지
> 빛은 그렇게 틈으로 들어가지

틈은 빛이 들어가는 곳
빛은 그렇게 틈으로 들어가지

〈이중부정〉의 텅 빈 공간처럼 빛을 들이는 틈은 영원히 우리로부터 물러남으로써 우리를 이끌고 가는 지평이다.

10

향하여
Toward

사막의 침묵에는 시각적인 면도 있다. 응시하지만 성찰할 것을 아무것도 찾지 못하는 응시의 산물이 사막의 침묵이다. 산에는 침묵이 있을 수 없다. 산 자체의 윤곽이 이미 포효하기 때문이다. 침묵이 존재하려면 시간 자체가 일종의 수평 상태를 획득해야 한다. 미래라는 시간의 메아리도 없어야 한다. 침묵이 있으려면 지층들이 미끄러지듯 서로 포개져 화석의 소곤거림 외에는 아무것도 내놓지 않아야 한다.

_장 보드리야르

사막에서 보이는 것들

어떤 장소 위를 날아가며 보는 것으로는 그곳을 알 수 없다. 먼저 운전하고, 그런 다음 걸어 다녀보아야 한다. 기이하게도 프랑스인은 이 점을 미국인보다 더 잘 알고 있는 듯 보인다. 가까운 것을 제대로 보기 위해서는 외국인의 시선이 필요할 때가 있다. 미국이 사람들을 끌어들이는 요소는 필시 광활한 공간과 개방된 도로일 것이다. 수많은 방문객이 여정을 마치려면 자신이 거친 여정에 관해 글을 써야 한다. 장 보드리야르는 『아메리카』라는 단순한 제목의 책에 미국 전역을 운전해 다닌 여정을 적은 일기를 내보인다. 라스베이거스가 재현하는 포스트모던 세계를 보드리야르보다 더 잘 이해한 비평가는 없었다. 구글, 리얼리티TV, 아마존, 마이크로소프트, 페이스북이 생기기 훨씬 전부터 이미 보드리야르는 현재 우리가 사는 가상세계를 가리켜 '현실의 사막'이라 명명했다. 그는 이 가상현실이 오래 지속될 수 없다는 것을 알고 있었고 다가오는 재앙에 대해 경고하고자 했다. 현실을 되찾으려는 노력의 일관으로 보드리야르는 차를 몰고 사막으로 들어갔다. '샌즈$^{Sands, 모래}$', '듄$^{Dunes, 사구}$' 그리고 '룩소르^{Luxor}'(이집트 룩소르주의 주도 이름을 땄음-옮긴이) 호텔 같은 라스베이거스 지역의 가짜 사막이 아니라, 이집트의 피라미드에 새겨놓은 상형문자보다 훨씬 더 오래된 진짜 모래와 사구와 암석 예술이 있는 사막으로 간 것이다. 사막에서 보드리야르는 인간과는 아무 상관없는 황홀경, 늘 가까이 있으나 보지 못했던 다른 곳으로 실려 가는 황홀경을 발견했다. 그는 사막에 대한 인상을 이렇게 남긴다. "사막은 단지 사막이다. 사막은 무아경의 문화 비평이자 소멸 형식이다." 사막은 약물과 클럽의 요란한 황홀경이 아니라 침묵만이 가져올 수 있는 황홀경이다. "사막을 벗어나더라도 두 눈은 계속 주변에 텅 빈 곳을 만들어 내려 애쓴다. 사람이 사는 모든 곳에서 어떤 풍광을 보건 우리의 눈은 그 아래에 뿌옇게 펼쳐진 사막을 보고야 만다. 전처럼 정상적으로 사물을 보게 되는 데는 오랜 시간이 걸리며, 그마저도 완전히 성공을 거두지 못한다. 저 물건 좀 내 눈앞에서 치워!… 그렇다고 사막이 물건이나 물질을 모조리 제거한 공간에 불과하다고 생각하면 오산이다. 사막은 아무것도 없는 공간 그 이상이다. 침묵이 소음을 다 눌렀을 때 남는 것에 불과한 것이 아니듯, 사막 역시 물질이 제거된 공간에 불과한 것이 아니다. 두 눈을 감아야만 침묵을 듣게 되는 것은 아니다. 침묵은 시간의 침묵이기도 하기 때문이다." 내가 〈이중부정〉에서 보았던 침묵이 바로 그런 침묵이었고 그 이후로도 계속해서 찾아 헤맸던 침묵이었다. 내가 보고 들었던 침묵을 찾아 사막으로 되돌아가겠다고 결심했다. 이번에는 네바다의 사막이 아니라 텍사스의 사막으로 간다.

예술을 탐색하기 위한 여정의 장소로 텍사스는 그다지 적합해 보이지 않을지도 모른다. 그러나 붉은색이 풍성한 주 중에서도 가장 붉은 텍사스주는 예술로 풍성한 지역이다. 석유 덕에 텍사스는 부유해졌고 예외 없이 예술은 돈을 따라다닌다. 이번엔 나의 흥미를 끈 미술 작품을 동쪽에서 출발해 서쪽으로 추적하려 했다. 휴스턴에서 오스틴을 지나 마파에 이르는 여정이다. 마크 로스코와 바넷 뉴먼, 엘스워스 켈리, 도널드 저드와 로버트 어윈까지 돌아볼 작정이었다. 이 여정의 시작과 끝은 석유와 불가분의 관계를 갖고 있었다. 정확히 말하자면 앞으로 살펴볼 작품들은 드 메닐 가문이 석유를 통해 쌓은 부에 기반을 두었다는 말이다. 앞에서 살펴본 대로 존 드 메닐과 도미니크 드 메닐은 재단을 설립해 박물관을 짓고 휴스턴 로스코 채플에 기금을 냈다. 그뿐 아니라 휴스턴 미술관에는 카푸어의 〈클라우드 컬럼Cloud Column〉이 소장되어 있기도 하다. 이 작품은 휴스턴 미술관 입구에 서 있다. 그리고 터렐의 〈라이브오크 프렌즈 미팅하우스〉와 〈스카이스페이스〉는 라이스 대학 캠퍼스에 있는, 하이저의 기념비적인 조각 작품 〈45°, 90°, 180°〉 바로 옆에 있다. 1974년 드 메닐의 딸 필리파Philippa는 론스타 재단을 설립했다. 훗날 이 재단은 디아 재단이 된다. 도미니크 드 메닐은 슐름베르거Schulumberger라는 석유 기업의 상속녀였다. 슐름베르거는 1926년 프랑스에서 전기 탐사 회사로 창립되었다. 회사 웹사이트의 소개에 따르면 오늘날 슐름베르거는 석유와 가스 채굴, 생산 및 가공 기술에서 세계적인 선두 기업이라고 볼 수 있다. '디아^{Dia}'라는 이름은 '관통'을 뜻하는 그리스어에서 유래했고, 규모가 너무 커 완성하기 쉽지 않은 작품을 지원하는 재단의 주요 사업을 강조하기 위해 선택했다. 1987년 재단은 첼시에 미술관을 건립했고, 22년 후 마이클 고번의 상상력 넘치는 리더십 하에—고번은 매사추세츠 현대미술관 창설에도 중요한 역할을 했다—디아 비콘 미술관이 문을 열었다. 처음부터 디아는 추상표현주의와 팝아트에 미니멀리즘으로 대응한 작가들을 선호했다. 디아의 초기 작가들로는 월터 드 마리아$^{Walter\ De\ Maria}$, 도널드 저드, 댄 플래빈$^{Dan\ Flavin}$, 존 체임벌린$^{John\ Chamberlain}$, 라 몬테 영$^{La\ Monte\ Young}$, 매리언 자질라$^{Marian\ Zazeela}$ 등이 있다. 고번의 지휘 아래 재단은 리처드 세라$^{Richard\ Serra}$, 로버트 스미스슨, 제임스 터렐, 마이클 하이저, 로버트 어윈의 작품까지 지원을 확대한다. 고번은 디아 재단을 떠난 후에도 계속 기금을 조성해 이 작가들의 작품을 지원했다. 이 작가들의 작품은 중요한 몇몇 측면에서는 차이가 있지만 드 마리아, 스미스슨, 터렐, 하이저, 저드와 어윈 모두 서쪽으로 갔다는 공통점이 있다.[1] 이들의 작품은 도시보다 사막이라는 배경을 선호했다. 예술가들은 2차 세계대전 이후 과열된 소비문화와 도시에 지쳐있었고, 부패한 세상을 떠나는 수도자처럼 사막으로 향한다. 그러나 사막이라고 다 똑같지는 않다. 텍사스의 사막은 네바다의 사막과 다르며, 미국의 사막은 모두 이집트의 사막과도 또 다르다.

 오스틴의 도시 소음을 뒤로 한 채 나는 서쪽으로 길을 나섰고 주간고속도로 제10호선을 타고 마파까지 여섯 시간 삼십 분 동안 692킬로미터를 달렸다. 도시가 사라지고 교외 지역이 나타났다. 둥근 언덕에 우거진 나무와 키 작은 관목과 꽃식물이 가득했다. 집과 쇼핑몰과 푸른 잔디에 그늘을 드리우는 나무들이 점차 사라지자, 세이지 관목과 작은 졸참나무로 덮인 언덕들이 나타났다. 시 한계선을 넘어서면 속도 제한이 좀 풀려 시속 130킬로미터까지 달릴 수 있다. 빠른 속도로 달리다 보면 풍경이 빨리감기한 비디오 영상처럼 쌩쌩 지나간다. 녹색 형태는 갈색이 되고 갈색은 황색과 적갈색을 띤 다양한 음영이 된다. 세이지관목의 회녹색이 아래 사막의 황토색 톤을 덮고 있다. 어디에도 나무가 없다보니 무자비하게 작열하는 태양광선을 피할 길이 없다. 그러나 텍사스의 사막은 네바다처럼 텅 비어있지는 않았다. 드넓은 사막 풍광이 펼쳐져 있는 곳곳에는 지하에 매장된 석유를 퍼내는 유정 탑과 펌프가 서 있다. 고속도로를 따라 유조선보다 훨씬 큰 트럭들이 수압 파쇄에 쓸 귀중한 물을 싣고 새로 발견된 유정으로 쉴 새 없이 달린다. 뒤로 물러나기만 하며 소실점으로 사라지는 도로는 무한히 펼쳐져 있는 듯 보인다.

　인근 멕시코 국경에 다가갈수록 사막의 작은 마을과 소도시에서 멕시코 문화의 영향이 보인다. 멀리 들어갈수록 텍사스 사막과 네바다 사막 간의 차이가 더욱 두드러졌다. 텍사스 사막과 다르게 네바다 사막은 더 황량하다. 도시 수도 적고 사람도 트럭도 더 적다. 그러나 더 확연한 차이는 하늘과 햇빛이다. 네바다 하늘은 윤기 없이 칙칙하고 붉은 대지의 반사 때문에 대체로 장밋빛과 분홍 색조를 띤다. 텍사스 서부 하늘은 맑고 상쾌하며 빛은 더 밝고 어둠도 더 어둡다. 멀리서 보아도 사물의 윤곽이 예리하고 선명하다. 모든 것이 초현실적이라 느껴질 만큼 깨끗하고 맑다. 정오가 되면, 내리쬐는 태양의 열기를 받아 멀리 떨어진 사막이 연못에 이는 잔물결처럼 희미하게 반짝인다. 밤이 되면 하늘은 매우 어두워지는 반면 별빛은 다른 어느 곳에서 보았던 별빛보다 더 찬란하다. 밤하늘이 어찌나 깜깜한지 2012년에 이 지역은 국제 어두운 밤하늘 협회International Dark-Sky Association에 의해 세계적으로 어두운 하늘 공원으로 선정되었다. 어두운 밤하늘의 별을 볼 만한 곳으로 인증 받은 지역은 전 세계에서 열 곳뿐인데 거기 포함된 것이다. 달빛 없는 깜깜한 밤, 별이 총총한 이 하늘을 반 고흐가 보았다면 어떤 그림을 그렸을까?

마파가 가까워질수록 지형은 변했다. 높이 2,397미터에 달하는 치소스 산맥이 치와와 사막에서 느닷없이 솟아있었다. 리오그란데강은 미국에서 세 번째로 긴 강으로, 콜로라도 로키산맥부터 멕시코만까지 3,000킬로미터에 걸쳐 흐르면서 미국과 멕시코의 국경을 만든다. "빅 벤드 국립공원에 오신 것을 환영합니다"라고 쓰인 커다란 간판이 보인다. 공원 내에는 깊은 계곡과 협곡이 있는 높은 산들이 사막으로부터 솟아올라 있다. 영겁의 세월 동안 이 강은 땅을 깊이 파고 들어가 드높은 석회암 절벽을 형성해 놓았고, 그 중 많은 절벽이 고대 암면조각과 상형문자로 덮여있었다. 하지만 오늘날에는 리오그란데강이 마르고 있어 이러한 과정이 둔화되고 있다. 문제의 소지가 많은 농법과 낡아빠진 협정들, 잘못된 수력 기술, 그리고 기후변화 등이 결합되어 한때 수천 명을 먹여 살리던 이 귀중한 자원이 파괴되고 있다.

마파는 상상 외로 특이한 고장이다. 멕시코 국경으로부터 80킬로미터 떨어진 치와와 고지대 사막(높이 1,429미터) 한 가운데 있는 국제 미술의 메카라는 사실 때문이다. 북쪽으로는 데이비스 산맥이 있고 남서쪽으로는 백악질 평원, 남쪽으로는 보페실로스 산맥, 남쪽으로는 차이나티 산맥, 서쪽으로는 시에라 비에자 산맥, 북서쪽으로는 반 혼 산맥이 있다.[2] 잊을 수 없이 청명한 하늘, 그리고 뚜렷한 햇빛 같은 환경은 마파에 독특한 정체성을 부여하고 있다. 1,800명밖에 안 되는 이 소도시 인구의 69퍼센트는 히스패닉계다. 단선 기차 선로가 도심을 지나가고, 기차의 경적은 밤낮으로 사막의 정적을 가른다. 이 고장이 완전히 변모한 것은 도널드 저드가 1971년 집과 대지를 사들이기 시작하면서부터다.

도널드 저드는 1928년 미주리 주의 엑셀시어 스프링스에서 태어났다. 컬럼비아 대학교에서 철학을 전공했고 역사학자이자 문화비평가 마이어 샤피로Meyer Shapiro의 지도하에 미술사학으로 석사학위를 받았다. 1968년 저드는 뉴욕 소호의 스프링 스트리트에 있는 5층짜리 건물을 구입해 스튜디오와 집으로 개조했다. 그러나 하이저처럼 저드 역시 뉴욕이라는 도시가 편하지만은 않았다. 그는 "뉴욕엔 사람이 너무 많은 게 문제에요"라며 불평했다. 하지만 문제는 사람이 많다는 데서 그치지 않았다. 침묵이 없다는 점이 더 큰 문제였다. 그는 도시의 소음과 색채에 대해 이렇게 평한다. "대체로 밝은 색깔은 난리법석을 보탠다. 하지만 그뿐만이 아니다. 일부 도시, 특히 뉴욕의 끊임없는 소음이 아무 생각이 없는 것처럼, 색깔과 재료 사용 역시 아무 생각도 없다."

많은 면에서 다른 예술가들은 하이저와 저드처럼 상상하는 것이 어렵다. 한 사람은 자연의 거대한 암석을 비롯해 육중하고 무거운 재료로 작업하는 반면 또 한 사람은 꼼꼼하게 제작한 산업용 재료로 작업을 한다. 이렇게 다르더라도 두 사람의 생각만은 비슷하다. 둘 다 추상표현주의와 팝아트에 이르러, 회화와 회화가 표상하는 유럽 전통이 고갈 지점에 다다랐다고 믿기 때문이다. 두 사람 모두 유럽을 뛰어넘는 미국만의 고유한 예술을 창조하고 싶어했고 그런 예술을 창조할 수 있는 유일한 장소는 미국 서부의 사막이라고 확신했다.

 동시대 많은 청년들처럼 저드 역시 군에서 복무했다. 1946년 그와 동료 군인 넷은 버스를 타고 앨라배마주 포트 매클렐런에서 샌프란시스코까지 가, 그곳에서 한국에 배치되었다. 저드가 미국 남서부에 가 본 것은 그때가 처음이었다. 그는 남서부 지역을 보는 순간 첫눈에 반해버렸다. 당시 어머니에게 보낸 전보에는 이렇게 적혀있었다. "사랑하는 어머니. 반 혼 텍사스. 인구 1,260명. 살기 좋고 아름다운 산맥. 사랑하는 돈. 1946년 12월 17일 5시 45분." 그는 광활한 대지와 사막 소도시의 아름다움과 고요함을 잊을 수 없었고, 한국전쟁이 끝나고 돌아온 뉴욕의 소음과 요란한 색채를 견딜 수 없게 되며 남서부 이주를 결정한다. 저드는 멕시코에 매료되었지만 당시는 정치적 긴장 때문에 국경 너머 미술작품 운송이 어려웠다. 결국 그는 가능한 한 멕시코에 가까운 장소를 찾아보기로 했다. 1985년 회고를 보자. "1971년 11월 엘패소로 비행기를 타고 가서 트랜스-페코스 리오그란데강 부근 빅 벤드 국립공원까지 차를 몰았어요. 설치에 대한 아이디어를 발전시키는 것 외에도 남서부에 살집을 구할 필요도 있었죠. 겉만 번드르르해 거슬리기 짝이 없는 뉴욕 미술계의 분위기뿐 아니라 그 도시까지도 맞지 않는다고 느끼고 있는 참이었어요. 그래서 집을 찾을 기한을 아예 정해두었어요." 그러던 중 얼마 지나지 않아 저드는 마파를 발견했다. 1973년 그는 마파와 주변 부지, 건물을 사들이기 시작했다. 제1차 세계대전 동안 포트 D. A. 러셀은 조종사 훈련 기지였다. 1930년대, 육군은 두 커다란 격납고를 도시 외곽으로 옮겼다. 제2차 세계대전 동안 이 건물들은 전쟁포로 수감에 사용되었다. 저드에 따르면, 거기에는 "머리를 잃느니 쓰는 게 낫다^{Den Kopf Benutzen Ist Als Ihn Verliern}"라고 쓴 표지판이 있었다. 격납고 중 한 곳 내부에는 포로 하나가 쓴 메시지가 흐리게 보인다. 이듬해 몇 년 동안 저드는 땅과 건물뿐 아니라 메인 스트리트 단지까지 매입해 작업 및 생활공간으로 바꾸었다. 그가 이곳에서 땅과 집을 사들여 개조한 조치는 예술가들이 작업을 하면서 작품을 영구 시설에 전시할 수 있는 환경을 만들고자 했던 선견지명의 일환이었다. 저드는 중요한 예술이라면 오랜 시간에 걸쳐 천천히 구상해야 한다는 확신이 있었다. 댄 플래빈의 네온조명 조각과 존 체임벌린의 자동차 폐기물로 만든 조각을 전시하겠다는 원래 계획은 결국—칼 안드레^{Carl Andre}, 잉골프 아르나르손^{Ingolfur Arnarsson}, 로니 혼^{Roni Horn}, 일리야 카바코프^{Ilya Kabakov}, 리처드 롱^{Richard Long}, 클라에스 올든버그^{Claes Oldenburg}, 쿠스제 반 브루겐^{Coosje van Bruggen}, 데이비드 라비오비치^{David Rabinowitch}, 그리고 존 웨슬리^{John Wesley}까지—아홉 명의 작가를 더 포함하는 쪽으로 확장되었다. 저드는 12명 작가들 각각에게 별개의 건물을 제공했다.

1970년대 말 저드는 필리파 드 메닐과 제휴를 맺는다. 필리파는 결혼하고 수피 이슬람교로 개종한 후 파리하 프리드리히^{Fariha Friedrich}

로 이름을 바꿨다. 이후 몇 년 동안 디아 재단 후원을 받아 저드는 건물 40채와 340에이커의 대지를 사들였다. 그러다 결국 저드 재단을 세웠고, 재단은 마파와 뉴욕에서 그의 집을 복원해 유지할 자금을 제공했다. 두 곳 모두 현재는 대중들에게 공개되어 있다. 저드는 일과 삶의 공간을 전혀 구분하지 않았다. 그는 자신이 만들 작품과 함께 사는 게 중요하다고 생각했다. 그래야 자신이 실제로 해 놓은 일을 제대로 이해할 수 있기 때문이라고 했다. 저드의 공간 설계는 그의 조각만큼이나 여백이 많고, 또 정밀하다. 마파 거주지에서 가장 흥미로운 부분 중 하나는 넓은 서재이다. 철학을 전공했던 저드의 소장 도서 중에는 가장 중요한 근대철학자들의 저작 일부가 포함되어 있다. 칸트의 『순수이성비판』, 헤겔의 『예술론』, 『종교론』, 『철학론』, 그리고 하이데거의 『존재와 시간』 등이다. 그러나 저드가 이 철학자들에게서 배운 교훈은 대개 부정적이었다. "거대 철학 체계는 더는 믿을게 되지 못한다"가 그의 결론이었다. 저드는 대륙철학보다는 로크와 흄 같은 영국 철학 전통에 더 끌렸다. 이들을 통해 그는 구체적 예술작품 경험을 강조하게 된다.

 1980년대에 석유 가격이 가파르게 내려가면서 드 메닐 가문의 재정 상황도 악화되었다. 긴긴 법정 다툼 끝에 저드는 디아 재단과 관계를 끊었고, 그 덕에 그동안 사들였던 대지와 건물과 예술작품을 보유할 수 있었다. 1986년 그는 차이나티 재단을 세웠고 1994년 림프종으로 사망할 때까지 직접 재정을 지원했다. 재단의 규제로부터 자유로워진 저드는 자신이 원래 구상했던 대로 프로젝트를 발전시킬 수 있었다. 오늘날 차이나티 재단 단지는 도시 외곽 미국 국경순

찰대 사무소 옆에 있다. 미국 최대의 면적인 11,654 제곱킬로미터나 되는 곳이다. 이 사무소는 불안했던 시절 저드가 극복하려 노력했던 지속적인 긴장을 전면적으로 일깨워주는 장소다. 전에 있던 두 곳의 격납고는 단지의 중심을 이룬다. 저드는 예술품을 수용하기 위해 이 격납고의 평평한 지붕을 반원지붕으로 바꾸어 훨씬 더 개방된 공간의 느낌을 주도록 했다. 또한 건물 양쪽에 달려있던 차고 문은 격자 달린 창문으로 대체했다. 바닥부터 벽 꼭대기까지 창문들이 쭉 뻗어 있는 형태다. 저드가 개조한 건물의 우아한 단순성은 아주 인상적이다. 창문은 거울을 사용했기 때문에 주변 환경을 비추어주기도 하고 방문객들이 건물 안에 있는 작품뿐 아니라 건물을 통해 멀리 지평선에 있는 산맥까지 보게 해준다. 격납고 주변에는 한때 막사였던 건물들이 그대로 있다. 선정된 작가들의 작품을 보관하는 곳이다. 작품을 전시하는 추가 건물들은 도시 전체에 흩어져 있어 그야말로 예술과 생활 사이의 구분이 어렵다. 저드는 중요한 예술작품을 만들었고 자신뿐 아니라 다른 작가의 작품을 지원하기 위한 재단과 건물을 설립했을 뿐 아니라, 당대를 주도하던 작가들에 관해 중요한 평론을 쓴 비평가이기도 하다. 그는 비평을 이용해 자신의 예술을 알리는 미적 원리를 발전시켰다. 그는 1964년에 발표한 (영향력 있는) 평론 「구체적 오브제 Specific Objects」 첫머리를 다음과 같은 문장으로 시작한다. "지난 몇 년 동안 제작된 최상의 작품 중 절반이나 그 이상은 엄밀한 의미에서 보자면 회화도 조각도 아니었다. 대개 그런 작품은 가깝게 혹은 멀게 느껴지거나 회화나 조각과 연관이 있다고 여겨진다. 작품은 다양하며, 그중 회화도 조각도 아닌 작품 역시 다채롭다."

전통적인 미술, 다시 말해 유럽 미술은 회화거나 조각이었고 저드는 유럽의 궤적을 따르는 작품은 암묵적으로나 노골적으로 산업 시대 이전 과거의 향수를 불러일으키는 '의인관(신·동물·사물을 의인화해서 보는 – 옮긴이)에 입각한 이미지'를 다루고 있다 확신한다. 그는 회화도 조각도 아닌 예술이 출현할 수 있도록 제3의 공간이 열리고 있다고 본다. 저드의 주장은 다음과 같다. "유화물감과 캔버스는 사각형 평면처럼 우리에게 친숙하고 성격도 구체적이지만 한계가 있다." 이런 익숙함과 한계는 예술의 가장 근본적인 원칙에 위배된다.

> 예술은 새로워야 한다.
> 예술은 가능한 한 가장 광범위한 지식으로 만들어져야 한다.
> 예술은 우리가 이미 알고 있는 것에 관한 것이어야 한다.
> 예술은 미적 정보건 다른 정보건 간에, 수용된 모든 정보에 저항해야 한다.

에드워드 키엔홀츠Edward Kienholtz와 로버트 모리스Robert Morris에서 토니 스미스Tony Smith와 프랭크 스텔라Frank Stella에 이르는 예술가들이 2차원에서 3차원 작업으로 옮겨가고 있었지만 저드는 이들도 과거의 회화 예술과 충분히 단절했다고 생각지 않았다. 저드가 보기에 이들의 작품은 자신이 지우고자 하는 회화의 초창기 양식의 재현과 지시적인 흔적을 여전히 담고 있었다.

저드의 주장에 따르면 가장 진보적인 작품은 재료뿐 아니라 형식과 이미지 혁명을 필요로 한다.

3차원 작품을 만들면 온갖 종류의 재료와 색을 사용할 수 있게 된다. 대부분의 작품은 새로운 재료나 최근의 발명품, 과거에는 재료로 쓰지 않던 것들을 이용한다. 광범위한 산업 현장에서 나온 공산품을 예술작품의 재료로 쓰게 된 것은 최근이나 되어서다. 산업 기술을 이용해 제작한 작품은 거의 없었고, 앞으로도 비용 문제 때문에 얼마 동안은 제작하지 못할 공산이 크다. 예술은 대량생산이 가능하고, 대량생산이 없었다면 불가능했을 프레스 가공 같은 방법도 쓸 수 있다… 재료는 매우 다양하며 물성이 강하다. 포마이카, 알루미늄, 냉간압연강제, 플렉시글라스, 그리고 적황동이나 흔한 황동까지 있다. 이들 재료는 성질이 고유하다. 이 재료를 직접 사용한 작품은 대개 공격적이다. 이들 재료의 냉랭하고 완고한 정체성에는 견고한 물성이 있다.

그러나 재료의 중요성을 강조하는 주장에도 불구하고 저드가 정작 골몰하는 관심사는 물체가 아니라 공간이었다. 죽기 1년 전에 그는 흥미로운 평론을 한 편 썼다.「색상 일반, 그리고 붉은색과 검정색의 일부 측면Some Aspects of Color in General and Red and Black in Particular」이라는 제목의 글에는 다음과 같은 문구가 있다. "시각예술의 주요 요소는 물체와 공간과 색채다. 가져다 팔 수 있는 물체가 있다는 것은 누구나 알아볼 수 있다. 하지만 공간과 색채를 알아보는 사람은 없다. 미술의 두 가지 주요 요소인 물체와 색채는 가시적이지만, 미술의 근본적인 성질은 비가시적이다."

"보이는 것이 전부다"라는 프랭크 스텔라의 유명한 선언이 있다.

하지만 저드는 우리가 보지 못하는 것을 볼 수 있도록 하는 조건을 만드는 데 관심이 있었다. "나는 공간을 예술의 주된 요소로 발전시켰다고 생각한다… 공간은 오늘날 미술에서 중요한 요소다. 이제 공간에 버금가는 힘을 지닌 요소는 색채뿐이다." 저드의 후기작은 모조리 공간에 관한 것이다. 예술가의 과제는 공간을 만드는 것이다. 그렇게 저드는 주장한다. "미술에서 공간 논의는 거의 없었다. 지금까지 그래왔다는 뜻이다. 오늘날 미술에서 가장 중요한 요소, 가장 발달된 요소는 미지의 것으로 잘 알려져 있지 않다. 내 주된 관심사인 공간이라는 화두는 역사도 전혀 없고, 맥락도 없으며 용어도 없고 이론도 없다. 있는 것은 눈앞에 있으나 아무도 알아보지 못하는 작품뿐이다. 공간은 예술가나 건축가에 의해 만들어진다. 발견해서 포장하는 것도 아니다. 공간은 사유로 만들어진다." 저드는 공간을 만들기 위해 오브제를 만든 다음, 오브제를 정밀하게 배치하여 형태를 가능하게 하는 빈 공간의 간격을 정확히 드러낸다. 하이저가 작품의 구멍, 혹은 열린 공간을 만들기 위해 수십만 톤의 물질을 제거하는 방법을 썼다면, 저드는 윤곽과 형태가 선명한 산업 오브제를 정확한 직선 설계를 바탕으로 배치해, 시각을 가능케 하는 비가시적인 모체를 구성했다. 다른 사람들이 볼 수 있는 공간을 만들기 위해 저드는 뉴욕의 소음을 떠나 사막의 고독을 찾아 들어가야 했다.

  차이나티 재단에 있는 저드의 주요 작품 두 점은 공간에 무언가를 담는 빈 용기가 아니라, 하나의 사건으로 드러난다. 다시 말해 저드의 공간은 간격 조정 spacing이다. 앞에서 살펴보았던 여러 예술가처럼 저드의 작품 또한 반복/변화, 동일성/차이, 단순성/복잡성, 내면성/외면성, 빛/그늘 등 양극성 사이의 경계에서 균형을 잡고 있다. 미니멀리즘 계열에 속한다고 간주되는 동시대의 다른 작가들처럼 저드 또한 오브제의 반복 배열을 특징으로 하는 계열성^{seriality} 작품을 창작함으로써 작품의 지시성^{referentiality}을 해체해 전통적 위계를 무너뜨리려 한다. 그의 계열성 버전 작품에 개성을 부여하는 요소는 동일성이 끝없이 반복되는데 그치는 것이 아니라, 반복을 이용해 차이를 만들어낸다는 점이다. 〈알루미늄 무제 작품 100$^{100\ Untitled\ Works\ in\ Mill\ Aluminum,\ 1982~1986}$〉을 보면 각 오브제의 크기는 12×15×21미터로, 겉으로 보기에는 똑같다. 그러나 각 상자 내부는 즉시 드러나지 않는 미묘한 방식으로 차이가 있다. 건물 두 곳에 100개의 상자를 설치했는데, 한 채에 52개의 상자가, 또 한 채에 48개가 있다. 아치형 천장과 고요한 분위기 덕에 예전에 격납고였던 건물은 귀한 물건으로 가득한 대성당의 아우라를 갖는 공간으로 변모한다. 격자 형태로 상자를 배열함으로써 미로 같은 공간이 만들어졌다. 방문객들은 상자들이 만들어내는 공간 사이를 고요히 배회한다. 광을 낸 알루미늄 상자 옆면은 격자 모양의 창을 통해 쏟아지는 변화무쌍한 햇빛을 반사하고, 시야는 저 멀리 떨어진 산맥까지 이어진다. 케이틀린 셰이퍼$^{Kathleen\ Shafer}$라는 작가는 이 상자들이 만들어내는 내부 공간 느낌을 한 마디로 '마법'이라 칭한다.

하루 중 다른 시간대에 이 알루미늄 상자들을 보라. 상자들은 빛을 받고 자신을 아낌없이 풀어놓아 새로운 오브제가 된다. 이렇게 오브제가 된 상자 덕에 빛과 색채는 우리 눈앞에서 끊임없이 다채롭게 변한다. 상자 각각은 모두 고유하지만, 특정 상자 하나에 집중하려 애써 봤자 "소설의 한 단락에서 한 단어에만 신경을 쓰는 것처럼 무의미하다". 전체적으로 보면 알루미늄에 반사된 상들은 그때그때 다른 강도의 색채와 빛을 만들어낸다. 단순하게 배열한 상자들은 바닥에서 위로 안에서 밖으로 자라는 듯 보이기도 하고 허공을 맴도는 것처럼 보이기도 한다. 어떤 상자는 윗부분이 개방되어 있어 빛을 흡수하는 내부 공간이 캄캄해 보이지만, 또 다른 상자는 윗부분이 폐쇄되어 있어 빛을 예리하게 반사한다. 매끈하게 반짝이는 상자 표면은 건물 내부의 붉은 벽돌 및 베이지색 콘크리트의 거친 느낌과 대비를 이룬다.

시선을 사로잡는 오브제들을 생각하면서 저드의 유럽 철학에 관한 관심으로 다시 생각이 미쳤다. 상자들은 세심하게 제작해 수직선들이 교차하는 지점에 의도적으로 배치되어 있었다. 이러한 배치를 보고 있자니 비트겐슈타인의 『논리 철학 논고』가 떠올랐다. 명제들을 정확히 공식화해 번호를 붙인 다음 신중하게 간격을 두고 쭉 배치한 텍스트 구도를 하고 있으니 말이다. 저드의 상자들도 각각 사고를 요구하는 하나의 명제로서 제시되었다. 저드의 상자들과 비트겐슈타인의 명제들을 종합해서 나올 수 있는 적절한 반응 딱 한 가지는 바로 비트겐슈타인의 결론이다. "말할 수 없는 것에 대해서는 침묵해야 한다."

설치 장소가 중요한 또 하나의 작품이 있다. 〈콘크리트로 된 무제 작품 15[15 Untitled Works in Concrete, 1980~1984]〉다. 이번에는 작품 전시 공간이 내부에서 외부로 바뀌었다. 작품은 콘크리트로 주조되었고 야외에 유닛형 오브제 열다섯 개가 배열된 채로 전시되어 있다. 각 오브제는 가로세로와 높이가 모두 2.5미터(2.5×2.5×2.5미터)에 두께가 25센티미터인 콘크리트판이다. 작품에 사용한 콘크리트는 매끈하긴 하지만, 마감처리가 안도 다다오의 건물 표면만큼 감각적이거나 심미적이지 않다. 이 거대한 상자들은 평원의 먼 끝 남북의 축을 따라 2개에서 6개씩 무리 지어 배열되어 있다. 이렇게 멀리 배열해 놓다 보니 이 작품은 단지 내의 다른 건물들과 분리된다. 연속으로 이어진 오브제들이 끝나는 곳에 둔덕이 있어 작품 전체를 조망해볼 수 있다. 오브제들은 같은 모양이지만 배치에는 미묘한 차이가 있다. 상자들 사이를 돌아다니다 보면 저드가 공간을 간격 조정으로 이해하고 있음이 분명해진다. 저드의 주장에 따르면 "시간과 공간은 독립적으로 존재하지 않는다. 시간과 공간은 사건에 의해 만들어진다. 위치 또한 시공간을 만들어낸다. 시간과 공간은 만들어 질 수 있는 것이며 하늘의 별들이나 언덕의 바위처럼 발견하는 것이 아니다." 〈알루미늄 무제 작품 100〉이 비트겐슈타인을 연상시킨다면 〈무제 작품 15〉는 미국 모더니즘 시인 월리스 스티븐스, 특히 그의 시 「항아리의 일화Anecdote of a Jar」가 떠오른다.

    테네시 주 언덕 위
    둥근 항아리 하나를 내려놓았다.
    흐트러진 황무지가
    언덕을 둘러쌌다.

사막의 황무지가 콘크리트 블록 사이사이, 그리고 블록 주변에서 몸을 일으킨다. 이제 보이지 않던 것이 보이기 시작한다. 저드는 자신이 제작한 콘크리트 블록을 기존의 공간에 놓은 것이 아니다. 오히려 이 오브제들은 점령한 공간을 스스로 창조한다. 이러한 깨달음이 내 상상력으로 들어와 천천히 떠다니기 시작하자, 이 작품의 진정한 초점은 물체 열다섯 개가 아니라 그것들이 보는 사람의 시야와 각도, 주변 사막과 먼 산을 보기 위한 각도의 프레임을 짜는 방식이라는 생각이 퍼뜩 들었다. 이제 질문은 프레임과 프레임을 짜는 작업으로 바뀌었다. 프레임을 어떻게 이해해야 할까?

데리다는 '파레르곤Parergon'에서 이 질문을 다룬다. '파레르곤'은 데리다가 쓴 『회화의 진리The Truth in Painting』라는 책을 소개하는 글이다.[3] 칸트의 순수이성비판과 실천이성비판의 프레임을 만드는 판단력비판을 논하면서 데리다는 이렇게 질문을 던진다. "프레임은 어디서 발생하는가. 그것은 발생하는 것인가. 어디서 시작되어 어디서 끝나는가. 내부 한계는 어디인가. 그렇다면 외부 한계는. 그리고 두 한계 사이의 경계는 어디인가." 데리다의 결론은 탱팡과 비슷한 방식으로 난다. 프레임은 그것이 지탱하면서도 전복시키기도 하는 상반된 것들 사이에 있다는 결론을 내렸다. 프레임을 놓고 제기한 질문에 데리다는 스스로 이렇게 대답한다.

> 처음에는 전통적으로 제기되던 철학의 거대한 질문("예술이란 무엇인가?" '아름다움', '재현', '예술작품의 기원' 등)에 골몰했지만, 곧 '파레르곤'이라는 집요한 문제로 나아갔다. 파레르곤은 작품ergon도 작품

의 외부hors d'oeuvre도 아니고, 내부나 외부도 아니다. 위나 아래도 아니다. 파레르곤은 모든 대립을 불안하게 만들지만, 불확정 상태로 계속 남아있지는 않는다. 파레르곤은 작품을 발생시킨다. 파레르곤이 자리 잡아 주는 것—프레임, 제목, 서명, 전설 등의 심급들—은 회화, 작품, 그와 관련된 영리 활동, 평가, 잉여가치, 투기, 법칙, 위계 담론의 내적 질서를 끊임없이 교란한다.

이런 관점에서 보면 프레임이란 서구 미학 이론과 수많은 예술 작업의 토대였던 철학 전통에 구멍을 내고 틈을 만드는 일종의 간격 조정이다. 저드와 그가 지원했던 예술가들이 전복하고 싶었던 것이 바로 이 서구의 미학 전통이었다.

내가 저드의 작품 사이에 머무는 동안, 빛은 계속 바뀌고 있었다. 땅거미가 지기 시작하자 나의 두 눈은 콘크리트 오브제를 벗어나 오브제들 사이 보이지 않은 공간으로 향했다. 끊임없이 변화하는 그림자 때문에 빛의 성질이 바뀌었다. 초점이 바뀌자 전경의 세부가 물러나고 저 멀리 지평선이 날카롭게 눈에 박혔다. 하늘과 땅을 잇는 동시에 떨어뜨리는 지평선이야말로 저드가 이 고지대 사막에서 내가 보았으면 하고 원했던 것이었다. 이제 나는 깨달았다. 저 지평선이 예술작품의 기원일 뿐 아니라 진리라는 것을.

지평선에 다가서기

미니멀리즘 및 개념 미술 작품을 수집하는 논란의 컬렉터 주세페 판자Giuseppe Panza는 종교와 예술에 관심을 두게 된 계기는 이탈리아 바레세 가족이 살던 집에 깃들어있던 침묵의 기억이라고 말했다. 그의 회상에 따르면 그 침묵은 "절대로 무겁지 않았습니다. 오히려 반대로 저를 사로잡고, 빛과 무한한 뭔가가 공기 중에 존재한다는 느낌을 주었죠." 판자는 1960년대 말 어윈과 터렐의 작품을 처음 만났다. 캘리포니아 남부 태생인 두 작가는 로스앤젤레스 카운티 미술관의 예술과 테크놀로지 프로그램을 통해 공동 전시를 한 후 친구이자 협력자가 되었다. 판자는 둘의 작품에 깊은 인상을 받고 이탈리아 북부 롬바르디아에 있는 자신의 별장에 설치할 작품을 의뢰한다. 어윈의 초기작은 훗날 디아 비콘을 위해 만든 디자인과 마파의 설치 작품에서 결실을 맺게 된다. 판자는 소장품이 점점 늘어나자 자신의 별장을 미술관으로 바꾸었다. 2014년 미술관은 '아이스테시스: 감각의 기원Aisthesis: The Origin of Sensations'이라는 제목의 전시를 열었다. 전시 제목으로 '아이스테시스'라는 단어는 감각과 느낌을 뜻하는 그리스어로 전시는 1963년부터 2013년까지 제작된 19점의 작품을 선보였다. 모든 작품에서 그러하듯 어윈과 터렐의 관심사는 대상이 아니라 지각, 그리고 세계를 새롭게 이해하는 능력이었다. 어윈과 터렐의 작품에서 보이는 침묵에 민감한 반응은 판자가 매혹된 요소 중 하나였다.

   어윈의 예술은 실제로 침묵에서 유래되었다. 1950년대 그는 로스앤젤레스의 쉬나드 미술학교에서 공부하던 도중, 학교에서 하는 작업에 흥미를 잃었고 다른 접근법을 찾기 위해 유럽으로 갔다. 1954년 파리에서 모로코로 이동하던 어윈은 지중해 스페인 동쪽 연안의 이비사섬에서 머무르게 된다. 그는 이곳의 땅과 바다에 매혹된 나머지 외딴 오두막을 빌려 8개월간 체류하게 된다. 이 시기 내내 어원은 투박한 환경에서 누구와 한마디 말도 나누지 않았다. 세월이 흐른 후 그는 이 경험을 이렇게 회고한다.

특히 처음에는 말할 나위 없이 고통스러웠다. 보통 일상생활에서는 접속 가능성이 열려 있기 마련이다. 지루함을 느낄 때마다 어딘가에 플러그를 꽂아 접속하면 된다. 다른 사람에게 전화를 걸어도 좋고, 잡지나 책을 집어 들고 읽거나, 영화를 보러 가거나, 뭐든 하면 된다. 그 모든 행동이 나의 정체성, 내가 살아있는 존재 방식이 된다. 그런 일들로 자신을 규정하면 된다. 하지만 이비사섬에 있을 때 일어났던 일은 성격이 전혀 달랐다. 나는 일상의 플러그들을 스스로 한 번에 하나씩 다 뽑아버렸다. 책, 언어, 사람들과의 접촉. 그리고 마지막 플러그를 뽑을 때 즈음 어느 시점에서 발생하는 변화, 그것은 자아가 하나도 없는 선禪의 상태, 무아지경 같은 상태다. 그러자 두려움이 몰려왔다. 자신을 잃을지도 모른다는 느낌이 들었기 때문이다. 게다가 권태는 극도로 고통스러워졌다. 자신이 존재하는데 어떤 외부의 지원도 받지 못한다는 느낌이 들면 진정한 권태와 고립감이 찾아들고, 아주 약한 상태가 된다. 그러나 플러그를 모조리 뽑은 후 얼마간의 시간이 지나가면 절대적인 고요가 찾아든다. 그 고요는 정말 기가 막히게 좋다. 진정한 의미의 기쁨이 몰려온다. 이제 나는 빠져나왔다. 완전히 빠져나왔기 때문이다.

어원은 섬으로 물러나 영점으로 돌아가서 예술가로서 자신의 작품을 재고해 보려 했다. 긴긴밤과 낮에 걸친 숙고와 묵상을 통해 어원의 예술 비전은 또렷해지기 시작했다. 그는 다음과 같이 말했다. "카지마르 말레비치Kasimir Malevich의 말을 빌자면 이제 우리는 현실과 유사성도 없고, 이상적인 이미지도 없으며, 물건도 없고, 맨몸을 드러낸 뼈밖에 없는 사막 외에는 아무것도 없는 장소에 다다랐다. 그러나 이곳, 이 사막에서 이제 어떻게 달라질지 질문을 시작할 수 있다."

이비사섬의 삶은 로스앤젤레스의 삶과는 전혀 달랐다. 지중해와 캘리포니아 남부의 빛 사이에는 유사성이 있었지만, 그 외에 다른 것들은 전혀 달랐다. 어원은 자신의 유년기를 '태양의 대지에서 어떠한 불안이나 고뇌도 없던' 삶이었다고 회상한다. 말년에 그는 LA에서의 느긋한 삶을, 동부 대서양 연안 이스트 코스트와는 다른, 태평양을 면한 서해안 웨스트 코스트의 중요한 특징으로 꼽았다. "사람들은 브루클린에서 유대인으로 자랐다고 말합니다. 그게 무슨 뜻일까요? 유대인들은 늘 어둠과 가까운 쪽에 삽니다. 늘 그런 말을 듣죠. 어둠 속의 삶이 좋은 드라마와 글에 유익하다는 것, 어떤 의미에서 탁월한 지성을 낳는다는 점도 인정합니다. 뭐, 당연히 훌륭한 예술가들에게 유익해 보이는 요소가 어둠이죠. 반면 서부에 사는 우리는 그런 것들과 아무런 상관도 없었어요. 어두운 면도 없고, 투쟁도 전혀 없습니다. 모든 것이 그저 흐름이었어요." 웨스트 코스트에 속한 캘리포니아는 이스트 코스트에 비해 역사와 전통이 부재한다. 이러한 부재 덕에 웨스트 코스트 예술가들은 새로운 표현 양식을 창조할 자유를 누릴 수 있었다.

1950년대 말, 캘리포니아 남부에서 가장 촉망받는 젊은 예술가 일부가 작품을 선보였다. 이들은 피러스 화랑 주변에 모여들었다. 1957년 월터 홉스$^{Walter\ Hopps}$와 에드워드 키엔홀츠$^{Edward\ Keinholz}$가 세운 피러스 화랑은 워홀, 존스, 리히텐슈타인, 스텔라 등의 작품을 전시하면서 동시에 뉴욕 미술을 LA로 들여왔다. 피러스 화랑은 또한 이제 막 떠오르는 전도유망한 웨스트 코스트 작가들을 위한 전시 공간도 제공했다. 빌리 알 뱅스턴$^{Billy\ Al\ Bengston}$, 에드 모지스$^{Ed\ Moses}$, 케네스 프라이스$^{Kenneth\ Price}$, 래리 벨$^{Larry\ Bell}$, 에드 루샤$^{Ed\ Rusch}$ 등 피러스 화랑을 대표하는 작가들과 교류한 후 어윈은 단언한다. "나의 교육은 이 작가들과 만나면서 시작되었다." 미술계뿐 아니라 LA의 대중문화 역시 어윈의 작품 형성기에 커다란 영향을 끼쳤다. 자동차와 운전에 애정이 컸던 어윈은 당시 막 싹트기 시작한 '개조 자동차의 미학'에 빠져든다. 속도의 상징인 자동차뿐 아니라, 그는 당시 피러스 화랑 작가들은 물론, 캘리포니아 남부 해변에서 인기를 끌던 선불교에도 영향을 받았다.

1960년대가 되자, 어윈의 관심사는 피러스 화랑 중심 미술계에서 래리 벨, 브루스 나우먼$^{Bruce\ Nauman}$, 마리 노드먼$^{Marie\ Nordman}$ 등의 빛과 공간 운동으로 옮겨간다. 이러한 방향 변화로 인해 어윈은 LA 카운티 미술관에서 터렐과 협업까지 하기에 이르렀고 마침내 판자 별장 프로젝트까지 맡게 된다. 무반향실을 통해 두 작가가 했던 실험들은 어윈에게 특히 중요했다(2장 참조). 이 작업 이후 어윈은 예술은 우리가 보는 것이 아니라, 보는 방식이라는 결론을 내렸다. 이 통찰을 통해 어윈은 대상에서 지각으로 관심을 돌리게 된다.

사람들이 자신의 지각을 지각하게 하는 것, 자신의 지각을 자각하게 하는 것. 우리는 이 문제에 파고들어 사람들이 자신의 의식을 의식할 수 있게 만들기로 했다… 예술을 경험 영역의 일부라고 정의할 때, 작품을 보는 관람자는 예술과 함께 '떠난다'고 가정할 수 있다. 왜냐하면 '예술'을 경험했기 때문이다. 우리는 회화의 한계와 조각의 한계가 아니라 경험의 한계를 다루고 있다. 우리는 경험 영역에서 나온 특정 경험, 특별한 주의의 대상이 되는 경험을 '예술'이라 정의하는 편을 선택했다. 모든 '예술'이 의미하는 바는 바로 이것이다. 마음의 프레임.

대상이 아닌 지각과 경험에 초점을 맞추면서 어윈은 회화를 벗어나기 시작했다. 그는 이제 회화를 '이차적'이라고 간주하게 되었다. 방식만 다를 뿐 경험을 부정하기는 마찬가지인 재현이나 추상을 벗어나, 어윈은 즉각적인 존재를 지각할 기회를 제공하는 방법을 탐색하기 시작했다. 어윈은 다른 예술가들과 비평가들의 작품과 생각을 반박하며 말한다. "다른 예술가들과 비평가들은 회화를 주제의 문제로 옮겨 말한다. 하지만 회화는 주제에 관한 것이 아니다. 회화는 현존, 다시 말해 현상학적 존재에 관한 것이다. 회화는 엄연히 존재한다. 그걸 보지 못한다면 그냥 보지 못한 것이다. 그건 거기 없는 것이다. 누군가를 면전에 두고 작품 이야기를 한참 할 수는 있다. 그러나 정작 그가 작품을 보지 못한다면 그냥 보지 못한 것이다. 그러나 작품을 보기 시작하면 작품은 상상 속 가상의 작품과 정확하고 동일한 현실성을 갖게 된다. 그것은 더 많지도 더 적지도 않은 동일한 정도의 현실성이다. 그리고 그것이 오늘날까지 내가 계속해서 추구해온 바이다. 그 시절 이후 내 작품은 모두 현상학적 존재의 탐색이었다." 헤겔처럼 예술작품을 개념이나 관념으로 환원시키고자 했던 개념미술가들과 달리, 어윈은 언어로 표명할 수 없는 개념 이전의 영역으로 관람객을 끌고 가려는 의도로 작품을 창조한다.

어윈이 즉시 회화를 거부한 것은 아니다. 오히려 그는 '비오브제 미술nonobject art' 개발에 나섰다. 자신이 이비사섬에서 발견했던 영점까지 이미지를 끈기 있게 축소하는 작업을 발전시킨 것이다. 《점 회화Dot Paintings, 1964~1966》와 《원반 회화Disc Paintings, 1978~1979》라는 제목의 연작에서 어윈은 점차 회화오브제를 배경이나 주변 환경 속으로 녹여버렸다. 이미지가 점점 희미해지다가 사라지면서 캔버스 표면은 그림자 놀이터가 되어버렸고 '흰색이 만들어내는 40개, 60개, 100개의 다채로운 음영'이 나타났다. 월터 홉스는 이 세상에 속해 있지 않은 듯한 이 영묘한 작품들을 직접 본 경험을 기술한다. "형언하기 불가능한 효과는 빛 자체에서 온 것만 같다. 이 효과를 묘사할 수 있는 방법이 있을지 모르겠다. 마치 은백색 캔버스 안 어딘가에서 금백색 빛의 영역이 맥박치고 있는 것 같은 느낌이다." 작품이 점차 물성을 벗어 던지고 그 형상과 배경을 구분하는 경계가 사라지면서, 어윈의 매체는 빛 자체만 남기고 모두 사라지기에 이르렀다.

지각 대상이었던 물체가 사라지고 작품이 작가와 관람객의 경험이 되면서 어윈은 스스로 '환경이 조건을 만드는/결정하는site-conditioned/determine' 미술이라고 칭한 작품을 제작하기 시작했다. 1970년대부터 그는 정원, 공원, 도시 환경과 미술관에 수십 점의 환경을 조성했다. 어윈은 이들 작품에서 환경을 설계하고 통제하기보다 환경에 귀를 기울이고 반응한다. 환경이 결정하는 예술은 당시에 출현하고 있던 장소를 특정해 설치하는 미술이나 대지미술과는 다르다. 하이저가 중장비와 폭발물을 사막으로 들여와 자신의 비전에 맞추어 환경을 변형시켰다면, 어윈의 작업은 더 가벼운 느낌이다. 어윈은 환경에 효과적으로 반응하기 위해 끈기 있게 집중한다.

환경이 조건을 만든다는 것/결정한다는 것. 이러한 예술에서 조각의 반응은 자신의 존재 이유 전체를 주변 환경에서 끌어온다. 이 과정은 직접적이면서도 내밀하게 공간을 읽어내는 작업에서 시작되어야 한다. 해당 장소에 앉기, 보기, 걷기, (그 장소로 들어가고 그곳에서 나가는) 주변 지역, 도시 전체와 농촌 전체 시골을 모두 아우르는 작업이다. 고려해야하는 사항은 수없이 많다. 특정 장소에 적용되고 함축되고 있는 조직 체계와 질서, 관계, 건축, 용도, 거리, 규모 감각과 그 장소의 관계는 무엇인가? 가령 우리는 뉴욕의 고층 건물들을 다루고 있는 것인가, 아니면 몬태나주의 커다란 하늘을 다루고 있는 것인가? 눈, 바람, 해, 각도, 일출, 물 등 어떤 종류의 자연적 사건들이 공간에 영향을 끼치는가? 물리적 밀도와 사람들의 밀도란 무엇인가? 청각 및 시각의 밀도란 무엇인가? (고요한가, 아니면 고요한 쪽에 가까운가, 아니면 소란스러운가?) 표면, 음향, 움직임, 빛 등의 성질이란 무엇인가?… (공간을 직접 경험하는 동안) 이 모든 것을 조용히 증류한 것이 조각이라는 반응의 모든 측면을 결정한다.

어윈의 가장 성공적인 '환경이 조건을 만드는/결정하는' 작품 중 두 점은 처음부터 미술관용으로 제작되었다. 그것은 게티 센터 정원에 놓을 작품을 의뢰받아 제작한 것으로, 게티 센터는 로스앤젤레스를 내려다보는 높은 언덕 위에 자리 잡아, 마치 무적의 성채 같은 위용을 자랑하는 미술관이다. 어윈이 제작한 무성한 정원은 리처드 마이어Richard Meier가 설계한 삭막할 만큼 금욕적인 흰 건물들과 뚜렷한 대조를 이룬다. 정원 중앙부에 난 길은 정원 전체를 관통하며 굽이굽이 뻗어있다. 정원에는 다양한 종류의 선인장과 사막 지형에서 선별해온 식물 등 500종 넘는 식물을 심어 놓았다. 어윈은 디딤돌 하나에 작품의 본질을 포착한 구절을 새겨놓았다. "항상 변화할 것. 똑같지 않을 것." 저 멀리 지평선에 LA의 풍광이 파노라마처럼 펼쳐지는 가운데 정원은 교통으로 막힌 고속도로의 소음 한참 위쪽에서 고요한 사색의 장소가 되어준다.

어윈, 저드, 터렐, 하이저의 오랜 후원자인 마이클 고번은 어윈에게 첼시에서 허드슨강 상류 디아 비콘에 위치한 거대한 공장 부지까지 디아를 확장하겠다며 정원 설계를 의뢰했다. 어윈은 자신이 제작한 작품의 기원을 설명한다. "일 년 동안 강 건너 작은 도시에 살면서 매일 강가로 나갔어요. 제 작업 방식은 경험을 중심으로 한 것입니다. 작업을 할 공간에서 출발해 천 번 정도를 걸어보고, 마치 경관 전체를 손으로 훑어보는 것 같이 작업합니다." 그 결과 내부와 외부뿐 아니라, 산업의 특성과 자연적 특성을 효과적으로 통합한 정원이 만들어졌다. 똑바로 뻗은 산책로와 직선으로 심은 식물은 저드의 알루미늄 상자 같은 정밀함으로 다듬어져 있다. 이런 구획은 미술관 내부 디자인뿐 아니라 전시 중인 미니멀리즘 작품들의 분위기 역시 반영하고 있다. 산업과 자연 간의 상호작용을 강조도 하는 듯 어윈은 심은 나무들의 경계를 표시할 때 녹슨 강철을 구부려 사용했다. 리처드 세라Richard Serra의 강철로 만든 작품 〈회전 타원Torqued Ellipses〉을 연상시키는 형태다. 세라의 〈회전 타원〉 역시 디아 첼시에서 첫 선을 보였다. 이 정원을 개발하면서 어윈은 "우리의 경험을 디자인하라"는 고번의 도전에 응한 셈이다.

어윈의 경력을 돌아보면 1970년대가 그의 전환점이었음이 분명하다. 자신의 아이디어를 발전시키기 위해 어윈은 두 가지 중요한 결정을 내린다. 하나는 철학 저작을 진지하게 읽기 시작한 것, 또 하나는 다시 한 번 사막으로 들어간 것이다. 어윈 역시 비트겐슈타인의 『논리 철학 논고』에 깊은 인상을 받았다. 하지만 그는 저드와 달리 영국 철학보다는 대륙 철학에 관심이 더 많았다. 그의 독학은 데카르트와 칸트, 헤겔을 심층적으로 공부하면서 시작되었다. 어윈이 생각하기에 영국의 경험주의 철학 및 분석 철학은 파편적인 부분들에 골몰해있던 반면, 대륙 철학은 전체에 대한 큰 질문을 던지는 듯했다. 어윈은 대륙 철학의 이런 의지에 깊은 인상을 받았다. "기여하는 정도만큼 책임을 지는 위험을 진정으로 감수하는 사람에게 큰 감동을 받곤 합니다. 처음 헤겔을 읽었을 때 그의 열망에 정말 감동 받았습니다. 누군가 그토록 거대한 것을 열망할 수 있다는 사실에 정서적으로 감동했죠. 칸트도 마찬가지입니다. 이 얼마나 장대하고 눈부신 노력이난 말이죠!" 예술을 향한 어윈의 야심은 철학을 향한 헤겔의 야심만큼 컸다. 예술, 종교, 철학의 역사를 결정적인 정점에 놓는 것은 어윈이 바란 바가 아니다. 어원은 예술을 기원으로 다시 돌려놓고 거기서부터 새로 시작하고 싶었다. 이 장대한 작업에서 그를 인도해 준 철학은 헤겔의 현상학이 아닌 메를로퐁티의 현상학이었다. 어윈과 동시대에 활동했던 다른 많은 예술가에게 그러했듯, 메를로퐁티의 『지각의 현상학』(프랑스어판은 1945년에, 영어판은 1962년에 출간되었다)은 그에게 깊은 인상을 남겼다. 어윈은 메를로퐁티의 저작을 통해 지각이 개념화보다 앞서며, 개념의 조건이라는 자신의 확신이 옳음을 확인할 수 있었다. 어윈은 지각이 예술작품을 이해할 수는 없지만, 파악 불가능한 기원은 아니라고 결론지었다.

자신의 확신을 확인하기 위해 어윈은 다시 한 번 사막으로 들어갔다. 이번엔 지중해 섬에 있는 먼 사막이 아닌 LA 근처의 가까운 사막으로 그는 아침 일찍 모하비 사막까지 차로 달려 애리조나까지 갔다.

> 남서부 사막은 저를 매료시켰어요. 그곳에는 뭔가 확인하거나 동일시할 것도 없고 함축적인 의미 같은 것이 전혀 없기 때문이죠. 남서부 사막은 그저 평평한 사막, 특별한 사건도 없고 산맥도, 나무도 강도 없는 곳이죠. 그러다 돌연 그 사막이 마법을 띕니다. 사막이 갑자기 일어서서 흥얼거리기 시작하는 겁니다. 온통 아름다움에 휩싸이는 사막은 믿을 수 없을 만큼 강한 존재감으로 다가옵니다. 그런 다음 20분쯤 지나면 그 모든 마법이 돌연 멈춥니다. 그래서 생각하기 시작했죠. 도대체 왜? 이 사건들은 실제로 무엇이었나? 하는 질문이 든 겁니다. 그 사건들은 내 관심사와 아주 가까운 문제였어요. 현상의 성질이라는 문제였습니다.

이 믿을 수 없는 현존의 아름다움은 어윈의 예술에서 중심 요소가 되었다. 그는 사막이 자신에게 가르쳐준 것들에 대해 침묵을 지켰고, 자신의 작품들이 스스로 말하게 내버려 두었다.

2016년, 88세가 된 어윈은 드디어 사막의 꿈을 실현하게 된다. 16년 전 차이나티 재단은 그에게 한때 포트 D. A. 러셀 기지 병원이었던 곳에 영구 설치물을 제작해달라고 의뢰했다. 수년 동안 어윈은 이 건물의 폐허를 살려보려 고군분투했지만, 건물이 너무 낡아 결국 건물을 철거하고 원래 병원 건물과 똑같은 건물을 짓기로 했다. 어윈이 수십 년 동안 발전시켜온 요소들을 종합한 이 작품은 그의 예술의 정점을 이루는 성과물이다. 이 설치물은 929제곱미터에 달하는 거대한 U자 모양의 건물로, 넓은 마당에는 워싱턴주에서 가져온 화산 현무암으로 만든 조각품을 설치해 놓았다. 주변 정원에는 블루 그라마 풀과 팔로 베르데 나무를 심어 놓았다. 완벽한 직각을 이루는 콘크리트 - 자갈 보도는 정원을 가로지른다. 부드러운 장미 스투코(건축의 천장, 벽면, 기둥 등을 덮어 칠한 화장도료 - 옮긴이)가 건물 외부를 덮고 있어 내부 정원의 배경 역할을 한다.

외부와 내부 모두에서 어윈은 저드가 〈콘크리트 무제 작품 15〉에 도입했던 프레임을 정교화한다. 건물은 양쪽에서 진입할 수 있다. 입구에는 문과 같은 크기로 직사각형 통로를 낸 파사드를 사용해서 프레임을 만들었다. 건물 안으로 들어가면 프레임이 확산된다. 긴 복도 두 곳은 세 번째 복도와 만나고, 이 복도를 따라 완벽하게 대칭을 이루는 창들이 줄지어 늘어서 있다. 밖으로는 건물을 둘러싼 넓은 사막이 있고 안으로는 마당의 조각품과 정원이 보이도록 설계되어 있다. 스크림 천을 복도마다 내려뜨려 부단히 변화하는 그림자 유희가 벌어진다. 이 그림자들은 오래된 영화 필름 속 희미하고 형체가 불분명한 형상처럼 보인다. 양쪽 복도 끝에는 바깥쪽 문 크기와 형태를 모방한 구멍 낸 스크림 천들이 일렬로 걸려 있어, 프레임 내의 프레임을 체험하게 해 준다. 마치 보이지 않는 공간으로 이행하는 느낌을 준다. 다수의 스크림 천 덕에 소음이 줄어들고, 고요해진 분위기는 신비감을 자아낸다.

　내부 공간의 뚜렷한 특징은 색의 부재다. 공간의 색은 희거나 검거나 회색이다. 왼편의 복도는 검은색, 오른쪽은 흰색, 둘을 이어주는 홀은 회색이다. 세로축 두 개를 합치는 동시에 분리하는 것은 검은 스크림 천 세 개와 흰색 스크림 천 세 개이고, 그 사이 공간은 텅 비어있다. 왼쪽에서 들어가면 검은색 쪽에서 들어가 회색을 거쳐 흰색 쪽으로 가게 되고, 오른쪽에서 들어가면 흰색에서 출발해 회색을 거쳐 검은색 쪽으로 가게 된다. 이 설치물을 가로질러 걷다 보면 공간은 우리 삶의 패턴을 만드는 하루 동안의 리듬을 되풀이함으로써 시간성을 부여받는다. 시간 감각은 광택을 낸 콘크리트 바닥에 떨어지는 열린 창문 그림자에 의해 더욱 깊어진다. 태양과 함께 움직이는 창문의 사각형들은 시간의 흐름을 표시하는 해시계로 기능한다. 하루 중 다양한 시간대에 이곳을 찾아 양쪽 방향 모두에서 걸어보는 게 중요하다. 이 작품은 정적인 기하학 형태의 작품과는 거리가 멀다. 작품은 시시각각, 그리고 계절이 바뀔 때마다 부단히 변화한다. 어윈의 예술은 작가가 예상도 통제도 할 수 없는 사건을 파악하는 프레임을 제공한다. 눈높이에 있는 창문들은 빛을 안으로 끌어들이는 동시에 방문객의 시선을 밖으로 향하게도 만든다. 얇은 회색 막들은 탱팡 같은 역할을 하며 사막의 풍광을 미묘한 색조로 물들인다. 복도를 따라 걸어가다 보면 창문들은 화랑 벽에 세심하게 걸린 회화처럼 보인다. 어윈은 자신의 설치물을 이렇게 평한다. "중요한 사건입니다. 창문 전체가 말이죠. 사람들은 자신들이 예술작품을 찾고 있다고 생각하지만, 그들이 실제로 보게 되는 것은 아름다운 자연입니다. 전 요새라는 건축물을 좋아했어요. 제가 한 것이라고는 요새의 형태를 가져다 정교하게 다듬은 것뿐입니다. 벽을 더 두껍게 만들어서 밖을 내다볼 수 있도록 견고한 물성을 축조한 것이죠."

여러 비평가는 어윈이 프레임에 넣은 전망과, 얀 판 에이크$^{Jan\ van\ Eyck}$ 같은 네덜란드의 화가들, 혹은 더 이후의 카스파르 다비트 프리드리히$^{Casper\ David\ Friedrich}$와 같은 사람들의 풍경화가 갖는 유사성에 주목해왔다. 그러나 내가 이 창의 프레임 자체를 응시하지 않고 프레임을 통해 밖을 응시하면서 본 것은 그런 유사성이 아니다. 오히려 나는 로스코 회화 속 회색 위에 검정을 칠한 기하학 형태의 반복과 전도를 보았다. 로스코 회화 속 두 개의 기하학 형태는 꾸밈이라고는 없는 엄숙한 풍경을 암시했다. 드넓은 하늘이 완벽한 직선인 지평선에 의해 땅과 나뉘어 있는 풍광. 두 작품의 색채는 똑같거나 유사했지만 로스코의 '회화'와 어윈의 '회화' 사이에는 중요한 두 가지 차이가 있었다. 어윈의 작품에서는 회색이 위쪽, 검은색이 아래쪽에 있고, 텍사스의 광활한 하늘이 아래쪽 검은 땅을 '캔버스' 가장자리 아래까지 뒤덮고 있었다는 점이다. 나의 주의를 끈 것은 위쪽 회색이나 아래쪽 검은색이 아니라 사라져가는 지평선 속으로 드러나는 하늘과 땅의 모습이었다. 이것은 로버트 어윈의 예술 전체를 부르는 지평선이다. 이 지평선을 따른다는 것은 무엇을 의미하는가?

약속

'지평선^{horizon}'이라는 단어는 '나누다', '분리하다'라는 의미의 그리스어 'horizon'에서 온 말로, 여기서 'horos'는 '경계, 한계'를 가리킨다. '약속^{promise}'이라는 낱말은 라틴어 'pomittere'에서 유래한 단어로 '앞으로'라는 의미의 'pro'와 '보내다'라는 뜻의 'mittere'가 합쳐진 말이다. 예술작품의 약속은 지평선을 향해 우리를 앞으로 보낸다. 우리가 다가가는 지평선은 절대로 도달하지 않는 미래의 접근에 의해 경험의 경계나 한계를 설정한다. 늘 유예되는 미래에 어떻게 대응하느냐에 따라 우리가 현재를 사는 방식이 결정된다. 자신이 만든 작품의 지평선에 관한 어윈의 의견에서 핵심, 혹은 핵심 중 하나는 바로 그것이다.

> 무엇보다 경이로운 것은 꼭 사라지는 것만 같던 지평선—무상하다 못해 완전히 사라지겠다고 위협하는 예술품—이 놀라운 철학적 수수께끼처럼 결국 전혀 다른 문제를 드러낸다는 점입니다. 대상이냐 비대상이냐의 문제처럼 보이던 것이 결국은 보는 것과 보지 않는 것의 문제, '사물'의 실제 맥락에서 대상을 실제로 지각하거나 지각하지 못하는 일이 어떻게 벌어지느냐는 문제로 판명된 것이죠. 이제 우리는 '현상학적' 지각(그리고 형태, 장소, 재료 등 기존의 추상적인 제

한이 전혀 없는 '현상학적 예술'의 잠재력)을 무한하고 일상적으로 풍부하게 제공받는 동시에, 그것으로부터 도전받고 있습니다. 현상학적 지각은 만물에서 아름다움을 경험할 잠재력을 발견하고 귀중하게 여기려는 지각입니다.

고요함과 더불어 어윈의 설치작품 속에서 사막의 빛과 그늘이 변화하는 모습을 보며 곰곰이 생각에 잠겼다. 그러다가 나는 이 예술작품이 오랜 세월 동안 나를 쫓아다니던 질문들을 다루고 있다는 것을 깨달았다. 생각이 이리저리 떠돌다 1989년 늦가을 어느 오후 에드몽 자베스와 그의 파리 아파트에서 나누었던 대화로 돌아갔다. 에드몽은 이집트 카이로에서 태어나 1956년 수에즈 위기 때까지 그곳에서 살다가 파리로 이주했다. 그는 이집트를 떠난 이후 사막이 가장 그리웠다고 했다. 그는 어린 시절을 이렇게 회고했다. "그 시절엔 혼자 사막에 들어가 여러 날을 지내곤 했죠." 사하라 사막은 미국 서부 사막과 다르다. 도로도 없고, 세이지 관목도, 졸참나무도, 동물도 뱀도 전혀 없다. 오직 모래만이 존재하며, 눈이 닿는 한 모래뿐이었다. 때로 이 광활한 황무지를 지나가는 유목민을 실어 나르는 낙타들이 남겨놓은 발자취를 볼 수 있었다. 황혼이 지며 빛이 사라지면 에드몽은 어떤 핵심—아마 바로 그 지점—에 접근했다. 그의 뇌리를 사로잡아 떠나지 않는 핵심. 그는 의자에서 일어나 불안이 역력한 표정으로 내가 들어본 적 없는 강렬한 어조로 말했다. "침묵을 견디며 사는 일은 아주 어려워요. 진정한 침묵은 끔찍합니다. 이 침묵에 접근하려면 사막으로 들어가야 합니다. 사막으로 들어가는 것은 정체성을 찾기 위함이 아니라 잃기 위해서, 자신의 정체성을 읽고 익명이 되기 위해서입니다. 자신을 비우는 것이죠. 자신이 직접 침묵이 되는 겁니다. 주변의 침묵보다 더한 침묵이 되어야 합니다. 그런 다음에는 뭔가 특별한 일이 일어납니다. 침묵이 말하는 소리를 듣게 되는 겁니다." 이 말은 그의 책에 나오는 모든 빈 공간의 핵심을 이해하는 데 도움을 주었다. 그가 설계한 시는 글의 '재료'인 백과 흑이 인터플레이 하는 무대를 마련한다. 야베스는 『엘, 혹은 최후의 책 El, or The Last Book』에 이렇게 쓴다.

> 막 생성되려는 것과, 다시 흩어져 곧 사라져버릴 것
> 간의 상상할 수 없는 만남.
> 시련을 거친 낱말은 사형집행인이자 사형수로서
> 시련 속에서 꽃을 피운다.
> 오, 기대가 담금질을 당하는 곳에서
> 모든 기대는 위축된다. 죽음이 정원을 지키는 곳에서
> 꽃피우지 않으려는 욕망이 행동을 하듯.
> 이제 사막은 한 발 내디딘 걸음이 다음 걸음을 낳지 못하는
> 공간, 다음 걸음을 무로 되돌리는 공간이다. 그리고
> 지평선은 말하는 내일을 위한 희망을 의미한다.
> 지평선에서는 약속이 핵심이다.

침묵보다 더한 침묵으로 들어간다는 것은 무슨 의미인가? 침묵 자체가 된다는 것은 무슨 뜻인가? 침묵이 말하는 것을 듣는다는 것은

또 무슨 뜻인가? 미래의 두려움과 절망(despair, 라틴어로 desperare, '역'을 뜻하는 de와 '희망'을 뜻하는 sperare의 합성어), 또는 희망은 존재하는가?

검은색에서 나와 회색을 거쳐 흰색까지. 흰색에서 나와 회색을 거쳐 검은색까지. 흰색 위 검정, 검정 위 흰색. 검정 위 검정. 흰색 위 흰색. 어원은 〈검은 사각형 Black Square〉에서 〈절대주의 구성 : 흰색 위의 흰색 Suprematist Composition: White on White〉까지 말레비치의 작품이 자신의 작품에 얼마나 중요한지 말한다.

물론 말레비치는 모든 것을 줄이고 줄여서 텅 빈 흰 사각형으로 축소시켰어요. 누구나 그걸 보고 신음했죠. "오, 오. 우리가 사랑하는 모든 것이 없어졌어." 그러면 그가 대꾸하죠. "아, 하지만 우리는 순수한 감정의 사막을 발견했습니다!" 믿을 수 없을 만큼 철학적인 말이죠. 그 텅 빈 사각형을 신의 상실이자 문화의 종말, 죽음의 공포라고 생각할 수 있었을 겁니다.

결과적으로 그렇게 하는, 온전한 예술 전통이 존재하죠. 실존주의 전통 말입니다. 하지만 나는 말레비치가 정반대 전통에 기대고 있다고 확신합니다. 현상학 전통 말입니다. 그는 우리에게 고뇌가 아니라 경이로움을 말하고 있는 겁니다! 우와!

잠시 정지. 다시 한 번 잠시 멈춰 생각해보라. 떠나지 않는 질문 하나를 생각해보라. 침묵은 어떤 색깔일까? 흰색? 검은색? 아마 그 사이의 어떤 색, 회색의 무한한 음영에 가까운 색?

허먼 멜빌Herman Melville에게 흰색은 신의 침묵을 상징하는 무시무시한 색깔이다. 『모비딕』의 잊을 수 없는 「고래의 흰색」이라는 장에서 그는 다음과 같이 말한다.

그 신비로운 손짓이 암시하는 이름 없는 것들이 어디에 있는지는 모르지만, 망아지의 경우와 마찬가지로 나에게도 그런 것은 어디엔가 반드시 존재한다. 우리 눈에 보이는 이 세계의 다양한 측면은 사랑 속에서 이루어진 것처럼 보이지만 눈에 보이지 않는 영역은 두려움 속에서 이루어졌다….

하얀 은하수의 심연을 쳐다보고 있을 때, 우주의 무정한 공허함과 광막함을 넌지시 보여주고 무서운 절멸감으로 우리의 등을 찌르는 것은 그 색깔의 막연한 불확정성이 아닐까? 흰색은 본질적으로 색이라기보다 색이 없는 상태인 동시에 모든 색이 응집된 상태가 아닐까? 넓은 설명이 아무것도 없는 공백이지만 그렇게 의미로 가득 차 있는 것도 그런 이유 때문일까? 무색이면서도 모든 색깔이 함축된 무신론 같아서 우리를 움츠러들게 하는 것일까?… 이런 것들을 생각하면, 우주는 수족이 마비된 나병 환자처럼 무력하게 우리 앞에 누워 있다. 눈과 얼음에 덮인 라플란드를 여행하면서 색안경을 쓰기를 거부하는 고집쟁이 여행자처럼, 저주받은 이단자는 주위의 모든 경치를 뒤덮고 있는 그 엄청나게 큰 하얀 수의壽衣 앞에서 눈먼 사람처럼 멍해질 뿐이다. 그리고 이 모든 것의 상징이 바로 흰고래다. 그래도 여러분은 이 광적인 추적을 의아하게 생각하겠는가?

믿음과 불신 사이. 이것은 신앙 없는 무/신론인가, 아니면 신이 달아난 후 여전히 가능한 유일한 신앙인가?

물론 신의 죽음을 선포한 가장 유명한 인간은 니체의 광인이다.

"신은 어디 있는가?" 그가 외쳤다. "내가 너희에게 말해주겠다. 우리가 그를 죽였다―바로 너희와 내가. 우리는 모두 신을 죽인 살해자다. 하지만 어떻게 우리가 이런 일을 저질렀을까? 어떻게 우리가 드넓은 바다를 모조리 마셔버릴 수 있었을까? 누가 우리에게 모든 지평선을 모조리 쓸어버릴 스펀지를 주었는가? 태양의 속박으로부터 이 대지를 풀어놓았던 우리는 무엇을 하고 있었던 것인가? 대지는 지금 어디로 가고 있는가? 모든 태양으로부터 멀어져서 어디로? 우리는 계속해서 추락하고 있는 것이 아닌가? 뒤로, 옆으로, 앞으로, 온갖 방향으로? 태양이 하나라도 위나 아래에 여전히 있는가? 우리는 모두 무한한 무를 통과하듯 방황하고 있는 것은 아닌가? 우리는 텅 빈 공간의 숨결을 느끼고 있지는 않은가?"

누가 우리에게 지평선을 모조리 쓸어버릴 스펀지를 주었는가? 만일 신의 죽음이 인간의 유한성을 규정하는 지평선의 소멸이라면 지평선의 귀환은 유한의 한가운데에서 무한을 드러내는 다른 신의 탄생일 수 있을까? 그 신은 세상과 인간 너머에서 세상과 인간과 반목하는 신이 아닌 대지와 일상의 삶과 고요함 주위의 고요함과 함께 고요함 내부에 깃든 신일까? 어원은 자신의 작품과, 그것을 둘러싼 사막과 하늘을 껴안으려는 듯 두 팔을 뻗으며 고백한다. "이 장소에서 작품을 통해 내가 얻고 싶어 하는 것이 무엇이겠습니까? 이곳이 진정 돌볼 가치가 있는 장소라는 느낌을 사람들에게 주는 것. 이곳이 아름답고 경이롭고 깨우침과 황홀함을 준다는 느낌을 주는 것이죠. 어떤 말을 더 얹건 간에 핵심은 그것입니다. 예술가 외에 그런 역할을 맡을 수 있는 사람은 없습니다. 그것이 예술 고유의 특징입니다."

사막은 늘 유혹과 희망의 공간이었다. 악마들, 그리고 귓가에서 아우성치는 괴이한 목소리들과 함께 보낸 황야에서의 40일 낮과 밤을 떠올려보라. 그러나 사막은 또한 약속의 땅, 어딘가 멀고 먼 저 너머의 땅이 아니라 늘 보이는 곳에 숨어 있었을 수도 있는, 지금 이곳으로 탈출하기 위한 장소 아닌 장소이기도 하다. 현실에서 이 사막에 체류하는 자들에게 그것은 백과 흑, 흑과 백의 문제, 낮과 밤, 밤과 낮의 문제다. 우리는 낮에서 밤으로 가고 있는가, 아니면 밤에서 낮으로 가고 있는가? 절망과 두려움인가 아니면 희망인가? 아니면 기력을 고갈시키는 절망도 아니고 그렇다고 눈먼 희망도 아닌, 그 사이의 무엇인가? 질문에 답을 하기 위해 나는 휴스턴으로 돌아가 다시 한 번 오스틴까지 차를 타고 가면서 로스코의 검은 교회에서 엘스워스 켈리의 흰 교회까지 열네 곳의 장소를 다시 추적해야 했다.

11
―

주변에
Around

나는 춤추는 법을 아는 신만 믿을 것이다.
그리고 악마를 보았을 때 나는 그가 진지하고 철저하고 심오하고 침울하다고 생각했다. 악마는 중력의 영이었다. 악마를 통해 모든 것들이 추락한다.

_프리드리히 니체

감정

로버트 어윈에게 사막은 마법과 경외감과 경이로움의 장소다. 그는 자신이 설명할 수 없는 것을 표현할 말을 찾을 때, 때로 시인이 된다.

분명 개념이 텅 빈 순수한 상태는 호기심 많은 자들을 부른다…
우리의 자세(방법)는 철학들의 자세다―경탄. 경탄은 특별한 능력이 있다.
순수한 사변을 위해 실용적인 것을 잠시 제쳐둘 수 있는 능력.
순수한 경탄은 특별한 정신 상태다―열의와 공감의 상태.
우리 삶의 순수한 잠재성에 대한 덧없는 탐구를 위한 균형을 제공하는 상태.
첫째, 경탄은 우리에게 판단을 중지할 수단을 주기 때문에.
둘째, 경탄은 종결을 요구하지 않기 때문이다.

'순수한 동기/순수한 방법' '경탄!' 미네르바의 부엉이가 제자리를 맴돌고 우상의 황혼이 저무는 상황에서 누가 아직까지 경이로움이나 경탄에 관해 말하고 글 쓸 용기를 내겠는가? 심지어 어둠보다 빛, 절망의 구름보다 희망의 희미한 빛을 보여주는 경이로운 예술작품을 창조할 용기를 내겠는가?

온전한 정신이 사라짐을 느끼는 통렬한 고통 속에서 끝없는 침묵 속으로 빠져들기 전, 니체는 온 힘을 끌어모아 이런저런 파편적 사색을 글로 옮겨, 「디오니소스 찬가Dionysus-Dithyrambs」라는 제목으로 묶었다. 서명은 간단히 '디오니소스'라고만 했다.

> 진정 경이롭다!
> 나는 지금 여기 앉아 있다.
> 사막 근처, 그러나
> 동시에 사막에서 아주 먼 곳에.
> 적막함이라고는 없다….

이 사막의 가장자리, 이름 붙일 수 없는 고래의 배 속에서 니체는 침묵을 본다. 그는 침묵의 사이렌이 부르는 소리에 저항할 수 없다.

> 쉿!—
> 내가 많이 본 위대한 것들로부터!—
> 침묵을 유지해야 한다.
> 아니면 크게 말해야 한다.

크게 말해야 한다.

기뻐하는 나의 지혜를!

존재의 궁극의 별!

영원한 형태의 판형!

그대 나를 향해 오는가?—

왜 아무도 보지 못했는가.

그대의 무언의 아름다움을—

왜 그 아름다움은 내 시선을 피하지 않는가?…

필요의 징조!

존재의 궁극의 별!—

어떤 욕망으로도 얻지 못하는 별

어떤 부정으로도 훼손하지 못하는 별

영원한 존재의 긍정

영원히 나는 그대의 긍정이다.

나는 그대를 사랑하므로. 오, 영원이여!

  이루 말할 수 없는 몸과 마음의 고통 한가운데서 니체는 독자들에게 애원한다. "대지에 진실하라고, 현세의 것이 아닌 희망을 말하는 자들을 믿지 말라"고 탄원한다. 그런 다음 최종적으로 '긍정!' 존재의 '영원한 긍정'을 긍정할 것. '그렇다'라고 답할 것. '긍정'은 '부정을 부정하는 것'. 그리고 마지막으로 침묵. 니체가 절대로 깨뜨리지 않았던 영원한 침묵.

  언젠가 헤겔은 말했다. 행복한 시대는 역사의 텅 빈 페이지라고.

십자가의 성 요한은 '영혼의 어두운 밤'의 고난을 이야기하는데 180쪽이나 할애하지만, 마침내 '행복한 밤'에 도달하자마자 침묵에 빠진다. "묵상에 잠기는 이 행복한 밤, 신은 고독하고 비밀스러운 묵상, 감각과는 거리가 한참 먼 묵상으로 영혼을 이끄시므로, 감각과 관련된 어떤 것도, 창조된 만물의 어떤 접촉도 사랑의 결합으로 가는 길에서 영혼에 접근해 침묵을 방해하거나 지체시키지 못한다." 왜 행복과 환희에는 침묵이 동반하는가? 의심과 절망과 공포보다 경이와 경외와 기쁨에 관해 쓴 글은 왜 훨씬 적을까? 불만은 왜 그토록 포용의 대상이 될 때가 잦은데 만족은 왜 그토록 폄하의 대상이 될 때가 많을까? 왜 숭고함은 심오하고 깊은데, 아름다움은 얄팍하고 피상적인가? 왜 그토록 많은 작가와 예술가들은 아름다움을 두려워하는가?[1] 왜 흑색은 진지함을 암시하고 흰색은 순진무구함을 암시할까? 왜 그토록 많은 모더니스트는 색을 두려워할까? 색이 왜 그토록 위협적일까? 왜 기쁨을 그렇게까지 의심할까? 왜 절망은 심오한데, 기쁨은 피상적일까? 왜 기쁨은 그토록 물정도 모르고 순진해 빠진 것으로 여겨지는가? 아마 빛이 아닌 어둠에 대한 강박이, 탄생보다 죽음에 대한 강박이 크다 보니 생긴 결과인 듯하다.

기이하게도 경탄과 기쁨에 대해 가장 심오한 말을 했던 작가 셋은 어두운 전망으로 유명한 사람들로 니체와 키르케고르, 그리고 조너선 에드워즈Jonathan Edwards다. 200년 후 노먼 록웰Norman Rockwell이라는 화가 때문에 유명해진 매사추세츠주 서부 스톡브리지의 시골 마을에 쫓기듯 가게 된, 에드워즈는 가장 중요하지만 읽은 사람을 찾아보기 힘든 종교 서적 『신앙 감정론[1746]』이라는 책을 이곳에서 집필했다.

에드워즈는 칼뱅파 목사이자 신학자였다. 칼뱅주의자들은 전지전능한 신이 임의적으로 구원할 인간과 영원한 지옥행 선고를 내릴 인간을 선택한다고 믿는 것으로 유명하다. 그러나 칼뱅주의 신은 무엇보다 창조의 아름다움을 통해 당신의 권능과 영광을 드러내는 창조주로도 잘 알려져 있다. 칼뱅은 『기독교 강요』라는 저서에 이렇게 써 놓았다.

> 주님은 찬란한 의상을 통해 모습을 드러내기 시작하셨다. 우주의 창조를 통해 당신의 영광을 우리에게 드러내 보이신 후, 우리가 시선을 돌릴 때마다, 그리고 돌리는 곳마다 주님이 모습을 드러내신다… 그리고 주님의 권능과 지혜의 영광이 하늘에서 눈부시게 빛나기 때문에 하늘은 주님의 궁전이라 불린다. 그러나 애초부터 우리가 눈길을 돌리는 곳마다 주님의 영광인 가장 작은 불꽃이라도 알아볼 수 없는 곳은 이 우주에 한 곳도 없다. 드넓은 우주의 무한한 광휘의 힘에 완전히 압도되지 않고는 우주를 한눈에 다 볼 수 없다.[2]

청교도 신앙의 금욕주의가 칼뱅주의 신학의 핵심에 위치한 미적 감수성을 가려서는 안 된다.

150년 후 슐라이어마허에게 그러했듯이, 에드워즈에게도 "진정한 종교는 거룩한 감정holy affection이다." 메를로퐁티가 지각의 본원성을 주장하듯, 에드워즈 역시 감정이 사유와 의지보다 본원적이라고 주장한다.

이런 것이 인간의 본성이다. 인간은 매우 수동적이며, 사랑이건 미움이건 두려움이건 다른 감정이건, 감정의 영향을 받는다… 인간의 감정은 움직임의 샘물이다. 모든 사랑과 미움, 희망과 두려움, 분노와 열의와 애정 어린 욕망을 앗아가 보라. 그러면 세상은 대체로 움직임도 없이 죽어갈 것이다… 속세의 일에서 속세의 감정이 인간의 움직임과 행동의 샘물이듯, 종교 문제에서는 행동의 샘 역시 종교적 감정이다. 감정 없이, 교리를 알고 사변에만 빠져 있는 사람은 절대로 종교라는 일에 관여할 수 없다.

자신의 주변에서 소용돌이친 제1차, 2차 대각성Great Awakening 운동의 과잉으로 인해 에드워즈는 반지성적 신앙과 비합리적 행동을 옹호하지 않도록 유의했다. 오히려 그는 감정이 우리에게 닥치는 것이며 사람이 알고 행하는 모든 것을 채색한다고 주장한다. 언어보다 더 근원적인 감정은, 언어로 이해하거나 표현할 수 없는 것을 각지覺知할 수 있게 해 준다. 250년 전에 쓰였음에도 불구하고, 오늘날 에드워즈의 분석은 대단한 예지력을 보여주고 있다. 그는 최근 정동이론affect theory의 몇몇 중요한 통찰뿐 아니라 현대 뇌 과학의 중요한 발견 중 일부까지도 선취하고 있다. 뇌 과학자 안토니오 다마시오Antonio Damasio는 『사건에 대한 감각: 의식 형성에서 육신과 감정』에서 종교 감정에 대한 에드워즈의 설명을 부지불식간에 되풀이한다.

의식하는 나의 첫 기반은 수정 과정에 있는 비의식적 원초적 자아proto-self 의 수정의 원인을 설명해주는 재-재현에서 등장하는 느낌이다. 의식을 발생시키는 최초의 원인은 이러한 설명을 만들어 내는 것이며, 그때 처음으로 나오는 결과가 안다는 느낌이다… T. S. 엘리엇은 『네 개의 사중주』에서 '너무 깊이 들려서 전혀 들리지 않는 음악'에 관해 썼다. 그때 엘리엇은 내가 방금 기술한 과정을 생각했었던 것 같다. 그는 최소한 깊은 앎—자신이 합일 혹은 육화라고 부른 앎—이 출현하는 일시적인 순간을 생각하고 있었다.

이 장의 후반부에서는 '너무 깊이 들려서 전혀 들리지 않는 음악'이 니체가 기쁨 가득한 디오니소스적 환락에서 들었던 침묵의 음악이며 결국 그것이 예술 작품이라는 점을 살펴볼 것이다.

다마시오는 에드워즈의 이론에 두 가지 중요한 점을 추가한다. 첫째, 그는 감정과 육체 사이에 필요한 상호관계를 확립한다. 한편으로는 몸의 상태가 감정 성향에 영향을 끼치며, 다른 한편으로는 감정이 육체의 조건을 결정한다는 것이다. 둘째, 정신의 반사성을 고려하며 알게 되었듯, 자기의식에는 늘 빈틈이 있다. 다마시오는 이 빈틈을 인정한다. "우리가 아무리 해도 직접 알 수 없는 것이 있다. 그것은 발견 뒤에 있는 메커니즘, 열린 듯 보이는 정신이라는 무대 뒤에서 일어나야 하는 단계들이다. 대상의 이미지에 대한 핵심 의식이 그 이미지를 자신의 것으로 만들려면 일어나야 하는 단계들은 도저히 직접 알 수 없다." 이 알 수 없는 메커니즘이 맹점이다. 이 맹점은 상상력이 이미지를 제공하는 심연이고, 정신은 결국 이 이미지를 개념으로 바꾼다. 감정과 관련된 무의식은 억압으로 만들어지지 않으므로 상상력은 프로이트의 무의식과 달리 창조적일 수 있다. 이 상상력의 활동이 가장 명확히 드러나는 곳이 예술 작품이다.

칼뱅을 따라 에드워즈는 종교적 감정을 아름다움에 대한 민감한 반응으로 식별할 수 있다고 믿는다. "진실로 신성한 감정의 기반은 사랑스러움이다. 사랑스러움은 성스러운 것들의 도덕적인 수월성^{秀越性}에서 나온다. 달리 표현하자면 신성한 감정은 성스러운 것들의 도덕적 수월성이 지닌 아름다움과 달콤함에 대한 애정에 기반을 두고 있다." 에드워즈는 긴 분석 과정에서 공포, 증오, 슬픔, 욕망, 열의, 감사, 연민, 애정, 그리고 기쁨을 비롯한 광범위한 감정을 고려한다. 그중 사랑과 기쁨은 가장 중요한 종교적 감정이다. 형언할 수 없는 기쁨에 대한 나름대로 가장 충실한 설명에서 에드워즈는 다음과 같이 말한다. "이 기쁨의 성질은 이러하다. '형언할 수 없는 충만한 영광', '형언할 수 없는' 종류의 감정, 세속과 육신의 기쁨과는 전혀 다른 감정, 훨씬 더 순수하고 숭고한 감정, 천상의 성질을 띤 감정, 초자연적이고, 진정한 의미에서 신성하며, 형언할 수 없이 탁월한 감정, 그 절묘한 달콤함을 표현할 말이 아예 없는 숭고함. 정도 면에서도 역시 형언할 수 없는 감정. 박해받는 이들에게 너그럽고 크게 이 신성한 기쁨을 주는 것이야말로 하느님을 기쁘게 해 드리는 일이다."

> 그들의 기쁨은 "영광으로 충만했다". 그 기쁨은 말로 표현할 수 없었고, 어떤 말로 표현한다 해도 충분치 않았지만, 그 기쁨에 대해 말을 아예 못하는 것은 아닐 수도 있다. '영광으로 충만한', 혹은 원래대로 '찬미 받는 기쁨'보다 이 기쁨의 수월성을 표현하기에 더 적당한 말이 있을 수도 있다. 기쁨으로 즐거워할 때 그들의 마음은 영광

스러운 빛으로 가득 찼고, 그들의 본성은 드높아지며 완전해졌다…
그 기쁨은 하느님 영광의 빛으로 그들의 마음을 채웠고, 그 영광과 일부가 통한 덕에 그들은 스스로 빛날 수 있었다.

'형언할 수 없는 기쁨'은 말을 잇지 못하게 만든다. 이 감정을 충분히 표현할 수 있는 말은 없다. 오히려 말은 기쁨의 마법을 깨버린다. 에드워즈의 말이 옳다면 헤겔이 텅 비어 있다고 여기는 페이지란 사실은 어떤 말로도 표현할 길 없는 기쁨으로 충만한 것인지도 모른다.

여기서 에드워즈가 묘사하는 기쁨은 어두운 삶의 순간들을 간과하거나 억압하는 피상적인 수준의 행복이 아니라는 점은 반드시 짚고 넘어가야 한다. 그는 "성인들에게 기쁨과 신성한 두려움은 함께 동행한다"라고 강조한다. 진정한 기쁨은 두려움과 절망을 피하기는커녕 두려움과 절망을 에워싸고 함께 어둠을 통과했기 때문에 한층 더 달콤한 기쁨을 창조한다. 두려움은 아무리 신성한 두려움이라 해도 결국 죽음을 향해 있기에 나타나는 증상이다. 반면에, 기쁨 중 신성한 기쁨은 탄생, 심지어 거듭남(부활)을 향해 있다.

윌리엄 제임스는 『종교적 경험의 다양성 The Varieties of Religious Experience, 1901』이라는 훌륭한 저작에서 '한 번 태어난 once-born' 신앙인과 '거듭난 twice-born' 신앙인이라고 부르는 사람들을 비교하며 피상적인 행복과 심오한 기쁨을 대조한다. 한 번 태어난 사람은 '건강한 정신'의 소유자다. "'인간 삶의 가장 중요한 관심사는 무엇인가?'라는 질문을 던질 때마다 받게 되는 대답 중 하나는 '행복'이다. 행복을 어떻게 얻고, 유지하며, 회복하느냐는 것을 사실 늘 사람들이 하는 모든 일의 은밀한 동기이자, 어떤 어려움이라도 기꺼이 견디고자 하는 의지의 동기다." 이런 이들에게 종교는 행복을 얻는 수단일 뿐이다. "종교와 행복 간의 관계를 이런 식으로 설정하면 당연히 사람들은 종교를 믿음으로써 얻는 행복을 근거로, 종교를 진리라고 생각하게 된다. 신앙이 행복한 느낌을 준다면 사람들은 그 신앙을 선택할 수밖에 없다." 한 번 태어난 사람은 "아이처럼 순진하다." 부인할 수 없어 보이는 악에 대해 질문을 받더라도, 이런 사람은 악을 일단 부정하고 본다. 제임스는 평범한 사람들부터 월트 휘트먼이나 랠프 월도 에머슨 같은 유명 작가까지, 한 번 태어난 사람들의 사례를 무수히 들어 보인다. 이 누를 길 없이 낙천적인 인생관을 갖고있는 신앙인들도 있지만, 어둠과 침울함에 사로잡혀 있는 병든 사람들도 있다. 이들은 모든 선을 믿지 않으며, 기운을 고갈시키는 우울의 영향을 받기 때문에 "기쁨을 느낄 여지가 없다." "이제 건강한 정신에 바탕을 둔 견해와 대조적인 관점이 있다…, 건강한 정신을 가진 견해를 의도적으로 악을 최소화하는 방안으로 본다면, 이와 상반된 관점은 악을 최대화하는 방안일 수 있다. 삶의 악한 측면이 삶의 본질이며 세계의 의미는 악한 측면들을 마음에 새길 때 온전히 파악할 수 있다는 신조에 기반을 둔 관점이다." 제임스가 제시하는 병든 사람 중 가장 유명한 사람은 아르투어 쇼펜하우어와 레오 톨스토이다. 나는 여기에 헤겔의 불행한 의식도 덧붙이고 싶다.

   제임스는 이 두 가지 다양한 종교적 경험이 긍정하는 현실을 부정하지 않는다. 하지만 두 가지 만으로는 일면적이기 때문에, 인간 경험의 복잡성을 다루기에는 역부족이라고 주장한다. 그래서 그는 제

3의 유형, 즉 '거듭난 자'를 찾아낸다. 거듭난 자들은 삶의 어둠을 부정하지 않지만, 그럼에도 불구하고 어둠이 더 넓은 빛에 둘러싸여 있다고 믿는 사람들이다. 개인이 통제할 수 없는 과정을 통해 경험의 상반된 양면은 서로 화해한다. 이러한 경험은 "점진적으로 나타날 수도 있고 갑작스레 일어날 수도 있다. 새로운 지적 통찰을 통해 가질 수도 있고, 아니면 나중에 '신비'라고밖에 생각할 수 없는 경험을 통해 올 수도 있다. 어떤 방식으로 오든 이 경험은 특별한 종류의 안심을 가져다준다. 물론 종교라는 틀로 주조되었을 때와 같은 극단적인 안심은 아니다. 행복! 행복! 종교는 사람들이 행복이라는 선물을 얻는 방법 중 하나일 뿐이다. 종교는 쉽게, 영구적으로, 성공적으로 그리고 종종 가장 참을 수 없는 불행조차도 가장 심오하고 영구적인 행복으로 변모시킨다". 제임스의 거듭난 사람 분석은 성 아우구스티누스의 『고백록』에 초점을 맞춘다. 제임스의 주장에서 가장 중요한 점은 "엄숙한 기쁨이란 달콤함 속에 쓰디쓴 맛을 내포하고 있고, 엄숙한 슬픔은 우리가 내밀하게 허락하는 슬픔이다"라는 주장이다.

제임스의 주장을 가장 사색적으로 발전시킨 글은 리처드 R. 니부어$^{\text{Richard R. Niebuhr}}$의 『경험적 종교$^{\text{Experiential Religon}}$』다. 니부어는 에드워즈와 슐라이어마허의 저작에 직접 의존하여 데카르트의 "나는 생각한다, 고로 존재한다$^{\text{Cogito ergo sum}}$"라는 명제를 "나는 고통 받는다, 고로 존재한다$^{\text{Patior ergo sum}}$"라는 명제로 바꾼다.

> 우리는 고통을 받고 담금질을 당하는 가운데 깨어나 온전한 존재가 된다… 고통은 모든 구체적 경험에 형태를 부여하는 기원의 체험이

자 포괄적 체험이다. 왜냐하면 사유와 의지도 환경에 영향을 끼치는 행위도 인간을 둘러싼 힘의 장이 인간으로 하여금 그 장에서 그렇게 사유하고 행동하는 쪽으로 방향을 정해주지 않는다면 적절하거나 생각할 수 없는 반응이기 때문이다. 고통은 또한 존재의 경계이며 의식의 영원한 요소다. 따라서 이 고통 때문에 우리의 세계는 우리에게 수렴하고, 우리를 형성하고, 확장하고, 분쇄하며, 우리 스스로 선택하지 않은 길로 우리를 보내는 에너지의 장으로 보인다.

니부어는 제임스의 유형 분류를 빌어 삶의 대조적인 지향을 결정하는 두 가지 근본적인 기분을 정의한다. 그것은 두려움과 기쁨이다. 하이데거의 기분^{Stimmung}에 대한 설명³과 에드워즈의 감정 분석을 한데 엮어, 니부어는 "자아의 조율은 개인의 경험 전체에 결정적 성질과 색채와 톤을 주는, 근원적이며 모든 것을 아우르는 마음의 프레임이다"라고 정의한다.

두려움에 빠진 개인은 세계와, 다른 자아들과, 심지어 신마저 자신과 대적하고 있다고 여긴다. 고립되고 목적도 없고 무력한 상태에서 개인은 내면으로 향하며 더욱 더 안으로 가라앉는다. 고립이 깊어지면서 기이하게도 어둠은 점점 더 매력적으로 다가오고 고통은 달콤해진다. 니부어는 키르케고르보다 이 기분을 더 극적으로 포착하는 인물은 없다고 주장한다. 키르케고르는 인생의 격동기 동안 일기에 비밀을 모두 털어놓았다. "알고 지내는 많은 지인들 이외에 내게는 비밀을 털어놓는 내밀한 친구가 하나 있다. 그것은 나의 비애이자 나의 우울이다. 한창 즐거울 때, 일하는 와중에도 비애는 나를 손짓해 부르고 따로 불러 세운다. 비애는 내가 아는 가장 충실한 애인이다. 몸이 어디에 있건 간에, 하루 중 어느 때건 그녀를 따를 준비가 되어 있다. 이 얼마나 놀라운 일인가." 일시적으로는 이렇듯 달콤해 보이지만, 비애는 장 폴 사르트르의 강력한 표현을 빌자면 빠져나갈 '출구가 없는' 막다른 골목이다.

두려움과, 두려움이 초래하는 우울과 상극인 상태를 묘사하기 위해 니부어는 새뮤얼 테일러 콜리지Samuel Taylor Coleridge에게서 '반가운 기쁨the gladness of joy'이라는 용어를 하나 빌려 온다. 제임스의 엄숙한 기쁨이 '엄숙한 슬픔'의 괴로움을 버리지 않고 있듯, 반가움은 두려움을 억압하지 않기 때문에 더욱 심오한 감정이 된다. 니부어는 스웨덴 외교관이자 UN의 전 사무총장이었던 다그 함마르셸드Dag Hammarskjöld의 말을 인용해 반가운 기쁨을 정의한다. '생성의 덧없는 기쁨 속에 존재하는 것, 생이 번쩍하고 순식간에 지나갈 때, 쾌활하고 용기 있게 생을 위한 통로가 되는 것, 나태함과 불안, 폭력의 세계에서 태양빛에 빛나는 차가운 물로 생의 통로가 되는 것.' 니부어는 여기서 더 나아간다. "움직임, 에너지, 힘 그리고 이 에너지의 방향성과, 큰 기쁨을 느끼는 데서 오는 만족감을 연관시켜 말하는 것은 틀림이 없다. 또 하나의 특징이 있다. '순식간에 지나가는 기쁨'이라는 느낌은 '나태함과 불안과 폭력의 세계'와의 대조에 기대는 듯 보인다는 것이다… '생이 번쩍하고 순식간에 지나갈 때 생의 통로가 되는 것'이라는 말 속에 함축된 제3의 특징은 큰 기쁨에 대한 만족이 더 큰 것, 이 경우에는 생명의 강물이라는 더 큰 존재의 일부가 된다는 느낌과 확신을 드러낸다는 것이다."

그대로 두면 절망하는 개인은 너무나 무력해, 자신을 가두는 감방 같은 우울을 피해 생명의 흐름으로 도약할 수 없다. 구원은 예측 할 수 없는 어딘가 외부 다른 곳에서, 절망하는 개인에게 와야 한다. 키르케고르는 아우구스티누스처럼 기쁨이 자신의 우울과 비애를 치유해준 정확한 순간을 포착했다. 25세 생일이 지난 며칠 후였다.

5월 19일. 아침 10시 반이다. 아직 아무것도 하지 않았는데 사도가 갑자기 말씀하시듯 알 수 없는 이유로 우리를 불타오르게 하는 형언하기 힘든 기쁨이 있다. "내가 너희에게 말하노니, 기뻐하라. 그리고 다시 너희에게 말하노니 기뻐하라." 이런저런 것에 대한 기쁨이 아니라 '혀와 입으로, 가슴의 밑바닥으로부터' 솟아오르는 영혼의 강력한 노래다. "나는 내 기쁨을 통해, 내 기쁨 안에서, 기쁨에서 기쁨에 의해 그리고 기쁨과 더불어 기뻐하노라." 소위 천상의 후렴구가 갑자기 우리의 다른 노래를 차단한다. 마므레 평원에서 영원한 집들까지 불어오는 무역풍에서 훅 불어오는 바람과 공기처럼 우리를 식혀주고 원기를 북돋아주는 기쁨이다.

이런 기쁨은 말을 잇지 못하게 만드는, 이해 불가능한 선물이다. 니체는 키르케고르가 이 기쁨이 찾아든 순간 경험했던 바를 자신의 저작 전체에서 뒤쫓는다.

깊다, 그 고통은—,
기쁨—불행보다 훨씬 더 깊은

고통이 말한다: 삼가라!

그러나 모든 기쁨은 영원을 원한다—

깊고, 깊은 영원을 원하고 또 원한다.

기쁨이 충만한 이 은총의 빛은 엘스워스 켈리의 오스틴 교회를 가득 채운다.

빛의 춤

로스코 교회와 켈리 교회 간의 거리는 휴스턴에서 오스틴까지 165마일이나 되는 거리보다 훨씬 더 멀다. 로스코 회화의 어둡고 진지한 톤과 반대로 켈리 교회는 빛과 색채의 폭동에 가깝다. 실로 그의 미술은 색이 전부라고 할 수 있다. 켈리의 초기 회화가 선배들과 동시대 작가들의 흑백 실험을 확장한 것이라면, 그의 대표작들은 풍성하고 생기발랄한 색채의 향연이다. 켈리가 회화를 시작하기 수십 년 전, 알렉산더 로드첸코는 말레비치 절대주의의 흑과 백에 대한 대응으로 "나는 회화를 논리적 결론으로 환원시켰고 세 가지 화폭을 전시했다. 빨강과 파랑과 노랑이다. 더 이상은 없고 그게 끝이다. 기본 색이 전부다. 모든 평면은 평면이고 더 이상의 재현은 없다"라는 구성주의 선언을 내밀었다.[4] 그러나 켈리는 로드첸코가 회화의 끝이라고 보았던 것을 오히려 새로운 시작으로 보았다. 켈리는 다수의 밝은 색을 온갖 모양의 캔버스에 사용한다. 원색뿐 아니라 주황, 보라, 녹색 등 상상 가능한 모든 색을, 사각형 캔버스를 탈피해 불규칙적이고 기상천외한 형태의 캔버스에 쓴다는 뜻이다. 이러한 행동은 처음 보이는 것보다 더 급진적이다. 모더니즘 이후 많은 화가들은 색을 의심해왔다. 심지어 일부는 색이 위험해 보이므로 제지해야 한다고까지 주장할 정도였다. 흑백은 현대성과 성숙함, 분별력과 남성성(요컨대 이성과 진리와 정직의 상징)의 상징으로 간주된 반면, 색은 원시적이고 유치하며 광기 가득하고 여성적인 것(요컨대 불합리하고 거짓되며 기만 가득한 것의 상징)으로 치부되었다. 이런 관점에 따르면 역사의 진보와 성장은 경박한 색채를 벗어나 냉철한 흑백의 세계로 이동함으로써 가능할 수 있다. 멜빌의 『모비딕』 중 「고래의 흰색」이라는 장의 한 부분을 보면 멜빌이 색채의 기만성을 비난하는 부분이 나온다. "자연철학자, 즉 물리학자들의 이론에 따르면, 이 지상의 모든 색, 감미롭고 장엄한 모든 광채, 이를테면 해질녘 하늘과 숲의 감미로운 색이나 금박 올린 벨벳 같은 나비의 날개, 소녀들의 나비 같은 뺨, 이 모든 것은 교묘한 속임수일 뿐이며, 그 물질에 실제로 내재해 있는 것이 아니라 외부에서 주어지는 것에 불과하다. 그래서 신격화된 '자연'은 매춘부처럼 진한 화장으로 우리를 매혹하지만 그 매력은 내부의 납골당을 가리고 있을 뿐이다." 여기서 색이란 '이름 없는 것들'의 피할 수 없는 공포를 감추기 위한 위험한 사기다.

그러나 다른 화가들이 보기에 색은 악마는커녕 신성한 것으로 보였다. 반 고흐, 모네, 르누아르, 그리고 무엇보다 앙리 마티스를 생각해 보라. 이들은 색채에 부여된 의혹을 극복하기는커녕, 색채에 신성한 아우라를 부여하여 오히려 의혹을 심화했다. 현대라는 환멸 가득한 세계가 보기에 색이 그토록 위험해 보이는 이유는 색에 깃든 신성한 차원 탓이다. 인류학자 마이클 타우시크Michael Taussig는 특유의 통찰이 담긴 책에서, 1938년 1월 8일 유럽이 전쟁으로 끌려 들어가기 직전 사회학 대학에서 강연을 하던 미셸 레리스Michel Leris가 동료 초현실주의자들에게 "어떤 색깔이 신성한가?"라는 질문을 던졌다는 사실을 지적한다. 사회학 대학은 세 가지 노선을 연구하기 위해 레리스의 친구이자 동료였던 조르주 바타유Georges가 설립했다. 그 세 가지란 첫째로, 에밀 뒤르켐Emil Durkheim의 『종교 생활의 원초적 형태The Elementary Forms of Religious Life』가 제시한 종교의 해석 작업, 둘째로 헤겔의 『정신현상학』에 대한 알렉상드르 코제브의 색다른 해석의 함의를 찾는 작업, 그리고 마지막으로 니체의 『비극의 탄생』 및 다른 저작에 나오는 디오니소스 독법의 중요성을 연구하는 작업이다. 이 세 가지 가닥의 탐구를 하나로 꿰어주는 실 역할을 하는 것이 신성함이라는 문제다. 레리스와 바타유와 다른 대학 구성원들에게 신성함은 질서와 의미, 목적의 영역을 기술하는 문제가 아니다. 오히려 신성함은 자신을 억제하고 제약하기 위해 설계된 모든 조직 구조와 법칙을 전복시키겠다고 위협하는 위반이다.

레리스와 바타유는 신성함이 혼돈의 세계와 인간 경험에 질서를 가져오는 규칙과 규제를 제공한다고 보는 전통적 이항대립을 뒤집었다. 이들은 신성함의 특징이 모든 조직의 법칙과 구조를 전복하겠다고 위협하는 과잉이라고 주장한다. 바타유는 『종교론』에서 "신성함은 비할 데 없는 가치를 끌어들이고 소유하는 면을 가지고 있다. 또 한편 인간이 특권적인 지위를 차지하고 있는 명료하고 불경한 세계, 즉 종교와 무관한 세계가 보기에는 아찔할 만큼 위험해 보인다"라고 주장한다. 종교와 무관한 세계는 다른 개인 및 주변 세계와 고립시키는 초월적인 신과 개인을 대립항으로 설정한다. 반면 신성함은 모든 경계를 산산조각 낸다. 바타유의 주장을 계속 보자. "잃어버린 친밀성 탐색을 본질로 하는 종교는 완전한 자기의식에 도달하려는 명징한 의식의 노력이라고 요약할 수 있다. 그러나 이러한 노력은 무용하다. 왜냐하면 친밀함을 의식하는 것은 의식이 더 이상 작용하지 않는 층위, 다시 말해 의식이 작용해 명징성이라는 결과를 가져오지 않는 층위에서만 가능하기 때문이다." 신성함은 의식적으로 명확히 표현할 수 있는 것이 아니기 때문에 초현실주의자들은 신성함이 예술 작품을 통해서만 감정적으로 파악할 수 있는 것이라 확신했다.

"어떤 색이 신성한가?"라는 레리스의 질문에 타우시크는 신성한 색이란 색 자체고, 특정 색이 아닌 색 일반이라고 대답한다. 신성함은 위반이 본질이므로, 타우시크는 "색은 범죄에 해당한다"라고 인정한다. "은폐를 뜻하는 라틴어 'celare'에서 유래된 색이라는 단어는 기만^{deceit}과 동의어나 마찬가지다." 이것이 멜빌이 말하는 '진한 화장으로 우리를 매혹하지만 속에 납골당을 감추고 있는' 매춘부의 색깔이다. 많은 화가와 작가, 비평가는 계속 색채에 대한 멜빌의 불신을 공유한다. 이 통찰을 통해 다시 나의 정체불명의 흑백 유령 사진으로 돌아가게 된다. 돌아가신 어머니 사진의 푼크툼을 응시하면서 바르트는 말한다. "나는 색을 그다지 좋아하지 않는다… 내가 늘 느끼는 것은 (실제로 일어나는 일이 하찮다는 것)… 색이란 흑백 사진 본연의 진리에 뒤늦게 덧입혀지는 쓸데없는 막이라는 점이다. 내게 색이란 계략이며 (시체를 칠하기 위해 쓰이는) 화장품 같은 것이다."

하지만 색이 늘 죽음의 가면이기만 한 것은 아니다. '진정한 색'은 속이지 않는다. 오히려 진정한 색은 외양들의 통제 불가한 유희를 드러낸다. 헤겔은 이를 가리켜 '구성원 전체가 취해 버리는 바쿠스 축제'라고 표현한 것으로 유명하다. 타우시크의 설명에 따르면 진리는 "우리뿐 아니라 철학자들에게도 흑백으로 나타난다. 형태와 형식, 윤곽과 표식, 이런 것이 진리다. 진실을 말하자면, 색은 다른 세계이며 흥청망청 무질서한 것, 제멋대로 날뛰는 말이나 스타킹에 난 올 같은 것, 이것, 저것, 형태 없는 것이므로, 선과 표식, 생각 같은 것들로 목동이 울타리를 두르듯 경계를 정해주어야 하는 것이다". 그러나 색을 제한하려는 노력은 무익하다. 색은 형태가 없고 삐딱하기 때문이다. 색은 자신을 가두기 위해 만든 단단한 경계를 모조리 뛰어넘어서 자유롭게 흐르며, 그 마술적인 리듬을 거부하지 않는 이들을 빨아들인다. "좀 과장한 면은 있지만 그럼에도 불구하고 색은 니체가 음악이나 의식에서 보았던, 타자라는 존재로 빠져드는 디오니소스적 의미의 몰입 느낌과 같을 것이다. 이 디오니소스적 의미는 타자와 거리를 두는 절제의 비전을 의미하는 아폴로적 의미와 대비된다." 디오니소스적 지혜에서는 텅 비어있음이 충만함이며, 부재가 현존이며 상실이 획득이다. 이것이 켈리의 교회에서 화려한 색채와 빛의 향연이 들이미는 약속이다. 그 약속이 정말 지켜진다면 그 충만함은 언어를 넘어선다.

엘스워스 켈리는 생애 대부분 동안 도시를 피해 살았다. 그의 작품은 45년 동안 시골에 살면서 작업한 결과물이다. 그가 살았던 뉴욕주 스펜서타운은 내가 글을 쓰면서 생활하는 곳에서 차로 45마일 쯤 떨어져 있다. 켈리는 뉴저지에서 자랐다. 개발업자들이 들이닥치기 전, 아마추어 조류학자였던 할머니는 켈리에게 자연에 대한 사랑을 불어넣어주었다. 켈리는 색채에 대한 자신의 열병이 할머니가 알려주신 존 제임스 오듀본$^{John\ James\ Audubon}$(미국의 동물학자이자 화가, 새 그림으로 유명하다–옮긴이) 그림에서 비롯되었다고 생각한다. 할머니는 자연과 색에 대한 애정뿐 아니라 드로잉도 가르쳐주셨다. 켈리에게 드로잉은 일종의 묵상이 되어, 평생동안 거의 하루도 빼먹지 않고 드로잉 작업을 했다. 대부분은 식물이 소재였다. 펜과 잉크를 사용해서 주로 그렸고, 먹과 수채화 물감도 쓰긴 했지만, 그는 무엇보다 연필을 선호했다.⁵ 드로잉에 남긴 선을 보면 확신이 가득 차 흐른다. 그어놓은 곡선의 아름다움은 텅 빈 공간을 드러낸다. 형태는 텅 빈 공간을 떠다니고 형태가 등장하면 빈 공간은 주변으로 물러난다. 켈리의 간결하고 우아한 드로잉이 재미있는 이유 중 하나는 이 소묘가 켈리의 흥미진진한 회화 형태의 변화를 예고하기 때문이다. 1996년 켈리는 자신의 필생의 역작을 돌아보면서 이렇게 말했다. "어떤 의미에서 제가 포착하려고 노력한 것은 흐름이라는 현실입니다. 저는 늘 예술을 불완전하고 열려 있는 상황으로 두려고 했고, 보는 행위의 환희에 도달하려고 했습니다."

켈리의 공식 교육은 프랫 인스티튜트라는 뉴욕의 사립 미술대학에서 시작되었다. 그곳에서 켈리는 앨버트 먼셀$^{Albert\ Munsell}$을 만난다. 그는 색상과 명도와 채도를 기반으로 표색계$^{color\ system}$를 개발한 인물로, 자신의 색상 이론을 색상환$^{color\ wheel}$과 색표$^{color\ chart}$로 제시했다. 그의 색상환은 다섯 원색인 빨강, 노랑, 녹색, 파랑, 보라를 순서대로 배열한 것이다. 원색 사이에 있는 중간색들은 서로에게 스며든다. 색상환에서 반대편에 있는 색깔은 보색으로 해석된다. 회화 작업 내내 켈리는 다양한 색상환 실험을 했고, 훗날 오스틴 교회에는 먼셀의 색상환에 대한 자신의 해석 중 두 가지 버전을 사용하게 된다.

동시대 많은 청년들처럼 켈리 역시 1943~1946년까지 육군에 복무했다. 그러나 동료 예술가들과 달리 그는 군경험을 통해 예술에서 많은 진전을 볼 수 있었다. 당시 켈리는 소위 '유령부대'(미육군 전술 기만부대였던 제23특수부대-옮긴이)에 배정되었다. 군 인력과 장비 은폐 전략을 개발하는 부대였다. 켈리가 은폐 이론과 기술에서 받은 훈련은 바우하우스에서 개발한 과정을 모델로 한 것들이었다. 군에서는 은폐 기술 연구뿐 아니라 러시아 절대주의자와 구성주의자들이 제작했던 선동 포스터와 유사한 포스터 디자인을 만들기도 했다. 전쟁이 끝난 후 켈리는 파리에서 6개월 정도 예술가로 성장하는 시기를 보냈다. 이 시절 그는 시토 수도회 건축과 로마네스크 및 고딕 건축에 깊은 관심을 가졌다. 대성당과 교회를 수도 없이 방문하면서 배운 것은 훗날 교회를 설계하는데 결정적인 영향을 끼치게 된다. 스테인드글라스 유리와 모자이크 또한 그를 매료시켰다. 이런 작품들은 먼셀의 색상환과 색표를 연상시켰기 때문이다. 마크 로젠탈Mark Rosenthal은 켈리가 교회 건축과 모자이크 등의 작품에서 자신의 예술을 위한 영감을 발견했다고 전한다. "켈리는 교회의 작품들을 만든 예술가들이 종교적 감정으로 충만해 있었다는 것을 느꼈어요. 그들이 소유한 기량의 거의 모든 세부사항에 그러한 감정을 잘 녹여놓았다고 생각했죠. 규정하기 힘들고 손에 잡히지 않는 그 과정을 모방하는 것이 켈리의 야심이 되었습니다. 예술을 자신만의 표현력과 영성으로 가득 채우는 것, 단 이야기를 그리는 것이 아니라 색과 형태만 사용해서 표현하는 것, 그것이 바로 켈리의 목표였습니다."

파리에 있는 동안 켈리는 브랑쿠시[Brancuci]와 칼더[Calder], 한스 아르프[Hans Arp] 등과 친교를 맺었지만 가장 중요한 사람은 존 케이지였다. 켈리와 토론을 벌이던 케이지는 질서에 집착했던 켈리에게 예술에서 우연의 중요성을 탐색해보라고 설득했다. 1950년대 초 켈리는 케이지의 조언을 따라 우연의 중요성을 탐색하는 연작 회화를 제작한다. 가령 〈우연히 배열된 스펙트럼 색상[Spectrum Colors Arranged by Chance, 1952~1953]〉이라는 회화는 가로줄 사각형 40개와 세로줄 사각형 40개, 총 1,600개로 이루어진 격자에 800개의 검은 사각형을 배치해 넣었다. 나머지 격자에는 모자에서 무작위로 뽑은 위치에 색을 배치했다.[6] 전면적인 통제를 포기함으로써 켈리는 작품에 예측불가능성을 허용한다. 이 예측불가능성은 그가 지은 교회에 들어오는 빛의 우연한 유희에서 가장 잘 표현된다.

파리에서 제작한 그의 초기작들은 클레[Klee]와 피카소[Picasso]와 베크만[Beckman]의 영향을 받은 구상화였다. 바바라 로즈[Barbara Rose]에 따르면 1949년 '돌연, 영감을 받아, 그리고 결정적인 종교적 전향으로' 그림이 바뀐다. 구상에서 추상으로 이행하던 초기 단계에서 켈리는 모더니즘 화가들의 흑백 전통을 이어갔다. 가령 〈검정 사각형[Black Square, 1953]〉과 〈흰색 사각형[White Square, 1953]〉에서 그는 말레비치의 흑백 회화를 대놓고 참고한다. 이를 두고 존 코플런스[John Coplans]는 이렇게 설명한다. "말레비치의 회화에서 관람자는 자신이 흰 바탕에 검은 사각형을 보고 있다는 것을 '알고 있다'. 그러나 켈리의 회화에서는 가늘고 긴 채색된 나무 띠가 나무를 둘러싸고 있어, 흰색이건 검은 색이건 그 자체가 장이 되어, 작품의 물성이나 현상적 존재가 관람자의 지각에 주관적으로 혹은 객관적으로 바로 들어온다." 켈리의 작품에서 초점은 점차 대상이 아니라 지각 자체로 바뀌어 갔다.

켈리는 미국으로 돌아와 예상대로 뉴욕시에 정착했다. 1957년 무렵 그는 두 번째 변화를 겪는다. 이번에는 흑백회화에서 색채회화로 화풍이 바뀌었다. 물론 이 변화에도 종교적, 영적 차원이 존재했다. 켈리는 작품의 목적을 이렇게 제시한다. "작품을 통해 그 신비의 일부를 포착하고 싶어요. 제 회화에서 저는 뭔가를 창조하지 않습니다. 제 아이디어는 사물이 어떻게 보이는지를 부단히 탐구하는 데서 나옵니다." 1996년 구겐하임 미술관에서 열린 켈리 회고전 카탈로그에서 다이앤 왈드먼$^{Diane\ Waldman}$은 켈리의 색 이용이 '신비에 가까운 경험을 창조하기 위해서'였다고 주장한다. 켈리는 선명하다 못해 거의 천박할 정도로 야한 색에 푹 빠져있었다. 흑백의 엄숙하고 침울한 분위기는 활력 넘치는 생의 기쁨에 자리를 내주었다.

이 시기 켈리는 색채회화로 전향했을 뿐 아니라, 다른 두 가지 중요한 진전이 있었다. 첫째, 전후의 다른 많은 예술가처럼 켈리 역시 르네상스 시대 이후 회화의 특징이었던 3차원 착시 공간과 단절했다. 이제 그의 작품은 평면 이상의 평면성을 띠게 되었다. 이러한 변화는 자신의 회화가 제공하는 순식간의 인상이 만들어내는 지각 경험에 관심이 커지면서 비롯되었다. 색을 쓴 작품은 명료한 관념이나 합리적인 형태를 제공하기보다 각지^{覺知}라는 개념 이전의 양식을 지향한다. 둘째, 사각형 캔버스를 벗어나 불규칙한 형태의 다양한 캔버스로 실험을 했다. 1960년대 말과 1970년대 초에 켈리는 다이아몬드 형태, 왜곡된 삼각형, 마름모꼴에서 그의 간결한 식물 드로잉을 연상시키는 생물 형태를 다양한 형태와 크기의 캔버스에 화려한 색을 사용한 작품을 제작하기 시작했다. E. C. 구쎈E. C. Gussen의 지적에 의하면 "처음 켈리는 형태의 관점에서 대상 표현을 작품 주제로 삼았지만, 종국에 가서는 형태 자체가 주제가 되었다." 켈리는 변화하는 형태가 전통적인 사각형·직사각형 캔버스보다 경험의 흐름을 훨씬 더 효과적으로 암시할 수 있다고 확신했다.

색채 역학 탐구가 진화하면서 그는 색상을 우연히 선택하고 배치하는 데서 벗어나 신중한 의도 하에 작품을 설계하는 방향으로 나아갔다. 그는 일관되게 원색을 중시했고 효과를 극대화하는 방식으로 색의 짝을 짓는 모듈 시스템을 개발했다. 켈리의 회화들을 세심하게 살펴보면 색들이 대조 효과를 내도록 배치되어 있어 환경에 따라 변화한다는 것이 분명해진다. 일부 작품에서 켈리는 색상 모듈들을 서로 떨어뜨려 놓고 벽의 흰 공간이 보이도록 배치한다. 존 코플란스John Coplans는 이러한 작업에 도움이 될만한 해석을 제공한다. 켈리는 "흰 벽 공간을 음악가들이 침묵(음악에서 음향 간의 간격은 긍정적인 요소이며 그렇게 쓰인다)을 사용하는 것과 같은 방식으로 완충재처럼 사용했다. 이 그림들을 통해 흰색은 바탕으로서의 중립성이 파괴되고 새로운 역할을 부여받으며, 역할이 확장되는 것이다." 바탕을 제거하면서 형상도 변한다. 형태에 색을 바르는 종래의 방식 대신 형태는 이제 탈물질화되어 색채의 상호작용에 의해 창조되는 듯 보인다. 이러한 변화의 결과는 벽에 걸린 회화에 국한되는 색면$^{\text{color field}}$이 아니라 완전한 몰입을 불러일으키는 터렐의 간츠펠트에 가까워진다. 그러나 켈리의 형태는 단색의 간츠펠트와 큰 차이가 있다. 켈리 회화의 상호작용은 다색의 기운을 풍기고 그러한 기운이 관람자와 작품, 혹은 주체와 객체 간의 경계를 지워버린다.

「엘스워스 켈리의 웅변적 침묵$^{\text{Ellsworth Kelly's Oratorical Silence}}$」이라는 제목의 도발적인 평론에서 데이비드 히키$^{\text{David Hickey}}$는 다음과 같은 해석을 내놓는다. "켈리의 회화는 우리에게 살아있다는 구체적인 느낌을 준다. 이러한 느낌은 우리의 머릿속이나 텍스트 혹은 가상의 텍스트 같은 곳에 존재하는 게 아니라 이 세계에 생생하게 존재하고 있다는 점에서 의의가 상당하다." 켈리의 〈오스틴^{Austin}〉보다 이 살아 있는 느낌을 더 생생하게 전달하는 작품은 없다. 비평가들은 늘 그렇듯 종교를 불편해하기 때문에 이 작품을 '교회'라고 부르지 않고, 그냥 〈오스틴〉이라고 부르기를 고집한다. 켈리는 자타공인 무신론자였지만 앞에서 본 바대로 그는 자신의 예술이 특정한 신비와 영성에 영향을 받았다는 것을 거리낌 없이 인정한다. 그뿐 아니라 무신론이라는 것이 환멸 가득하고 세속적이라고 오해를 받아 그렇지, 사실은 세상에서 가장 생존 능력 강한 영적 신앙일 수도 있지 않나 싶다. 켈리가 사망한 2015년으로부터 3년 후에 완성된 교회는 켈리의 예술성이 정점에 이른 작품이다. 원래 '오스틴 교회'는 《다이너스티^{Dynasty}》와 《사랑의 유람선$^{\text{Love Boat}}$》과 같은 '잊지 못할' 드라마를 만들었던 텔레비전 프로듀서 더글러스 크레이머$^{\text{Douglas Cramer}}$가 1986년 자신의 샌타바버라 포도밭에 건립할 작품으로 의뢰했었다. 하지만

이 프로젝트의 중요성이 커지면서 켈리는 작품을 사유지가 아니라 공유지에 지어야겠다고 결심한다. 그로부터 30년 후, 텍사스 대학교 캠퍼스에 위치한 블랜턴 미술관은 켈리가 30년 전 계획한 그대로의 모습으로 교회를 짓는데 합의했다.

켈리의 작품은 미술관과 대학 건물들로 둘러싸여있고, 텍사스주 의사당 건물을 반대편에 두고 넓은 대로 방향으로 시원하게 개방되어 있다. 그러나 작품 자체는 수수하고 겸허해 보인다. 교회는 252제곱미터 넓이에 18×21×8미터 규모의 건물이며 지중해 해변 스페인 알리칸테의 고급 흰색 석회암을 재료로 지어졌다. 교회 설계는 켈리가 파리에 살던 시절 시토 수도회와 로마네스크 건축 양식의 영향을 보여주고 있다. 통 모양의 둥근 천장 형태는 저드가 개조한 격납고를 축소한 모양과 비슷하고, 두 건물을 서로 교차시켜 위에서 보면 전체적으로 십자 형태를 이룬다. 하얀 석회암도 특징적이지만, 교회의 또 한 가지 독특한 외관상의 특징은 입구 위쪽과 동서로 뻗은 건물 양쪽 끝에 사각형 모양의 색유리 창문을 박아 넣었다는 것이다. 정면 입구에는 9개의 사각형을 격자 모양으로, 나머지 두 곳에는 12가지 톤의 색상환 버전 두 가지를 색유리로 만들어 넣었다.

이 작품에 전례가 있다고 하면 누구나 틀림없이 마티스가 프랑스 방스에 지은 로사리오 성당[1949~1951]을 떠올릴 것이다. 켈리의 〈오스틴〉과 마찬가지로 방스 성당 역시 마티스의 마지막 작품이다. 켈리는 1964년 12월 마티스 성당을 방문했지만 그 성당이 자신의 교회에 영향을 끼쳤음을 인정한 적은 없다. 그럼에도 불구하고 두 교회 사이의 유사성은 부정할 수 없다. 켈리가 늘 마티스의 작품에 끌렸던 이유인 밝고 화려한 색채는 방스 성당에도 생생히 표현되어 있다. 많은 면에서 마티스의 성당은 실제로 켈리의 디자인에 청사진을 제공했다. 마티스가 창조한 밝고 화려한 분위기는 이 성당이 지어진 정치적·사회적·개인적 어둠과 대비되며 한층 더 큰 놀라움을 안겨 준다. 방스는 2차 세계대전 당시 폭격으로 파괴된 니스의 한 지역이다. 마티스가 작업을 시작하던 당시 개인적 상황 역시 정치 상황 못지않게 절망적이었다. 1940년대 그는 암에 걸렸고 수술을 받아야했다. 수술 후 길고 힘든 회복기를 보내야 했던 그를 간호해 준 여성은 모니크 부르주아Monique Bourgeois라는 젊은 여성이었다. 부르주아는 회복기 초기에 그를 간호했지만 1943년 방스에 있는 도미니코 수도회에 입회할 계획이라고 마티스에게 말했다.[7] 두 사람은 꽤 가까운 사이가 되었던 터라 부르주아가 입회를 위해 떠나자 마티스도 그녀를 따라갔다. 수도회 입회 후 그녀는 도미니코 수도회가 성당을 지을 계획이라는 것을 알게 되었다. 부르주아는 마티스에게 성당 건물을 디자인해줄 수 있겠느냐고 물었다. 한 번도 해 본 적이 없던 일이었지만, 마티스는 동의했고 말년을 성당 작업을 하면서 보내게 된다. 시간이 흘러가며 교회는 마티스에게 점점 더 큰 중요성을 띠게 된다. 마티스의 설명에 따르면 "다른 일을 모두 제쳐둔 채 이 작품에만 집중해서 작업했는데 4년이라는 세월이 소요되었다. 이 성당은 내 예술 인생의 정점이다. 완벽하진 않지만 나는 이 교회를 내 걸작이라 생각한다."

어린 시절 마티스는 가톨릭교에서 세례를 받았지만 한 번도 신도였던 적은 없다. 그러나 그는 자신의 작품에 종교가 갖는 중요성을 허심탄회하게 인정한다. "이름값을 하는 모든 예술은 종교적입니다. 선과 색으로 창조한 어떤 작품이든 마찬가지죠. 작품이 종교적이지 않다면 그것은 존재하지 않는 겁니다." 마티스의 확신은 시간이 지날수록 더욱 굳어졌다. 화가로 보낸 생애의 황혼녘에서 자신의 작품들을 돌아보며 마티스는 명확한 궤적을 감지해냈다. "시작할 때는 세속적이었지만, 인생이 저무는 말년은 신성한 것으로 마무리할 수 있었다." 켈리의 교회처럼 방스 교회 역시 규모가 크지 않다. 고작 15×6미터 규모다. 마티스는 외부의 파란색과 흰색 타일 지붕부터 내부의 제단과 사제가 입는 미사 제의까지 모든 세부 디자인에 관여했다. 성당 내부는 바닥에서 천장까지 이어지는 창문에 제작한 노랑, 파랑, 녹색 스테인드글라스를 부착했다. 이를 통해 흘러들어오는 지중해의 햇살로 성당이 폭발할 듯하다. 성당 내부의 벽은 세 개의 대규모 벽화가 장식하고 있다. 〈성 도미니코〉, 〈성모자상〉, 그리고 〈십자가의 길〉이다. 이 작품들은 흰 타일 위 가벼운 검은 선으로 서예 필체를 쓰듯 그린 스타일로 제작한 것들이다. 마티스의 〈십자가의 길〉은 중요한 측면에서 십자가의 길을 주제로 삼은 과거의 작품들과 다르다. 뉴먼, 그리고 특히 로스코의 흑색회화처럼 가벼운 선들은 예수가 십자가의 고난을 당하는 14단계 여정을 하나하나 묘사하는 그림을 성당 내부 벽에 한 줄로 쭉 배열하는 방식이 아니라, 그는 벽 한 곳에 모두 모아놓는 방식으로 재현했다. 중앙의 십자가형 그림 주변에 열네 개 장소의 고난을 재현한 그림들을 둥글게 배치하고 각각 번호를 매겼다. 이 '그림'의 가장 뚜렷한 특징은 스테인드글라스 창문을 통해 흘러들어오는 빛이 고난의 이야기를 그린 흑백 표면

위에서 다채로운 색의 향연을 펼친다는 것이다. 빛과 색채는 생생하게 살아 부단히 변화하는 공간을 창조한다. 마티스가 설명한다. "너비가 5미터밖에 안 되는 매우 제한된 공간에서 나는 (과거에 50센티미터밖에 안 되는 캔버스에 그렸듯) 영적인 공간을 확립하고 싶었다. 영적 공간이란 재현 대상의 존재가 크기를 제약하지 않는 공간을 뜻한다." 마티스는 자신이 만든 성당이 "유쾌함 가득한 교회가 되어 자신이 원래 갖고 있던 비전을 실현해주었다고 생각했다. 유쾌한 교회는 사람들을 행복하게 하는 공간이다… 형태는 순수한 색깔, 아주 밝은 색깔일 터였다. 형상은 전혀 없다. 있는 건 윤곽뿐이다. 햇빛이 창문으로 흘러들어오는 모습을 상상해보라. 빛은 바닥과 흰 창문에 반사한 색깔의 음영을 드리울 것이다." 나는 마티스가 켈리의 교회에 대해서도 이와 똑같은 말을 했을 것이라고 생각한다.

 로스코의 휴스턴 교회를 방문한 직후, 저드와 어윈의 작품을 보러 마파로 가는 길에 켈리의 교회를 처음 보았다. 색이 있는 유리 격자창 아래 두꺼운 오크 목재 문을 열고 들어가면 만화경처럼 각양각색의 빛이 만들어내는 숨 막힐 듯한 마법의 공간에 들어서게 된다. 남북으로 뻗은 건물의 맨 끝, 정문의 반대편에는 캘리포니아 삼나무로 깎은 우아한 5.5미터짜리 조각상이 서 있다. 조각상 양편은 약간 곡선으로 되어 있어 볼록과 오목의 상호작용을 만들어낸다. 내부의 벽과 천장 역시 외부의 석회암 벽만큼 하얗다. 벽과 천장도 정문 위쪽에 낸 격자 모양의 색깔 창과 동서 축 양편 색상환 모양의 색깔 창을 통해 들어오는 햇빛이 만들어내는 색의 향연을 비추어주는 스크린 역할을 한다. 색상환 모양의 창은 먼셀의 모형을 직접 차용한 것이다. 먼셀은 켈리가 프랫 인스티튜트에 다니던 시절 켈리의 스승이었다. 켈리는 학생 시절부터 스펙트럼 내 상이한 색조 간의 관계에 관심을 두었다. 〈스펙트럼 연구 IV$^{\text{Study for Spectrum IV, 1967}}$〉부터 〈스펙트럼 IX$^{\text{Spectrum IX, 2014}}$〉까지 켈리는 교회 창문에서 사용하는 디자인과 색상들의 관계를 발전시켰다.

색상환 두 개의 버전 중 하나는 12개의 사각형으로 원을 이룬 형태이고, 다른 하나는 텅 빈 원형 중앙을 102개 바큇살 모양의 긴 사각형이 에워싸고 있는 형태다. 색상의 순서는 두 창문 모두 동일하다. 시계방향으로 밝은 노랑부터 녹색과 파랑을 거쳐 어두운 빨강 그런 다음 더 밝은 빨강이 오렌지로 흐려지다 다시 노랑으로 마무리된다. 궤적은 명료하다. 빛에서 어둠을 통과해 다시 빛으로 돌아가는 것. 사각형은 흰 공간의 침묵에 의해 분리되는 동시에 합쳐진다. 이 색상환에는 장밋빛 빨강을 집어삼키는 검정이 전혀 없다. 정문 위 사각형 격자 9개도 크게 다르지 않은 패턴이다. 삼원색인 빨강과 노랑과 파랑이 있고 그 사이에는 서로에게 스며들어 사라지는 두 가지 중간 색조가 배치되어 있다.

이 색상들이 흰 벽과 회색 화강암 바닥에 나타날 때 보이는 역동성은 어떤 사진으로도 포착할 수 없다. 이 예술 작품 내부에서 충분한 시간을 보낼 만큼 참을성이 있다면 눈앞에서 변화를 거듭하는 색의 향연을 만끽할 수 있을 것이다. 색상환은 태양이 하늘을 지나갈 때 흐르는 시간을 표시하는 해시계가 된다. 그뿐만이 아니다. 색의 강도는 하루 중 시간대, 계절, 그리고 하늘의 상태에 따라 시시각각 변한다. 교회 내부의 마지막 특징은 켈리 교회 최고의 특징이기도 하다. 뉴먼과 로스코, 마티스처럼 켈리 역시 자기만의 십자가의 길을 만들었다. 그의 해석은 로스코의 침울한 회화와는 전혀 딴판이다. 켈리가 제작한 십자가의 길 14처 작품의 톤은 마티스의 십자가의 길에 더 가깝다. 마티스가 십자가의 길에 썼던 가는 선은 켈리의 식물 소묘와 유사하다. 그러나 마티스의 이미지는 명시적으로 현실을 재현한 그림이고 14처를 모아놓은 방식은 비선형적이다. 그리고 켈리가 해석한 십자가의 길은 얼핏 봤을 때, 추상적이고 예수가 당한 고난의 이야기 줄거리도 그대로 유지하는 편이다. 켈리는 14처 하나하나를 묘사하기 위해 동일한 크기의 흑색과 백색 대리석 부조판을 사용했다. 이 부조들은 양쪽 벽과 축을 따라 직선으로 쭉 배열해 놓았다. 부조들을 세심하게 살펴보면 추상화임에도 불구하고 재현적 성격을 함축하고 있다는 것을 알 수 있다. 각각의 추상적 형태는 십자가의 길의 각 단계에서 발생한 사건을 암시하고 있기 때문이다. 십자가의 길은 자전하는 태양을 반영하는 회전 색상환과는 다른 시간성을 내포한 이야기를 만들어낸다. 켈리가 창조한 십자가의 길에서 가장 독특한 점은 흑백의 부조 위로 펼쳐지는 색색의 빛이 부조를 압도한다는 것이다. 마치 십자가의 길 14처가 이 색채의 배경인 듯 보인다. 심지어 고난의 길을 암시하는 이 대리석 판들은 행복을 선사하는 빛의 춤을 위한 평계로 켈리가 마련한 무대처럼 보일 지경이다.

켈리가 키르케고르를 공부했다는 근거는 없다. 그러나 그는 키르케고르의 『두려움과 떨림』을 로스코보다 더 제대로 이해하고 있었다. 로스코에게 『두려움과 떨림』은 신성한 텍스트나 다름없었고 그가 보기에 키르케고르의 '비극적 영웅'은 믿음의 첫 운동을 한 자, 무한 체념을 터득한 자였다. 그리고 비극적 영웅은 '모든 것, 세상에서 가장 사랑하는 것을 포기하는 고통'을 느낀 자다. 반면에 '믿음의 기사'는 무한 체념에서 멈추지 않고 신앙의 두 번째 운동 단계로 나아가 자신이 포기했던 것을 되찾는 자다. 이 이중의 움직임으로 삶은 완전히 바뀌어 버린다. 로스코에게는 사방의 벽이 닫혀 있었다. 반면 켈리에게 사방의 벽은 밖으로 열려 있었다. 로스코는 첫 번째 신앙에 머물러 자신의 목숨을 버림으로써 모든 것을 포기했다. 켈리는 두 번째 움직임으로 나아가 삶을 긍정하며 생을 마감했다. 키르케고르를 그저 의심과 공포와 체념의 예언자로만 읽는 것은 두 번째 신앙의 움직임을 놓치거나 무시하는 처사다. 키르케고르의 전체 저작에서 가장 중요한 구절 중 하나를 보자. 여기서 키르케고르가 내세운 가명의 저자 요하네스 데 실렌티오는 믿음의 기사를 이렇게 논평한다.

> 그가 제시하는 모든 지상적인 형상은 부조리의 힘을 빌려 만든 새로운 피조물이다. 그는 모든 것을 무한히 체념했다. 그러고 난 후 그는 부조리의 힘을 빌려 다시금 모든 것을 되찾는다. 그는 끊임없이 무한성의 운동을 감행한다. 그는 참으로 정확하고 확실하게 그 운동을 수행함으로써 거기서 끊임없이 유한성을 끌어내고 있다. 누구도 무엇이건 의심하지 않는다…무한성의 기사들은 무용가이며 공중곡예를 할 수 있는 능력을 갖고 있다. 이들은 도약했다 다시 떨어진다. 이것은 불쾌한 오락이기는커녕, 보고 있으면 아름답다. 그러나 이들은 떨어져 내려올 때마다 즉시 자세를 바로잡지는 못하고 순간적으

로 비틀거린다. 이 비틀거림은 이들이 역시 이 세상에서 이방인이라는 증거다… 이들이 공중에 떠 있는 것은 볼 필요 없다. 땅에 닿는 순간을 보면 그만이다. 그러면 이들을 알아볼 수 있다. 하지만 서는 동시에 걸어가는 것처럼 보이게끔 떨어질 수 있다는 것, 인생의 비약을 보행으로 바꿀 수 있다는 것, 흔한 것에서 숭고를 절대적으로 표현할 수 있다는 것, 이런 일을 할 수 있는 자는 믿음의 기사뿐이다. 그리고 이것이 단 하나의 기적이다.

흔한 것의 숭고, 평범함의 아름다움, 세속적인 것 속의 성스러움, 어둠속의 빛, 이것이 켈리의 교회가 드러내는 바다. 이 공간에서 고난의 십자가의 길$^{\text{Via Dolorosa}}$은 기쁨과 환희의 길$^{\text{Via Jubilosa}}$이 된다. 저 너머도, 내부도 아니고, 위도 아래도 아니며, 멀리 떨어진 어떤 한 장소에 갇혀 있거나 제한되어있지도 않은 성스러움은 우리 주위 어디에나 있다. 켈리가 그린 삶의 길에서 볼 수 있는 장소를 따르는 것은 영혼의 어두운 밤을 지나 유쾌함과 기쁨과 환희—심지어 희망을 발견하는 일이다. 마티스의 말을 보면 그가 자신의 교회뿐 아니라 켈리의 교회 역시 생각했을 것이라는 확신이 든다. "가벼움은 안도감과 자유를 준다. 나의 교회는 '형제들이여—'자매들이여'라는 말을 보태겠다—그대들은 죽어야 한다'라고 말하지 않는다. 나의 교회는 정반대로 말한다. '형제들이여, 그리고 자매들이여. 그대들은 살아야 한다.'"

예술의 탄생

니체는 고통이 심했다. 고립, 고독, 편두통, 실신, 발작, 그리고 마침내 침묵. 해마다 이어지는 침묵은 결국 완전한 침묵에 빠질 때까지 그치지 않았다. 하지만 니체는 춤을 추었고 춤을 사랑했다. 『즐거운 지식Die Frölich Wissenschaft』[8]에서 니체는 말한다. "영혼의 적절한 긴장과 조화를 잃었을 때는 춤을 추어야 한다. 노래하는 사람의 박자에 맞춰 춤을 춰야 한다. 그것이 치료법의 처방이었다." 니체는 매일, 그야말로 하루도 빠짐없이 춤을 추며 이 치료법을 따랐다. 누구와 추었을까? 정말 홀로 출 수 있었을까? 어디서 추었을까? 왜 그는 밤새도록 춤을 추고 또 추었을까? 읽기와 쓰기에 미친 듯 파묻혀 여러 날을 쉬지 않으면서도, 니체는 그러한 학자들을 경멸했다. 육체와 정신, 그리고 영혼이 허약하다는 이유에서였다. "학자들의 책을 마주하며. 책에서 자극을 받는다고 해서 우리가 책 속에만 생각이 머무는 자들에게 속한 존재라고 생각하면 착각이다. 우리의 습관은 바깥에서 사유하는 것이다. 우리는 걷고, 뛰고, 오르고, 춤춘다. 가급적 고적한 산이나 바다 근처가 좋다. 그곳에서는 심지어 길마저 사색적이 된다. 책, 인간, 혹은 음악 작품의 가치에 대한 우리의 첫 질문은 다음과 같다. 그것들은 걸을 수 있는가? 더 나아가서 그것들은 춤출 수 있는가?" 니체라면 켈리 교회에 어떤 반응을 보였을까? 그는 켈리 교회에서 울리는 음악을 들었을까? 니체는 켈리 교회가 춤추는 신의 사원이라는 것을 알아보았을까?

니체였다면 색 격자와 내가 미처 언급하지 못한 삼나무 조각에서 두 가지 세부적인 것에 초점을 맞추었을 것 같다. 이 세부적인 두 가지를 합치면 이 예술 작품은 무한히 확장된다. 모더니즘 예술가는 다들 격자에 매력을 느꼈다. 미술 평론가 로잘린드 크라우스^{Rosalid} ^{Krauss}가 훌륭한 평론에서 주장한 바대로 격자는 예술작품뿐 아니라 신화와 과학에서도 제약과 확장이라는 상반된 두 가지 기능을 수행한다. 한편으로 구조주의적으로 보자면 격자의 이것 혹은 저것이라는 이항대립 논리는 이성적 질서를 붕괴하는 건 무엇이든 배제한다는 점에서 제약 기능을 한다. 또 한편으로 격자는 포함과 확장 기능도 할 수 있다.

크라우스의 주장을 보자. "논리적으로 말해서 격자는 온갖 방향으로 무한까지 확장한다. 이 논리에 따르면 특정 회화나 조각이 부여하는 어떤 경계든 모두 임의적이라고 할 수 있다. 격자 덕에 예술 작품은 단순한 파편, 즉 무한히 더 큰 틀에서 임의적으로 잘라낸 작은 조각으로 제시된다. 따라서 격자는 예술 작품으로부터 밖을 향해 작용하며, 우리로 하여금 틀 너머의 세계를 인정할 수밖에 없게 만든다." 확장과 수축은 오스틴 교회 내부 전통 제단을 대신하고 있는 삼나무 조각에서도 동일하게 작용한다. 우선 조각 주위의 원은 제한과 억제 기능을 하는 울타리를 형성하며, 그 둘레 밖에 있는 것을 배제한다. 다른 한편으로 조각 양면의 윤곽을 그리는 곡선들은 큰 원 두 개 부분으로서 이들의 반경은 교회 내부를 넘어 무한히 뻗어나간다. 이 곡선들은 서로 가깝지만 접촉하지 않는다. 조각은 곡선들 사이에 있는 음의 공간에 출현한다. 또한 조각은 한계선으로 보이는 것을 넘어 예술 작품을 확장시키는 원을 그리기도 한다. 사각과 격자, 그리고 원과 바퀴는 상반된 형태지만, 팽창과 수축의 동일한 리듬을 보여준다. 무한히 팽창하는 격자와 원은 교회의 성스러운 공간을 세속의 세계까지 밖으로 확장시키며, 세속의 세계를 교회 안으로 들이기도 하고 그러한 이중 작용을 통해 두 세계 모두를 변화시킨다. 하나도 둘도 아닌 둘 속의 하나, 하나 속의 둘이다.

니체는 이런 저런 다양한 글을 남긴 것으로 유명하지만, 그의 저작은 그리스 신 디오니소스를 중심으로 놀라운 일관성까지 갖추고 있다. 첫 저작에서 마지막 저작까지 니체는 기발하고 색다른 방법으로 디오니소스를 해석하면서 자신의 비전을 형성한다. 앞에서 주목한 대로 니체는 영원한 침묵으로 들어가기 전 마지막 원고에 '디오니소스'라는 서명을 남겼다. 디오니소스는 니체의 초기작인 『비극의 탄생』의 중심 주제이기도 했다. 문헌학자로 교육을 받았던 니체는 대학의 규칙과 규율에 갇히기에는 상상력과 창의력이 지나치게 풍부했다. 그의 박사학위 논문의 표면적 주제는 비극이었지만 실제 주제는 예술의 탄생이다. 『비극의 탄생』은 예술철학인 동시에 인생철학이다. 니체가 평생에 걸쳐 품고 있던 확신은 "이 세계는 오직 미적 현상으로만 정당화된다"라는 것이었다.

초월적인 신이 죽었다는 광인의 선언은 내재하는 신의 탄생을 선언한 작업이기도 하다. 내재하는 신은 "도덕을 초월한 궁극의 예술가로서, 가차 없이 창조하고 파괴하며, 스스로 창조하거나 무로 돌리는 모든 것에 무심하게 자신을 실현하며, 당혹스러운 행위로 자신에게서 풍요와 내적 모순의 압력을 제거한다." 예술 작품의 내적 모순은 니체가 아폴로적인 것과 디오니소스적인 것이라고 이름 붙인 상반된 욕망의 기능이다. 니체의 주장에 따르면 아폴로는 "한계를 지키며 자기 통제를 요구한다." 자아뿐 아니라 자아와 세계 사이에 경계를 확립함으로써 아폴로는 '개체화 원리의 극치'가 된다. 반면 디오니소스는 '탈-개인화'의 원리로서, 자신을 가두고 제약하기 위해 설계된 모든 한계가 넘쳐흐른다. 아폴로도 디오니소스도 서로가 없다면 존재할 수 없지만 니체는 둘을 똑같이 평가하지 않고 디오니소스에게 특권을 부여한다. 디오니소스는 '원초적 존재'의 파괴적-창조적 '소용돌이'이며, 그의 무한한 불안은 '삶으로 밀려들어가는 형태의 부단한 확산'을 일으킨다. 이것이 세계를 창조하는 '왕성한 창조력'의 원칙이다. 신을 예술가로 명명하는 것은 창조성을 신적인 것이라고 선언하고, 세계를 예술 작품으로 간주하는 일이다. "아폴로적 요소와 상반되는 디오니소스적 요소는 현상 세계 전체를 낳으며, 이런 이유로 스스로가 기원이 되며, 영원한 창조적 예술의 힘임을 입증한다." 이 창의성에 참여하는 것이야말로 성스러운 삶의 순간이다. 자라투스트라는 믿음의 기사처럼, '춤꾼처럼 움직이며' 산에서 내려와 이 복음을 선포한다. "내가 그대들에게 말하노니. 춤추는 별을 낳겠거든 혼돈을 품어야 한다. 내가 그대들에게 말하노니. 그대들은 여전히 내면에 혼돈을 품고 있다." 이 탄생은 가장 심오한 기쁨이다. 니체는 이 압도적인 기쁨에 최고의 긍정, "그렇다!"라는 반응을 보인 후 영원한 침묵에 침잠했다. 이 침묵과 함께, 더 나아가 이 침묵 안에 사는 일은 가능한가?

12

. . .

13
———

함께
With

돌을 적절한 자리에 놓을 계산은 머리로 하는 게 아니라 핏속에서 그냥 하는 겁니다. 똑바로 서기 위해 내이(內耳)의 전정기관이 작동하는 것처럼 말이죠. 그가 측량 추를 들고 서 있는 게 보입니다. 측량 추는 절대 거짓말을 하지 않죠. 측량 추는 그의 발 밑 4천 마일 아래에 있는 상상 불가능한 지구의 중심을 가리키고 있었죠. 실제로나 이론상으로나 알려지지도 않았고 알 수도 없는 어둠을 가리키고 있는 겁니다. 신과 물질이 우주를 들썩이도록 요란한 협력 하에 갇혀 있는 어둠 말이죠. 그가 자기 돌을 두 개 위에 하나, 하나 위에 두 개씩 놓을 때 그를 인도하는 것은 바로 이 어둠입니다. 그의 아버지도 그랬고 그의 아들도 제 아버지의 길을 따라 돌을 놓겠죠. 비가 내려 돌을 깎을 테면 깎아보라 하면서 말이죠.

_코맥 매카시

정원 가꾸기

모든 것은 정원에서 시작된다. 나는 평생 정원을 가꾸었다. 다른 사람들의 정원을 가꾼 적도 있었고, 때론 실제로는 내 것이 아닌 정원도 가꾸고는 했다. 채소밭과 꽃밭은 실용성과 장식성, 효용과 무용無用이 공존하는 장소다. 어렸을 때 내 교육은 교실 밖 아버지 곁에서 시작되었다. 아버지는 전기와 수도, 기계장비도 없이 밭을 갈고 사과와 복숭아 과수원을 가꾸던 펜실베이니아 농장에서 성장하신 분이다. 아버지는 뉴저지 교외 고등학교 과학 교사가 되셨지만, 내게 가르쳐주신 제일 중요한 교훈은 책에서는 찾을 수 없는 것들이다. 아버지의 교육은 집 화단과 채소밭에서 시작되었다. 아버지는 뭘 하려는 건지 설명 하나 없이 그저 당신이 하는 일을 따라하도록 시키며 나를 가르쳤다. 자신의 교육이 충분했다고 생각되었을 때 아버지는 우선 나를 이웃들의 집에, 그 다음에는 온 동네 집으로 보내셨다. 그러고는 정원 일을 할 시간이 없을 것 같은 사람들 대신 정원을 가꾸게 하셨다. 아버지는 엄격한 감독이었고, 친구들이 노는 내내 일하는 것이 나로서는 늘 달갑지만은 않았다. 그러나 어렸을 때인데도 나는 어째서인지 아버지가 말로 옮길 수 없는 중요한 것을 내게 가르치려고 애쓰시고 있다는 것을 알고 있었다.

  어린 시절의 가르침을 이해하기 시작하기까지 여러 해가 걸렸다. 평생 과학 교사로 재직하셨던 아버지는 교육이 생각에서 시작되고 끝나는 것이 아니라 육체노동과 훈련을 통해서만 배울 수 있는 부분이 있다고 생각하셨다. 그리고 더 깊은 무언가, 더 심오한 무언가를 필요로 하는 것이라고 확신하셨다. 아버지가 가르쳐주신 방식 덕에 나는 오늘날 빠르고 요란한 세계에 없는 중요한 가치, 인내력, 집중력, 주의력, 배려, 심미안, 개방성, 경이로움을 기를 수 있었다. 아버지는 니체를 읽으신 적이 한 번도 없었지만, "대지에 충실하라"는 니체의 권고에는 분명 동의하셨을 것이다. 아버지도 니체처럼 책상에 앉아 창문을 통해 세상을 바라보며 하루를 보내는 사람들을 믿지 않으셨다. 로버트 포그 해리슨$^{Robert\ Pogue\ Harrison}$은 "흙$^{부식토, humus}$은 인간^{human}의 근원이다"라는 사실을 상기시킨다. 윌리엄 브라이언트 로건$^{William\ Bryant\ Logan}$은 뛰어난 저서 『흙: 지구의 황홀한 피부$^{Dirt:\ Ecstatic\ Skin\ of\ Earth}$』에서 이렇게 적고 있다. "환대는 흙의 근본적인 미덕이다. 흙은 공간을 만든다. 흙은 나눈다. 흙은 독을 중화시킨다. 흙은 그렇게 치유한다. 흙이 가르쳐주는 것은 이것이다. 기억되고 싶은가, 그러면 자신을 내놓아라." 흙으로 손을 더럽혀보지 않은 사람은 온전한 인간이 아니다.

아버지는 땅을 사랑하셨지만 돌은 그다지 좋아하지 않으셨다. 돌은 48,562제곱미터 밭을 경작하는 동안 노새가 끄는 쟁기 뒤로 터벅터벅 걸어가면서 제거해야만 하는 장애물이었다. 매년 18×24미터 채소밭을 손수 가시는 일을 도우면서 나 역시 돌이 골칫거리라는 사실을 알게 되었다. 돌을 아무리 많이 치워도 땅은 매년 더 많은 돌을 뱉어낸다. 아버지는 잠시 멈추고 돌의 소리에 귀를 기울이라는 가르침을 주신 적은 없다. 내게 그런 가르침을 준 것은 지질학자인 내 아들 애런이다. 애런은 와이오밍주 윈드리버 협곡에서 현장조사 중 발견한 크고 아름다운 규화목(지하에 매몰된 식물의 목질부가 지하수에 용해된 이산화규소와 작용해 돌처럼 단단해진 식물 화석—옮긴이)을 집까지 가져와 내게 선물로 주었다. 나는 철제 받침대를 만들어 돌을 얹은 다음 서재에 놓아두었다. 규화목은 내가 글 쓰는 책상 옆에 오랫동안 조용히 놓여있었지만 나는 굳이 시간을 내어 돌이 무슨 말을 하는지 들으려 하지 않았다. 돌이 가르쳐주는 교훈을 배우게 된 것은 지구 반대편으로 갔을 때였다.

1992년 봄 신시아 데이비드슨에게서 간단한 이메일을 받았다. "고베 프랭크 게리의 해산물 식당에서 만나 이야기해요." 1990년대 신시아와 남편 피터 아이젠만은 아키텍쳐 뉴욕이라는 회사의 후원을 받아 매년 여러 도시에서 연례 컨퍼런스를 진행하곤 했다. 전 세계에서 건축가, 예술가, 작가, 철학가, 비평가들이 모여 세기 말 건축을 생각해보자고 마련한 자리였다. 대화와 토론은 건축에만 국한되지 않고 광범위한 문화, 사회, 정치, 경제 문제를 다루었다. 나는 렘 쿨하스^{Rem Koolhaas}, 다니엘 리베스킨드^{Daniel Libeskind}, 엘리자베스 딜러

Elizabeth Diller, 제프 킵니스Jeff Kipnis, 프레더릭 제임슨Frederick Jameson, 자크 데리다 등의 인물을 고베에서 만났다. 그리고 전에 한 번도 만난 적이 없는 건축가 안도 다다오도 만났다. 일본의 저명한 건축가 이소자키 아라타磯崎新가 주최한 그 해 회의는 아름다운 자연과 훌륭한 온천으로 유명한 규슈 섬에서 열렸다. 그 후 사흘 동안 나는 안도에게 점점 더 많은 관심을 갖게 되었는데 그가 했던 말 때문이 아니라 그가 하지 않았던 말 때문이었다. 그는 침묵을 깨는 법이 없었다. 단 한 마디도 하지 않았다. 사람들은 그가 영어를 몰라서 그런 것이라고 말했지만, 나는 무언가 다른 일이 일어나는 중이라는 생각이 들었다. 그러고나서 몇 십 년 뒤 나는 예기치 않게 안도의 침묵을 다시 듣게 되었다.

당시에 일본에는 한 번도 가본 적이 없었기 때문에 컨퍼런스 전후로 도쿄와 교토에서 몇 주 동안 시간을 보냈다. 이때 했던 여행에서 가장 기억에 남은 것은 교토 료안지에 있는 바위정원 가레산스이였다. 1990년대 초엔 누구나 프랑스 철학자들과 비평가들의 글을 읽고 있었고, 그들 중 많은 이들은 어떤 문화건 글쓰기의 확장된 개념을 통해 해석할 수 있다고 주장했다. 20년 전 롤랑 바르트는 일본에 대한 영향력 있는 저서 『기호의 제국The Empire of Signs』을 출판했다. 이 책은 컨퍼런스 전에 읽어야 하는 필독서였다. 첫 번째 장에서 바르트는 말한다. "먼 곳에서 글쓰기란 결국 사토리悟り다. 사토리(선의 발생)는 지식이나 주체를 동요시키는 다소 강력한 지진으로, 언어의 비어있음을 만들어낸다. 이것은 글쓰기를 구성하는 언어의 비어있음이기도 하다. 이 비어있음에서 모든 특징들이 유래되며, 선禪은 이 특

징들과 함께 모든 의미에서 벗어나 정원, 몸짓, 집, 꽃꽂이, 얼굴, 폭력 등을 쓴다."

정원이 글쓰기의 형식이라면, 정원을 어떻게 읽을 것인가 하는 문제가 생겨난다. 프랑수아 베르티에$^{François\ Berthier}$는 『바위에서 선 읽기$_{Reading\ Zen\ in\ the\ Rocks}$』라는 저서에서 이 질문에 사색 깊은 답변을 전개한다.

> 돌의 언어가 존재할까? 자갈밭에 흩어져 있는 거친 돌 몇 개, 이들은 메시지를 전달할 수 있을까? 이것이 교토 료안지 정원이 궁극적으로 제기한 질문이다. 이 정원은 실제로 정원이 아니라는 이유 때문에 당혹감을 안겨준다. 푸른 나무도 없고 맡을 수 있는 꽃향기도 없다. 새소리도 들리지 않는다. 사막 같은 이 공간은 불가사의하다. 돌 열다섯 개만 드넓은 텅 빈 공간과 대조를 이루고 있는 메마름. 500년이 넘은 료안지의 이 정원은 놀랍도록 현대적인 예술작품이다. 이곳은 인간이 돌이라는 어두운 거울, 인간이 내면에 품고 있는 신비를 읽을 수 있는 장소기도 하다.

바르트의 난해한 텍스트와 수수께끼 같은 정원에 대한 베르티에의 글은 생각과 개념을 언어적 재현으로 옮기지 않는다. 오히려 이들이 논의하는 글쓰기 개념은 수행적이며, 다시 말해 실천의 한 형식이다. 베르티에는 14세기 선종 승려인 무소 소세키가 쓴 『몽중문답집$_{夢中問答集}$』의 한 구절을 인용한다. "정원과 수행을 분별하는 자는 길을 찾았다고 말할 수 없다." 베르티에의 설명은 다음과 같다. "이 위대한 승려가 뜻하는 바는, 정원을 만드는 것이 선을 수행하는 하나의 방법이라는 것이다. 이러한 주장은 정원의 예술과 진리의 탐구 사이의 밀접한 연관성을 암시한다."

신석기 시대부터 일본과 중국에서는 돌을 신성한 것으로 여겨왔다. 12세기 저서인 『운림석보^{雲林石譜}』에서 두관^{杜綰}은 이렇게 썼다. "천지에 지극히 순수한 기^{氣}가 합쳐져 돌이 되는 것이니, 흙을 지고 나오며 기괴한 모양이다… 비록 주먹만한 크기라 하더라도 천 가지 암석의 빼어남을 품고 있다$_{天地至精之氣, 結而爲石, 負土而出, 狀爲奇怪… 雖一拳之多, 而能蘊千岩之秀}$." 기^{氣}가 있다고 여겨진 돌은 의식과 묵상 수행의 중심이 되었다. 베르티에에 따르면 선불교에서 바위정원 예술은 5세기로 거슬러 올라간다. 선불교 바위정원의 아버지는 무소 소세키$^{1275~1351}$다. 무소의 디자인 중 일부는 정교한 물의 모습을 하고 있지만, 그는 건조한 풍경의 정원도 독창적인 기여를 했다. 이들 정원에서 물은 일반적으로 흰색 자갈이나 모래로 표현된다. 세심하게 갈퀴질해서 깔아놓은 자갈이나 모래는, 광활한 물에서 솟아오른 섬이나 산처럼 보이는 바위 주변의 잔물결이나 작은 파도를 암시한다.

료안지는 1450년 당시 다이묘였던 호소카와 가쓰모토가 창건했지만 전란으로 소실되었다. 1507년에 지어진 현재의 정원은 넓이가 2,670제곱미터로, 기와로 덮인 낮은 담이 삼면을 둘러싸고 있다. 나머지 한 면에는 높은 전망대를 갖춘 탁 트인 툇마루가 있다. 정원의 중심 특징은 조심스럽게 갈퀴질해 흰색 자갈을 깔아놓은 넓고 광활한 공간이라는 것이다. 공간 중간 중간에 열다섯 개의 암석을 다섯 개 묶음으로 나누어 배열해 놓았다. 다섯 개 묶음 각각의 주위에는 녹색 이끼를 테두리처럼 얇게 입혀놓았다. 동쪽(왼쪽)에서 서쪽(오른쪽)으로 이동하면서 보면 다섯 개 돌 묶음에 속한 돌의 숫자는 다섯 개, 두 개, 세 개, 두 개, 세 개로 각기 다르다. 숫자 상징은 선불교에서 아주 중요하다. 홀수와 비대칭은 동적 긴장을 만들어내며, 균형 때문에 엔트로피 증대라고 간주되는 짝수보다 우선시된다. 베르티에는 정원 구도의 5라는 숫자에 대해 이렇게 설명한다. "5라는 숫자는 특별한 의미가 있다. 이것은 처음 아홉 개의 숫자 중간에 위치하며, 중앙을 상징한다. 오행伍行 이론을 방위에 대입시키면 목木,동쪽, 화火,남쪽, 토土,중앙, 금金,서쪽, 수水,북쪽가 된다. 원래 이 도교의 도식은 네 방위에 위치한 여러 산에 둘러싸여 있는 중앙의 산을 그려놓은 우주의 도식에서 나온 것이다. 따라서 중심 숫자인 5는 네 방향의 가운데에 있는 세계의 축을 나타낸다."[8] 내 동료 마이클 코모는 이 상징성을 더 상세하게 설명해 주었다. "물질의 오상伍相이 어떻게 상호작용하는지 이해하면 엄청나게 많은 영역에서 삶의 패턴을 형성할 수 있게 된다. 이 영역들은 5가지로 나눠보면 오색伍色, 오미伍味, 하늘에 있는 오성伍星, 인간의 몸에 있는 오체伍體, 심지어는 가장 근본 방향인 중앙을 포함한 오방伍方까지 있다. 5라는 숫자는 중국의 미학, 요리, 점성술, 의학의 원형이다."

정원의 바위는 다섯 개의 묶음으로 의미가 크지만 개별 바위 역시 겉보기에는 움직이지 않는 물체들 사이에서 움직이는 느낌을 만들어내는 독특한 힘의 궤도를 그리도록 배치되어 있다. 데이비드 슬로슨David Slawson은 춤의 비유를 이용하여 바위정원의 예상치 못한 이 특징을 설명한다. "바위와 나무는 스스로 움직이려고 하는 사람의 마음을 움직일 수 있다. 현대 무용이나 발레의 안무에서 댄서들이 움직일 때 움직임의 힘과 방향을 결정하는 것은, 무용수들이 표현하는 느낌이나 감각의 구체적 성질이다. 가령 무용수가 한쪽 방향을 보며 팔을 비스듬히 들어 올려 넓고 부드러운 곡선을 이루는 동작을 하면서 두 눈도 같은 방향을 향한다면 이는 열망을 암시한다. 이런 의미에서 일본 전통 정원을 설계한 디자이너는 바위와 나무를 무용수로 삼는 안무가라 할 수 있다." 그는 다치바나노 도시쓰나橘俊綱, 1028~1094가 쓴 일본 정원 지침서 『사쿠테이키作庭記』를 인용한다. "수평, 대각선, 수직의 세 가지 방향을 염두에 두고 바위를 놓아야 한다… 이 셋이 바로 천지인天地人 삼재三才로, 먼저 이 세 가지를 한 지점에 놓아 중심을 구성한다. 이 삼재의 자리가 정해지면 이를 보완하기 위해 곧게 서 있는 나무를 심는다. 그러면 제왕에게 어울리는 완벽한 보물이 된다… 이런 식으로 집 앞에 정원을 만들면, 불행을 피할 수 있게 된다고들 한다." 이 구도에서 인간은 하늘(수직의 힘)과 땅(수평의 힘) 사이에 떠 있는 상태가 된다. 바위는 움직임을 암시만 하는 것이 아니라 실질적으로 동세를 얻는다. 도시쓰나의 지침서는 적절한 배치를 결정할 때 정원사가 "(바위의) 요청을 따라야 한다"라고 되풀이하며 경고한다. 즉, 수평으로 놓여있던 바위를 수직으로 배치하거나 수직으로 놓여있던 바위를 수평으로 배치하지 않는 것이 중요하다.

바위정원 설계에 영향을 미치는 두 가지 상호관련 원칙이 있다. 첫 번째는 전체의 테두리 구조다. 료안지 정원은 정원을 위쪽으로 둘러싸고 있는 주변 벽 외에도 다른 테두리가 또 있다. 밝은 회색 돌을 긴 사각형 모양으로 잘라 정원 삼면을 두 줄로 둘러 직사각형 테두리를 만들고 두 줄 사이 공간에는 진회색과 검정색 둥근 돌을 무작위로 채워 넣어 테두리 선 두 개를 분리시켜 놓았다. 이런 테두리는 정원 구조를 그림으로 만드는 액자 효과를 낸다. 두 번째는 정원의 열린 쪽 툇마루 중앙에 앉았을 때 가장 잘 보이도록 바위를 배열한 점이다. 툇마루는 어윈이 마파^{Marfa} 작품에 만든 창문과 기능이 같다. 이 배치 전략은 최종 설계 원칙인 '미에가쿠레'와 직접적인 관련이 있다. 미에가쿠레는 "숨어서 드러내다"라는 뜻의 표현이다. 다섯 개 바위 묶음은 어떤 각도에서 보건 정원 전체의 바위를 다 조망할 수는 없도록 배열되어 있다. 어느 위치에서 정원을 보건 서로 다른 바위들이 드러나는 동시에 숨는다. 다시 한 번 『사쿠테이키』의 지침이 빛을 발하는 지점이다. 미에가쿠레는 "보이는 것들을 중첩시키는 원칙에 기반을 두기 때문에 대상 전체를 노출시키지 않고 일부만 볼 수 있게 한다. 그 목적은 관람자로 하여금 보이지 않는 부분을 상상하게 만들어 깊이에 대한 환상을 일으키고 대상 너머에 숨겨진 아름다움이 있다는 인상을 주는 것이다. 한마디로 미에가쿠레는 좁은 공간에서 광활함을 느끼게 하는 수단이다." 이 광활한 느낌을 통해 소우주 속에서 대우주를 느끼고 유한함 속에서 무한함을 이해하는 일이 가능해진다.

    료안지 바위정원의 섬세함과 복잡성을 이해하면, 이 절이 의식을 거행하는 신성한 공간이라는 점이 분명해진다. 정원의 미적 효과를 유지하기 위해 승려들은 매일 정성스레 흰색 자갈을 갈퀴질 한다. 이 갈퀴질은 율동과 침묵 속에서 수행되는 묵상의 한 형식이다. 신체 활동은, 생각에 색을 입히고 행동을 형성하는 감정을 일으켜 마음의 틀을 바꾼다. 정원을 적절하게 관리하는 작업으로 인해 두 번째 의식 수행인 좌선의 조건이 만들어진다. 사실상 정원은 묵상하는 방 역할을 하는 선당이 된다. 베르티에는 건조한 풍경의 바위정원에 있는 돌이 무엇을 말하고 있는지 상상한다. "나는 자갈 위에 놓인 돌덩어리에 불과하다. 나는 무게와 침묵, 관성과 밀도에 지나지 않는다. 그 무엇도 나의 비밀을 알지 못한다. 심지어 내가 비밀을 가지고 있는지조차 알 수 없다. 나를 꿰뚫을 수 있는 것은 여름의 심장부를 찌르는 매미의 거친 울음소리뿐이다. 내 불투명한 육신이 지닌 날것의 아름다움을 맛보는데 만족하라. 아무 말 없이 나를 바라보고, 아무 것도 묻지 말아라. 입을 다문 채 밀폐된 내 몸을 통해 너 자신을 찾기위해 정진하라." 이것은 한 방문객이 이곳을 '공空의 정원'이라 적절히 묘사했을 때, 이 정원에서 메아리치는 침묵이다.

   도시의 소음에서 벗어나 있는 료안지 바위정원은 하이쿠와 같은 기능을 한다. 롤랑 바르트는 다음과 같이 설명한다. "모든 하이쿠에서 문학 형식의 선禪은 언어를 정지시킬 운명을 지닌 거대한 실천으로 등장한다. 선은 우리의 내면에서 끊임없이, 심지어 잠을 잘 때조차 윙윙거리는 울림을 막는다… 영혼의 억제할 수 없는 재잘거림을 비워내고 망연자실하게 만들며 바싹 말려버린다." 끊임없이 들리던 소음이 끝나면 진정한 침묵이 시작된다. 당나라의 선사 동산양개洞山良价는 신도들에게 "소리를 알려면 눈으로 들어야 한다若將耳聽應難會"라고 말했다고 전해진다. 료안지 바위정원에서 눈으로 듣는 소리는 바위 사위의 흰 공간에 울려 퍼지는 침묵이다.

교토의 절에서 가장 기억에 남는 특징은 그곳에 있는 것이 아니라 그곳에 없는 것이다. 돌로 구성된 섬이 아니라 돌 섬이 떠 있는 광활한 하얀 바다라는 뜻이다. 『반야심경』의 유명한 말처럼 "물질은 곧 공이요, 공은 즉 물질이다色卽是空, 空卽是色"에서 이름 지을 수 없는 공의 이름은 바로 '마間'다. '마'는 존재하는 만물이 명확히 표명되도록 해 주는 간격, 즉 비어있음이다. 이 낱말은 일본 음악의 공백, 무용의 정지, 다도茶道에서 주인과 손님 사이의 거리를 나타내기도 한다. 니시다 키타로西田幾多郞는 '마'가 선불교 철학의 중심 '개념'이라고 주장한다. 하이데거가 말했던 항아리의 비어있음, 켈리의 삼나무 조각이 드러내는 무한한 원 두 개 사이의 간격처럼, 이 간격은 아무것도 아니며, 불확정성을 말한다. 오히려 이것은 모든 만물의 '자기 변형 모체'다. 이 간격에서 사물은 활기찬 사건으로 용해된다. 키타로의 주장을 보자. "이 무無는 창조 세계의 모순적인 정체성에 근거하고 있으며, 자체의 부정과 긍정의 변증법을 통해 자기를 변형시킨다. 따라서 자아의 바탕에는 절대적인 비어있음 속에서 스스로를 결정하는 것, 자체의 절대적인 비사물성 속에 존재하는 것이 있어야 한다. 나는 이것이 고대 불교에서 말하는 '마음은 집착하는 장소가 없기 때문에 생겨난다應無所住, 而生其心'라는 말의 뜻이라고 생각한다." 장소가 아닌 장소는 모든 존재와 모든 현재의 명명 불가한 토대, 그리고 토대 없는 토대로 도처에 존재한다.

키타로의 제자 니시타니 게이지西谷啓治는 『종교와 무宗敎とは何か』에서 마間 개념을 '간격, 격차, 공간'으로 나누어 자세히 설명한다. 끝없는 잡담과 끊임없는 소음은 존재의 중심에 있는 절대적인 비어있음

과 침묵을 잠식한다. 이 간격의 리드미컬한 맥동은 통일적 정체성과 대립적 차이도 아니고, 통일적 정체성과 대립적 정체성 사이의 선택도 아니다. 니시타니의 말에 따르면, "우리는 주체와 객체의 분리를 전제한 다음 통합으로 나아가는 것이 아니다. 절대적인 양편의 통합은 과정의 결과라기보다는 절대적 개방성과 절대적 비어있음^{空}의 본래의 정체성이다. 이러한 입장은 일원론도 이원론도 아니다." 이것도 저것도 아니라는 논리를 부정하는 식의 이중부정이 이루어지면 허무주의는 지양되고, 니체와 비슷한 방식으로 '아니오'는 '예'가 된다.

> 비어있음은 본질적인 만남이 발생하는 장이다. 이 만남은 가장 가까운 관계에 있는 실체들 간의 만남일 뿐만 아니라 통상 관계가 가장 멀다고 여겨지는 실체들, 심지어 서로 적대 관계에 있다고 간주되는 실체들 사이의 만남이기도 하다. 이 만남을 '본질적'이라고 하는 이유는, 이 만남이 양편의 존재 근원에서 발생할 뿐 아니라 양편 각각이 자신인 지점에서 일어나기 때문이다… 사실 '만남'이라는 말 역시 충분한 표현은 아니다. 한 줄기 백색광이 프리즘을 통과할 때 다양한 색의 스펙트럼 광선들로 쪼개지듯, 여기서 말하는 절대적 자아 정체성이란 하나와 다른 하나가 온전히 자신이면서, 완전히 분리되는 동시에 또 완전히 합체되는 정체성이다.

어원의 지평선에서, 켈리의 벽에서, 켈리의 벽 표면에서, 그리고 료안지의 바위들 사이에 섬세하게 깔아놓은 자갈 속에서 색채는 빛에 녹아들지 않고 뒤섞인다. 이 빛을 보는 것은 생의 본질인 침묵을 듣는 것이다. 사찰의 정원 여정을 마치면서 베르티에는 회상한다. "그러나 해야 할 일은 딱 한 가지다. 정원 가장자리에 앉아 귀를 막는 것. 기적은 바로 그 때 일어난다. 귀를 막고 되찾은 거대한 침묵 속에서 거친 바위의 즉흥적인 아름다움이 솟아오르고 불멸의 송가가 이어진다. 송가의 내용은 이렇다. 물질의 무게 너머에 영혼이 있다. 영혼 없이는 진정한 삶을 살 수 없다." 존 케이지는 1962년 처음 료안지를 찾아왔을 때 이 침묵을 들었다.

평생 동안 열심히 정원을 가꾸어왔던 존 케이지는 정원 일에서 작곡의 교훈을 얻었다. 바위정원이건 악보건 예술은 간격과 타이밍, 리듬과 속도, 소리와 침묵의 문제다. 이것이 바로 료안지에서 존 케이지가 본 원리다. 스티브 위팅턴 Stephen Whittington 은 「존 케이지의 정원: 케이지와 료안지」라는 유익한 논문에서 이렇게 말한다.

'빈' 공간은 정원에서 중요하다. 정원에 있는 공간은 돌과 식물을 배치하기 위한 텅 빈 캔버스에 불과한 것이 아니다. 오히려 공간을 표현하거나 공간에 에너지를 부여하기 위해 돌과 식물이 존재한다고 말할 수 있다. '텅 빈' 공간, 그리고 그 공간을 보통 띄엄띄엄 차지하고 있는 것들 사이에는 섬세한 균형이 유지된다. 존 케이지에게 '빈' 공간은 침묵과 동일한 것이고, 이 침묵은 절대적인 개념이 아니라 상대적인 개념이다. 그에게 침묵은 소리가 발생할 수 있는 장이다. 정원에서 바위 자체가 아니라 바위 사이의 공간을 바라보면 형상-배경 사이의 관계가 바뀐다. 마찬가지로 케이지의 음악은 음향 자체뿐 아니라 음향 사이의 '침묵'에 대한 사색을 요구한다.

존 케이지는 예술의 청각 경험과 시각 경험 사이의 관계에 늘 관심을 두었다. 앞에서 살펴보았듯, 침묵에 대한 송가인 〈4분 33초〉는 라우센버그의 백색회화에서 영감을 받은 작품이다. 말년에 케이지는 예술 작품 경험에서 청각 측면과 시각 측면의 상호관계에 더욱 더 몰두하게 된다. 그는 료안지 바위정원에 큰 흥미를 갖고 〈웨어아=료안지Where R = Ryōanji〉라는 제목으로 열다섯 장의 연필 그림을 그렸다. 각 그림은 서로 다른 돌의 윤곽을 그린 것이다. 사이 트웜블리의 낙서처럼 보이는 드로잉도 있고 켈리의 섬세한 식물 그림처럼 보이는 그림도 있다. 존 케이지의 그림과 료안지 정원 설계 간의 주된 차이는 케이지가 우연에 부여하는 역할이다. 선禪 정원을 만든 이들은 정원이라는 배경 내에서 돌의 요청에 대응하는 방식으로 창의성을 표현한 반면, 존 케이지는 어떤 돌을 사용할지, 돌을 어디에 배치할지, 그리고 자신이 쓰는 연필의 단단함까지 모두 우연에 맡겼다.

존 케이지는 정원에서 배운 교훈을 작곡에 응용했다. 직접 그린 그림을 사용해《료안지Ryōanji, 1983~1985》라는 제목의 음악 작품을 작곡한 것이다. "《료안지》의 악보는 종이의 네모 형판에 정원 전체에서 우연히 결정된 지점에 있는 돌을 표시한 것이다. 방향은 왼쪽에서 오른쪽 방향이고, (실선, 파선, 점선, 쇄선 등) 여러 선을 사용해 돌이 있는 지점을 표시했다." 존 케이지는 악보의 시각적 모양이 연주의 청각적 경험을 반영한다고 주장한다. "내게 정원, 즉 열다섯 개의 돌이 놓인 공간은 4단 악보, 혹은 두 쪽에 그린 2단 악보다. 그리고 이들 악보는 실제로 정원 공간이기도 하다… 비례 기보를 사용하면 듣는 것을 그린 그림이 저절로 나온다.《료안지》에서는 더 그럴 것이다. 독주악기는 바위에 해당하고 타악기는 정원에 '깔아놓은 자갈'에 해당한다."

이 작품을 쓰기 20여 년 전 존 케이지는 「무에 관한 강의」에 다음과 같이 적었다.

                          그러나
지금 .   침묵이 있다   그리고
말은 만드는데 도움을 준다   그
침묵을 .   그
        그리고 나는 할 말이 아무것도 없다
        그리고 나는 그것을 말한다   그리고 그것은
             이 시간의 공간   은
짜여있다
        우리는 두려워할 필요가 없다   이 침묵을
        우리는 이 침묵을 사랑할 수도 있다.

앞에서 본 것처럼 상이한 감정을 불러일으키고 다양한 성향을 반영하는 많은 침묵이 있다. 게다가 상이한 종교 전통에 속한 사람들은 서로 다른 침묵의 소리를 듣는다. 일본의 철학자 우에다 시즈테루上田閑照는 선불교의 침묵을 다음 세 단계로 구분한다.

1. 첫 번째는 '다마루黙る'다. 말을 하지 않는다는 뜻이다. 언어의 세계에서 아무 말도 하지 않는 것. 가령 회의 중에 아무 말도 하지 않는 것을 의미한다.

2. 두 번째는 '친모쿠'[注], 침묵. 친[沈]은 가라앉는다는 뜻이고 모쿠[黙]는 고요하다는 뜻다. 침묵을 통해 바닥으로 가라앉는 것을 의미한다. 언어의 세계와 관련된 사색적 침묵이지만, 무한한 개방성을 특징으로 하는 절대적인 침묵의 느낌도 해당된다.
3. 세 번째는 '모쿠[黙]'라고 한다. 이것은 본래 불교 용어로 '침묵 자체'를 의미한다. 절대적인 무한의 영역으로 고요히 들어간다는 개념이다. 말로 방해받지 않고서는 깨뜨릴 수도 없지만 오히려 말에 깊은 의미를 부여한다.

케이지는 자신의 삶과 예술에서 '모쿠'를 추구했다. 그는 침묵과 함께 생활함으로써 '무한한 고요의 영역'을 찾을 수 있다고 믿었다. 그의 그림과 음악은 료안지 바위정원에서 자신이 본 침묵을 다른 사람들도 볼 수 있도록 하는 시청각 자료다.

더 깊이 파고들다

아키텍쳐 뉴욕[ANY] 컨퍼런스 이후 몇 년 동안 이따금씩 안도의 건축에 대해 생각했지만 자세히 알아보지는 않았다. 그 해 컨퍼런스의 제목은 '장소 불문[Anywhere]'이었다. 3일 동안 참가자들은 모던 건축과 포스트모던 건축의 이동성과 장소라는 상호 관련된 주제의 의의를 신중하게 탐색한 결과물을 발표했다. 1932년 필립 존슨[Philip Johnson]은 뉴욕 현대미술관 전시를 통해 모던 건축을 유럽에서 수입하고 이 건축에 '국제 양식'이라는 이름을 붙였다. 이름에서 알 수 있듯이 현대 건축은 특수성과 지역성보다는 일반성과 보편성을 우선시한다. 이것은 현대 생활을 반영하는 건축의 탈영토화로 이어졌다. 디지털 혁명은 부상하고 있는 글로벌 네트워크에서 문화와 경제의 비물질화 과정을 가속화시켰다. 모더니즘과 포스트모더니즘은 여러 면에서 다르지만, 두 사조 모두 이러한 발전을 긍정적이라고 보고 촉진시키려 노력했다. 모더니스트들은 장소 불문하고 어디에나 놓을 수 있을 만큼 충분히 유연하고 균일한 디자인을 만들고자 했다. 포스트모더니스트들은 건물을 다 드러내 보이는 모더니스트들의 청교도적 금욕주의를 거부하면서도, 이미지를 발견할 수 있는 곳이라면 장소 불문하고 어디서든 찾아냈다. 그리고 그 이미지를 차용해 텅 빈 표면에 스티커처럼 붙여댐으로써 건축의 탈영토화를 수용했다. 두 운동 모두 터렐과 하이저가 1960년대 후반 시작한 작품 같은 현장 특화 예술과 대지 예술에 대놓고 반대했다.

나는 시뮬라크르 simulacra 의 포스트모던 문화, 신흥 네트워크 문화, 글로벌 금융 네트워크에 대한 탐구를 계속하던 도중 이러한 기술들이 육체와 정신을 변질시키고 있다는 점, 즉 말 그대로 지구의 면모를 바꾸는 방식에 의구심을 갖기 시작했다. 내가 장소의 항구적인 의의를 집중적으로 탐구하기 시작한 것은 이 불안 때문이다. 공간과 장소라는 상호 관련된 주제를 연구하고 관련 저작을 읽는 일뿐 아니라, 내가 살고 있는 버크셔 스톤힐에 예술 작품을 만들기 시작하면서 나의 철학을 실천에 옮기기로 결정했다. 이러한 작업 방향은 우연히 결정되었다. 2006년 8월, 나는 몇 년 동안 서재 창문으로 바라보던 우거진 숲을 밀어버리기로 결심했다. 이것은 아무런 계획도 없이 밑도 끝도 없이 생각한 일이다. 지금 생각해보면 끝없이 일만 많아질 짓을 도대체 왜 시작해야 한다고 느꼈는지는 도무지 알 수가 없는 노릇이다. 그냥 큰 나무들을 여러 그루 베어내고 울창한 덤불도 제거했다. 덤불을 치우자 아름다운 바위 하나가 자태를 드러냈다. 이 바위를 어떻게 할까 며칠 동안 고민한 끝에, 교토에서 보았던 것과 비슷한 일본식 바위정원을 만들기로 했다. 작업을 준비하면서 중국과 일본의 바위정원 전통을 조사하고 불교철학을 더 깊이 읽어보았다. 그러다 늘 생각했던 문제가 떠올랐다. 불교의 특정 유파와 헤겔, 키르케고르, 니체, 하이데거, 데리다 등 내게 중요한 철학자들 사이에 깊은 친연성이 있지 않을까 하는 생각이다. 지난 12년 동안 나의 미학적·철학적 사유는 흙과 돌로 정원을 가꾸는 일에서 강철, 돌, 뼈 조각을 만드는 것으로 확장되면서 스톤힐의 내 작품 세계를 형성하게 된다.『무덤의 중요성Grave Matters』,『신비로운 뼈; 영성의 재구성Mystic Bones: Refiguring the Spiritual』,『보이스, 바니, 터렐, 골즈위시Beuys, Barney, Turrell, Goldsworthy』,『장소의 재발견: 스톤힐에서의 사색Recovering Place: Reflections on Stone Hill』 등 이 시기에 쓴 네 권의 책은 내가 만들고 있던 작품과 관련이 있다. 나의 미술 작품과 이 책들은 두 번의 전시회로 이어졌다. 매사추세츠 현대 미술관에서 개최했던 '무덤의 중요성Grave Matters, 2002', 그리고 스털링 앤 프랜신 클라크 미술관에서 연 '장소 느끼기: 스톤힐에서의 사색Sensing Place: Reflections on Stone Hill, 2016'이다.[1]

작업이 진행되면서, 겉으로 보기에 관련이 없어 보이던 가닥들이 예기치 않은 방식으로 결합되기 시작했다. 2001년 가을 클라크 미술관은 안도 다다오에게 증축을 의뢰했다고 발표했다. 그러나 프로젝트를 둘러싼 견해 차이와 재정적인 어려움으로 인해 프로젝트는 지연되었다. 내가 처음으로 바위정원을 만들고 작업을 확장하는 방법을 찾고 있을 때 안도의 디자인은 현실화되고 있었다. 스톤힐 북쪽 끝에 있는 클라크 미술관과 남쪽 끝에 있는 나의 집은 심연으로 이어질 뿐 어디로도 연결되어 있지 않은 하이데거의 '숲길holzweg'과 달리 진짜 숲길로 이어져 있다. 일본에서 안도와 만났던 일을 떠올리면서 그의 작품을 조사하기 시작했다. 그러던 중 나는 두 가지 사실을 발견하고 놀라움을 금치 못했다. 첫째, 안도는 장소가 건축뿐만 아니라 삶에도 중요하다고 주장한다는 것이다. 안도의 모든 작품에는 보편성, 균질성, 비장소성에 대한 모더니스트의 선입견, 그리고 떠다니는 기호와 이미지에 대한 포스트모던 숭배에 대한 직간접적 비판이 내재되어 있다. 둘째, 안도는 철학에 대한 관심을 과시하지는 않지만 그의 작품에는 교토 학파 철학자들의 사상이 깊이 깃들어 있다는 것이다. 안도의 미학은 교토의 료안지 바위정원에 나타난 선禪의 디자인 원리에 깊은 영향을 받았다. 톰 헤네건Tom Heneghan에 따르면 안도의 작품은 "극단적 단순성으로 환원된 건축이다. 그의 미학은 실재성과 속성이 지나치게 결여되어 있기 때문에… 거의 '무'에 접근하는 미학이다." 안도는 「마의 사유」라는 제목의 글에서 다음과 같이 말한다.

> 나는 공간을 잘 다듬어서 장인의 솜씨에 집중하게 만드는 섬세한 존재로 만들어내고 싶다. 그러나 동일한 공간을 가장 강한 힘으로 비집어 열고도 싶다. 일본인, 그리고 동양인 특유의 섬세함과 감성을

강렬한 독창성과 융합하고자 한다. 일본의 전통 건축 특징은 자연 목, 종이, 흙 같이 깨지기 쉬운 재료를 세심하게 처리해 얻은 목재 구조의 수직과 수평 라인에서 나오는 은은한 색감, 그리고 기교 가득한 순서 배열을 통해 얻는 깊이다. 건축물 내부에는 온화함이 감돈다. 온화함은 각 부분들 사이의 만남, 조화로운 풍광들 사이의 융합, 그리고 내부와 외부의 흐름들 간에 이루어지는 이행과 변화를 통해 구축된다. 이렇게 만들어진 공간은 비단 같은 섬세함을 획득한다… 대립해 충돌하는 요소들 사이의 간격은 반드시 열려야 한다. 이 간격, 다시 말해 일본 미학 특유의 마間라는 개념이 뜻하는 바가 바로 이러한 간격, 틈새다. 마는 결코 평화로운 중용이 아니라 가장 가혹한 갈등의 장소다. 나는 이렇듯 가혹함으로 무장한 '간격'을 통해 인간의 정신을 이어가는 동시에 인간 정신을 도발하고 싶다.

안도의 말은 모순으로 가득 차 있다. 가다듬기, 섬세함, 온화함, 비단 같은 섬세함이 있는가 하면, '대립해 충돌하는 요소', '가장 가혹한 갈등의 장소'를 찾기 위해 '가장 강한 힘'으로 공간을 열어젖힌다고도 말한다. 안도는 이러한 모순을 피하기는커녕 키워낸다. 모순이야말로 건축에 활력을 불어넣는다고 확신하기 때문이다. 그는 주장을 이어간다. "이것들은… 모순이다. 나는 모순을 피하기보다는 실제 건축을 통해 모순을 추구하며 정면으로 맞서려 한다. 이러한 갈등이야말로 전통 박물관에 갇힌 일본 건축을 해방하고 새롭게 담금질할 것을 약속하기 때문이다." 안도는 정면으로 모순에 맞서면서 자아와 세계를 갈라놓는 대립들과 협상을 시도한다. "내게 건축은 서로 상반되는 개념인 화해나 종합이다. 나의 건축은 상충되는 관념들의 미묘한 틈새에서 발생한다. 요컨대 나의 건축은 내부와 외부, 동과 서, 부분과 전체, 과거와 현재, 예술과 현실, 과거와 미래, 추상과 구체, 단순성과 복잡성 등 상극인 요소들의 승화다."

이렇듯 예기치 않은 발견 덕에 내가 따라가던 길은 처음으로 되돌아갔다. 내가 뒤처지지 않았다는 사실 또한 분명해졌다. 원점에서 끝으로, 끝에서 원점으로, 터렐에서 안도로, 안도에서 터렐로, 종교에서 예술로, 예술에서 종교로, 탄생에서 죽음으로, 죽음에서 재탄생으로, 침묵 없는 삶에서 침묵하는 삶으로, 그리고 침묵의 죽음으로 돌아간 것이다. 앞에서 살펴보았듯 『라스코, 예술의 탄생』에서 조르주 바타유는 예술과 인간의 기원이 모두 동굴이라고 주장한다. "라스코는 우리가 남긴 최초의 손에 잡힐 듯한 생생한 흔적, 예술과 인간의 최초의 상징을 제공한다." 안도는 바타유에 대해서는 언급하지 않았지만 그 역시 기원에 관심이 있으며, 그리고 건축에 대한 개인적 관심의 기원까지도 동굴에서 찾는다.

> 건축가가 되기로 결심한 이후 40년 동안 나는 나만의 '공간의 모체'를 모색해왔다. 나의 상상 속에서 그곳은 두껍고 무거운 흙벽으로 둘러싸인 동굴이나 희미한 빛만 들어오는 어두운 공간처럼 어둑한 장소다.
>
> 이러한 이미지들은 공간의 현상학보다는 내 몸, 그리고 무의식적 성향에서 비롯된 것이다. 그 기원을 찾다보면 과거의 장소들이 떠오른다. 어렸을 때 살던 집 어두컴컴한 방의 기억들, 학생 시절 여행 중에

본 카파도키아 동굴가옥의 지하 미로, 아마다바드의 지하 우물로 통하는 내리막 계단 통로…

나는 생명을 품은 공간의 느낌, 깊은 땅속에서 하늘을 올려다보는 느낌에 깊은 감흥을 느끼며 영감을 받는다… 건축의 기원으로 돌아가 어두운 편에서 빛을 사색하는 것이 내가 줄곧 원하는 바였다.

기원에 깊은 관심을 갖게 된 안도는 특정 장소의 특수성에 깊은 존경심을 갖게 되었다. 이것이 바로 그가 모던 건축과 포스트모던 건축에 저항하는 주된 이유 중 하나다. 컨퍼런스에서 안도를 처음 만났다. 그로부터 2년이 지난 뒤 그가 또 다른 아키텍쳐 뉴욕 컨퍼런스의 발표자로 시 낭송과 연설을 하는 것을 보았다. 안도는 보편적 형태와 가상 기술에 집착한 결과 건축은 삶의 자연적, 물질적, 육체적 환경과 더 이상 접촉하지 못하고 있다고 주장했다. 그는 니체와 마찬가지로 '대지에 충실하기'를 원하며, 이를 위해 니체의 말을 따라 원초적인 요소들이 춤출 수 있는 건축물을 만들려 한다. "건축과 대지의 단절, 건축과 역사의 단절은 땅의 정신이 소멸하는 결과로 이어질 것이다… 이러한 맥락에서 나는 다시 건물을 땅에 견고하게 붙이려 한다… 건축을 통해 나는 바람이 춤추고 하늘과 땅을 진동하게 만들고 싶다. 이렇게 땅의 영혼이 움직이도록 생명을 불어넣고 소생시킬 수 있다." 안도는 인간의 디자인에 맞춰 땅을 바꾸려 하지 않는다. 그는 말한다. "나는 장소가 속삭이는 목소리에 항상 귀를 기울인다. 나는 그 모든 힘과 함께 넓게 생각한다. 가시적인 특성뿐만 아니라 지역과 인류 사이의 상호작용과 관련된 보이지 않는 기억까지 함께 사유한다." 일본에서 특정한 장소의 속삭임에 귀를 기울인다는 뜻은 전통 건축에서 정원이 차지하는 중요성을 존중하는 것이다. 안도는 '정원이라는 기념물은 어떤 의미에서 대지미술 시대 이전의 대지미술'이라 주장한다.

안도의 건축은 지역이 세계화의 힘에 점점 더 흡수되는 세상에서 장소성을 회복하기 위한 노력의 확장으로 이해할 수 있다. 그는 현대 산업화와 도시화, 포스트모던 디지털화와 가상화가 사람들을 자연 세계로부터 고립시키고 감각적 신체 경험을 억압하는 점을 깊이 우려하고 있다. 그는 건축가부터 먼저 자연환경에 귀를 기울여야 하고 이에 반응해야 한다고 생각한다. "특정 장소에는 사람에게 영향을 미치는 뚜렷한 힘의 장이 늘 존재한다. 그 장은 언어이면서 언어가 아니기도 하다. 자연의 논리는 사람에게 주관적으로 영향을 미치므로, 그 영향을 진지하게 인식하려는 사람들은 점차 분명하게 느낄 수 있다. 궁극적으로 건축은 땅의 이러한 요구에 어떻게 반응하느냐의 문제다. 다시 말해 건축의 논리는 자연의 논리에 맞추어 조율해야 한다." 안도는 마음과 몸, 자아와 세계 사이의 이원론을 거부하기 때문에 이러한 반응은 육체적이어야 하고, 더 나아가 감정적이고 정서적이어야 한다. 이러한 감정을 키우기 위해 안도는 기원으로 돌아간다. 생존하려면 결코 떠날 수 없는 것이 기원이기 때문이다. 안도의 작품 전체는 어둠 속에서 빛을 보려는 노력을 상징한다.

종교와 예술에 대한 이 긴 논의의 고리를 계속 이어가기 위해 안도가 설계한 교회 두 곳과 미술관 두 곳을 살펴보려 한다. 이 작품들은 모두 선禪 미학의 우아한 단순함에 영향을 받았다. 앞에서 살펴본 많은 예술가들처럼 안도 역시 빛과 어둠의 상호작용에 몰두한다. 〈빛의 교회 Church of the Light, 1989〉와 〈물의 교회 Church on the Water, 1988〉는 실제로 서로 다른 두 개의 건물도 아니지만 그렇다고 정확히 하나의 건물도 아니다. 안도가 동시에 구상하고 설계한 두 교회는 둘 속의 하나요, 하나 속의 둘이다. 자연에 대한 안도의 감수성은 그가 사용하는 재료에 반영되어 있다. 안도의 건물은 어윈의 마파 설치물과 유사한 방식으로 어둠과의 상호작용을 드러내는 그림자로 빛을 조각하도록 만들어졌다. 안도는 다음과 같이 주장한다. "빛은 모든 존재의 근원입니다. 빛은 매 순간마다 존재에 새로운 형태와 사물에 새로운 상호관계를 부여하며, 건물은 빛을 가장 간결한 존재로 응축합니다. 건축에서 공간을 창조한다는 것은 빛의 힘을 응축하는 작업에 불과합니다." 안도가 만든 두 교회의 빛은 로스코 교회의 음울한 어둠이나, 켈리 교회의 쾌활한 밝음과 다르다. 안도는 어둡지도 밝지도 않은, 어둠과 밝음 사이의 찰나적인 그림자 유희를 창조한다.[2]

그가 주로 쓰는 건축 자재는 콘크리트, 나무, 유리지만 그의 색깔들은 훨씬 더 광범위적이다. "'건축 재료'는 가시적인 형태의 나무나 콘크리트에 국한되지 않고, 이를 넘어 우리의 감각에 호소하는 빛과 바람까지 포함합니다." 안도가 빛을 조각하기 위해 사용하는 콘크리트는 다른 자재와 다르다. 그는 흔한 산업용 재료를 가져다 예술 작품으로 변형시킨다. 수작업한 목제 프레임과 독특한 제작 기법을 사용해, 콘크리트의 잔물결 치는 표면에 광휘 효과를 생성하는 밀도를 부여하는 것이다. 건축 역사가 케네스 프램프턴 Kenneth Frampton 은 이 건축 방법의 놀라운 효과를 이렇게 설명한다. "건축에서 철근콘크리트보다 물성이 큰 요소는 상상하기 힘들다. 하지만 안도 다다오의 초기 작품에서 분명하게 알 수 있듯이, 특정 조건 하에서 빛의 충돌을 통해 물질성을 벗어던지기 가장 쉬운 것은 바로 이러한 물성이다… 벽은 거푸집 콘크리트 덕분에 보이지 않는 평면에 걸린 가벼운 천처럼 보인다. 이 물질에서 비물질로의 이행은 태양의 움직임과 불가분의 관계가 있다. 안도 건축의 본질적 역설을 구현하는 것은 바로 이러한 변형, 즉 지각 가능한 시간의 흐름을 통해 형태의 물성을 없애는 변형이다."

〈빛의 교회〉는 요도 계곡 기슭에 위치한 작은 건물(113제곱미터)이다. 이 교회는 세 개의 콘크리트 직육면체(5.9 × 15.7 × 5.9미터)로 구성되어 있다. 15도 각도로 잘라낸 벽이 직육면체들로 이루어진 교회 건물을 거리와 분리시키는 동시에 교회 입구를 만들어준다. 벽을 테두리 장치로 사용하는 것은 안도 건축의 특징 중 하나다. 헤네건의 해석은 다음과 같다. "안도의 벽에 내재된 의미의 강렬함은, 역설적이게도 건축 표현의 관습적 수단을 절제했기 때문에 나온다. 이 절제의 절대적 단순성은 상징을 부정한다. 안도의 벽은 말이 없다. 그러나 이러한 침묵에 바로 벽의 풍부한 표현성이 있다." 안도의 벽이 지닌 침묵은 분리와 분할 기능만으로 그치지 않는다. 더 중요한 것은 이 벽들이 통과와 교환의 가능성을 연결하고 창조한다는 점이다. 〈빛의 교회〉에서 안도는 벽을 이용해 외부에서 내부로, 그리고 빛에서 어둠으로 이어지는 경계의 이행 공간을 만들어낸다. 내부의 콘크리트 벽에는 그리드를 만드는 작은 구멍이 나 있고, 이 구멍들 때문에 콘크리트 표면에 격자무늬가 생긴다. 어두운 색의 나무 바닥은 멀리 있는 벽까지 완만한 경사를 이루고 있으며, 그 벽에는 바닥에서 천장까지, 그리고 좌우로 크게 유리 십자가가 뻗어있다. 이 십자가에서 나오는 빛이 내부를 밝혀 신비로운 효과를 만들어낸다. 십자가에서 뻗어나간 빛은 뒤쪽에서 들어와 나무 좌석 사이의 곧게 뻗은 중심축을 내려다보면서 팔을 벌린 상태로 신도들을 끌어안는 듯이 보인다. 안도의 교회는 로스코의 교회만큼 어둡지도 않고 켈리의 교회만큼 밝지도 않다. 검은색이 전체 색을 압도하지도 않고 전체 색이 검은색을 압도하지도 않는다. 외부의 색이 십자가의 불투명한 유리를 통해 보이면서 내부의 회색과 갈색을 상쇄시킨다. 안도 디자인의 절제성은 우울함을 자아내는 것이 아니라 고양감을 주는 독창적인 비어있음을 만들어낸다.

유바리 산지夕張山地에 위치한 〈물의 교회〉는 〈빛의 교회〉보다 규모도 크고 복잡하다. 이곳에서 안도는 자신의 건축에 중요한 두 가지 추가 요소인 공기와 물을 도입한다. 이 교회는 중첩된 정육면체 두 개로 구성되어 있다. 하나(10제곱미터)는 지상에 있고 다른 하나(15제곱미터)는 지하에 있다. 이번에도 안도는 독립된 벽을 사용하여 건물의 프레임을 만들고 입구를 표시한다. 〈빛의 교회〉가 아래쪽으로 경사져 있는 것과는 대조적으로 〈물의 교회〉 입구는 완만하게 위로 경사져 있고, 경사진 곳으로 올라가면 4면이 유리로 둘러싸인 공간이 나온다. 4면의 유리는 커다란 대칭형 십자가 형태로 나뉘어 있다. 이 공간에서는 4면 유리의 십자가를 통해 빛이 주위의 숲과 산을 바라보는 방문객들을 감싼다. 다층 구조물이 거대한 인공 호수로 둘러싸여 있어 교회는 중력을 거슬러 물 위에 떠 있는 것처럼 보인다. 교회로 들어가는 입구는 아래쪽으로 굽이굽이 내려가는 계단을 통해 원통형의 대기실로 이어진다. 전통적으로 제단이 위치하는 뒤쪽 끝에는 호수 쪽으로 열리는 개폐식 유리벽이 있고, 그 한가운데 강철로 만든 크고 하얀 십자가가 있다. 비바람 등 다양한 날씨와 주변 외부 환경에 내부를 개방함으로써 안도는 외부의 빛과 색을 내부로 들여와 비어 있는 듯 보였던 공간을 채운다. 이 공간에서 예술과 자연은 둘 속에서 하나가 된다. 안도는 이렇게 말한다. "물, 빛, 하늘의 형태 속에 있는 자연은 건축을 형이상학적인 것에서 지상의 것으로 복원하고 건축에 생명을 불어넣는다. 건축과 자연 사이의 관계에 대한 관심은 필연적으로 건축의 시간적 맥락에 대한 관심으로 이어진다. 나는 시간의 감각을 강조하면서 대립을 만들어내고 싶다. 이 대립 속에서는 흐르는 시간의 덧없음이 공간적 경험의 일부가 된다." 〈물의 교회〉는 빛에서 시작해 어둠을 거쳐 다시 빛으로 가는 안도의 여정을 밟아 보라는 초대다. 이 길을 따라 이어지는 무대는 교회에서 예술로, 그리고 결국에는 예술 작품을 소장하고 있는 미술관으로 확장된다.

〈지추미술관[2004]〉은 여러 가지 면에서 안도의 대표작이라 볼 수 있다. 일본어로 '지추[地中]'는 '지하'를 의미하므로, 이 미술관 이름의 올바른 번역은 '땅속 미술관'이다. 이 작품은 안도가 갖고 있는 '건축의 기원인 동굴로 돌아가 어둠이 있는 곳에서 빛을 숙고하고자 하는 욕망'을 충족시키고 있다. 지추미술관의 목표를 설명하면서 그는 다음과 같이 적고 있다.

지하에는 지상에, 다시 말해 땅 위에 존재하는 것 같은 축이나 방향이 없기 때문에, 땅 아래에서는 거의 모든 형태를 만들 수 있다. 그러나 이러한 형식적 자유 덕에 더욱 원시적인 기하학 형태에 전념하게 되었다. 지하 건물의 외부 형태는 보이지 않아 표현할 필요가 없기 때문에 형태라는 당연한 문제는 더 이상 문제가 아니었다. 나의 숙제는 단순한 기하학적 형태를 구성해 매우 복잡하고 다양한 '빛의 풍경'이 연속으로 펼쳐지는 효과를 만들어내는 것이었다… 나는 어둠을 뚫고 들어와 각각의 공간을 고유하게 비추는 빛의 양과 질의 세부사항을 파고 들어갔다. 지추미술관은 전체적으로 빛을 안내자 삼아 돌아보도록 할 의도로 설계했다.

지추미술관은 나오시마 섬 남단, 세토 내해가 내려다보이는 절벽 위에 위치해있다. 이곳은 단 세 명의 작가, 클로드 모네, 월터 드 마리아$^{Walter\ De\ Maria}$, 제임스 터렐의 작품만 전시하는 독특한 미술관이다.

안도와 터렐의 협력은 1999년 미나미데라^{南寺}에서의 공동 작업으로 거슬러 올라간다. 이 작업은 예술을 일상생활의 일부로 만들기 위한 미나미데라 미술관 프로젝트의 일환으로 이루어진 것이다. 안도는 터렐의 〈달의 뒷면$^{Backside\ of\ the\ Moon}$〉을 위해 163제곱미터의 목조 건물을 디자인했다. 이 작품은 매사추세츠 현대 미술관에 있는 터렐의 〈어두운 공간$^{Dark\ Space\ at\ Mass\ MoCA}$〉의 변형이다. 〈어두운 공간〉은 2장에서 살펴보았다. 방문객들은 처음에는 아무것도 보이지 않는 어두운 방으로 안내된다. 눈이 적응하면 보라색 빛이 처음 나타나기 시작하고 그 다음으로 자외선 직사각형이 공간 속에 맴도는 것처럼 보인다. 점차 어떤 자각이 찾아든다. 이 빛은 줄곧 그 공간에 있었지만 눈앞에 무엇이 있었는지 볼 수 없었다는 자각이다. 「어둠이 빛이 되었을 때When What Was Darkness Becomes Light」라는 제목의 대화에서 안도와 터렐은 이 공동작업의 결과에 대해 대화를 나눈다.

안도: 이곳은 분명 전엔 한 번도 경험해본 적이 없는 공간입니다. 아주 작은 상자지만 무한히 확장되는 느낌이 드네요… 이곳이라면 한 시간이라도 머무를 수 있을 것 같습니다. 내 안의 영혼이 차츰 고양되는 것 같은 기분입니다.

터렐: 저는 이 공간, 즉 우리가 만드는 이 건축물에 정말 영혼의 느낌이 있다고 생각합니다. 혼자 혹은 지나치게 많지 않은 수의 사람들과 함께 절에 머무를 때 이런 느낌을 받을 수 있죠. 이 공간은 이런 종류의 장소에 깃든 역사와 이어져 있습니다. 우리가 상상력을 만나는 것. 다시 말해 우리가 바라던 것을 만나는 것은 틀림없이 이러한 상황인 것이 확실합니다.

안도: 원래는 종교가 이런 체험을 제공했을 겁니다. 일본인들은 정말 이런 감정을 잊어버렸습니다. 하지만 이곳에 온 사람들은 이런 감정을 회복할 수 있을 것이라 생각해요.

지추미술관은 하이저의 〈이중 부정〉과 터렐의 〈로덴 분화구〉 정도의 규모를 갖춘 거대한 대지미술 작품이다. 화랑이 모조리 지하에 위치한 이 미술관은 입구가 하늘로 향해 있는 동굴이다. 밖과 위쪽에서는 미술관이 보이지 않고 정사각형, 삼각형, 직사각형 입구는 섬의 풍경을 가로질러 세심하게 배치된 추상 조각처럼 보인다. 복잡한 설계를 거친 지하 공간은, 반짝이는 노출 콘크리트의 벽면이 자연광을 반사하도록 만든 복도와 연결되어 있다. 화랑들 사이의 공간에는 돌과 잔디 마당을 조성해 놓았다. 마당은 하늘을 향해 열려 있다. 이 미로 같은 공간에는 중심이 없기 때문에 방향을 잃기 쉽다. 이 불안한 느낌은 박물관 내부로 이어지는 6도 각도로 기울어져 있는 통로 벽에 의해 더욱 심해진다. 안도의 설명을 들어보자. "목표는 방문객들에게 지구의 중심부, 정중앙부로 가고 있다는 느낌을 주는 것이었다. 6도라는 각도는 원 전체의 각도 360도의 60분의 1을 의미하므로 이 공간은 지구라는 구체의 일부로 볼 수도 있을 것이다." 생명의 모체로 되돌아가서, 우리를 인간으로 만들어주는 흙/부식토와 다시 접촉할 수 있게 된다.

지추미술관이 소장하고 있는 세 명의 예술가는 자연에 대한 깊은 존경심을 가지고 있으며, 예술이 인간과 자연 사이의 균열을 치유하는 데 도움을 줄 수 있다는 안도의 믿음을 명시적으로나 함축적으로 공유한다. 그럼에도 불구하고 안도의 건축은 모네나 드 마리아보다는 터렐과 공통점이 더 많다. 터렐의 《스카이스페이스》와 비슷한 안도의 기하학적 입구는 빛을 포착하고, 천국을 지상으로 가지고 내려온다. 터렐이 쓴 내용을 보면 자신의 예술을 평가하기보다는 안도의 말을 그대로 인용하고 있다는 생각이 든다. "제 작업은 무엇보다 예술입니다. 종교가 아닙니다. 그러나 종교가 예술가의 영역이 아니라는 뜻은 아닙니다. 자, 저는 종교라는 영역을 포기하지 않을 것 입니다! 게다가 저는 (베를린에 있는) 아미타불에 새겨진 문구가 아주 큰 설득력이 있다고 생각합니다. 지극한 진리는 상^{像}이 없다. / 그러나 상^{像}이 없으면 진리를 표현할 수 없다. 지극한 이치^{理}는 말이 없다. / 그러나 말이 없으면 이치를 나타낼 수 없다 大至眞無像°非像無以表其眞°至理無言°非言何以旌旗理°." 안도의 건축에서 "최고의 이치는 말이 없다"는 것을 발견한다면 그것이 바로 침묵을 보는 것이다.

앞에서 언급한 작품이 성공을 거두면서 안도는 아름다운 자연 경관을 특징으로 하는 클라크 미술관 증축 디자인을 위한 탁월한 선택지가 되었다. 57만제곱미터 규모의 이 미술관은, 뉴욕의 터코닉 산맥과 버몬트의 그린 산맥 사이에 자리 잡은 버크셔 계곡에 위치해 있다. 클라크 미술관은 1955년 스털링 클라크$^{Sterling\ Clark}$와 프랜신 클라크$^{Francine\ Clark}$가 건립했다. 스털링은 싱어재봉틀 회사의 변호사였던 할아버지에게서 재산을 물려받았다. 그는 동아시아에서 오랜 세월을 보낸 뒤 1911년 파리에 정착해 미술품을 수집하기 시작했다. 20세기 중반까지 주로 미국과 유럽의 회화(특히 프랑스 인상주의 작품), 조각, 판화, 사진, 장식예술 등을 수집했다. 냉전 초기에 클라크 부부는 도시에서 멀리 떨어진 곳에 미술관을 세우기로 했다. 왜냐하면 그곳은 핵 공격을 당하지 않을 수 있을 것 같아서였다. 오랜 탐색 끝에 부부는 매사추세츠의 윌리엄스타운에 정착했다.

미술관의 원래 건물은 이곳의 자연환경에 어울리지 않았다. 흰색 대리석 건물^{1955}은 하이데거의 그리스 신전이나 무덤처럼 보인다. 실제로 클라크 미술관이 입구 아래에 묻혀있기도 하다. 1973년에 연구소가 설립되었고, 이번에도 건축이 문젯거리로 불거졌다. 붉은 화강암을 사용하여 지은 이 브루털리즘 경향의 건축물은 원 미술관의 고전주의 양식과 충돌했고 주변 환경과도 어울리지 않았다. 두 건물 모두 거리를 향하고 있었고 스톤힐을 등지고 있었다. 두 건물 사이의 불협화음뿐 아니라 주변 환경과의 부조화라는 두 가지 오류는 안도에게는 상당한 도전이었다. 기존 건물들에게서 연속성을 창출하고 전체를 주변 환경과도 통일성 있게 연결할 방안을 찾아야만 했다. 클라크 미술관의 자연 환경이 건축만큼 중요하다는 것을 깨달은 안도는 두 가지 해결책을 개발해냈다.

첫째, 스톤힐로 가는 중간 부분의 숲에 새 건물을 지어 전시 공간과 보존 연구실을 설계해 사람들을 자연 환경으로 끌어들이는 방법을 고안했다. 런더 센터Lunder Center는 빙 돌아가는 숲길을 통해 들어갈 수도 있고, 가을날 황금빛으로 빛나는 토종 풀과 자작나무가 늘어선 완만히 굽은 차도를 통해 들어갈 수도 있다. 콘크리트와 목재로 된 이 건물에서 가장 기억에 남는 특징으로는 그린 산맥의 장엄한 경관을 볼 수 있는 커다랗고 각진 테라스가 있다. 중요한 세부사항이 하나 더 있다. 런더 센터에는 〈빛의 교회〉를 비롯한 다른 여러 건물과 마찬가지로 건물 외부에 따로 세운 벽이 숫자 7 모양을 하고 있다. 이제까지 살펴본 것처럼 일본과 중국에서 숫자는 상징적인 중요성이 있다. 마이클 코모의 설명을 다시 들어보자. "7이라는 숫자는 역사 초창기부터 매우 중요했다. 북극성은 움직임 없이 고정되어 있고 다른 별들이 주위를 돌고 있는 형태이므로 왕권을 상징했다. 여기에 일곱 개의 별로 구성된 북두칠성이 포함되는 것은 당연한 수순이었다. 점성술의 여러 형태에서 이 일곱 개의 별은 인간의 운명을 크게 좌우했다." 안도가 7 모양을 벽에 사용한 것은 하늘과 땅을 연결하려는 목표를 염두에 둔 조용한 제스처다.

안도의 계획에서 두 번째이자 중요성이 더 큰 부분은 특별 전시실, 강의실, 식당, 상점을 수용할 수 있는 1,021제곱미터의 새 건물을 짓는 것이었다. 그중에서도 가장 급진적인 혁신은 미술관의 방향을 아예 바꾸는 것이었다. 거리를 등지고 경사진 초원을 바라보도록 건물을 지어 기존 건물을 가리는 계획이었다. 이러한 계획을 위해 조경사 리드 힐더브랜드Reed Hilderbrand는 1,000그루가 넘는 나무를 심고 산책로를 미술관에서 들판과 숲으로 이어지도록 개조해 외경을 재설계했다. 미술관이 남쪽을 향하도록 방향을 바꾸면서 방문객들은 이제 스톤힐의 맨 끝으로 이어지는 산책로를 보게 되었다. 스톤힐의 맨 끝은 내 조각 정원이 있는 곳이기도 하다.

새로운 클라크 미술관에 증축한 건물은 안도의 특징적인 요소들, 즉 콘크리트, 나무, 유리, 물, 공기, 바람 등을 포함하고 있다. 자연 환경을 막지 않는 작업의 중요성을 인식하고 있던 안도는 그 어떤 수직 구조도 거부하며, 전통적인 일본 건축의 전형인 수평 구조를 지향한다. 다른 건물과 마찬가지로 여기서도 독립된 벽을 사용해 입구를 만들어 건물과 주변 환경을 구성한다. 원래 있던 흰색 대리석 건물과 새로 지은 센터를 선형의 갤러리로 연결했다. 이 갤러리에는 유리로 만든 벽과 붉은 화강암으로 만든 벽이 있어 연구 센터의 정면과 조화를 이룬다. 주차장에서 입구까지 이어지는 길고 붉은 화강암 벽이 지추미술관에 전시된 모네의 그림에 묘사된 것과 꼭 닮은 백합 연못을 지나가고 있다. 입구에서 화강암이 콘크리트와 유리로 연결된다. 두 개의 유리문이 자동으로 열리면 아름다운 3단의 야트

막한 반사 연못이 나타나고, 동그란 회색 돌들이 반짝이는 연못 물 속에 잠겨있다. 그리고 방문객들이 잠시 멈추고 주위를 돌아볼 수 있도록 테라스 주위에는 버드나무와 벤치, 의자가 비치되어 있다. 반사 연못에 비친 하늘로 우뚝 솟아오른 스톤힐의 장관은 숨이 멎을 정도다. 예술, 건축, 자연이 함께 어우러져 절묘한 풍경을 만들어내는 경우는 없다고 해도 과언이 아니다.

안도의 다른 프로젝트와 마찬가지로 클라크 미술관 디자인에서 가장 중요한 것은 지하에 있다. 새로운 화랑, 회의실, 카페 모두 지하에 있다. 낮은 층으로 가는 길은 사다리꼴 입구를 통과하는 계단으로 이루어지고, 이 입구에는 표면과 깊은 곳을 연결하는 얇은 콘크리트 기둥이 있다. 물에 잠긴 화랑은 지추미술관의 전시 공간을 연상시킨다. 하늘을 향해 열려있는 반사 연못이 있는 마당 두 곳을 통해 자연광이 내부로 흘러들어간다. 클라크 센터를 통해 안도는 부피감과 텅 빈 느낌 사이의 상호작용을 다른 작품에서보다 더 효과적으로 창조해놓았다. 여기서 빈 공간은 단순한 음의 공간이 아니라 하이데거의 항아리나 데리다의 비어있음인 코라와 마찬가지로 형태를 등장시키는 기능을 한다. 이밖에도 클라크 센터에는 또 하나의 중요한 특색이 있다. 클라크 미술관의 분위기는 더 밝고 가볍다. 〈빛의 교회〉와 〈물의 교회〉에서 안도는 '건축의 기원으로 돌아가 어둠의 편에서 빛을 숙고하는 작업'을 추구한 반면, 클라크 미술관은 빛을 숙고하되 어둠의 편이 아니라 빛의 편에서 숙고하는 듯 보인다. 어두운 나무 바닥과 콘크리트 계단은 사라졌고, 그 자리에 밝은 흰색 오크나무 바닥과 야외 계단이 자리 잡았다. 내부 벽은 들어오는 자연광을 흡수하기보다는 반사하도록 설계되었다. 어둠은 지워지지 않았고 오히려 끝없는 그림자놀이로 잠잠해졌을 뿐이다. 안도는 '빛과 그림자에 대한 탐구'에서 탄생한 '영혼의 쉼터'를 찾고 있다고 고백한 바 있다. 그가 클라크 미술관에 만들어놓은 공간은 유명 작가 다니자키 준이치로谷崎潤一가 『음예예찬陰翳礼讃』에서 묘사한 일본식 방 공간을 연상시킨다.

흥취 있게 지은 일본식 방의 벽감을 볼 때마다 나는 그림자의 비밀에 대한 우리의 지식에, 그리고 그림자나 빛의 민감한 사용에 경이로움을 느낀다. 벽감의 아름다움은 어떤 영리한 장치의 결과물이 아니기 때문이다. 빈 공간은 평범한 나무와 평범한 벽으로 구분되어 있어서, 그 안으로 들어오는 빛은 비어있음 속에서 희미한 그림자를 생성시킨다. 더 이상은 아무것도 없다. 그럼에도 불구하고 우리들은 문지도리 뒤나 꽃병 주위나 선반 아래 등을 메우고 있는 어둠을 바라보고, 그것이 아무것도 아닌 그늘이라는 사실을 알면서도 그곳의 공기만이 착 가라앉아 있는 듯한 느낌, 영겁불변의 침묵이 그 어둠을 차지하고 있는 듯한 감명을 받는다. 서양인들이 말하는 '신비한 동양'은 아마도 이 어두운 공간의 기묘한 침묵을 가리키는 것이 아닌가 싶다. 그리고 어린 시절 우리도 햇빛이 전혀 들어오지 않는 벽감의 깊숙한 곳을 들여다보면서 표현할 수 없는 한기를 느꼈을 것이다. 이 신비의 열쇠는 어디에 있는 것일까? 궁극적으로는 그림자의 마법이다. 이 모서리에서 그림자가 사라지면 벽감은 그 즉시 그저 텅 빈 공간으로 돌아갈 것이다.

안도의 건축은 고요한 분위기를 만들어내고, 이곳에서 보이는 침묵은 두려움이나 풍부함보다는 평온함과 관련이 더 깊다. 여기서 침묵은 드러낼 수 없는 것을 드러낸다. 베르너 블레이저$^{Werner\ Blaser}$는 안도의 작품이 '침묵의 건축'이라고 말한다. "날카로운 모서리, 깨끗한 선, 매끄러운 표면의 미묘한 변조가 우리를 자극한다. 이들은 영적 교류의 장소다. 침묵의 순간은 선물이다. 침묵 속에서 우리는 편안함을 느낀다." 남은 문제는 어떻게 이 침묵과 함께 살아가는가다.

돌덩이에게 귀를 기울이다

1983년 국립인문학센터에서 『오류: 포스트모던 무/신론$^{Erring:\ A\ Postmodern\ A/Theology}$』을 집필하던 중 이슬람과 선불교를 연구하는 저명한 일본인 석학 이즈츠 토시히코^{井筒俊彦}를 만났다. 해체에 대해서는 아는 바가 없었던 그는, 당시 미국 전역을 휩쓸고 있었던 철학적이고 비평적인 해체론 운동에 대해 가능한 많은 것을 배우고 싶어 했다. 그 후 몇 달 동안 자주 만나며, 그에게 데리다의 글에 대한 나의 해석을 전했다. 대화가 깊어질수록 이즈츠는 해체와 선^{禪} 사이에 흥미로운 유사성이 발견된다고 말했다. 두 사상의 연관성을 보여주기 위해 그는 키타로와 니시타니의 저서를 소개하고 교토 학파의 중요성을 강조했다. 센터 체류가 끝나갈 무렵 그는 데리다와 만나고 싶다는 의사를 밝혔고, 나는 그가 귀국 길에 파리에 들려 데리다와 만날 수 있도록 약속을 잡아주었다. 당시 일본에는 데리다의 저서가 알려져 있지 않았기 때문에, 두 사람의 대화는 서로에게 매우 생산적이었다. 이즈츠는 데리다에게 일본에서 그의 저서를 소개할 계획을 말한 후에 번역 문제에 우려할만한 부분이 있다고 말했다. 두 사람이 대화를 나누고 몇 주 뒤인 1983년 7월 10일 데리다는 이즈츠에게 편지를 보냈다. 편지에서 그는 자신이 어떻게 '해체'라는 단어를 선택했는지, 그리고 이를 어떻게 번역해야 그 뉘앙스를 전달할 수 있을지에 대해 논했다. 나중에 그는 『일본인 친구에게 보내는 편지Letter to a Japanese Friend』라는 제목으로 이 편지를 출간했다. 이 짧은 텍스트는 해체에 대한 데리다의 가장 명료한 설명으로 남아있다.

데리다가 선택한 제목은, 하이데거의 1959년 저서인 『언어로의 도상에서Unterwegs zur Sprache』에 처음 발표된 「일본인과 질문자 사이의 언어에 대한 대화」라는 중요한 에세이를 직접 참고한 것이다. 이 제목은 통상적인 언어 논의가 아니라 언어가 출현하는 근원인 언어 이전의 영역을 탐구하려는 하이데거의 의도를 강조한다는 점에 주목해야 한다. 안도의 건축과 료안지 사찰과의 관계, 그리고 스톤힐 반대편에서 내가 하고 있는 작업에 대해 생각하면서 나의 생각은 이리저리 떠돌다 이즈츠의 가르침으로 되돌아갔다. 그러고는 결국 데리다의 편지, 그리고 그 편지에 영감을 주었던 하이데거의 대화로 향했다.[3] '이키いき, 기품'라는 단어를 어떻게 번역해야 하느냐는 질문에 일본인은 다음과 같이 대답한다.

일본인: '이키'는 빛나는 기쁨의 침묵이 불어넣는 숨결입니다.
질문자: 그러면 당신은 '기쁨'을 문자 그대로 이해하시는군요. 침묵으로 끌고 들어가는 것으로요… 이리저리 부르고 손짓을 보내

는 암시나 신호와 같은 종류의 기쁨 말입니다.

일본인: 하지만 기호는 열고 밝히는 종류의 가림(은폐)의 메시지입니다.

질문자: 그렇다면 모든 존재는 침묵으로 손짓하는 순수한 기쁨이라는 의미의 은총에 기원이 있을 것입니다.

베일을 벗기거나 여는 가림이라는 개념은 언어에 대한 질문으로 이어진다. 앞에서도 보았듯이 하이데거는 언어가 드러내면서 후퇴하는 방식이라는 전제를 통해 모든 존재의 길을 열어준다고 주장한다. 이번에도 이 대화는 번역 문제를 제기한다.

질문자: 그렇다면 고토는 무엇을 말합니까?

일본인: 대답하기 제일 어려운 질문입니다. 그래도 이키를 '침묵을 부르는 순수한 기쁨'이라고 정의했기 때문에 이제 고토 관련 질문에 대한 답은 좀 더 쉬워집니다. 고토가 말하는 것은 침묵의 숨결입니다. 기쁨을 부르는 힘, 기쁨을 존재하게 만드는 힘을 일으키는 침묵의 숨결 말입니다. 그러나 고토는 사건에서 기쁨을 주는 구체적인 뭔가를 늘 명명하기도 합니다. 반복될 수 없는 고유한 순간에 충만한 은총으로 나타나 기쁨을 주는 것 말이죠.

질문자: 그렇다면 고토는 은총의 메시지가 일으키는 사건이겠군요.

이 뒤엉킨 말들은 내가 여러 해 동안 모르고 나아가던 통찰을 말해준다. 은총은 매 순간, 심지어 어둠의 시간에도 일어나는 생의 선물이라는 것. 덧없이 짧은 시간 동안 은총이 충만한 존재는 그 기원이 되는 침묵 속에서만 경험할 수 있는 기쁨을 가져다준다. 바로 이 침묵이야말로 스톤힐에서 나를 부르고 있던 침묵이다.

집에서 클라크 미술관으로 이어지는 숲길을 따라 산책을 하다 보면 숲이 열리면서 옥수수와 건초가 있는 들판이 드러나고, 그곳에서 나는 애니 딜라드Annie Dillard와 함께 "쟁반처럼 들판에 쌓여있는 침묵을 보았다. 그날 푸른 풀밭은 고르게 뿌려진 침묵을 떠받쳐주었다. 들판은 침묵의 고른 압력을 받아 몸을 굽히고 있었다. 손바닥은 하늘 높이 향한 채 말이다. 맑게 갠 들판, 한 조각의 땅, 지구, 이것들은 침묵의 발아래서 찌그러지거나 산산조각이 나지도 않고 고요히 누워있었다. 그런 게 아무것도 아니라는 듯, 늘 있는 일이라는 듯 조용히 시간과 물질로 위장한 채, 침묵을 견디는 들판처럼 평범함을 가장한 채로. 이들은 넓게 퍼져 있고 그 위로 거대한 크기의 침묵이 포진해있었기 때문이다." 스톤힐을 신성하게 만드는 것은 나무와 들판만이 아니다. 더욱 중요한 것은 바위와 돌이다. 바위와 돌의 침묵을 보기 위해서는 다르게 듣는 법을 배워야 한다.

모든 것은 정원에서 마무리된다. 앞에서 설명했듯이, 서재에서 보이는 숲을 치우기 시작했을 때 내게는 뚜렷한 계획이 없었다. 사실 왜 그 일을 하고 있는지조차 몰랐다. 몇 가지 심각한 병을 앓은 지 1년이 지난 뒤였고, 블랑쇼의 잊지 못할 말처럼 나는 "거의 죽은 몸이나 다름없었다". 아마 아버지께서 가르쳐주신 교훈을 떠올리며, 땅을 경작하는 일이 몸의 상처 이상의 상처를 회복하는 데 도움이 될 것이라고 생각했던 모양이다. 처음 선불교 바위정원을 만들었을 때

나는 이것이 우리 땅 3만 2천 374제곱미터 중 2만 234제곱미터를 포괄하는 조각 정원으로 확대되어 지금까지 진행 중인 대형 프로젝트의 첫 걸음이 되리라고는 전혀 예상하지 못했다. 숲이 있던 곳에는 이제 연못이 산허리를 가르고 강철, 뼈, 돌로 만든 조각들 사이로 바위가 흩어진 개울이 흐르고 있다. 나는 조경사, 석공, 금속공, 중장비기사 등 지식과 창의력이 뛰어난 이곳의 장인들과 함께 설계하고 조성했다. 이들은 책상 앞에 앉아 물성을 논하고 육체를 주제로 글을 쓰지 않는다. 이들은 물질을 이해하고 손과 근육에 새겨진 지식을 몸에 직접 갖고 있다. 이들의 작품에서는 공예와 예술의 경계가 사라진다. 나는 이들 예술가와 오랜 시간 함께 일하면서 말로 전달할 수 없는 많은 교훈을 배웠다. 료안지 바위정원에서 보았던 승려들의 자갈 갈퀴질과 유사한 방식으로, 우리가 만든 것을 유지하면서 언어를 벗어나는 리듬에 내 몸과 마음을 조율한다. 미셸 세르는 이러한 의례적 노동의 중요성을 인식하고 있는 귀한 현대 철학자다. 그는 뛰어난 저서 『오감: 뒤섞인 몸의 철학 The Five Senses: A Philosophy of Mingled Bodies』에서 다음과 같이 말한다.

> 이렇게 우리는 죽는 법, 고통 속에서 홀로 살아남는 법, 아이가 병에서 회복되었을 때 즐겁게 노래하는 법, 전쟁보다 평화를 선호하는 법, 시간을 들여 집을 짓는 법을 배우는 것인가? 평화로운 방향으로 교육을 이끄는 것인가? 사전, 코드, 컴퓨터 메모리, 논리식에서? 아니면 아주 단순하게 생의 잔치에서? 기계 뒤에 있는 걸인 같은 유령이 말한다. 만약 삶에 어떤 의미가 있다면 그 의미는 삶이라는 단어

에 있다고 생각하지 않는다고. 오히려 의미는 살아있는 몸의 감각에서 발생하는 듯 보인다. 의미는 바로 거기서 발생한다. (아마도 디오니소스가 준) 고급 포도주로 길러진 지성에서 가능한 적은 단어들로, 타인에 대한 접근을 쉽게 해 주는 향기로 짜인 지혜로움에서, 고함, 흐느낌, 우리의 청각이 언어 아래에서 인식하는 바를 통해, 형언할 수 없는 대지와 풍경에서 솟아오르는 향기를 통해, 우리를 숨 막히게 하고 말문 막히게 하는 세상의 아름다움에서, 육신 홀로 들리지도 말하지도 못하는 상태로 훨훨 자유롭게 뛰어드는 춤에서, 속삭임조차 막아버리는 입맞춤에서⋯ 결국엔 떠나야 할 잔치에서.

스톤힐에서 정원을 가꿀 때 가장 중요한 교훈은 조각을 만드는 데 사용한 바위에서 배웠다. 돌 벤치, 1/2톤에서 2톤 반의 화강암 조각, 역삼각형 모양의 회색 화강암을 조심스럽게 잘라 세심하게 균형을 맞춘 자연 암석, 자갈로 이루어진 줄무늬 개울과 강, 하지 축과 동지 축 방향으로 돌을 쌓아 만든 14인치 직경의 화덕 등이다. 이런 작품 외에도 에드거 앨런 포의 '도둑맞은 편지'처럼 눈에 잘 띄는 곳에 거대한 바위들이 숨어있었다. 무성하게 자란 들판에 튀어나와 있던 돌기인 줄 알았던 것은, 알고 보니 굽이치며 아래로 내려앉은 바위 능선이 지표면을 뚫고 나온 부분이었다. 잡초와 흙을 제거하자 책의 너덜너덜한 페이지 가장자리처럼 보이는 세 개의 커다란 노두가 나왔다. 정적인 것과는 거리가 먼 이 바위들은 하늘을 향해 솟아오르는 파도처럼 보였다. 지질학자 친구들도 나와 같은 인상을 받았고, 4백만 년 전 이 바위들은 한때 『모비딕』의 피쿼드 호가 정박했던 낸터

킷 해안 해저에 있었다고 말해주었다. 친구들은 이 바위가 스톡브리지 대리석이라는 말도 해주었다. 이 이름은 조너선 에드워즈가 자신의 가장 중요한 작품을 쓴 마을 이름을 따서 명명된 것이다. 이것은 너새니얼 호손$^{Nathaniel\ Hawthorne}$의 단편소설 「이선 브랜드$^{Ethan\ Brand}$」에 나오는, 그레이록산 부근 석회 가마에서 구운 대리석과 같은 것이다. 그레이록산은 헨리 데이비드 소로가 하이킹한 곳이며, 멜빌이 눈 덮인 산을 바라보며 모비딕의 하얀 등 혹의 영감을 받은 곳이다. 인간의 손으로는 만들 수 없는 예술작품인 이 놀라운 바위는 우리의 종말인 침묵의 기원에 대한 고대 암석의 기억을 품고 있다. 이번에도 딜라드는 다른 사람들이 보지 못하는 것을 꿰뚫어본다. "땅은 생명을 제약하는 요인이다… 주먹으로 땅을 쳐서 흙을 바스러뜨리면 지질에 충격을 주게 된다. 기후란 결국 지역의 지질 조건에 의해 바뀐 광물의 융기, 기울기, 궤도의 바람이다. 태평양, 네게브 사막, 브라질 열대우림은 지역의 지질학 환경이다. 뒤뜰 개울의 느린 잉어가 있는 웅덩이와 튀어 오르는 송어 물결도 마찬가지다. 맙소사, 그게 다다. 모조리 돌덩이의 문제인 셈이다." 결국 모든 것이 돌덩이의 문제라면, 우리는 돌덩이의 말에 귀 기울이는 법을 배워야 한다.

　가장 시급한 문제 중 하나는 빠르고 시끄러운 오늘날의 세상에서 사람들은 더 이상 듣는 법을 기억하지 못한다는 사실이다. 생각 없는 잡담은 마음의 반성을 침묵시킨다. 항상 먼저 말하고 입을 다무는 것을 한사코 거부하는 것은 회피, 통제, 장악, 지배의 전략이다. 진정으로 경청하기 위해서는 침묵을 지켜야 하며, 하이데거의 설명처럼 침묵하려면 겸손함과 과묵함이 필요하다.

침묵은 담론의 또 다른 본질적인 가능성이며 담론과 동일한 실존적 토대를 가지고 있다. 서로 이야기를 나눌 때 침묵을 지키는 사람은 '이해를 가능하게 할' 수 있고(다시 말해 상대방의 이해를 증진할 수 있고), 말이 부족한 법이 없는 사람보다 더욱 진정성 있게 이해를 도모할 수 있다. 무언가를 놓고 장황하게 말한다고 이해가 보장되는 것은 아니다. 오히려 뭔가 길게 이야기하면 사안을 가리게 되고, 명확하게 이해한 것도 엉터리로 판명되며 사소한 것조차 이해하지 못하는 사태가 초래된다… 진정성 있는 침묵은 진정성 있는 담론 행위로만 가능하다… 그럴 경우 과묵함이나 비밀^{Verschwiegenheit}은 무언가를 드러내고, '빈 말^{Gerede}'을 없애준다. 담론의 한 방식인 과묵함은 현존재의 명료성을 원초적인 방식으로 선명히 드러냄으로써 진정한 경청 가능성과 투명한 공존의 가능성을 낳는다.

자기주장이 강한 말은 반향이 센 공간을 만든다. 이와 대조적으로 과묵함은 예상하거나 통제할 수 없는 것에 개방된 자세를 취하기 위해 자기주장을 버리는 것이다. 즉, 버리는 것은 존재를 허용하는 것이다. 자아의 해방은 타자의 해방이다. 이러한 버림을 설명하기 위해 하이데거는 마이스터 에크하르트$^{Meister\ Eckhart}$로부터 '내맡김$^{die\ Gelassenheit}$'이라는 용어를 차용했다. 레이너 셔먼$^{Reiner\ Schurmann}$은 『방황하는 즐거움: 마이스터 에크하르트의 중세 철학$^{Wandering\ Joy:\ Meister\ Eckhart's\ Medieval\ Philosophy}$』이라는 멋진 저서에서 에크하르트를 언급하여 하이데거의 핵심을 설명한다. "존재를 출현시키는 개방성은 재현과 소유의 지배로부터 해방된다. 마이스터 에크하르트는 존재를 등장시키는 신이 집착과 소유의 지배에서 벗어날 때 비로소 돌파구가 이루어진다고 말한다."

진정한 듣기란 타자를 자신의 욕망과 이익을 비추는 거울로 바꾸는 폐쇄성이 아니라 타자를 타자로 열어두는 것이다. 이러한 듣기는 조용한 인내가 필요하며, 일정 정도의 수동성 없이는 불가능하다. 들으려면 침묵하며 상대방의 부름을 기다리는 법을 배워야 한다. 그냥 기다린다는 것^{waiting}은 무엇을 기다린다는 것^{awaiting}과는 다르다. 공포^{fear}는 확고한 대상이 있고 두려움^{dread}은 대상이 없지만, 그 없음^{nothing}에 자극을 받는 것처럼, 뭔가를 기다린다는 것은 예상하는 바를 알고 있다는 뜻인 데 반해, 그냥 기다린다는 것은 다가오는 것이 무엇인지 모른 채 열려 있는 상태에 있다는 뜻이다. 하이데거의 「시골 길에서의 대화」에서 학자, 과학자, 안내자는 기다림이 무엇을 의미하는지 생각한다.

> **안내자**: 아마 우리는 이제 생각의 본질에 가까워지고 있는 것 같습니다.
> **학자**: 그 본질을 기다리고 있다는 점에서 말이죠.
> **안내자**: 기다림이라. 좋네요. 하지만 결코 뭔가 대상을 기다리는 것은 아닙니다. 그런 기다림은 이미 뭔가를 표상한다는 뜻이고 그러면 표상 대상에 갇혀버리니까요.
> **학자**: 하지만 기다림은 그런 대상에서 벗어난 것입니다. 아니. 이렇게 말해야겠군요. 기다림은 그 자체로 표상과 전혀 관련이 없어요. 기다림은 딱히 대상이 없습니다.

과학자: 하지만 기다린다는 건 늘 무언가를 기다리는 것입니다.

학자: 물론입니다. 그러나 기다릴 대상을 스스로에게 표상하고 거기 묶이는 순간 더는 기다림은 없습니다.

안내자: 기다리는 동안에는 기다리는 것을 열어둡니다.

학자: 왜죠?

안내자: 기다림은 스스로 개방 자체에 관여하기 때문입니다.

열린 곳은 존재가 주어지는 빈터다. 존재는 결코 소유할 수 없다. 그것은 언제나 선물이다. 그것도 일시적인 선물이다. 영원하지 않기 때문에 생명의 선물은 동시에 죽음의 선물이며, 죽음의 선물은 동시에 생명의 선물이기도 하다. 은총은 놀라운 선물이다. 죽음의 선물이기도 한 생명의 선물이며 생명의 선물이기도 한 죽음의 선물이다. 침묵은 이 은총의 경이로움을 향한 열림이다. 요하네스 드 실렌티오(키르케고르가 『두려움과 떨림』에서 쓴 필명 - 옮긴이)가 우리에게 상기시키듯 믿음의 두 번째 운동은 모든 존재를 주어진 존재로 받아들이는 것이다. 이 믿음을 따르는 것은 모든 가치의 재평가에 전념하는 것이다. 계산, 조작, 지배, 통제 대신에 사려 깊게 조용히 길러야 하는 덕목은 성찰, 숙고, 주의, 배려, 협동, 집중, 연민, 공감, 환대, 겸손, 책무, 관대함이다. 보답에 대한 어떠한 기대도 없이 이러한 가치를 갖고 산다는 것은, "9월 말 시골의 초자연적인 평화, 즉 아직 끝나지 않은 것과 이미 끝난 것(머리보다 몸이 더 많이 이해하는 농밀한 순간) 사이에 지상으로 내려오는 생생한 풍성함을 가져온다. 이러한 주어진 기쁨과 대적할 문장이 과연 있을까?"

몸으로 이해할 수 있지만, 머리로는 이해할 수 없는 것이 존재한다는 사실을 확신하게 되면서 나는 생각과 아이디어를 전달하기 위해 디자인을 사용하는 방법을 실험하기 시작했다. 내 생각네 예시를 들면서 설명하기보다는 책의 이미지를 사용해 주장을 뒷받침하기 시작했다. 비디오 게임을 만들어 이러한 이미지를 가져오려 해봤지만, 전자 매체가 사람들의 삶을 장악하기 시작하면서 현실의 가상화에 대한 불안감을 갖게 되었다. 결국 나는 다른 사람들에게서 가져온 적당한 이미지에 만족하지 못하게 되었고 직접 사진을 찍으며 나만의 이미지를 만들기 시작했다. 그러다 곧 2차원의 한계를 알게 되었고, 조각을 통해 3차원으로 이동하는 가능성을 천천히 탐색하기 시작했다. 내 유령의 무덤에서 모은 흙으로 조각품을 만들기 시작했다. 이 방법은 효과적이었지만 여전히 만족스럽지 않았다. 철학을 2차원에서 빼내 3차원으로 옮겨야 할 필요성을 느꼈던 것처럼, 이제는 조각을 실내에서 야외로 옮기고 싶어졌다. 말 그대로 사람들을 예술 작품에 참여시킬 수 있는 곳으로 말이다. 야외용으로 디자인한 내 첫 번째 조각은 「구덩이와 피라미드: 헤겔의 기호학The Pit and the Pyramid: Hegel's Semiology」이라는 제목의 에세이에서 영감을 받은 것이다. 이 에세이는 데리다가 에드거 앨런 포의 단편소설 「구덩이와 진자The Pit and the Pendulum」를 인용해, 헤겔의 '끝이 부러진 피라미드' 사용을 분석함으로써 그의 『정신현상학』을 비판적으로 읽어낸 글이다. 처음에 나는 이 이미지를 여러 책에서 사용했고, 그다음에는 강철 조각으로 만들었다. 나는 하이저의 〈이중부정〉 한가운데에 서서 배웠던 교훈을 떠올리며 구덩이가 없으면 작품이 불완전하리라 판단해 정확히 피라미드 크기로 역상을 만들어 4인치 반 깊이의 구덩이에 넣었다. 두 가지 피라미드를 이등변 삼각형 형태로 만들어 나란히 세워 지상에서 볼 수 있도록 했다.

조각이 늘어나고 정원이 커지면서 작업을 보다 효과적으로 구성해야 한다는 사실을 깨달았다. 어떻게 해야 할지 생각하면서 초창기 작업에 영감을 준 료안지 바위정원을 다시 한 번 떠올렸다. 앉아서 정원 전체 효과를 조용히 조망하고 사유할 수 있는 장소가 필요하다는 생각이 들었다. 교토처럼 높은 툇마루가 있는 짙은 색 나무 정자는 어울리지 않는다. 클라크 미술관으로 이어지는 길을 따라 걸으며 이 문제를 생각하다가 그동안 수없이 본 것, 즉 길을 따라 늘어선 여러 돌담 중 하나의 무너진 잔해를 발견했다. 모르는 얼굴이 찍힌 퇴색된 사진처럼 이 돌담은 오랫동안 침묵해온 목소리를 조용히 상기시켜 준다. 바위투성이의 흙을 개간한 농부들은 가축이 마음대로 돌아다니다 길을 잃는 것을 막기 위해 돌담을 만들었다. 거의 미국만큼 오래된 돌담도 있다. 수전 올포트Susan Allport는 이렇게 전한다. "1633년 플리머스 법원은 마침내 작물 재배자들에게 울타리에 대한 책임을 지게 했고, 9년 뒤 매사추세츠 법원은 이전의 판결을 번복하고 '모든 사람은 커다란 소에 대항해 자신의 곡식과 초원을 확보해야 한다'라고 선언했다. 그리하여 농부들이 농작물을 에워싸도록 요구하는 법과 관습이 시작되었다." 1871년까지 매사추세츠에는 53,043킬로미터, 코네티컷에는 33,000킬로미터, 로드아일랜드에는 22,579킬로미터에 달하는 돌담이 있었다.[4] 갑자기 해결책이 분명해졌다. 돌 주위로 담을 쌓아 사람들이 앉아서 생각할 수 있는 공간을 만든 후에 이 단계의 정원을 마무리하면 될 것 같았다.

나는 이 돌담이 분할과 분리라는 종래의 기능을 전복시키는 특별한 돌담이 되어야 한다는 사실을 깨달았다. 내 정원의 돌담은 경계, 여백, 한계, 막, 지평선의 기능을 하며 대지와 동시에 합쳐지고 떠오르는 느낌을 만들어낸다. 수축과 팽창의 장소인 돌담은 자궁과 무덤 모두를 연상시킬 것이다. 나는 인간과 인간을 지탱해주는 땅 사이의 친밀한 관계를 강화하고 싶었기 때문에, 돌담을 땅 위가 아니라 땅 속에 만들어야 했다. 늘 그렇듯 땅의 윤곽을 존중해 돌담이 곡선을 해치지 않고 곡선과 함께 움직이도록 만들 것이다. 더구나 이 돌담은 다른 어느 곳이 아니라 이곳에만 특별히 어울려 보여야만 했다. 하지만 돌담을 지을 만큼 돌이 충분하지 않았기 때문에 돌을 더 찾아 나서야 했다. 지역성을 해치지 않기 위해 정원과 주위 숲에서 모은 돌을 다른 곳에서 가져온 돌과 통합시켜야 했다. 게다가 내가 만들고 싶은 돌담은 정원의 시간적 리듬을 나타내는 것이었다.

내 모든 아이디어를 통합할 수 있는 디자인을 개발하기 위해 창의적인 돌담의 장인 댄 스노우Dan Snow의 작품에 눈을 돌렸다. 그는 각 장소의 특수성에 정확하게 맞춘 아름다운 돌담을 쌓을 뿐 아니라 자신의 예술에 대해 명료하게 글을 쓸 정도로 탁월한 비전을 갖춘 예술가다. 그의 저서 『돌무더기 속에서: 돌담의 예술과 돌이 하는 말에 귀 기울이기In the Company of Stone: The Art of the Stone Wall and Listening to Stone』는 애니 딜라드의 『돌과 대화하는 법Teaching Stone to Talk』에 대한 암묵적인 응답이다. 스노우는 침묵에 대한 숙고로 『돌무더기 속에서』를 시작한다.

시멘트를 쓰지 않고 돌담을 쌓는 일은 고요하고 고독한 일이다. 이 책의 본문에 이러한 주장을 뒷받침하는 증거가 많다. 그러나 꼭 그렇게 일이 돌아가는 것만은 아니다. 온종일 벽을 쌓다 보면, 햇빛이 지평선 아래에서 오거나 구름에 눌릴 때 귀뚜라미들은 교향악을 방불케 할 정도로 일사불란하게 날개를 굽힌다. 해가 뜨면 노래하는 새들의 합창 공연으로 낮은 더욱 환해진다. 돌담을 쌓는 이들의 '소리 풍경'에 이 미묘한 울림들이 얼마나 중요한지는 새삼 강조할 필요도 없다. 대기는 이 작디작은 생명체들의 음악으로 가득 차 있다.

존 케이지가 작곡한 음악 없는 음악이 침묵의 소리를 내준 것처럼, 어떤 형태의 음악은 침묵을 들을 수 있게 해 준다. 스노우가 직접 말한 것은 아니지만 그에게 돌담을 쌓는 일은 묵상의 한 형태였다. "돌담을 쌓으면 부서지고 흩어진 것들을 다시 모을 수 있다. 나는 땅 가까이에서 많은 시간을 보냈고, 나의 신발은 흙을 밟고 다니느라 흠집투성이였다. 손바닥은 돌을 움켜쥐는 바람에 지문이 지워져 반들반들해졌으며, 고개를 하도 숙이는 통에 머리는 심장 아래로 떨어져 있었다. 나는 늘 땅과 땅의 무한한 풍요에 조금 더 가까이 가려 노력한다." 스노우의 예술은 이러한 선물에 항상 열려 있고 그는 선물을 감사히 받는다. 그는 땅을 거스르는 법 없이 늘 땅이 선사하는 선물에 감응하는 디자인으로 고마움을 표시한다.

인생의 대부분을 돌보다 책과 함께 보낸 사람으로서, 돌담을 쌓는 사람들이 내가 책을 읽는 것만큼 돌과 바위를 주의 깊게 읽는다는 사실을 발견한 경험은 실로 매혹적이었다. 그들은 내가 보지 못하는 것을 보고 내가 느끼지 못하는 것을 느끼고 내가 듣지 못하는 것을 듣는다. 경험 많은 장인은 돌에 새겨진 선을 읽기만 해도, 그것이 무엇을 말하는지, 돌을 어떻게 쪼개야 하는지 정확히 알고 있다. 이 지식은 정신뿐 아니라 촉각과 관련이 있다. 스노우는 이렇게 설명한다. "촉각은 돌에 대한 가장 일반적인 정보를 주는 감각이다. 눈이 내 손을 재촉하기도 하지만, 만지고 잡는 것은 우리가 함께 일하기 시작한다는 합의를 상징하는 일종의 악수다." 심지어 망치질하고 정으로 깎아낼 때도 스노우는 항상 돌과 어우러져 작업하지 돌에 맞서는 법이 없다.

돌담을 쌓는 사람의 감각 지식은 손뿐만 아니라 귀로도 전해진다. 노련한 돌담 장인은 돌의 소리를 듣는 법을 안다. "'돌처럼 조용하다'는 속담이 있다. 돌이 쉬고 있다면 그 말은 사실이다. 하지만 돌은 누군가 자신을 때리면 말하기 시작한다. 쌓여있는 돌을 헤집으면 돌은 마주치는 다른 모든 돌과 이야기를 나눈다. 작은 돌과는 덜거덕거리고 큰 돌과는 으르렁거린다. 돌담에 이미 들어간 돌도 말을 걸어온다."

스노우에게 돌담을 탄생시키는 노동은 창조 행위를 의례적으로 되풀이하는 행동이다. 그는 고백한다. "돌담 쌓기의 매력 중 하나는 무에서 유를 창조하는 것이다. 간과되거나 인정받지 못한 것들을 모아서 유용한 무언가를 만들어내는 일은 연금술사의 마술처럼 느껴질 정도다. 하찮은 것을 최대한 활용하는 일, 그것이 돌담 쌓는 장인의 마법이다." 창조의 마법은 아름다운 돌담을 만든다. 그 아름다움은 돌들의 상호관계에서 만들어지며, 이 관계는 정지된 물체를 땅을 따라 구불구불 흐르는 강으로 변형시킨다. 스노우는 돌만으로는 이러한 아름다움을 만들어내지 못한다는 사실을 깨닫는다. 하이데거의 항아리를 만드는 도예가처럼 스노우의 뛰어난 손은 돌담을 구성하는 빈 공간을 만들어낸다. "나를 보면 돌로 담을 쌓고 있다고 생각할 수도 있지만, 사실 나는 빈 공간을 만들어내는 일에 집중하고 있다. 느슨한 돌을 돌담 형태로 흡수하는 공간을 만들 수 있다면, 빈 공간이 더 남아있지 않을 때 돌담은 완성된다. 담을 구성하는 실질적인 재료는 공간이다."

돌담을 설명하는 스노우의 웅변을 들으며 나의 글쓰기, 조각, 정원의 실타래가 돌담을 통해 하나로 엮이고 있음을 발견했다. 그가 전해준 가장 중요한 교훈은 전혀 예상도 못 한 진실이었다. 내 돌담이 성공한다면 그건 내 디자인만으로 이루어진 것은 아니다. 나는 돌을 그대로 둔 채, 내가 아니라 그 돌들이 하고 싶은 것을 허락해줌으로써 통제를 향한 나의 결단을 버려야 한다. 만약 내가 이걸 해낸다면 기적이 일어날 것이라고 스노우는 장담했다.

> 돌이 담이 되는 과정에서 서로 관계를 맺어갈 때 인식이 바뀌는 데 놀랐다. 이따금 돌이 운명적으로 꼭 있어야 할 자리에 떨어질 때면 돌연 신의 은총을 소나기처럼 받고 서 있다는 느낌을 받았다. 잠시나마 피할 수 없는 운명의 순간을 누리는 셈이다. 돌이 찾아내는 일체감을 나도 느끼는 순간이다. 운이 좋으면 그런 일은 여러 번 일어나기도 한다. 하지만 전혀 일어나지 않는 날도 있다. 은총은 다음 순간에 내려올 수도 있고 다시는 내려오지 않을 수도 있다. 돌에게 나

자신을 내맡길 때만 그런 은총의 순간이 또 온다는 사실을 알기 때문에 나는 계속 돌담을 쌓는다.[6]

그리고 나는 계속 글을 쓰고 땅을 판다.

스노우의 교훈을 받아들인 뒤 나는 돌담의 윤곽만 스케치하고 세부 사항은 돌이 결정할 수 있도록 남겨두었다. 그런 다음 오랫동안 함께 일한 밸러리와 조시에게 전화를 걸어 내가 하고 싶은 것을 설명했다. 밸러리는 건축자재 공급업자를 소개해 주며 내가 사용할 돌의 색상, 모양, 크기를 선택하게 했다. 이틀 뒤 자연석 3톤이 도착해 돌담 터로 선택한 완만한 언덕 옆 풀밭에 놓였다. 곧바로 나는 조시와 정원 가장자리 경사면에 선택해 둔 땅을 파기 시작했다. 그 이후 3주 동안 우리는 함께 돌담을 쌓았다. 긴긴 낮은 더웠고 작업은 힘들었다. 조시는 스노우의 작업을 알고 있었지만, 그의 책을 읽지는 않았다. 나는 그에게 스노우를 주제로 제작한 좋은 다큐멘터리 영화를 주었다. 내가 무슨 생각을 하고 있는지 그가 더 잘 알 수 있도록 하려는 뜻에서였다. 나란히 일하면서 조시는 자신이 하는 일과 돌담을 쌓는 일에 대한 개인적인 철학을 말해주었다. 조시와 스노우의 생각이 얼마나 비슷한지 궁금해졌다. 이보다 덜 복잡한 돌담을 혼자 쌓아본 적이 있었던 나는, 조시의 건축 방법이 복잡하다는 사실에 놀랐다. 우리의 담은 받침대 없이 홀로 서도록 쌓는 것이 아니라 산비탈에 쌓고 있었기 때문에, 땅이 얼고 녹을 때 물이 빠지고 흙이 움직일 수 있다는 것을 참작해서 돌을 쌓아야 했다. 안정성을 확보하기 위해 내벽과 외벽을 두 가지로 쌓았다. 내벽은 보이지 않게, 외벽은 보이지만 안쪽으로 약간 기울어지게 쌓았다. 두 벽은 약 20센티미터 정도 떼어 놓았다. 바닥과 내벽 사이, 그리고 두 벽 사이의 20센티미터 간격은 자갈과 돌 조각으로 채웠다. 미완의 느낌을 주기 위해 정원 쪽으로 열려 있도록 타원형으로 디자인했다. 돌담 길이는 36피트였고 이는 물론 원 둘레 각도의 정확히 10분의 1을 상징하는 숫자다. 숨기는 동시에 드러내는 일본의 '미에가쿠레' 원칙에 따르면 정원에 들어섰을 때 돌담이 바로 보이지 않아야 한다. 특정한 시야각에서는 벽이 사라지면서 보이는 것과 보이지 않는 것, 즉 나타나는 것과 감춰지는 것 사이의 상호작용이 만들어진다.

철학적인 관념을 표현하고 미적으로 매력적이면서도 견고한 담을 쌓는 작업은 결코 쉬운 일이 아니었지만, 조시에게는 필요한 역량이 있었다. 우리가 사용한 돌은 뉴욕 북부 인근 들판에서 무작위로 모아온 것들이었다. 돌은 하나같이 이상한 모양이라 서로 맞추어 돌담을 쌓으려면 먼저 끌로 깎거나 쪼개야 했다. 스노우처럼 조시도 돌을 주의 깊게 읽고, 돌이 하는 말을 들었다. 그는 내게 늘 말했다. "돌의 말을 들어야 해요. 그러면 자신들이 원하는 위치를 말해줄 겁니다. 돌과 동행하는 것이 중요합니다." 특정 장소에 필요한 정확한 돌을 찾은 뒤 그는 해당 돌에 난 선을 읽었다. 특정 모양을 만들어야 하는 경우, 조시는 망치와 끌로 돌을 쳤을 때 돌이 어떤 모습으로 쪼개질지 예측했다. 그의 예상은 틀리는 법이 없었다. 때로 조시는 이렇게 말하곤 했다. "원래 있던 곳에 그냥 놔둬요." 조시에게 필요할 것 같은 다음 돌을 찾기 위해 내 눈과 귀를 훈련하는 데는 시간이 꽤 소요되었다. 그랬는데도 내가 돌을 가져가면 조시가 그걸 받아쓰는 확률은 절반도 채 되지 않았다. 돌담에 적합한 돌을 찾는 일은 문장에 어울리는 단어를 찾는 작업과 마찬가지로 경험과 우연의 조합이다. 조시가 일하는 모습을 지켜보면서 때때로 그가 침묵 속에서 무아지경에 빠져있는 듯 보인다는 사실을 알아차렸다. 경기장에서 자신의 포지션을 잡고 서 있는 농구선수처럼, 딱 맞는 돌이 그의 손에 떨어져 돌담의 제자리에 들어가 쉽게 박히곤 했다. 세부 사항 하나하나에 꼼꼼히 주의를 기울이는 조시는 빛의 중요성에도 깜짝 놀랄 만큼 민감했다. 돌을 배치하면서 그는 빛이 하늘을 가로질러 이동할 때 돌담 표면에 그림자를 어떻게 드리울지까지 세심하게 계산했다. 돌을 놓고 뒤로 물러서서 응시한 다음, 다시 들고 자신이 원하는 방식으로 빛을 정확히 포착할 때까지 이리저리 약간씩 움직여 보곤 했다. 미묘한 변화에 주의를 기울일 만큼 인내심을 발휘할 줄 아는 사람에게 벽은 해시계의 역할을 한다. 자연석들을 정원 부지 바위들과 조화롭게 통합시키기 위해 나는 (정확히) 일곱 개의 돌을 모았고, 조시는 이 돌을 전부 돌담 디자인에 적용할 방법을 찾아냈다. 우선 내가 찾아온 제일 큰 돌을 사용해 중앙에서 약간 벗어난 곳에 돌담의 중심점을 만들었다. 돌담을 멀리서 바라보면 이 돌에 시선이 집중되고 벽은 그 주위로 펼쳐진다〈그림 10〉.

돌담이 완성되기 직전, 마지막 세부 사항이 남아있었다. 정원을 둘러보며 생각하는 동안 앉을 수 있는 돌을 찾아야 했다. 나는 연한 회색 자갈밭 위에 놓여있는 부드럽고 길쭉한 짙은 회색의 고센Goshen 돌조각을 생각했다. 다시 한 번 기회가 찾아왔다. 조시와 나는 돌을 고르기 위해 고센으로 차를 몰고 가다, 길을 잘못 들어 애쉬랜드에 도

〈그림 10〉 쐐기돌

착했다. 그곳 채석장에도 고센 돌이 있었지만, 채석장 주인은 바위라기보다는 그림처럼 보이는 놀랍도록 아름다운 크로우스푸트 편암을 보여주었다. 디자인이 너무 복잡해 예술가가 만든 것이 아닌가 싶을 정도였다. 이 희귀한 돌에 관해 묻자, 채석장 주인은 돌의 역사가 적혀있는 종이를 건네주었다.

크로우스푸트 편암은 오래전 사라진 바다의 해안을 따라 늘어서 있던 옛 화산의 마그마가 식으며 굳은 것으로, 5억 년도 전인 오르도비스기에 생겨났다. 아프리카가 아득한 옛날의 바다를 천천히, 그러나 거침없이 떠다니면서 앞길을 방해하는 모든 것을 포개고 이동시키면서—오늘날 판구조론이라는 이론에서 말하는 작용이다—이들 오래된 화산을 현무암이 떠받치게 되었다. 그런 다음 현무암은 산이 지각변동을 통해 눌리고 으깨지는 과정에서 같이 부서지고 눌리고 접히고 열을 받았다. 이 열과 압력으로 생긴 변성의 결과 크로우스푸트라는 편암이 만들어진 것이다. 검은색 결정 덩어리^{크로우스푸트}를 보는 것만으로도 이들을 누르고 갈라지게 한 힘이 얼마나 어마어마했는지 상상할 수 있다… 버크셔의 좁은 지역에서만 발견되는 아주 희귀한 편암이다. 일부 지질학자들은 미국과 같은 땅덩이였던 베네수엘라의 몇몇 좁은 지역에서도 발견된다고 보고하고 있다.

 이 놀라운 돌에는 수많은 사안이 한데 모여 있다. 디자인은 압도적이다—크로우스푸트는 폭발하는 별, 고대 동물의 발자국, 사라진 부족의 상형문자라고 해도 될 정도다. 검은색, 흰색, 회색, 파란색, 노란색, 주황색, 암갈색, 분홍색 등 색은 무한하다고 해도 좋을 지경이다. 타원형 벽의 울타리 한가운데 이 돌을 놓으며 이제 작품이 완성되었다는 것을 알았다. 크로우스푸트 편암을 보면 세계가 실제로 예술작품이라는 사실을 의심할 수 없게 된다〈그림11〉.

 이 예술작품은 항상 변화하고 있으며 끊임없는 관심을 요구한다. 어떤 합리적인 척도로 보더라도 나의 집착은 과도하고 이치에 맞지 않는 것이다. 내가 한 일을 아무도 본 적이 없기 때문이다. 이 정원을 만들고 유지하는 일은 시끌벅적한 오늘날의 세상에서 아무도 시간을 내서 읽지는 않을 긴 책을 쓰는 일과 다르지 않다. 많은 사람의 눈에는 값비싸고 쓸모없는 어리석은 일 같겠지만, 내게는 정원 그 자

〈그림 11〉 크로우스푸트 편암

체가 보상이다. 노동은 일이 아니라 묵상의 한 형태다. 예술을 창조하고 정원을 가꾸는 것은, 재생을 위한 무한한 자원인 지구의 비범한 다산성이라는 선물에 맞추어 몸과 마음을 조율하는 방법이다.

  돌에 앉아 쉬면서 북쪽으로 2.4킬로미터 멀리 안도가 증축해 놓은 클라크 미술관 건물을 바라본다. 눈앞에는 끝이 부러진 피라미드와 음의 이미지인 구덩이가 있다. 이것들을 연결하고 분리하는 틈새에는 구불구불한 개울로 연결된 연못과 습지가 있다. 개울 바로 너머에는 돌로 쌓아 만든 화덕이 다가올 하지夏至를 반기기 위해 하늘로 팔을 뻗고 있다. 숲 가장자리에 있는 정원의 지평선에는 처음부터 내게 영감을 준 세 유령의 이니셜을 따 디자인한 46센티미터짜리 강철 조각이 세 점 있다. 왼쪽에는 키르케고르의 K가, 오른쪽에는 헤겔의 H가 있으며, 그 가운데에는 언제나처럼 디오니소스의 D가 있다. 니체가 영원한 침묵으로 빠져들기 전에 쓴 마지막 단어를 상징하는 표시다. 나는 침묵이 곧 나를 기다리리라는 사실을 알고 있다. 아닌 게 아니라 침묵은 우리 모두를 기다리고 있다〈그림12〉.

돌담은 묵상을 초대하는 공간을 열어준다. 그 공간에 들어가려면 세상의 소음을 내려놓고 침묵과 함께 살아가는 법을 배워야 한다. 내려놓는 것은 놓아주는 것이며, 역설적이지만 의지를 발휘하지 않을 의지를 필요로 한다. 묵상은 자신만의 이미지로 세상을 형성하기보다는 무한한 삶의 선물을 받을 수 있도록 우리를 열어준다. 이 삶의 선물은 죽음의 선물이기도 하다. 놀라운 사실은 죽음을 받아들이면 삶의 새로운 가능성이 열린다는 점이다. 이것이 니체의 말문을 막아버린 디오니소스적 지혜다. 한밤중은 한낮이며, 한낮은 한밤중이기도 하다.

> 그대들은 언젠가 하나의 즐거움을 향해 '좋다'라고 말한 적이 있는가? 오, 나의 벗들이여. 그렇다면 그대들은 모든 고통에도 '좋다라고 말한 것이 된다. 모든 것은 사랑 속에서 함께 묶여있고 엮여있으니—
> —그대들이 어느 한순간이 다시 오기를 소망한 적이 있다면, "너는 나를 기쁘게 한다. 행복이여! 찰나여! 순간이여!"라고 말한 적이 있다면, 그대들은 모든 것이 되돌아오기를 소망한 것이다!
> —모든 것이 새롭고, 모든 것이 영원하고, 모든 것이 사랑 속에서 묶여있고 엮여있으니, 오, 그대들은 이 세상을 사랑한 것이다—

〈그림 12〉 구덩이와 피라미드

―그대 영원한 존재들이여, 영원히 항상 사랑하라. 그리고 고통을 향해서도 이렇게 말하라. "사라져라, 그러나 다시 돌아오라!" 모든 즐거움이 원하는 것은 영원이므로!

"이제 기적이 일어난다."
"경이로운 기적!"
"와!"

돌담은 완성되어도 예술에는 완성이 없다. 한때 내 것이라고 생각했던 예술은 영원히 이름 붙일 수 없는 예술가의 무한한 작업 중 지나가는 한순간일 뿐이다. 기쁨의 길^{Via Jubilosa}이자 고난의 십자가의 길^{Via Dolorosa}을 따라가는 마지막 장소는 항상 유예되므로 미래는 열려 있다. 물론 나는 내 돌담도 스톤힐 산책로도 언젠가는 무너지는 날이 오리라는 것, 내 소유였던 적이 없는 정원에 숲이 다시 자리잡을 날이 오리라는 것을 알고 있다. 그동안은 내가 쓴 책과 내가 정원으로 비워낸 공간이 잠시나마 침묵이 보고 싶은 이들이 머물 수 있는 고요한 장소가 되었으면 한다.

...

14

안에

In

⋮

없이

이전에

부터

⋮

너머

맞서

내부에

⋮

사이에

향하여

주변에

⋮

함께

안에

⋮

〈그림 13〉 돌이 말하는 소리를 듣다

감사의 말

많은 다른 목소리들이 책 전체에서 침묵의 소리를 냈다. 친구와 동료들에게 심심한 감사를 표하는 바이다. 존 챈들러, 지속적인 도움을 주어 고맙다. 잭 마일스, 언제나 나를 정직하게 해 주었다. 제니퍼 뱅크스, 아낌없이 베풀어주었다. 클레멘스 불로크와 마이클 코모, 사려 깊은 설명을 해 주었다. 린다 시어러, 텍사스 미술계를 안내해 주었다. 데이비드 레슬리와 애슐리 클레머, 휴스턴의 로스코 채플을 내게 열어 주었다. 베로니카 로버츠, 오스틴의 퀠리 채플을 안내해 주었다. 히람 버틀러, 터렐의 리브 오크 프리엔즈 미팅하우스를 볼 수 있게 해 주었다. 마이클 콘포티, 건축에 관한 많은 통찰을 주었다. 마이클 고번, 지치지 않고 대화를 나누어 주었다. 레이 L. 하트, 그래험 파크스, 제프리 코스키, 책을 읽고 대단히 통찰력 있고 도움이 되는 평을 해 주었다. 리사 웨어와 그레이스 레이드로는 실수를 바로잡아 주었다. 데이비드 로버트슨은 인덱스를 만들어 주었다. 랜디 레틸로스는 끝없는 인내를 보여주었다. 알란 토마스는 숙련된 편집 솜씨를 보였다. 마가렛 웨이어스는 연금술적인 마법을 보여주었고, 디니는 언제나 그렇듯 처음부터 함께했다. 마지막으로 이 책을 딸 커스틴, 아들 아론 손주 테일러, 잭슨, 엘사 셀마에게 바치는 바이다.

스톤힐에서

2019년 3월 12일

미주

0.

1. 공연의 세부적인 내용은 Toby Kamps's "(…)," introduction to Silence(Houston: Menil Foundation 2012), 63~64에서 가져왔다.

1. 없이

1. 현대 예술가 켄 버틀러(Ken Bulter)는 로슬로의 전통을 이어가고 있다. 그는 공구, 스포츠 장비, 집안 물건과 같이 다양한 일상적인 재료로 실험적인 조각 악기를 만들고 있다. 부츠를 가지고 바이올린 몸통을 만들기도 하고, 걸레나 썰매 아래를 뜯어 첼로를 만들고, 재활용되는 줄을 가지고 음악회 조명을 위한 스포트라이트를 제작하기도 했다. 그의 작품은 "일상적인 대상, 바뀐 이미지, 소리, 침묵 사이의 상호작용, 그들의 변환을 탐구한다." 매사추세츠 현대 미술관에서 켄 버틀러의 전시회가 열리기도 했다. The New Sound of Music: Hybrid Instructions by Ken Butler, March 30~September 4, 2006, https:// massmoca.org / event /the-new-sound-of-music/.

2. 미국 광고의 등장에 관한 좀 더 상세한 논의로는, 내 책을 보라. Speed Limits: Where Time Went and Why We Have So Little Left(New Haven, CT: Yale University Press, 2014), chap. 4, "Windows Shopping."

3. Martin Heidegger, Being and Time, trans. John Macquarrie and

Edward Robinson(New York: Harper and Row, 1962), 167. 토머스 머튼의 글은 하이데거의 '세인(das Man)' 논의에서 많은 영향을 받았다. New Seeds of Contemplation에서 그는 덜 난해한 언어로 하이데거의 요점을 정리했다. "인간이 진정한 의사소통 없이 함께 모여 산다면, 더 많은 나눔, 더 많은 진정한 의사소통이 있을 것 같다. 하지만 이는 공동체가 아니라, 계속해서 반복되어 결국 누군가는 제대로 듣지도 않고 듣고, 생각하지도 않고 반응하게 하는 수없이 많은 구호나 진부한 말의 일반적 무의미성에 단순히 몰입하는 것이다. 공허한 말이나 기계 소음의 끊임없는 소리, 끝없이 스피커를 울려대는 소리는 진정한 의사소통과 진정한 공동체를 거의 불가능하게 만들며 끝난다. 대중 속의 모든 개인은 두꺼운 감수성의 층들로 절연되어 있다. 그는 신경 쓰지 않고, 듣지 않고, 생각하지 않는다. 행동도 않고, 재촉당하지 않는다. 말하지 않고, 적절한 소음에 자극받으면 관습적인 소리만 낸다. New Seeds of Contemplation(New York: New Directions, 2007), 54~55.

2. 전에

1. 어원의 작품은 11장에서 다루도록 하겠다.
2. Count Giuseppe Panza di Biumo, 미출간, 날짜가 없는 쪽지, 로스앤젤레스 게티 연구소 소장.
3. 로든 분화구에 관한 내 긴 설명으로는 "Creation of the World," in Refiguring the Spiritual: Beuys, Barney, Turrell, Goldsworthy (New York: Columbia University Press, 2012), 103~145를 보라.
4. 데리다는 Margins of Philosophy의 서문 자리에 「팀파눔」이라는 짧은 부록을 싣는다. 이에 대해서는 10장에서 논의하겠다.
5. 이 상상력에 대해서는 7장에서 좀 더 자세히 논의하겠다.

6. 안도의 작품과 터렐과의 관계에 대해서는 13장에서 논의하겠다.
7. Martin Heidegger, Poetry, Language, Thought, trans. Albert Hofstadter (New York: Harper and Row 1971), 41, 32. 「색을 걸은 남자(The Man Who Walked in Color)」라는 이름의 마지막 에세이에서 조르주 디디 후버만(Georges Didi-Huberman)은 터렐의 스카이 스페이스를 사원과 연관시켜 설명한 바 있다. 그의 분석에서 가장 중요한 부분은 터렐의 작품을 플라톤이 처음 개발하고 데리다가 확장한 코라(khora)라는 개념을 통해 해석한 것이었다. 대단히 암시적이라는 것에는 동의하지만, 이 분석은 10장에서 마이클 하이저의 작품과 관련해 코라를 논의하다 보면 잘못된 분석임이 분명히 드러날 것이다. The Man Who Walked in Color, trans. Drew Burk(Minneapolis: Univocal, 2017).
8. 이미 언급했듯이, 데리다는 이 이미지를 그의 논문 "The Pit and the Pyramid: Introduction to Hegel's Semiology"에서 다룬 바 있다. 10장에서 데리다의 논의를 다루도록 하겠다.
9. Yulia Ustinova, Caves in the Ancient Greek Mind: Descending Underground in the Search for Ultimate Truth(New York: Oxford University Press, 2009), 215. 서구 전통에서 동굴이 차지하고 있는 중요성을 훌륭하게 개관한 글이다.
10. 부정신학은 다음 장들에서 다루도록 하겠다.
11. Georges Bataille, Lascaux, or The Birth of Art, trans. Austryn Wainhouse(Geneva, Switzerland: Skira, n.d.), 11. 바타유는 네안데르탈인들이 예술을 만들었다는 것을 부정했는데, 최근 과학에서는 오히려 바타유의 견해가 의심받고 있다. Carl Zimmer, "Neanderthals, the World's First Misunderstood Artists," New York Times, Feb-

ruary 22, 2018을 보라.

3. 부터

1. 데리다는 헤겔에 대한 기념비적인 연구를 '조종(glas)' 이미지를 중심으로 펼치고 있다. 장례식 때 교회에서 울리는 그 종이다. Glas, trans. J. P. Leavy and R. A. Rand(Lincoln: University of Nebraska Press, 1986).
2. Thomas Hess, Barnett Newman(New York: Museum of Modern Art, 1971), 22~23. 뉴먼의 생애에 관해서는 대부분 헤스의 연구를 참조했다.
3. Quoted in Hess, Barnett Newman, 24~25. 앞 문단의 전기적 내용 역시 주로 헤스의 논문에서 가져왔다.
4. Alain Corbin, Historie du Silence: De la Renaissance a nos jours (Paris: Editions Albin Michel, 2016), 9. 이 부분을 해석해 준 나의 동료 클레멘스 블로크에게 감사를 표하고 싶다. 침묵에 관한 사려 깊은 묵상에 관해서는 그녀의 책 Mort d'un silence(Paris: Gallimard, 2015)를 보라.
5. 이 차이를 좀 더 명확하게 알고 싶다면, 나의 책 Erring: A Postmodern A / Theology(Chicago: University of Chicago Press, 1987)을 보라.
6. Gershom Scholem, Major Trends in Jewish Mysticism(New York: Schocken Books, 1941), 261. 아인소프는 끝이 없는 어떤 것을 가리키기도 한다.
7. Eliot Wolfson, "The Holy Cabala of Changes: Jacob Boehme and Jewish Esotericism," Aries—ournal for the Study of Western Esotericism 18(2018): 35. 숄렘의 유대교 신비주의 연구는 오랫동안

규범적으로 받아들여져 왔지만, 울프슨의 연구가 철학적으로 볼 때 훨씬 더 정교하다. 울프슨보다 카발라와 하이데거 철학 사이의 관계를 잘 이해하고 있는 사람은 없다.
8. 지평의 형상은 11장에서 다시 다루도록 하겠다.
9. 키르케고르의 Fear and Trembling은 6장에서 로스코와 관련하여 자세히 살펴보겠다.
10. Hess, Barnett Newman, 110. 뉴먼 그림의 많은 제목은 자신의 예술에서 유대교 전통이 얼마나 중요한지를 보여주고 있지만, 헤스는 그의 그림을 카발라와 연결해 생각한 최초의 학자였다.
11. Hess, Barnett Newman, 111~113. 여기에 등장한 이름들은 유대인 교회당과 〈짐줌〉과 관련된 부가적인 그림들의 이름이기도 하다. 10장에서 마콤 개념에 대한 데리다의 설명을 더 풀어보겠다.
12. Martin Heidegger, Mindfulness, trans. Parvis Emad and Thomas Kalary(New York: Bloomsbury, 2016), 47. 같은 맥락에서 주목할 만한 두 편의 연구를 들자면 다음과 같다. Dennis Schmidt, Between Word and Image: Heidegger, Klee, and Gadamer on Gesture- and Genesis(Bloomington: Indiana University Press, 2013); and David Norwell Smith, Sounding/Silence: Martin Heidegger at the Limits of Poetics(New York: Fordham University Press, 2013).
13. 정신분석이 침묵이라는 문제에 제시하는 중요한 통찰에 관해서는 7장에서 거론할 것이다.

5. 너머

1. 좀 더 상세한 설명으로는 나의 책 Disfiguring: Art, Architecture, Religion(Chicago: University of Chicago Press, 1992)을 보라.

2. 블라바츠키와 슈타이너는 다른 예술가들에게도 영향을 미쳤는데, 그중에서도 칸딘스키와 마찬가지로 신지학을 믿었던 몬드리안(Mondrian)과 인지학을 믿었던 요제프 보이스(Joseph Beuys)가 가장 특기할만하다. 이들과 신지학·인지학의 관계에 관해서는 Disfiguring, chap. 3; and Refiguring the Spiritual, chap. 2를 보라.
3. 물론 '승화'는 프로이트가 예술이 기본적인 본능에서 등장하는 과정을 가리키는 이름이기도 하다. 좀처럼 주목받고 있지 않지만, 정신분석학의 뿌리는 채광과 야금술(冶金術)과 관련된 의식까지 추적할 수 있다. Mircea Eliade, The Forge and the Crucible(Chicago: University of Chicago Press, 1979)를 보라. 이 맥락에서 몇몇 번역가들이 헤겔의 중요한 개념인 "aufheben"과 "Aufhebung"을 '승화하다'와 '승화'로 번역한 것도 주목할 만한 일이다. 나는 좀 더 흔한 번역인 '지양'을 선호한다.
4. Quoted in Rosenthal, Black Paintings, 13. 의견 불일치와 불화가 겹치며 결국 이 화가들은 갈라섰다. 흑색회화와 관련된 표절 소송이 뉴먼과 라인하르트를 갈라놓았고, 다음 장에서 다루게 될 내용인 드 메닐의 휴스턴 채플에 로스코가 얼마나 헌신할까에 대한 라인하르트의 우려가 둘 사이에 갈등을 낳았다. 심지어 라인하르트는 이렇게까지 선언했다. "미술계에서 문제는 앤디 워홀이나 앤드루 와이어스(Andrew Wyeth)라기보다는 마크 로스코다. 최고가 타락하는 게 최악이기 때문이다." (Quoted in Yve-Alain Bois, "The Limit of Almost," in Ad Reinhardt(New York: Rizzoli, 1991), 21.
5. Jacob Boehme의 저술은 중세의 신비주의와 루터의 신학을 예나의 관념론 및 낭만주의자들과 연결해 주는 교량이었다. Alexandre Koyre, La Philosophie de Jacob Boehme(New York: Burt Franklin, 1929/1968); Ray L. Hart, God Being Nothing: Toward a Theogo-

ny (Chicago: University of Chicago Press, 2016); Wolfson, "Holy Cabala of Changes"를 보라.

6. David Sylvester, About Modern Art: Critical Essays 1948~96 (New Haven, CT: Yale University Press), 397. 뉴먼과 로스코에 더하여 20세기 중반 흑색 작업을 하던 예술가로는 로버트 라우쉔 버그, 프랭크 스텔라(Frank Stella), 빌럼 데 쿠닝, 클리포드 스틸(Clyfford Still), 프란츠 클라인(Frantz Klein), 사이 트웜블리(Cy Twombly) 등이 있다.

7. 형상에 관한 도움이 될 만한 논의로는 Thomas A. Carlson, Indiscretion: Finitude and the Naming of God(Chicago: University of Chicago Press, 1999); The Indiscrete Image: Infinitude and the Creation of the Human(Chicago: University of Chicago Press, 2008)를 보라.

8. 이는 기독교 신학에서 신의 삼위일체를 부정하려는 게 아니다. 설명이 혼동을 불러일으킬 수는 있지만, 삼위일체는 결코 신의 하나임을 부정하지 않는다.

9. 이 요점에 대한 분석을 더 보고 싶다면, Kevin Hart가 시와 부정 신학의 관계를 논의한 사려 깊은 책이 도움이 될 것이다. Poetry and Revelation: For a Phenomenology of Religious Poetry(New York: Blooms-bury, 2018).

10. Fear and Trembling에서 중요한 다른 논의들은 13장에서 다루도록 하겠다.

11. Bois, "Limit of Almost," 29. 10장에서 데리다의 논의를 다시 다루도록 하겠다.

6. 맞서

1. 키르케고르가 스스로 속해 있다고 믿고 있는 기독교 전통에서 가장 극단적인 이원론적 경향을 보이는 분파로 영지주의(Gnosticism)가 있다. 영지주의는 기독교 초기에 지중해 동쪽에 널리 퍼져있었다. 영지주의에 관한 우리의 지식은 주로 초기 기독교 신학자 이레네오(Irenaeus, 130~202)의 『소위 그노시스를 알아채고 타도하는 것에 대하여(Against Heresies)』에서 왔다. 가장 중요한 영지주의자 중 하나인 발렌티누스(Valentinu)의 글을 이레네오가 설명하는 바에 따르면, 침묵은 영지주의 신학과 우주론에서 중요한 역할을 한다. 세계가 만들어져 나온 신성한 플레로마(Pleroma) 안에서의 위계를 설명하며 이레네오는 이렇게 썼다. "이 두 부분(의 신성)에서 첫 번째는 발렌티누스로, 소위 영지주의적 이단 원리를 자신 학파의 개인주의적 성격에 두드려 맞춰 설명하고, 이름 붙일 수 없는 한 쌍이 존재한다고 하며, 그중 하나를 표현할 수 없는 것(Ineffable), 나머지 하나를 침묵이라고 정의했다. 이 한 쌍의 원소(Dyad)에서 또 하나의 한 쌍이 만들어지는데, 하나를 하나님 아버지라 부르고, 다른 하나를 진리라고 불렀다. 이 4원소(Tetrad)에서 말씀(logos)과 생명(Zoe), 사람(Anthrophos)과 교회(Ecclesia)가 태어나며, 이것이 최초의 8원소(Ogdoad)다." 이 신화적인 구조와 그 목적인 구원론은 길고도 복잡하게 펼쳐진다. 여기서는 로고스나 말씀보다 표현할 수 없는 것과 침묵이 더 우선성을 갖고 있다는 점이 중요하다는 것만 언급하고 넘어가려 한다. 한스 요나스(Hans Jonas)는 『영지주의적 종교』의 도발적인 에필로그 「영지주의, 실존주의, 니힐리즘」에서 영지주의 신학, 형이상학, 20세기 실존주의 사이에 매력적인 연관성이 있다고 주장했다. 그는 17세기에 시작된 실존주의가 20세기에 되돌아와 침묵을 포착한 계기가 된 종교의 위기를 추적한다. "이 상황의 특징 중 하나는

파스칼이 처음으로 그 무시무시한 함의와 직면해서 전력을 다해 잘 설명하려 했던 것으로, 현대 우주론의 물리적 우주에서 인간의 외로움이다. '내가 알지 못하고, 나를 알지 못하는 무한한 무한성 속으로 던져진 나는 무섭다.' '나를 알지 않는다.' 우주 공간과 시간의 위압적인 무한성 이상으로, 양적인 불균형 이상으로, 이 엄청나게 커다란 우주 속에서 정말 보잘것없어 보이는 우리 인간의 크기보다도, '침묵'이, 다시 말해서 인간 열망에 대한 이 우주의 무관심, 인간의 모든 행동이 행해지는 바로 그곳이 인간의 것들에 대해서는 하나도 모르는 것이 무엇보다도 인간을 외롭게 한다. Irenaeus, "Against Heresies," in Early Christian Fathers, trans. Cyril Richardson(Philadelphia: Westminster Press, 1953), 1:363; Hans Jonas, The Gnostic Religion: The Message of the Alien God and the Beginnings of Christianity(Boston: Beacon Press, 1963), 322.

2. 키르케고르의 간접 의사소통 전략에 관해서는 7장에서 논의하겠다.
3. 다양한 형태의 의심을 탐구하면서, 키르케고르는 레기나와 파혼한 이유에 관해 얼마나 설명해야 할지를 놓고 고심한다.
4. 뉴먼을 이해하는 데 카바라가 중요하다고 처음으로 지적했던 토마스 헤스는 한 걸음 더 나아가 두 피라미드가 "최대 수축 지점에서 만나 모든 힘을 다해 밀고 간다. 다시 말해, 피라미드와 오벨리스크 사이에서 뉴먼의 침춤(Tsimtsum), 다시 말해 창조의 순간의 드라마가 재연된다"라고까지 주장한다. 내 생각으로 헤스는 뉴먼 조각을 오해하고 있는 듯하다. 피라미드에 꼭대기가 없는 것은 무한과 유한의 접촉점을 재연하기보다는 없애고 있는 것이다. Hess, Barnett Newman, 121.
5. 로스코의 죽음에 관해서는 브레슬린의 책에서 많은 부분을 참조했다.

7. 내부에

1. 이브 클라인은 카푸어가 자신이 만든 안료에 특허를 출원했을 때, 반타 블랙도 특허를 내리라고 예측했다.
2. 이 작품의 세부적인 내용은 제르마노 첼란트의 연구를 참조했다.
3. Kierkegaard, Fear and Trembling, Hong translation, 83. 데리다는 비밀을 길게 논의한다. The Gift of Death, trans. David Wills (Chicago: University of Chicago Press, 1995).

9. 사이에

1. 이미 보았듯이, 하이데거의 철학에는 헤겔주의를 약화하고, 데리다의 해체주의 실천을 선취하는 역경향이 있다. 이 장의 마지막 부분에서 이 문제를 좀 더 상세히 다룰 것이다.

10. 향하여

1. 물론, 이 모든 예술가가 남성이라는 점은 주목할 만하다. 당시 예술계에서 이례적이라 할 만한 일은 아니었지만, 서구에서는 남성 예술가 사이에 특히 친밀감이 강했다.
2. 마파라는 도시와 그 주변에 관한 내용은 캐서린 샤퍼의 책에서 많은 도움을 받았다.
3. 회화에서 '파레르곤(parergon)'은 '주제에 종속된 혹은 보조적인 어떤 것', '보조적이거나 부가적인 장식', '추가적인 작품' 등의 의미를 갖는다. 라틴어 'parergen'에서 온 말로 원래의 의미는 예술에서 별도의 장식을 가리킨다. Oxford English Dictionary.

11. 주변에

1. 아름다움의 중요성을 재평가한 훌륭한 글로는 Richard O. Prum, The Evolution of Beauty: How Darwin's Forgotten Theory of Mate Choice Shapes the Animal World and Us(New York: Doubleday, 2017)를 보라.

2. John Calvin, Institutes of the Christian Religion, trans. Ford L. Battles(Philadelphia: Westminster Press, 1960), 52. 창조의 미적 차원을 강조하는 칼뱅의 입장은 신앙은 내적이고 외적 세계는 부패했기 때문에 반드시 인간 행동을 통해 집행되는 신의 법으로 통제되어야만 한다는 루터의 두 왕국 교리와는 정말 다르다.

3. 앞서 보았듯이 하이데거는 기분(Stimmung)을 분석하며 불안, 두려움, 권태와 같은 감정에 집중한다. 죽음을 향한 존재(being-toward-death)에 몰두하다 보니, 기쁨의 중요성을 간과하고 있다.

4. 소중하면서도 많은 정보를 주는 David Scott Kastan's valuable and informative book, On Color(New Haven, CT: Yale University Press, 2018), 112에서 인용했다.

5. Carter E. Foster, Ellsworth Kelly: Plant Lithographs(Stockbridge, MA: Berkshire Botanical Garden, 2018). 이 책은 켈리의 식물화 그림 복제품들을 주로 다루고 있다.

6. 이 모든 과정을 상세히 보고 싶다면 John Coplans, Ellsworth Kelly (New York: Harry Abrams, n.d.), 42~43를 보아라.

7. 마티스의 부르주아 사이의 복잡한 관계를 보여 주는 훌륭한 다큐멘터리가 있다. A Model for Matisse: The Story of the Vence Chapel, directed by Barbara F. Freed(2003; New York: First-Run Features, 2006), DVD.

8. 영어 번역본 제목은 『즐거운 지식』이지만, 이 '즐거운'은 정확한 번역이 아니다. 'frölich'는 '쾌활한, 즐거운, 신난, 기쁨이 넘치는' 등으로 번역될 수 있다. Die Frölichkeit는 '쾌활함, 즐거움, 기쁨' 등으로 번역될 수 있다. '기쁨'을 분석하고 있는 책이기에 나는 '기쁨이 넘치는'이 더 마음에 든다.

13. 함께

1. Grave Matters(London: Reaktion Books, 2002); Mystic Bones (Chicago: University of Chicago Press, 2007); Recovering Place: Reflections on Stone Hill(New York: Columbia University Press, 2014). For the art exhibitions, see https://massmoca.org/event/grave-matters/and https://www.clarkart.edu/Mini-Sites/Sensing-Place/Exhibition. 스톤힐에서 했던 나의 연구는 다음 부분에서 곧 말하겠다.
2. 켈리의 회화와 채플에서 나타나는 색은 안도의 조각에서 나타나는 자제와 어울리지 않아 보이지만, 둘은 적절한 관계를 갖고 있다. 작품 활동 초기에 안도는 켈리 회화에서 나타나는 이미지들을 자신이 만든 모델 속에 이용하여, 그 디자인을 켈리에게 보냈다고 한다. 켈리는 이에 깊은 인상을 받고 프리츠커에게 안도가 세인트루이스 미술관 건물을 디자인하는 데 최고의 건축가라고 추천했다.
3. 하이데거는 자신의 논의를 일본인과 한 '질문자' 사이에서 벌어지는 가상의 대화로 제시한다. 이 대화는 일본인 대화자가 수조 쿠키 백작이 질문자와 같이 공부했다는 회상으로 시작한다. 질문자는 쿠키를 잘 기억하고 있고, 심지어 교토 사원 묘지에 있는 무덤 사진도 갖고 있다고 말한다. 일본인은 질문자에게 쿠키가 "일본인들이 '이키'라고 부르는 것"을 연

구하는 데 평생을 바쳤다고 상기시킨다. 라인하르트 메이는 하이데거의 논문을 일역한 테스카 토미오의 말을 빌려 하이데거는 실제로 쿠키와 미학을 논의한 적이 없다고 지적한다. 게다가 토미오는 대화에서 몇몇 핵심적인 일본어와 일본어로 된 개념을 하이데거가 이해했을까 하는 의문을 제기한다. Tezuka 296 Notes to Pages 259~271 Tomio, "An Hour with Heidegger," in Heidegger's Hidden Sources: East Asian Influences on His Work, by Reinhard May, trans. Graham Parkes(New York: Routledge, 1996), 60~64. Parkes의 논문 "Rising Sun over Black Forest: Heidegger's Japanese Connection,"은 대화를 좀 더 잘 이해하게 해 줄 것이다. '이키'라는 용어에 관해서는 Graham Parkes, "Japanese Aesthetics," Stanford Encyclopedia of Philosophy, December 12, 2005, https:// plato .stanford .edu / entries /japanese -aesthetics/를 보라.

4. Susan Allport, "New England Stone Walls," in Stone Walls: Personal Boundaries(New York: Mariana Cook, 2011), 147~148. 이 책에는 마서스비니어드의 돌담을 찍은 마리아나 쿡의 아름다운 사진들이 담겨 있다.

5. 데리다의 처녀막 논의는 이 맥락에서 적절하다.

6. Snow, Company of Stone, 6. 앤디 골즈워디(Andy Goldsworthy)는 인상적인 돌담을 지은 또 한 명의 예술가다. 하지만 그의 돌담은 스노우의 벽처럼 교묘하지도 않고, 환경에 어울리도록 세심하게 계산되지도 않았다. 아무 곳에 놓아도 될 것처럼 보인다. Andy Goldsworthy, Wall at Storm King(New York: Abrams, 2000); and Stone(New York: Abrams, 1994)을 보라.

색인

게르숌 숄렘 147, 148, 489
게오르크 빌헬름 프리드리히 헤겔
  43~45, 107, 108, 110, 130~133, 173,
  177~179, 201, 212, 221, 224, 279, 302,
  303, 306, 349, 364, 367, 368, 382, 388,
  389, 398, 437, 465, 477, 489, 491
괴테 144, 163, 173
구스타프 쿠르베 276
그랜 퓨리 51
노먼 O. 브라운 85, 87
노먼 록웰 383
니시다 키타로 430, 455
니시타니 게이지 430
니콜라스 에이브러햄 282
니콜라우스 쿠자누스 127, 189, 200~204
다그 함마르셸드 392
다니자키 준이치로 454
다이세츠 테이타로 스즈키 191, 298
다이앤 왈드먼 404
대니얼 올브라이트 297
댄 스노우 467~472, 498
댄 플래빈 343, 348
더글러스 밴 프랫 73
더글러스 크레이머 404
데니스 스콧 브라운 311
데이비드 슬로슨 426
데이비드 실베스터 193
데이비드 튜더 48
데이비드 히키 404
데이비드 흄 175
도널드 저드 53, 197, 342, 343, 346~358,
  366, 367, 369, 405, 408
도널드 쿠스핏 180
도미니크 드 메닐 245, 342
돈 디릴로 67
랠프 월도 에머슨 389
레나토 포기올리 180, 181
레너드 코헨 337
레오 톨스토이 389
레이 몽크 37
레이너 셔먼 462
로런스 앨러웨이 229
로만 오팔카 53
로버트 라우센버그 49, 50, 194, 195, 297,
  301, 308, 433, 492
로버트 라이먼 50
로버트 로젠블룸 147
로버트 모리스 106, 351
로버트 벤투리 311, 312
로버트 어윈 53, 90~92, 342, 343,
  359~369, 371~373, 375, 377, 380, 408,
  428, 431, 443, 487
로버트 포그 해리슨 421
로버트 플러드 195

로잘린드 크라우스　414
롤랑 바르트　22, 29, 32, 34, 111, 183, 423, 429
루돌프 슈타이너　178, 491
루드비히 비트겐슈타인　36, 37, 355, 356, 367
루이 베르트랑 카스텔　187
루이지 루솔로　63~66, 69
루트비히 미스 판 데어 로에　233
르네 데카르트　110, 286, 287, 306, 367, 390
리처드 R. 니부어　390~392
리처드 마이어　153, 366
리처드 세라　106, 343, 367
마르셀 뒤샹　50
마르틴 하이데거　29~32, 44, 81~83, 108, 117, 129, 155, 156~161, 164~166, 258, 287, 306, 332~334, 336, 349, 391, 430, 437, 438, 450, 453, 456, 457, 461~463, 470, 487, 490, 495~498
마리나 머피　75, 290
마리아나 토록　282
마이스터 에크하르트　116, 189, 337, 462
마이클 고번　112, 323, 343, 366, 367, 484
마이클 코모　426, 451, 484
마이클 타우시크　396~398
마이클 하이저　53, 98, 253, 309, 313, 314, 317~324, 325~328, 330, 335, 336, 342, 343, 346, 353, 365, 366, 436, 448, 465, 488
마츠 페르손　297, 301

마크 로스코　51, 53, 150, 189, 193, 205, 212, 224, 225, 230~235, 238~241, 245, 250, 262, 264, 277, 297, 301, 342, 371, 378, 394, 407, 408, 410, 411, 445, 490~492, 494
마크 로젠탈　400
마크 맨더스　51
마크 존슨　115
마틴 루터 킹　225
메리 코즈　50
모건 팰코너　50
모리스 메를로퐁티　106~111, 114, 306, 368, 384
모리스 블랑쇼　30
모리스 터크먼　91
모턴 펠드먼　296~302, 307
무소 소세키　424, 245
미르체아 엘리아데　117
미셸 레리스　303, 396, 397
미셸 세르　58, 83, 459
미에가쿠레　428, 472
바넷 뉴먼　51, 53, 133~143, 145~154, 164, 165, 167, 176, 189, 190, 193, 195, 197, 224~230, 235~237, 270, 298, 336, 342, 407, 410, 489~492, 494
바바라 로즈　188, 401
바실리 칸딘스키　146, 178~180, 182, 491
바클리 브라운　63
반 고흐　345, 395
발터 벤야민　29
베르너 블레이저　455

볼프강 메츠거　102
브루스 나우먼　362
블레즈 파스칼　29, 57, 494
사무엘 베케트　38, 42, 251, 284~290, 299, 300, 308
사이 트웜블리　433, 492
사이먼 잉스　114
새뮤얼 테일러 콜리지　392
쉘든 노델만　235, 239, 245
쇠렌 키르케고르　55, 77~81, 152, 189, 205, 212~215, 219, 221, 224, 227, 230, 231, 240, 241, 279~281, 298, 302, 383, 391, 393, 410, 411, 476, 489, 492, 493
수전 손택　34, 39, 40, 83, 199
수전 올포트　466
스테파니 로젠탈　187
스테판 말라르메　38, 180
스티브 위팅턴　432
스티븐 아이즈노어　311
스티븐 컨　62
스피노자　134, 306
신시아 데이비드슨　422
십자가의 길　15, 54, 130, 224, 227~229, 237, 239, 247, 407, 410, 412, 479
아돌프 로스　37, 311
아돌프 히틀러　68, 76
아르놀트 쇤베르크　296
아리스토텔레스　306
아우구스티누스　393
안도 다다오　54, 117, 356, 423, 437, 444
안톤 베베른　296, 297

알란 스톤　230
알랭 코르뱅　142
알렉산더 로드첸코　185, 190, 394
알렉상드르 코제브　178, 396
앙리 마티스　395, 405~408, 410, 412, 496
앙리 베르그송　50
애니 딜라드　7, 458, 467
애니쉬 카푸어　252~254, 257, 260~278, 282, 292, 307, 342, 495
애드 라인하르트　51, 52, 54, 100, 150, 176, 178, 185, 187~198, 200, 204, 205, 208, 209, 215, 231, 232, 491, 497
앤디 워홀　51, 314, 362, 491
앨런 맥컬럼　51
앨버트 먼셀　399, 400, 408, 409
야코프 뵈메　148
얀 반 뤼스브룩　189
얀 판 에이크　371
에드 워츠　91, 92
에드거 앨런 포　254, 255, 265, 270, 460, 465
에드몽 자베스　11, 35, 111, 373
에드문트 후설　288
에드바르 뭉크　234
에마뉘엘 레비나스　159, 161, 162, 163, 166
에밀 뒤르켐　396
엘 그레코　245
엘리엇 R. 울프슨　148, 150, 490
엘스워스 켈리　51, 54, 229, 262, 277, 342, 378, 394, 398~412, 430, 432, 433, 445, 496, 497

올더스 헉슬리　60
올리비에 메시앙　298
올리비에 모세　50
요제프 보이스　51, 491
요하네스 타울러　189
우에다 시즈테루　434
월리스 스티븐스　116, 168, 356
월터 홉스　362, 364
월트 휘트먼　389
위 디오니시오스 아레오파기테스　198
윌렘 드 쿠닝　135
윌리엄 브라이언트 로건　421
윌리엄 워즈워스　240
윌리엄 제임스　113, 388
윌링포드 리거　296
월터 드 마리아　314, 343, 449
이브-알랭 부아　133, 208
이삭 루리아　147, 154, 336
이소자키 아라타　423
이즈츠 토시히코　455
이합 히산　38
임마누엘 칸트　29~31, 34, 107, 108, 112, 139~141, 159, 161, 173~176, 182, 208, 221, 258, 259, 265, 279, 349, 357, 367
잉마르 베리만　52, 241, 242, 244, 246, 249, 260, 264
자크 데리다　26, 209, 282, 283, 302~309, 334, 335, 357, 423, 437, 453, 455, 456, 465, 487~490, 492, 495, 498
자크 라캉　30, 33, 132, 208
장 뤽 낭시　34

장 보드리야르　278, 279, 312, 339, 340
장 프랑수아 리오타르　139
잭 마일스　217~219, 484
잭슨 폴록　135, 197, 297
제라드 맨리 홉킨스　40, 191
제르마노 첼란트　261, 495
제임스 E. B. 브레슬린　231
제임스 놀슨　285, 300
제임스 조이스　285
제임스 터렐　54, 88~104, 106, 111~113, 115, 117, 119, 120~122, 124, 127, 136, 142, 176, 197, 226, 237, 238, 319, 342, 343, 359, 362, 366, 404, 436, 437, 440, 447~449, 484, 488
조너선 에드워즈　383~388, 390, 391, 461
조르쥬 바타유　43
조지 오웬 스키어　71
조지 프로흐니　72
존 로건　233
존 로크　175, 349
존 체임벌린　343, 348
존 칼뱅　384, 387, 496
존 케이지　27, 46, 63, 66, 86, 89, 297, 401, 432~434, 468
존 코플란스　403
존 클리마쿠스　77, 78
존 키츠　187, 285
주세페 판자 디 비우모　96
줄리아 크리스테바　162, 164
줄리안 반스　43
쥴스 올리츠키　71

지그문트 프로이트   32, 39, 124, 144, 163, 205~207, 282, 386, 491
찰스 올슨   47
카미유 피사로   26
카스퍼 다비드 프리드리히   241
카지미르 말레비치   50, 176, 182~185, 189, 190, 195, 209, 361, 375, 394, 401
카츠시카 호쿠사이   187
칼 오베 크나우스고르   23, 87
칼 융   263
케네스 프램프턴   443
케이틀린 셰이퍼   354
켄 버틀러   486
크리스찬 마클레이   52
클레멘트 그린버그   173, 174
클로드 모네   395, 447, 449, 452
테칭 시에   52
토니 스미스   135, 153, 351
토머스 J. J. 알타이저   156
토머스 머튼   105, 191~194, 298, 487
토머스 헤스   134, 144, 145, 153, 226
토비 캠프스   48
톰 헤네건   438, 444
팀파눔   103, 292, 303, 305, 307, 308, 321, 327, 487
페르디낭 드 소쉬르   158, 159, 162, 203
프라 안젤리코   235, 245
프란체 카프카   54
프란츠 클라인   47, 135, 492
프랑수아 베르티에   424
프랭크 스텔라   50, 351, 352, 362, 492

프랭크 커모드   283
프리드리히 니체   13, 104, 187, 195, 208, 212, 230, 240, 305, 377, 379, 381~383, 386, 393, 396, 413, 415, 416, 421, 431, 437, 441, 476, 477
프리드리히 슐라이어마허   175~177, 179, 384, 390
프리드리히 슐레겔   173
프리드리히 실러   173, 174
플로티노스   122
피에르 라쿠   93
피에르 셰페르   63
필리파 드 메닐   348
필리포 마리네티   62~64, 69
필립 거스턴   297, 298, 301
필립 글래스   120, 121
필립 존슨   51, 224, 233, 435
한네 다보벤   53
한스 요나스   493
해롤드 로젠버그   189
해롤드 핀터   81
허먼 멜빌   7, 59, 376, 395, 397, 461
허버트 마르쿠제   80
헨리 데이비드 소로   57, 298, 461
헨리 수소   189
헬레나 블라바츠키   178, 182
E. C. 구센   403
P. D. 우스펜스키   182
T. S. 엘리엇   386

침묵을 보다

초판 1쇄 인쇄 2022년 4월 18일
초판 1쇄 발행 2022년 4월 25일

지은이 마크 C. 테일러
옮긴이 임상훈
펴낸이 정용수

편집장 김민정 **편집** 조혜린
디자인 김민지
영업·마케팅 김상연 정경민
제작 김동명 **관리** 윤지연

펴낸곳 ㈜예문아카이브
출판등록 2016년 8월 8일 제2016-000240호
주소 서울시 마포구 동교로18길 10 2층
문의전화 02-2038-3372 **주문전화** 031-955-0550 **팩스** 031-955-0660
이메일 archive.rights@gmail.com **홈페이지** ymarchive.com
인스타그램 yeamoon.arv

마크 C. 테일러 ⓒ 2022
ISBN 979-11-6386-092-1 (03160)

㈜예문아카이브는 도서출판 예문사의 단행본 전문 출판 자회사입니다.
널리 이롭고 가치 있는 지식을 기록하겠습니다.
저작권법에 의하여 한국 내에서 보호를 받는 저작물이므로 무단 전재 및 복제를 금합니다.
이 책 내용의 전부 또는 일부를 이용하려면 반드시 저작권자와 ㈜예문아카이브의 서면 동의를 받아야 합니다.

○ 책값은 뒤표지에 있습니다. 잘못 만들어진 책은 구입하신 곳에서 바꿔드립니다.